PHILOSOPHIE

DE LA

PROCÉDURE CIVILE

PHILOSOPHIE

DE LA

PROCÉDURE CIVILE

MÉMOIRE

SUR LA

RÉFORMATION

DE LA

JUSTICE

COURONNÉ PAR L'ACADÉMIE DES SCIENCES MORALES ET POLITIQUES
DANS SA SÉANCE DU 25 JUIN 1853

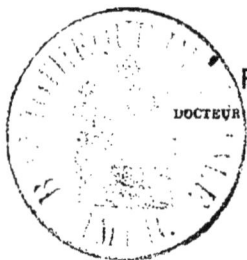

PAR

RAYMOND BORDEAUX

DOCTEUR EN DROIT, ANCIEN BATONNIER DU BARREAU D'ÉVREUX

Legum scribere jussit amor

————:>•‹————

ÉVREUX

IMPRIMERIE DE AUGUSTE HÉRISSEY

1857

AVERTISSEMENT.

« De toutes les parties de la législation civile qui nous régit, celle qui a provoqué les plus vives critiques et suscité le plus de réclamations, peut-être, est la procédure. Qu'y a-t-il de fondé dans ces reproches et dans ces réclamations, au point de vue de la raison abstraite et au point de vue de la raison purement civile?... Depuis longtemps les bons esprits se préoccupent de la nécessité, de l'opportunité d'une réforme. Quel doit en être le point de départ? quel doit en être le but ? quel doit en être le type? quels en doivent être les moyens d'exécution ?... » C'est en ces termes que l'Académie des sciences morales et politiques de l'Institut de France formulait le programme d'un concours ouvert sur cette grave question : *Quelles sont, au point de vue juridique et au point de vue philosophique, les réformes dont notre procédure civile est susceptible ?*

Un sujet si intéressant et si actuel a excité l'effort de nombreux concurrents. Les divers mémoires adressés à l'Académie ont été analysés dans un rapport étendu de M. le comte Portalis, publié en 1853, par M. Vergé, dans les *Séances et Travaux de l'Académie,* t. XXV. — Sur les conclusions de ce rapport, le prix a été décerne au mémoire que contient le présent volume.

Déjà deux des mémoires présentés à ce concours ont été publiés. L'auteur du travail couronné a différé l'espace de trois années la mise au jour de son œuvre, afin d'y joindre le résultat de nouvelles recherches. Mais l'Académie, afin d'éviter les inconvénients attachés à des publications inexactement faites des mémoires qu'elle a couronnés, invite les auteurs de ces mémoires à indiquer formellement, dans une préface, les *changements* ou les *additions* qu'ils y auront introduits en les imprimant. L'auteur répond à cette invitation, en prévenant ses lecteurs que la plupart des *additions* qu'il a faites à son travail originaire, sont des notes imprimées au bas du texte, et qui sont distinguées de celles que contenait le manuscrit soumis au jugement de l'Académie, par un crochet [placé en signe d'avertissement au commencement de chaque passage ajouté. Deux additions seulement, dont le commencement et la fin sont indiqués aussi par un crochet, ont été incorporées dans le texte, p. 58 à 60 et p. 591 à 595. Aucun *changement* essentiel n'a d'ailleurs été fait au texte, qui n'a subi çà et là que les légères corrections dont on aperçoit inévitablement le besoin à l'impression.

La plupart des notes ajoutées sont des citations. On a souvent reproché aux citations multipliées de n'être qu'un étalage d'érudition superficielle. L'auteur a pensé cependant que l'indication exacte des sources où il a puisé serait utile à ceux qui voudraient reprendre les mêmes recherches. En citant les écrivains auxquels il a emprunté des idées ou qui ont traité avant lui les mêmes questions, il n'a cru faire qu'un acte de stricte justice. D'ailleurs aucun bibliographe n'a groupé les brochures éparses sur ce sujet, et la plupart sont peu connues. L'Académie avait demandé ce qu'il y a de fondé dans les réclamations dirigées contre la procédure : il a donc semblé intéressant de faire connaître les pièces qui contiennent ces réclamations. Enfin le résumé de ces recherches a été limité; car plusieurs écrits, dont le titre semble avoir directement trait à la réformation de la justice civile, n'ont avec elle que de lointains rapports ; par exemple, le traité *de lapsu et reparatione justitiæ,* composé au xvᵉ siècle par Nicolas de Clemangis, et où il se plaint exclusivement de l'anarchie et des désordres de son époque.

Puisse cette publication être, selon le vœu de l'Académie, utile à la science, et devenir quelque jour profitable à la législation !

Evreux, décembre 1856.

LIVRE I.

Legum scribere jussit amor.

Simplicité, brièveté, sûreté, tels sont les caractères distinctifs d'un bon système de procédure.

(Bellot, *Exposé des motifs de la loi de Genève*, p. 13.)

PHILOSOPHIE

DE LA

PROCÉDURE CIVILE.

LIVRE PREMIER.

PROLÉGOMÈNES PHILOSOPHIQUES ET HISTORIQUES.

CHAPITRE PREMIER.

IDÉE GÉNÉRALE DE LA PHILOSOPHIE DE LA PROCÉDURE CIVILE.

Dans tout ordre de connaissances, l'activité humaine marque l'empreinte de son passage par des phases graduelles. Les notions les plus humbles à leur début, s'élèvent et s'élargissent lorsqu'elles sont méditées par des esprits attentifs, et l'action de la pensée dégage des règles et des principes là où l'on n'avait aperçu pendant longtemps qu'une aveugle routine. Il n'est pas de métier qui n'ait son côté intellectuel, que ne régissent certaines lois naissant de sa nature même, et qui ne soit susceptible

1

de progrès. Toute occupation humaine offre à côté de la pratique une théorie actuelle ou possible. Mais cette division en pratique et en théorie, suffisante pour les connaissances ordinaires et les arts mécaniques, ne sépare pas assez les échelons dans les connaissances où l'esprit est seul en action. Des subdivisions deviennent alors nécessaires.

On trouve en effet quatre degrés dans ce qui concerne l'exercice de l'intelligence : 1° au bas de l'échelle, le métier; 2° l'art; 3° la science; 4° la philosophie. Le métier, pure routine, est une capacité acquise par la seule pratique individuelle, sans la méditation des principes ; l'art, plus raffiné, s'aide de la réflexion et de l'expérience de ceux qui ont pratiqué précédemment, il suppose un enseignement, il est soumis à des règles, il y a déjà une doctrine ; la science, dégagée de la routine, consiste surtout dans la théorie, c'est un système de connaissances, elle vérifie et discute les règles de l'art, elle a pour but de diriger et d'éclairer la pratique ; enfin la philosophie est le fond, l'extrait, l'essence, l'esprit de la doctrine, les généralités de la science, le résumé des principes [1].

Le mot *philosophie* se prend dans des acceptions si différentes que nous avons dû indiquer dès l'abord en quel sens nous l'employons. La philosophie d'une science est donc le produit de l'analyse et de la synthèse, de la décomposition et de la combinaison, le résultat d'une sorte d'alchimie intellectuelle. Elle est l'art de rapprocher les faits, de saisir et de coordonner leurs rapports, et par

---

[1] Conférez *Philosophie de la guerre*, par le marquis de Chambray, préface, p. 1.

là de s'élever à la connaissance des principes généraux.
L'expression *philosophie du droit* n'est pas nouvelle :
mais déjà cette locution, mal définie, signifie des choses
diverses. Tantôt on confond la philosophie du droit avec
le droit naturel, avec la science des droits et des devoirs :
proche voisine de la morale, elle comprend alors des
théories étrangères au droit positif. Synonyme du droit
naturel, elle n'est qu'une branche du droit général.
Tantôt, au contraire, la philosophie du droit, au lieu
d'être une partie, une ramification de la science, est
une vue générale de son ensemble, une sorte de préface
ou de résumé qui la domine dans le passé, dans le présent et dans l'avenir. C'est ce que quelques modernes
appellent la *philosophie du droit positif*, ce que Bacon
formulait sous le titre de *droit universel*, ce que Filangieri a appelé la *science de la législation*, ce que Montesquieu a mis en relief dans son *Esprit des lois*. C'est l'art
de la législation, c'est la théorie de la loi, le système auquel elle doit être soumise, le principe auquel il faut la
ramener. C'est le tableau de ses imperfections passées,
la critique de ses défauts actuels, l'indication des améliorations qu'elle exige. C'est une collection de préceptes et
de matériaux destinés au législateur plutôt qu'au citoyen.

Nous n'avons pas à nous occuper ici de la philosophie
du droit général. Cependant chaque branche de la science
a sa théorie. Le droit criminel a dû ses perfectionnements
modernes à des philosophes plutôt qu'à des jurisconsultes.
Il était accessible à ceux qui vivent en dehors des tribunaux; il prêtait à la passion, il excitait le sentiment [1].

---

[1] « La procédure civile, qui par sa nature même agit peu sur l'imagination, était restée en dehors de ce mouvement (les idées de réforme en

Mais la procédure, cultivée seulement par des esprits
adonnés au droit dans la seule vue du lucre, n'a point eu
sitôt ses raisonneurs, ses philosophes : confondue avec
la chicane, on n'a point pénétré dans ses replis pour démêler ce qu'elle présentait d'utile. Le xviii⁰ siècle n'y vit
qu'une superfétation indigne de l'étude d'une intelligence
élevée, et à laquelle un publiciste ne devait s'arrêter que
pour en demander l'abolition. La critique d'alors porta
de préférence sur l'organisation judiciaire, parce qu'il
n'est guère besoin de connaissances spéciales pour attaquer des tribunaux, et encore de nos jours, la plupart de
nos réformateurs improvisés ont tourné de ce côté leurs
traits et leurs efforts. C'est le côté politique, déclamatoire
du sujet et non sa philosophie.

Dans une matière spéciale comme la procédure, la
philosophie doit prendre garde de s'isoler du monde réel,
dans des spéculations trop hautes [1]. En déterminant ce

---

matière criminelle). Cette partie de nos institutions judiciaires était à peu
près inconnue des philosophes; et quant aux hommes de pratique et de
barreau, qui seuls auraient pu la juger, ils sont, en général, peu amateurs des réformes, soit que leur expérience leur en fasse mieux apercevoir
les difficultés, soit que l'habitude et une longue pratique finissent par
nous familiariser tellement avec les objets, que nous cessions d'en apercevoir les difformités les plus saillantes. » (M. Bonjean, *Traité des actions...
chez les Romains*, édition de 1841, p. 209.)

[1] [Kant a voulu suivre cette voie spéculative dans ses *Éléments métaphysiques de la doctrine du droit*. Mais ce droit purement rationnel, produit de
la seule dialectique, n'aurait guère d'empire dans le monde des affaires,
et resterait impuissant devant les subterfuges du palais. La philosophie a
beau s'écrier : *Fiat justitia, pereat mundus !* cette fière doctrine resterait
sans résultat pour le progrès. Quiconque tend à améliorer la législation
doit considérer les circonstances et les conséquences. Les esprits prudents
doivent suivre le développement des principes du droit dans la réalité historique : car la vérité logique des choses se révèle par l'histoire d'une manière expérimentale, tandis que les systèmes abstraits se perdent trop souvent dans l'arbitraire. D'ailleurs une bonne législation doit tenir compte
des origines, des habitudes et des souvenirs, bien loin de rompre les liens
qui la rattacheraient au passé.]

qui est bien, ce qui est conforme à la raison, elle doit tracer non-seulement l'idéal de la législation, mais surtout signaler les abus et indiquer les améliorations possibles. Elle doit craindre ce reproche de Bacon : *Philosophi proponunt multa dictu pulchra, sed ab usu remota.* Il faut donc qu'elle s'aide des leçons de l'expérience.

Quoique les règles du palais aient été codifiées par l'ordonnance de 1667, longtemps avant que le droit civil ne l'ait été lui-même, la procédure est dans nos lois, une branche très-arriérée. On ne l'enseignait point dans les anciennes universités ; la théorie transcendante fut laissée de côté. Les jurisconsultes philosophes et historiques négligèrent l'étude des formes, qui fut abandonnée à l'empirisme des praticiens. Or ceux-ci ne peuvent avoir que des idées rétrécies. Etrangers aux connaissances qui font voir le droit en grand, aux branches de la science qui permettent de s'élever à sa philosophie, telles que l'histoire et la législation comparée, s'occupant d'un droit spécial et jamais du droit général, il leur était impossible d'élever la procédure à une grande hauteur. Lorsqu'on ne s'occupe en effet de la jurisprudence que d'une manière purement pratique, « on n'a pas à faire la recherche des meilleures « bases à établir, il suffit de savoir celle que la loi a « adoptée ; bonne ou mauvaise, il faut la reconnaître « telle qu'elle est [1] ». Loyseau, malgré sa science, disait lui-même : « Puisque je ne suis pas philosophe, ains ju- « risconsulte, ce n'est pas tant mon dessein de recher- « cher ce qui se doit faire,... que d'expliquer ce qui s'est « faict [2]. »

---

[1] M. Lherbette, *Introduction philosophique à la science du droit*, p. x.
[2] Loyseau, *Des Offic. de seign.*, l. 5, c. 5, no 1.

Ce fut un malheur pour l'avancement de la procédure que les chercheurs, les amateurs d'origines, les jurisconsultes livrés aux abstractions de la science et à ses curiosités plutôt qu'à la pratique, l'école en un mot qui a été désignée sous le nom d'*elegantiores jurisconsulti*, aient dédaigné l'étude des formes judiciaires. Leurs recherches eussent empêché l'avilissement de cette partie du droit et assuré ses progrès. Mais ni l'école historique, ni celle qui explorait les autres branches du droit au nom de la pure raison, n'envisagèrent cette matière. De nos jours encore les écrivains qui émettent des vues d'avenir sont trop souvent des juristes auxquels manque le secours d'une plus haute science [1], ou bien des hommes étrangers au droit, et qui sont exposés, par ce défaut de connaissances spéciales, à n'avoir que des idées peu justes ou impraticables. En effet, ceux qui font faire ordinairement des progrès aux sciences, sont ceux qui s'y adonnent uniquement par goût, sans aucune vue d'intérêt, pour le seul plaisir de connaître ; mais la sécheresse de la pratique judiciaire, ses allures tortueuses, son langage même, ne sont pas de nature à piquer la curiosité, ni à exciter l'ardeur de ces esprits généreux. Quant aux praticiens habiles, ils n'y voient « qu'un moyen de traiter des af-
« faires et non une science. Ils demandent donc, non ce
« qui doit être décidé, mais ce qui est décidé le plus ha-
« bituellement ; non une doctrine, mais une jurispru-
« dence ; non des raisonnements, mais des arrêts... [2] »

---

[1] « Simulque perspicere dabitur quantùm historia, antiquitates, et omne humaniorum litterarum genus juri conferrat, ut vicissim indè accipiat auxilii, resque altera alterius ope indigeat. » (Schulting, *Oratio de jurisprudentiâ historica*, à la fin de la *Jurisprudentia antejustinianea*.)

[2] M. Lherbette, *ibid.*, p. XLIII.

M. Boncenne a fort bien résumé ces idées dans ces mots qui terminent l'introduction de sa Théorie de la procédure civile : « La théorie de la procédure ne sera jamais bien comprise, si l'on n'aspire pas à se mettre en « rapport avec l'esprit du législateur, si l'on ne visite pas « les sources où il a puisé, et si l'on ne cherche pas à « découvrir, sous l'enveloppe des formes, les principes « de justice et de morale qui doivent éclairer la *pratique* « elle-même, et lui faire perdre, en la relevant, son « allure étroite et routinière [2]. »

---

[1] *Théorie de la procéd. civ.*, t. Ier, p. 632.

CHAPITRE II.

———

Il est impossible que les hommes vivent en société sans que leurs intérêts ou leurs passions ne fassent naître des différends, et l'état social ne saurait subsister s'il était permis à chacun de se rendre justice, car le plus souvent cette manière de réclamer ce qui est à soi dégénérerait en vengeance. Ce serait oublier la faiblesse humaine que d'espérer que l'homme assez fort pour faire respecter son droit, aurait assez de modération et de bonne foi pour exiger seulement ce qui lui serait dû. Et pour le plus faible, une oppression certaine étoufferait le bon droit [2]. Cependant le cœur humain a tellement besoin de justice, qu'il est absolument nécessaire de vider les différends, sous peine d'exciter, si l'on voulait les étouffer, des ressentiments d'autant plus fâcheux qu'ils auraient été plus longtemps comprimés. Il faut donc trouver des *moyens* et employer l'*entremise* de *médiateurs* pour rendre à

---

[1] Conférez Boncenne, introduction, ch. 1er; Jousse, *Nouveau Commentaire sur l'ordonn. de* 1667, t. Ier, préface; Domat, *Droit public,* liv. 4 : Des manières de terminer les procès et les différends et de l'ordre judiciaire; [Ambrosoli, *Introduzione alla giurisprudenza filosofica*, p. 129 et suiv. Milan, 1846, in-8o.]

[2] Un ancien proverbe espagnol disait : *Do fuerça viene, derecho se pierde.* « Où règne la force, le droit se perd. »

chacun ce qui lui appartient. Mais comme le choix de ces tierces-personnes serait souvent pour ceux qui doivent y avoir recours, l'objet d'une difficulté nouvelle, la loi positive de chaque peuple a dû prévenir ce danger. Un intermédiaire non officieux, mais légal, ne peut être que difficilement une personne privée : il faut qu'il soit au-dessus de ceux qu'il doit juger. C'est une utopie bonne à reléguer avec la fable de l'âge d'or, que de songer à faire vider les différends par le premier venu, et de remplacer les tribunaux par de simples arbitres. Le tiers-départiteur, afin que ses décisions soient efficaces, a besoin d'un pouvoir public, d'une autorité morale et matérielle : il faut que l'on obéisse à sa sentence, et que sa personne soit à l'abri des vengeances. A l'origine des sociétés, c'est le père de famille ou le chef de la tribu qui tranche les contestations. Mais pour peu que la population soit nombreuse et la civilisation développée, le prince a trop d'attributions pour juger lui-même, et d'ailleurs le discernement du juste et de l'injuste devient une opération difficile, un art délicat, une science compliquée. Il faut dès lors des magistrats, des juges de profession, des tribunaux en un mot.

Du moment que des tribunaux sont chargés d'appliquer une loi, une règle, une décision générale, dès l'instant que les juges sont des magistrats constitués pour distribuer la justice, il faut que tous les justiciables soient jugés d'une manière égale et avec les mêmes formes. Il faut qu'ils puissent éclairer le juge et fournir leurs preuves. Il faut que tout cela se fasse avec ordre, avec raison, sans violence. Dès lors il faut des formes, c'est-à-dire une procédure.

Le simple bon sens, l'évidence démontrent donc que sans tiers-départiteur, auquel on puisse soumettre les différends, le *droit* serait remplacé par la raison du plus fort[1]. Les formes ne sont que la mise en action du droit. Même sous le règne de la force, on les voit s'établir jusqu'à un certain point, et en quelque sorte d'elles-mêmes, tant leur nécessité se manifeste promptement. Leur apparition devient un commencement de justice, et, comme on l'a remarqué, il y a des formes même pour le duel.

Ainsi l'existence de l'état social suppose un tiers-départiteur; celle du droit, *ars æqui et boni*, exige que ce médiateur ne soit pas un simple arbitre; celle d'une loi positive assurant aux personnes la liberté, la propriété, etc., nécessite que le prince, législateur, n'applique pas lui-même ses prescriptions, ses ordonnances, et qu'il délègue la puissance judiciaire à des magistrats indépendants, à des tribunaux constitués. Pour que la justice de ces tribunaux soit parfaitement régulière, il faut qu'elle repose sur des règles, des observances, des rites, des formalités, destinés à régler sa distribution. « Les formes sont la vie de la loi », disait d'Aguesseau; et parfois, surtout à l'époque de la jeunesse des nations, l'administration de la justice a un caractère mystérieux, elle s'enveloppe de symboles, et l'application de la loi se fait à l'aide de formules sacramentelles et rigoureuses, que la pratique emploie servilement, sans pouvoir remonter jusqu'à la raison de ces solennités.

C'est ainsi que la nécessité de la procédure se démontre non-seulement par le seul effort de l'entendement, mais encore par le témoignage de l'histoire, qui la retrouve chez tous les peuples, diversement développée selon les phases de leur vie sociale. Mais aux époques de civilisation

---

[1] Non est singulis concedendum quod per magistratum publicè potest fieri, ne occasio sit majoris tumultus faciendi. (ff. De regulis juris, l. 176, fr. Pauli.)

extrême, où le raffinement des institutions engendre leur décadence, où la complication et la multiplicité des lois entravent leur efficacité, où les abus naissent quelquefois des précautions prises pour les prévenir, la procédure dégénère, favorise trop souvent l'injustice, et ruine même ceux qu'elle devait protéger. *La forme emporte le fond.* Scandalisés de cette maxime, des esprits légers, des observateurs superficiels confondent l'abus avec l'institution, demandent qu'on fasse table rase, et que l'on supprime des précautions justifiées par l'expérience et par la raison des choses. Le dix-huitième siècle tomba dans cet excès ; et encore de nos jours, il est un bon nombre de personnes qui, n'ayant pas réfléchi sur le caractère essentiel des lois et des droits, ni sur la nécessité de les mettre en action par une application régulière, trouvent qu'il serait bon d'abolir la procédure comme une invention abusive. C'est à cause de cette erreur vulgaire que nous avons dû dès l'abord rendre évidente la nécessité de formes protectrices[1].

---

[1] [Casimir Delavigne, dans son « Epître sur la Liberté », adressée à M. de Lamartine, a justifié la nécessité de l'ordre et des formes judiciaires dans les vers qui suivent :

> Thémis, moins rigoureuse, est aujourd'hui plus juste ;
> Mais on la trompe encore, et sa balance auguste
> N'incline pas toujours du côté du bon droit ;
> Son glaive tombe à faux et frappe en maladroit.
> La Chicane au teint jaune, aux doigts longs et difformes,
> Entoure son palais du dédale des formes,
> Et dans l'obscurité, les plaideurs aux abois
> Sont par leurs défenseurs pillés au fond du bois.
> J'ôte à ce parvenu la toge qui le pare,
> Et je découvre un sot caché sous la simarre!
> Que faire? De Thémis briser les tribunaux?
> Mettre sa toque en cendre et sa robe en lambeaux?
> Mais je vois un bandit qui ne craint plus l'enquête,
> A ma bourse, en plein jour, adresser sa requête ;
> Et deux plaideurs manceaux, de colère animés,
> En champ clos pour leurs droits plaider à poings fermés.
>
> (ŒUVRES DE LAMARTINE. *Epîtres.*)

CHAPITRE III.

—

Quand, à la fin du xviiie siècle, les législateurs révolutionnaires voulurent remplacer les formes et l'organisation judiciaires par ce qu'ils appelaient la procédure naturelle, par des tribunaux de famille et des arbitres publics, non-seulement ils jetèrent l'administration de la justice dans le chaos, mais encore ils méconnurent les règles de la nature, qu'ils préconisaient si haut.

Sans nous jeter dans la question de savoir s'il existe un droit naturel, et quel sens on doit attribuer à cette expression, sans examiner si les hommes ont réellement pratiqué un droit de cette espèce, à une époque primitive, antérieure à l'établissement des sociétés, il est évident que le seul bon sens et les besoins de l'homme consacrent d'eux-mêmes des principes d'égalité et de justice qui forment le point de départ de la législation positive.

En supprimant presque les tribunaux, en réduisant à peu près les formes au droit pur de la défense, les faiseurs de lois de 1793 foulèrent aux pieds le droit de la raison,

---

[1] Cpr. Bentham, *Traité des preuves judiciaires*, liv. 1er, ch. 3 : Du modèle naturel de la procédure légale. — [Ambrosoli, *Introduzione alla giurisprudenza filosofica*, liv. 3, ch. 1er, art. 4.]

ce droit naturel secondaire, plus complet et plus certain que le droit naturel proprement dit.

Effectivement, en mettant de côté les institutions judiciaires, en oubliant les enseignements de l'histoire, la seule raison peut encore déduire des besoins de la société et de la nature humaine un type général de procédure et la nécessité de plusieurs lois de forme. Abstraction faite des lois positives, on peut découvrir dans les lois de la procédure certaines vérités juridiques absolues, et formuler un patron, un modèle général de lois judiciaires. Mais les efforts de la philosophie ne peuvent aller plus loin, et ce patron, ce type abstrait ne sauraient être complets et s'adapter à toutes les civilisations, aux besoins de tous les peuples. Les lois de forme doivent être subordonnées au droit dont elles sont la mise en action ; comme un vêtement, la forme doit se modeler sur le fond et en garder l'empreinte : la procédure est donc nécessairement soumise à des circonstances, à des conditions extérieures provenant surtout du droit civil dont elle procure l'application. En proclamant ses droits en cette matière, la raison doit en même temps reconnaître elle-même les limites de sa puissance. Or, si le droit civil, le droit du fond est chez tous les peuples en grande partie positif, la procédure, la forme sera encore bien davantage dans le domaine des contingences, des coutumes, des précédents et de la volonté du législateur. Mais si les détails varient, les grands principes sont inébranlables, c'est à leur recherche que nous allons nous livrer dans ce chapitre.

La procédure *contentieuse,* celle qui se déroule devant les tribunaux, peut justement être comparée à un combat. Elle présente nécessairement quatre phases principales : 1° la formation de la demande et l'appel de la partie adverse ; 2° l'instruction, moment ardent de la bataille, où les parties contendantes luttent entre elles pour faire prévaloir leurs prétentions réciproques, et emploient comme armes l'arsenal des preuves et des arguments propres à mettre en lumière la vérité et à faire décider du succès ; 3° le jugement, par lequel le juge, témoin du combat, met fin à la contention et sépare les adversaires en proclamant son opinion sur le résultat de la lutte ; 4° l'exécution, fruit de la victoire, au moyen de laquelle le vainqueur obtient la tranquille possession de sa conquête, s'assure de l'objet ou du droit disputé et soumet la partie perdante aux conséquences de sa défaite. Comme ordinairement dans cette quatrième phase le vaincu ne joue plus guère qu'un rôle passif, la plupart des auteurs regardent l'exécution comme une procédure *volontaire* plutôt que comme une procédure *contentieuse ;* ils en font au moins une procédure *mixte.*

Ces quatre parties sont essentielles, caractéristiques.

Sans l'exécution, c'est-à-dire sans les conséquences matérielles du débat, sans ses résultats sur l'état, les droits, les biens des parties litigantes, un procès ne serait plus qu'une simple dispute de mots, une altercation vidée par un médiateur. Ce serait un conflit assez semblable à une dispute théologique ou philosophique, où les adversaires s'échauffent et luttent ardemment pour faire triompher leur opinion, et où les auditeurs se prononcent pour ou contre.

Sans l'appel en cause de l'adversaire, c'est-à-dire si les deux parties étaient d'accord pour commencer la lutte et se trouvaient d'elles-mêmes et de plein gré en présence, le procès perdrait son caractère de contestation, l'objet en litige ne serait plus qu'un enjeu. A l'instruction correspondrait l'habile manœuvre des joueurs, leur stratégie et leurs calculs ; au jugement, l'opinion des assistants sur les coups douteux et sur le succès définitif ; à l'exécution, le moment où le joueur heureux prend possession du gain.

Mais un procès n'est point une simple dispute où des mots font triompher des doctrines. Il y a en litige un objet plus matériel, plus actuel. Aussi l'exécution est-elle une partie essentielle de toute procédure.

Un procès n'est pas non plus un simple jeu, car il s'agit de réalités et non de fictions. Les parties ne luttent pas pour leur plaisir, elles ne combattent pas de bon accord : elles sont en différend, elles contestent. Elles se disputent les choses auxquelles l'homme s'attache ici-bas. L'un réclame ce qu'il n'a point, l'autre résiste à cette prétention : le défendeur ne vient pas de plein gré engager la lutte. Il faut par conséquent que la demande soit formée et que l'adversaire soit appelé à repousser cette demande.

Un procès est donc une guerre privée. C'est une guerre qui ne finit pas en une seule bataille, mais dans laquelle on avance peu à peu. C'est ce qu'exprime l'étymologie des mots *procès* et *procédure*[1]. Guerre privée, les combattants ne peuvent employer de violences ni de voies de fait : c'est au juge, dépositaire de la puissance publique, qu'il appartient de mettre la force matérielle à la disposition du vainqueur : la conquête du droit ne devant se faire que par des raisons et des preuves, que par les voies de droit.

Il faut voir maintenant comment est lancé le manifeste de la déclaration de guerre judiciaire, comment on répond

---

[1] Cette idée de progression se retrouve dans le nom que les Hollandais donnent à la procédure : *Regtsvordering*, c'est-à-dire *droit avançant*, droit allant en avant.

à cette première attaque, et assister à l'échange des hostilités.

Reprenons donc séparément chacune des quatre phases nécessaires, essentielles d'une procédure contentieuse[1].

La première d'entre elles, c'est la formation de la demande et l'appel de la partie adverse.

« Une maxime d'éternelle justice veut que nul ne soit « condamné s'il n'a pu se défendre; c'est l'idée dominante « qui se développe, s'étend et se ramifie dans tous les « détails des règles de la procédure[2]. »

« L'acte nécessaire pour obliger la partie de paraître « devant le juge, est le premier acte essentiel du procès. « — Cet acte a toujours paru tellement nécessaire, qu'il « a dans tous les temps été en usage chez toutes les na- « tions, et qu'il n'y a aucun tribunal où celui qui a « quelque demande à former ne soit obligé d'avertir ou « de faire avertir sa partie de paraître devant le juge. « C'est un principe que la *loi de nature* exige et qui est « suivi dans tous les États policés[3]. »

---

[1] Nous ne comptons que quatre phases essentielles dans le procès, parce qu'évidemment l'*instruction* comprend la *défense,* qui est une des conditions essentielles. Bentham distingue aussi quatre degrés bien marqués dans une cause judiciaire; à savoir : 1° l'*exposition,* où la question s'établit entre le demandeur et le défendeur, et où, d'entrée de cause, le champ du procès est circonscrit et limité; 2° la *production des preuves;* 3° le *jugement;* 4° l'*exécution. (De l'Organisation judiciaire,* ch. 2.) M. Rauter, dans son Cours de procédure civile, n° 107, fait du *jugement,* non la troisième partie de la procédure contentieuse, mais sa quatrième *condition.* Voici comme il énumère les *quatre conditions essentielles du procès (substantialia sive essentialia processus)* : 1° la *demande;* 2° la *défense;* 3° l'*instruction,* avec ses incidents; 4° le *jugement.* A ce compte, l'*exécution du jugement,* placée en dehors de la procédure contentieuse, est une cinquième partie du procès; mais tout cela n'est qu'une affaire de classification.

[2] Boncenne, introduct., ch. 1er, p. 8.

[3] Jousse, *Traité de la justice criminelle* (4 vol. in-4°, 1771), préface, p. 16.

« *Nemo debet inauditus damnari*[1]. »

Nous avons dit que nul ne peut se rendre justice à soi-même, et que les tribunaux sont indispensables dans l'état de société. Mais lorsque l'on a un droit à faire valoir en justice, il ne suffit pas d'adresser sa réclamation au juge ; il faut mettre celui contre lequel on agit, contre lequel on réclame ce droit, à même de répondre à cette demande, de discuter cette prétention ; car le juge, avant de juger, doit avoir entendu les raisons pour et contre, et la justice, pour avoir une autorité légitime, doit être contradictoire. L'appel de la partie adverse devant le juge est donc non-seulement le point de départ des procès, mais il est la base de l'instruction, du jugement et de l'exécution, puisque sans contradicteur il n'est pas de débat, sans débat il n'est pas de recherche de la vérité, sans recherche de la vérité, la démonstration de cette vérité ne peut être faite, et que c'est sur cette démonstration de la vérité que repose l'autorité de la chose jugée, autorité d'où découle enfin la légitimité de l'exécution.

Ainsi l'ajournement ou la citation de l'adversaire devant le juge, l'*in jus vocatio*, est d'une absolue nécessité, et cette nécessité est si grande que sans cette formalité essentielle, il est impossible de concevoir une procédure, ni d'administrer la justice. L'ajournement est donc le pivot de toute procédure, soit civile, soit criminelle.

Si maintenant nous considérons cette formalité, ce premier acte judiciaire, en dehors de toute législation positive, la seule raison nous fera découvrir des conditions essentielles pour qu'il remplisse son objet. Dans cet acte

---

[1] Deutéronome, ch. 47, v. 8.; S. Jean, *Evang.*, ch. 7, v. 5, et ch. 8, v. 40.

qui est de la substance même de la procédure, nous aper-
cevrons quatre conditions constitutives de sa propre substance. Ainsi il est évident qu'il ne suffira pas de dire que
l'on appelle en justice, mais il sera nécessaire d'en dire le
motif. Il faudra formuler la demande, dire ce que l'on
réclame et pourquoi on le réclame. Il faudra que l'assigné
défendeur sache exactement quel est l'assignant demandeur. Il faudra enfin qu'il ait le temps de réfléchir s'il
accordera ce qui lui est réclamé, ou, en cas de refus, de
préparer sa défense pour pouvoir résister : de là l'origine
des délais [1].

Ces premières conditions pourraient suffire dans une
civilisation peu avancée; mais au milieu d'une population
nombreuse, d'autres exigences apparaissent. Les deux
parties ne seront pas toujours des voisins se connaissant
parfaitement, et alors il deviendra nécessaire de déterminer exactement leur personnalité par des circonstances
positives, telles que le nom individuel (prénom) et celui
de la famille, la profession et le lieu de résidence habituelle (domicile). Dans une petite peuplade, il pourrait
n'y avoir aucun embarras sur le tribunal devant lequel
on devra assigner, parce qu'il n'y en aurait qu'un seul;
mais dans une grande nation, répandue sur un vaste territoire, il y aura de nombreux tribunaux, et il faudra

---

[1] « L'équité naturelle exige que la partie décrétée ait un délai pour
« comparaître sur la citation qui lui est faite, et cette formalité n'est *nul-*
« *lement arbitraire.* Il est juste, en effet, qu'une partie assignée ait un
« temps convenable non-seulement pour se disposer à comparaître devant
« le juge, mais encore pour rechercher les moyens et les pièces qui lui
« sont nécessaires pour sa défense.
« Mais quant à la longueur des délais, elle est *arbitraire.* Il doit être
« suffisant. » (Jousse, *ibid.* Voyez aussi la préface du commentaire du
même auteur sur l'ordonn. de 1667.)

alors indiquer à l'adversaire devant quel juge on l'appelle. *Primò, de judice.* La situation plus ou moins éloignée de ce tribunal aura aussi une grande influence sur les délais à accorder. Enfin des raisons de convenance et d'humanité conduiront à deux règles que formulera le droit positif; ainsi nul ne sera assigné après le soleil couché, *sol occasûs suprema tempestas esto* [1], et le demandeur, au lieu de ramener le défendeur devant le juge du domicile de lui demandeur, évitera ce voyage à son adversaire et suivra au contraire celui-ci devant le juge de sa résidence. *Actor sequitur forum rei.*

Ces perfectionnements ajoutés aux conditions naturelles, substantielles de l'ajournement, suffiront-ils? Sera-ce le demandeur lui-même qui ira en personne provoquer son adversaire? Oui, dans les sociétés primitives, à l'origine de la civilisation. Dans Rome républicaine, au temps de l'antique procédure des actions de la loi, l'*in jus vocatio* se produit dans toute sa simplicité la plus rude. C'est celui qui veut agir qui est chargé d'appeler lui-même son adversaire devant le magistrat, et, au besoin, de l'y amener de force *(in jus rapere)*, par le collet, *obtorto collo*, après avoir toutefois constaté par témoins le refus de comparaître *(antestatio)*. Mais ce défi, ces paroles brutales, quoique consacrées : *In jus ambula, sequere, in jus te voco*, sont évidemment une source de résistances et de voies de fait [2]. Le principe que nul ne doit se rendre justice à lui-même, qui est le fondement de la procédure et des lois judiciaires, doit naturellement

---

[1] Loi des Douze Tables.

[2] Quand le christianisme apparaît, S. Matthieu, au nom de la charité, recommande d'éviter ces résistances : *Esto consentiens adversario tuo citò, dùm es in viâ cum eo, ne fortè tradat te judici.* (S. Matth., cap. 5, v. 55.)

être appliqué ici ; le perfectionnement du droit fait tomber en désuétude cette violence individuelle, et l'*in jus vocatio* prend un caractère public. C'est l'exécuteur habituel des ordres du juge qui sert d'intermédiaire, qui accomplit ce message, et dans les derniers temps du droit romain l'*executor* ou *viator*, chargé de porter l'acte de citation, *libellum conventionis*, vient compléter l'organisation judiciaire. Cependant cet écrit n'est pas encore indispensable et la *vocatio in jus* peut, en général, se faire verbalement, *sine scriptis* [1].

La raison et l'expérience conduiront à d'autres modifications, à d'autres progrès. Le système des preuves en vigueur réagira puissamment sur la *formalité* de cet acte essentiel. Nous avons vu l'*in jus vocatio* à son origine réduite à une simplicité naïve : c'est le plaideur qui l'accomplit lui-même, sans frais, sans le ministère, d'un étranger, recourant à la vigueur de son bras plutôt qu'à l'autorité de la loi. Mais si l'ajourné résiste et ne se rend pas, s'il est absent, comment prouvera-t-on au juge qu'il a été cité, comment justifiera-t-on, s'il venait à le nier, que la demande lui a été faite d'une manière assez explicite, que des délais assez suffisants lui ont été donnés ? Par le témoignage de l'officier porteur de ce message. Mais si ce messager meurt, si sa mémoire lui fait défaut : tous les inconvénients de la preuve testimoniale se présentent alors. Aussi déjà, nous voyons l'assignation par écrit, *libellum*, apparaître dans la procédure romaine. Dans notre ancien droit, le peu d'exercice que nos aïeux avaient de l'écriture, l'importance que la preuve par té-

[1] M. Ortolan, *Explication historique des Instituts*, 3e édit., t. II, p. 423 et 507.

moins avait conservée dans leurs habitudes judiciaires,
laissa longtemps à l'*exploit* d'ajournement son caractère
primitif. Seulement la partie ne va jamais elle-même
trouver son adversaire : dès le temps de S. Louis, pour
ajourner on obtient un mandement du juge, qui ordonne
à son huissier, à son sergent (*serviens*), d'aller prévenir
le défendeur : de même dans le duel, le provocateur ne
va point en personne trouver son adversaire, mais il
charge un intermédiaire de lui porter son défi. Cependant,
jusqu'au xvie siècle, la plupart des huissiers et sergents
ne sachant pas écrire [1], leurs exploits se font verbalement,
et pour donner plus de certitude à leur attestation,
François Ier ordonne qu'ils seront assistés de deux témoins ou *recors*, supprimés plus tard comme superflus [2].

Mais enfin, à force de prendre des précautions, la forme
se complique tant, qu'elle devient une source d'abus et
de frais. Ces moyens, qui semblent n'avoir pour but que
de protéger le défendeur, entraîneront peut-être sa ruine.
La raison des choses s'est obscurcie sous les dispositions
du droit positif, à tel point que le législateur doit tendre
aujourd'hui à limiter ces ambages et ces cautèles. On
peut espérer que les progrès de l'instruction primaire, qui
rendent l'écriture aussi familière que la lecture, l'organisation régulière de la poste aux lettres, qui se charge,
par une formalité simple, de remettre à la personne
même les écrits qui lui sont destinés, restreindront dans
l'avenir les exploits de l'huissier et ses coûteux messages.

---

[1] « Enjoignons à tous sergens, qui ne savent écrire et signer, de se
défaire de leurs offices dans trois mois... leur défendons dès à présent
d'en faire aucune fonction, à peine de faux... » (Ordonn. de 1667,
titre 2, art. xiv.)

[2] Par l'édit du mois d'août 1667, modifiant sur ce point l'ordonn. civ.

Déjà, en matière administrative, les notifications sont faites avec plus de simplicité., et c'est par le canal de la poste que les juges de paix invitent à comparaître devant eux les parties qu'ils désirent officieusement concilier.

Voilà la demande formée et le défendeur mis à même d'y répondre. La raison exige qu'à son tour il fasse connaître ses moyens et qu'il les communique au demandeur. C'est de cet échange d'arguments que naîtra la lumière. Mais la passion, la cupidité, la mauvaise foi interviendront souvent et useront de stratagèmes pour éviter une argumentation loyale : une des plus perfides ressources de la chicane sera de tronquer l'instruction et de réserver pour le moment décisif les arguments les plus captieux, afin que l'adversaire n'ait point le temps de les rétorquer. La loi positive devra donc intervenir, non-seulement pour organiser le tribunal, mais pour maintenir l'égalité entre les combattants, et les empêcher d'user de surprises [1].

La raison démontre en effet que pour que le combat judiciaire aboutisse à la démonstration du bon droit, il faut que les deux parties soient placées sur le même terrain et combattent à armes égales. Mais ne faudra-t-il pas des combinaisons nouvelles pour qu'il en soit ainsi ? Le paysan plus familiarisé avec les travaux des champs qu'avec les exercices de l'intelligence pourra-t-il lutter avec l'homme lettré, avec le jurisconsulte brisé aux af-

---

[1] « Les parties doivent procéder avec bonne foi et sans lenteur; elles « doivent s'interdire les subterfuges, les mauvaises voies et les réticences, « et elles doivent se faire connaître d'avance, autant que possible, leurs « moyens dès l'entrée en litige. » (M. Rauter, *Cours de procédure civile française*, n° 88, p. 94.)

faires ? Tous auront-ils une connaissance égale du droit
et des usages des tribunaux, tous sauront-ils exposer leur
cause avec la même éloquence ? Evidemment non, et
cette seule remarque nous fera admettre *de plano* la nécessité d'auxiliaires, de champions, de mandataires pour
les plaideurs.

L'instruction terminée, arrive le jugement, dont les
conditions relèvent du droit positif plutôt que du droit
naturel. Cependant il est évident que s'il y a plusieurs
juges, l'opinion du plus grand nombre devra triompher
de celle de la minorité. Le jugement a pour but et doit
avoir pour effet de mettre fin à la contestation, de séparer
les adversaires. Il doit donc en rester mémoire : aussi
chaque peuple le constatera-t-il suivant le système de
preuves qui lui est familier. Chez les nations policées, l'art
d'écrire n'aura pas d'emploi plus utile, et si l'assignation
est faite par écrit, à plus forte raison le jugement sera-
t-il fixé par l'écriture. Tantôt, comme chez nos aïeux,
tous les jugements d'une juridiction seront transcrits sur
de longues bandes de parchemin *(rotuli)*, tantôt sur les
registres d'un greffe, par la main d'un écrivain officiel, le
greffier. La preuve du jugement servira de base à l'exécution, dont les règles seront presque toutes tracées par le
droit positif, le droit de la raison en cette partie de la
procédure se réduisant à peu près aux principes suivants :
que la partie condamnée soit traitée avec le moins de
dureté possible, qu'elle soit mise à l'abri des surprises et
appelée à obéir d'elle-même au jugement sans nouvelles
procédures et sans nouveaux frais. Car la maxime *væ
victis !* ne serait nulle part plus impie que dans le temple
de la justice.

[Mais la partie qui succombe doit payer les frais, puisqu'elle est déclarée avoir tort. *Le battu paie l'amende :* c'est de droit naturel[1].]

Restera à savoir si les décisions prises seront toutes irréformables, si la partie vaincue sera admise à tenter une nouvelle épreuve et à risquer les chances d'un nouveau combat, et s'il lui est permis de se pourvoir devant d'autres juges, combien de fois elle pourra ainsi remettre en question l'autorité de la chose jugée. Problème d'organisation judiciaire dont la solution dépendra plutôt des convenances politiques, des nécessités sociales, du besoin de la paix, de l'utilité en un mot, que des lumières de l'équité naturelle et du droit pur de la raison.

Ainsi, en dehors de tout droit positif, le besoin d'ordre, qui est le grand fondement de l'état social, amène à reconnaître non-seulement la nécessité de tribunaux, mais encore la nécessité de règles destinées à en bannir l'arbitraire, les machinations dolosives et la violence. L'ordre dans l'administration de la justice est la première garantie des plaideurs ; *non satis est quod judex sciat, sed ut ordine sciat.*

La procédure est l'ensemble des formalités destinées à assurer cet ordre. La seule raison nous a permis de constater les parties essentielles, fondamentales, c'est-à-dire la demande et la défense, l'instruction, le jugement, puis l'exécution. Enfin la force des choses nous a conduits à admettre que l'ordre judiciaire ne devait pas se composer seulement des juges appelés à statuer sur l'objet du litige,

[1] [Nous verrons plus loin, à l'occasion de l'art. 130, C. Proc., qu'en matière administrative le conseil d'Etat refuse de condamner l'administration aux dépens, et laisse les frais à la charge des particuliers, lors même qu'il décide que ceux-ci avaient raison. Nous dirons ce qu'il faut penser de cette dérogation aux principes du droit naturel.]

mais qu'il était encore besoin de personnes accessoires, de
messagers officiels destinés à éviter les rapports blessants
entre les parties, et à exécuter au nom de la puissance
publique les décisions du juge, enfin de représentants
légaux de ces parties, recevant leur mandat ou les assistant
de leurs conseils et de leurs efforts. L'auteur d'un traité
de pratique antérieur à l'ordonnance de 1667, Claude
Lebrun de la Rochette, commençait son livre en formulant
cette vérité : « Au tribunal judiciel sont requis, vn iuge,
« vn demandeur, vn deffendeur, vn aduocat, vn procureur
« (vn tuteur, vn curateur), vn greffier, vn sergeant[1]. » Il
omet le ministère public, autre personne accessoire propre
aux tribunaux français; mais le nombre et la détermination du rôle des personnes accessoires dépendent entièrement du législateur et sont du domaine du droit positif.

Nous voilà au terme de ce long chapitre, tout consacré
à la recherche des bases primordiales des lois judiciaires.
Il devait être le point de départ de notre travail, et même
pour ceux qui dédaigneraient les abstractions de la philosophie, il pourrait être encore de quelque utilité; car,
ainsi que le remarquait fort bien M. Boncenne, « on se sent
« soulagé, au milieu de cette foule de règles dont la pro-
« cédure est hérissée et dont l'étude présente d'abord
« un aspect si aride, de pouvoir remonter aux sources de
« la justice universelle, et d'y trouver, sous la rigide en-
« veloppe des formes, le secret des garanties les plus pré-
« cieuses et des plus utiles combinaisons[2] ». D'ailleurs,

---

[1] *Les Procez civil et criminel*, contenants la méthodique liaison du
Droict et de la Practique judiciaire, civile et criminelle, par Claude Lebrun de la Rochette, jurisconsulte Beaujolois ; p. 1re.
Ouvrage devenu assez rare, quoique souvent réimprimé, tant in-12
qu'in-4o, pendant la première partie du XVIIe siècle.

[2] *Théorie de la procédure civile*, introduction, ch. 2, p. 28.

comme l'a dit aussi un autre auteur, « les vérités qui se
« déduisent logiquement de la nature des choses ont, pour
« tout homme qui pense, une valeur très-supérieure aux
« vérités, souvent de pure convention, qui n'ont d'autre
« base que le caprice d'un législateur[1] ».

[1] M. Bonjean, *Traité des actions... chez les Romains*, p. 127.

CHAPITRE IV.

LA PROCÉDURE RELÈVE SURTOUT DU DROIT POSITIF. — INFLUENCE DU DROIT POLITIQUE ET CIVIL, DE L'ORGANISATION JUDICIAIRE, DU SYSTÈME DES PREUVES ET DE LA LÉGISLATION FISCALE [1].

———

Les vérités que nous avons développées dans le chapitre précédent, n'ayant par elles-mêmes d'autre appui que la raison et le sentiment de la justice, seraient exposées trop souvent à être mises en oubli, si elles n'étaient pas soutenues par une sanction, c'est-à-dire par les injonctions et les prohibitions du droit positif. Elles seraient trop vagues et trop aisées à violer, si les législateurs ne les formulaient pas en règles précises. Et même ainsi sanctionnées et organisées, elles présenteraient les plus graves lacunes; car nous remarquions tout à l'heure que la plupart des formalités de l'instruction, du jugement et de l'exécution étaient forcément des créations du droit arbitraire. Les seules lumières du raisonnement ne fournissent en effet qu'un germe qui doit être développé, qu'un point de départ au delà duquel les besoins de chaque état social doivent conduire le jurisconsulte phi-

---

[1] Conférez Bentham, *Traité des preuves judiciaires,* I. Ier, ch. 4er : Des rapports entre la loi et la procédure, entre la procédure et les preuves.

losophe. Mais dans ces additions qui sont l'œuvre du législateur, les vérités immuables qu'ont révélées la réflexion et la conscience du juste et de l'injuste, doivent
être respectées, et sous les développements et les complications successives, il ne faut point que le type pri-
mordial soit effacé ; le patron tracé par la raison doit
laisser toujours apercevoir son empreinte. Si « chaque
nation a ses lois arbitraires, disait M. Boncenne, les meilleures sont celles qui conservent plus purement le type
des lois immuables [1] ». *Jus naturale stirps et radix omnis
positivi juris.*

C'est à la logique de diriger ces développements : c'est
en ne perdant pas de vue l'idée de ces données premières
que l'on peut espérer d'obtenir un système de procédure
aussi satisfaisant que possible. Malheureusement l'histoire
du droit et le tableau des législations comparées montrent
des dispositions et des pratiques peu conformes à la notion du juste et de l'injuste, des textes où le caprice du
législateur ainsi que l'influence de vieux abus usurpent
souvent la place de la philosophie.

Loi de forme, destinée à mettre en action un droit
principal coordonné et réglé par les législateurs, la procédure a essentiellement le caractère de droit positif. Si
chaque institution a une forme typique créée par notre
intelligence [2], si le rôle des parties et des juges est déterminé *à priori* par certaines règles naturelles de justice,
il n'en est pas moins vrai que le droit de la procédure
consiste surtout en des règlements purement arbitraires,

---

[1] Boncenne, introduction, ch. 2, p. 26.
[2] Belime, *Philosophie du droit*, t. Ier, p. 247.

dont le motif raisonnable est de forcer tous les plaideurs à procéder de la même manière, tous les juges à juger uniformément et à tenir les balances égales, même dans les questions de forme. Il a fallu tracer aux plaideurs une voie précise pour s'opposer aux faux-fuyants de la chicane et régulariser le débat. La présence des personnes accessoires, des défenseurs et des officiers qui vivent de la justice, nécessite aussi de nouvelles règles pour empêcher les abus. Les relations réciproques des parties et des juges, des officiers ministériels et de toutes les personnes qui figurent dans le drame judiciaire sont complexes : il était nécessaire d'assigner à chacun son rôle et de l'empêcher d'en sortir. La morale prescrivait au juge d'agir sans passion, aux parties d'user de bonne foi, aux personnes intermédiaires de ne point mettre leur propre intérêt à la place de la justice. Le droit de la raison indique à son tour les premiers moyens pour faire observer ces principes ; mais des règlements impératifs et coërcitifs sont indispensables pour refréner les abus et contenir chacun dans le devoir. Bien loin de se confondre avec la chicane, la procédure bien comprise doit en être l'opposé et l'antidote.

La nature des règles de la procédure positive est influencée par l'état politique. La constitution du gouvernement exerce une action sur l'origine et la forme de ces lois *adjectives,* comme les appelle Bentham, qui seront tantôt de simples usages des praticiens, tantôt des règlements émanés du pouvoir judiciaire, tantôt des prescriptions de la puissance législative. En second lieu, l'organisation des tribunaux détermine l'existence et la tendance d'une infinité de dispositions. Il est évident que la procédure variera selon que le tribunal sera composé d'un ou de plusieurs juges, qu'elle ne pourra être la même en France où les magistrats sont juges du fait et du droit, que devant les juridictions anglaises où existe le jury civil; qu'en Prusse, où les avoués sont remplacés par des commissaires de justice, elle sera différente de ce qu'elle est dans les pays où des officiers publics postulent pour les parties; qu'enfin elle différera considérablement selon que la justice sera publique ou secrète et le débat oral ou par écrit. L'existence ou la non-existence de tel ou tel office, de telle ou telle personne accessoire, en établissant ou en supprimant un rôle, fera ajouter ou supprimer des chapitres entiers dans le code des formes. Comme l'a remarqué M. Laboulaye, « les procédures en « apparence les plus indifférentes ont toutes un caractère « spécial par lequel elles tiennent à la forme et à l'esprit « du gouvernement, forme et esprit qui se manifestent « surtout dans l'organisation judiciaire [1] ».

Mais c'est surtout la loi du fond, la loi *substantive,* comme dit Bentham, qui marquera son empreinte sur la loi de forme, la loi *adjective;* et si quelquefois, dans l'application, la forme emporte malheureusement le fond, dans la confection de la loi ce sera le fond qui emportera la forme. La procédure doit être la servante du droit, elle ne peut être indépendante du droit civil ni du droit criminel[2]. Et ce ne sont pas seulement les théories fonda-

---

[1] M. Laboulaye, *Essai sur les lois criminelles des Romains,* préface, p. XIV.

[2] « Ces lois ne seraient d'aucun effet si le législateur ne créait en « même temps d'autres lois, qui ont pour objet de faire accomplir les « premières : ce sont les lois de la procédure.

« Pour marquer la différence des unes et des autres, nous appellerons « les premières *lois substantives,* et les secondes *lois adjectives.*» (Bentham et Dumont, *Traité des preuves judiciaires,* l. Ier, ch. 1er.)

mentales, la partie interne de la législation, qui déter-
minent le système de procédure ; car la forme matérielle,
le côté externe du droit réagira sur la pratique judiciaire.
La manière dont la loi du fond est rédigée et coordonnée
doit être mise en ligne de compte, l'existence d'un droit
uniforme et méthodiquement disposé aura une grande
influence sur la procédure : un des principaux bienfaits de
la codification est de permettre de simplifier les formes en
prévenant un grand nombre des difficultés de la pratique,
outre que cette mise en ordre de la loi évite beaucoup
de procès. Sous ce rapport, notre Code de procédure
n'est pas aussi bon qu'il eût pu l'être en présence d'une
loi générale codifiée telle que le Code civil.

Le système des preuves particulier à chaque peuple
aura encore une immense influence sur la procédure, qui,
en la plupart de ses parties, n'est que l'art de disposer et
de produire les preuves. La théorie des formalités juridiques non contentieuses, est, aussi bien que le système
de l'organisation judiciaire, inséparable de l'étude philosophique de la procédure, ou des formalités contentieuses.

Enfin une branche du droit positif, la plus étrangère de
toutes à la philosophie et aux raisonnements, la législation
fiscale, rejaillit sur la procédure civile. Et comme les lois
fiscales sont de leur nature essentiellement strictes et
arbitraires, ce seront elles qui introduiront surtout dans
la procédure des prescriptions étrangères au droit de la
raison et même souvent contraires à ce droit. La raison
voudrait en effet que toutes les dispositions de la procédure tendissent à son but essentiel, qui est la justice et le
maintien du bon droit, et non de procurer une source de
revenus au trésor public. La nécessité, qui confère aux
gouvernements le droit d'établir des impôts, peut seule

justifier les frais de justice, et encore il est permis de
discuter la moralité de taxes qui mettent les citoyens dans
l'alternative de renoncer à réclamer ce qui leur appartient ou de s'exposer à de trop lourds sacrifices.

CHAPITRE V.

INFLUENCE DE LA PRATIQUE JUDICIAIRE SUR LA DÉTERMINATION
DES FORMES.

—

Il est des parties du droit dont la formation a un caractère essentiellement coutumier. On a remarqué justement que le droit commercial par exemple est une pure création de la coutume, cette puissance législative du moyen âge. Sans demander de règles à la logique du législateur, les marchands, qui n'avaient point étudié le droit, inventèrent de nouveaux contrats, imaginèrent des simplifications et des garanties qui forment aujourd'hui un droit spécial, droit le plus coutumier de tous, puisque la loi n'a fait que consacrer les anciens usages[1].

La procédure française présente aussi ce caractère coutumier, au moins dans ses détails. Bien que de nombreuses ordonnances aient été publiées dès le moyen âge pour réglementer les formes judiciaires et organiser les justices royales, l'influence des praticiens n'en a pas moins été considérable. Tout ce qui tient à la manière d'appliquer les règles qui devaient les diriger et les contenir, a été leur œuvre. Ils n'étaient point liés, comme à

---

[1] Belime, *Philosophie du droit*, t. Ier, p. 432.

Rome, par des formules rigoureuses délivrées par le magistrat, et la confection des actes leur était abandonnée comme elle leur appartient encore. Le style de la procédure n'est guère du domaine du législateur, et cependant la manière de rédiger tel ou tel contrat influe notablement sur le fond du droit. La longueur ou la brièveté des pièces du dossier peut, comme leur nombre plus ou moins grand, changer énormément la position des parties, en les grevant de frais. L'obscurité, les ambages, les redondances assurent un monopole aux gens d'affaires en rendant le langage judiciaire inintelligible à la plupart des justiciables. Tandis qu'en matière commerciale l'influence coutumière se traduisait en simplifications, dans la procédure civile l'esprit subtil des praticiens s'ingéniait à découvrir des stratagèmes pour éluder les lois fiscales et se procurer de gros bénéfices aux dépens des plaideurs. Il y eut des juristes qui n'étudièrent le droit romain que pour lui emprunter des subtilités, et qui appliquèrent la scolastique au même but et avec le même instinct de cupidité. Bien rarement l'usage amena de bons résultats en matière de procédure, et il autorisa de déplorables abus : car la coutume n'était pas là, comme sur le fond du droit, le fruit du sentiment public, mais seulement le résumé des habitudes, trop souvent intéressées, de la classe des gens de loi.

CHAPITRE VI.

Chaque civilisation a son système de procédure. Rome
avait le sien, et, quoique notre droit soit, en plus d'un
point, la copie du droit romain, notre procédure n'a rien
de commun avec la procédure romaine. Les Allemands,
les Anglais sont nos proches voisins; les usages de la vie,
chez eux, ne diffèrent guère de ce qu'ils sont chez nous,
les commotions politiques qui nous ont éprouvés les ont
aussi agités, et cependant les formes judiciaires en usage
chez ces peuples n'ont presque aucun rapport avec celles
de nos tribunaux. Un jurisconsulte français saisirait aisément les dispositions des lois civiles de l'Autriche ou de
la Prusse, tandis que nos praticiens les plus exercés et
les plus formés aux ambages de notre procédure resteraient pleins d'embarras devant une juridiction de ces
pays.

On dirait que le sanctuaire des tribunaux, les cabinets
des gens d'affaires ne ressentent pas le courant que la civilisation établit de nation à nation et ne sont influencés
ni par les théories des philosophes, ni par l'imagination
des rêveurs. Les précédents, la routine même y font
seuls d'ordinaire sentir leur empire. Les révolutions ne

détruisent point le système judiciaire particulier à chaque peuple ; le fond subsiste malgré l'action du temps. A Rome, la procédure extraordinaire avait succédé au système formulaire, la procédure formulaire aux actions de la loi, et cependant la procédure *per extraordinaria judicia* avait plus de rapports avec les *legis actiones* qu'avec notre Code de procédure ou l'ordonnance de 1667. Chez nous, le code actuel se rapproche plus des ordonnances qui l'ont précédé que des usages et des formules rigoureuses des *attorneys* d'Angleterre.

Meijer, dans l'introduction de son livre sur les Institutions judiciaires, a déjà remarqué que, si l'Europe entière a longtemps obéi aux lois civiles des Romains, si plusieurs peuples les suivent encore, il n'en est aucun qui ait emprunté la procédure romaine. Mais ce savant ajoute une réflexion non moins juste lorsqu'il remarque, en outre, que l'on chercherait vainement dans l'histoire l'exemple d'un peuple qui, sans avoir perdu son indépendance et son existence nationale, ait adopté la procédure d'une autre nation.

Ce fait, que chaque nationalité principale possède pour l'application de ses lois civiles un système particulier de formes judiciaires, comme elle possède un langage à soi pour l'expression de ses idées, est extrêmement digne d'attention, et le législateur doit nécessairement en tenir compte ; car, si chacune des grandes races européennes possède un système de procédure qui s'est instinctivement développé avec ses institutions judiciaires et sa civilisation, il faut en conclure que des importations étrangères ne peuvent, si ce n'est pour quelques détails, être un bon moyen d'améliorer les formes juridiques. Ces formes, purement arbitraires pour la plupart, et qui semblent indifférentes, ces lois adjectives dont le rôle est secondaire, ont, par l'effet du temps et par la force de l'habitude, composé un ensemble tellement lié qu'il fait en quelque sorte partie des mœurs nationales. Et ainsi, cette partie de la législation, qui semble la moins digne d'attention, s'élève presque au rang des institutions politiques [1].

Nous pouvons encore conclure de là que tout système nouveau, créé *à priori,* ne pourrait que bouleverser le droit et augmenter la confusion d'où naissent les procès; que le point de départ d'une bonne réforme de la procédure est dans l'amélioration raisonnée du système en vigueur chez un peuple et non dans l'adoption de théories ingénieuses et séduisantes peut-être, mais que leur nouveauté rend inacceptables dans une matière où l'expérience surtout doit avoir de l'autorité. En effet, un système de procédure ne se produit pas dès l'abord tout arrêté, tout complet : il se développe et se perfectionne de jour en jour. Il est donc de vrai de dire de la procédure civile ce qu'un criminaliste contemporain disait récemment de l'instruction criminelle : « La législation « modifie plus qu'elle ne crée, elle perfectionne plus « qu'elle n'invente, elle développe plus qu'elle ne dé- « truit. Si elle se hasarde quelquefois en de téméraires « innovations, ses écarts ne durent pas, et bientôt elle « revient par quelques points aux principes que le temps « a éprouvés et qui sont les vrais fondements de sa puis- « sance [2]. »

---

[1] M. de Savigny a même considéré et classé la procédure comme une branche du droit politique.

[2] M. Faustin Hélie, *Traité de l'instruction criminelle,* t. Ier, p. 13.

CHAPITRE VII.

DE L'UTILITÉ DE L'HISTOIRE DE LA PROCÉDURE ET DE L'ÉTUDE
DES LÉGISLATIONS ÉTRANGÈRES.

Dès le début de ce travail, nous mettions au rang des connaissances qui font voir le droit en grand, et qui permettent de s'élever jusqu'à sa philosophie, l'étude historique du droit et la législation comparée. Un adversaire de l'école historique, Meijer, qui a écrit un volume spécialement dirigé contre les doctrines du chef de cette école, M. de Savigny, reconnaît lui-même, dans ses lettres *sur la Codification,* que « l'étude de la littérature, de l'histoire, des antiquités sera toujours utile au jurisconsulte », et qu'elle « sera surtout indispensable à celui qui étudie la science de la législation » [1]. Il proscrit ainsi l'exagération de l'école rationaliste, qui prétend fonder exclusivement la philosophie du droit sur de pures abstractions, et qui, en conséquence, repousse le secours de

---

[1] *De la Codification en général et de celle de l'Angleterre en particulier,* lettres adressées à M. C. P. Cooper par Meijer. Amsterdam, Diederichs, 1830, in 8°.

toute donnée expérimentale [1]. — Nous, qui croyons que dans l'étude des moyens d'améliorer les lois on ne doit dédaigner aucun auxiliaire, mais qu'il convient d'emprunter à la fois des lumières et à la pure raison et aux leçons de l'expérience, nous nous garderons bien de rejeter comme inutile l'histoire de la procédure. Nous repoussons donc comme erronée cette opinion de Carré : « Les « recherches historiques que l'on pourrait faire sur l'ori- « gine et les progrès de la procédure offriraient moins « d'importance et d'utilité que celles qui auraient pour « objet les autres branches de la législation publique ou « privée [2]. » Bien au contraire, il nous semble que ce serait un beau et intéressant travail de faire l'histoire de chaque système de procédure, de montrer par exemple, en France, les progrès et les vicissitudes des formes judiciaires. Un érudit trouverait la matière d'un livre dans la seule étude de la procédure civile au moyen âge, en passant en revue toutes les ordonnances sur ce sujet et les écrits innombrables des praticiens et des juristes, depuis les *Ordo judiciorum* des glossateurs, Ricardus Anglicus, Tancredus, Pileus, jusqu'aux livres de pratique des

---

[1] [Kant, nous l'avons remarqué plus haut, a élevé la prétention de construire un droit purement rationnel et d'en déterminer les règles *à priori*, sans que la solution emprunte rien à l'expérience. Plein de dédain pour ce qu'il appelait le *droit empirique*, il crut pouvoir fabriquer, par la seule force de la dialectique, un ensemble systématique et abstrait, sans s'aider de la réalité. Mais cette méthode est insuffisante et périlleuse dans les sciences morales : insuffisante, parce que nulle tête humaine n'est capable d'un effort de création assez puissant; périlleuse, parce que la dialectique ne met pas à l'abri de l'arbitraire. Il faut donc n'employer ce procédé qu'avec réserve et en suivant, comme moyen de contrôle, le développement historique des idées et des faits. Voyez d'ailleurs les *Éléments métaphysiques de la doctrine du droit,* par Kant, traduct. de M. Jules Barni.]

[2] Carré, *Lois de la procédure civile,* édit. de M. Chauveau, t. Ier, introduction, p. vij, à la note.

xviie et xviiie siècles, depuis ce petit traité de procédure,
d'un auteur inconnu, et que l'on appelle *Ulpianus de
edendo*, jusqu'aux travaux de Bornier et de Serpillon,
depuis le *Speculum juris* de Guillaume Durand, qui valut
à son auteur, mort en 1296, le nom de *Magister practi-
cæ*, jusqu'aux résumés de Jousse et de Pigeau. L'*Ins-
trumentum actionum* d'Anselminus de Orto, antérieur
au xiie siècle; la *Practica aurea* de Pierre Jacobi, le
Stylus parlamenti de Guillaume Dubreuil, les *Anciennes Constitutions du Châtelet*, au xive siècle; le *Processus
Satanæ contra Virginem* de Barthole, l'*Advocatie No-
tre-Dame*, d'un chanoine de Bayeux; les *Arrêts d'amour*
de Martial d'Auvergne, et d'autres écrits bizarres, au xve
siècle; la *Practica forensis* de Masuer, celle de Lanfranc,
la *Praxis rerum civilium* de Damhoudère, la *Practique
judiciaire* d'Imbert, que Cujas trouvait le meilleur livre
pour apprendre la triture des affaires, *quo ad trituram
forensem nullus melior*, au xvie siècle, rapprochés des formulaires et des styles de procéder, tels que le *Refugium
advocatorum*, ou *Summa Odofredi de formandis libellis*,
fourniraient, avec les ordonnances, les éléments de cette
histoire, qui, si elle était écrite, eût sans doute offert plus
d'une application pour le but que nous poursuivons[1].

Nous emprunterons ici à un ouvrage estimable, la *Philosophie du droit*, de M. Belime, un exemple de l'utilité

[1] [Consultez notamment Savigny, *Hist. du dr. rom. au moyen âge*;
Wunderlich, *Anecdota quæ processum civilem spectant* (Gœttingen, 1841),
ainsi que la brochure in-4° intitulée : *Magistri Ricardi Anglici ordo judiciarius*, ex codice Duacensi, nunc primùm editus per Carolum Witte
(Halis, 1853). — Un professeur d'Heidelberg, M. Rosshirt, a donné
des recherches sur les origines de la procédure et du notariat dans le
volume qu'il a publié sous le titre de *Dogmen Geschichte des civilrechts*.
(Heidelberg, 1853.)

de l'histoire pour le perfectionnement de la procédure, et pour mettre en garde contre les théories trop abstraites. « Une idée présentée quelquefois comme salutaire, disait « M. Belime, est celle des arbitrages de famille, qu'on a « prétendu substituer à la juridiction des tribunaux entre « proches parents, au moins pour certaines espèces de li- « tiges. Quoi de plus propre en apparence à entretenir la « bonne harmonie entre personnes du même sang, à « étouffer promptement des causes de discorde et à épar- « gner des frais ruineux? Mais, si nous nous approchons « de l'histoire, nous voyons les statuts de plusieurs de nos « provinces essayer vainement d'établir l'arbitrage entre « parents, alliés et conjoints, *pour restreindre la désor-* « *donnée habitude de plaideries, dont procèdent grandes* « *inimitiés et dépenses de plusieurs volontaires plai-* « *deurs* [1]. Nous voyons nos rois lutter en faveur de la « même institution, sans jamais pouvoir parvenir à l'accli- « mater [2]. En 1790, les tribunaux de famille se relèvent « avec tant d'autres utopies; mais quatre ans après ils « succombent sous le désenchantement universel [3]. Que « conclura le jurisconsulte de ce fait historique? Que si « cette idée se représentait, il faudrait être circonspect « à l'accueillir. En effet, la justice calme, régulière,

[1] « Voy. les *Statuts de Provence* et le Commentaire de Julien, tit. Ier, p. 350 et suiv.

[2] « François II, par édit de 1560, crée les tribunaux de famille pour les causes de partages, de dots, douaires, administrations, comptes de tu- telle, etc. — L'ordonnance de Moulins renouvelle cette disposition, qui n'est jamais exécutée. Henri IV fut empêché par la mort de présenter au parlement un nouvel édit qui devait étendre beaucoup cet arbitrage. (Voy. *Mémoires de Sully*, t. 7, p. 288.)

[3] « Voy. la loi du 24 août 1790, art. 12 et suiv. — Voy. aussi Boncenne, *Introduction à la procéd. civ.*, p. 302. »

« inflexible des tribunaux vaut mieux que l'*œquum et*
« *bonum* des personnes étrangères aux affaires [1]. »

Malgré notre répugnance pour les importations étrangères en matière de procédure et d'organisation judiciaire, nous regrettons vivement que ces deux branches
du droit aient été aussi négligées par les jurisconsultes qui
ont créé de nos jours la science des législations comparées.
Nous eussions aimé à confronter sur ce point nos lois avec
celles des autres peuples de l'Europe. Une pareille étude
ne peut être qu'effleurée dans ce mémoire, et comme secours accidentel : car pour tracer *ex professo* le tableau
des divers systèmes de procédure européens, avec leurs
variétés et leurs modifications, il faudrait un grand ouvrage ; il faudrait envisager non-seulement les systèmes en
vigueur, mais faire revivre les formes de procéder plus
anciennes qui ont laissé partout des vestiges. Ce serait un
livre curieux que celui où l'on déroulerait, dans des chapitres successifs, après l'exposé sommaire de la procédure
romaine, aujourd'hui bien étudiée, les formes usitées chez
les barbares, puis le système du droit canonique, renfermé dans les Décrétales et qui a eu une si grande influence
sur la formation du système de la procédure française [2] ;
où l'on ferait connaître les règles de l'administration de la
justice en Espagne, contrée dont la vieille législation n'a
guère été explorée ; où l'on résumerait les procédures particulières aux tribunaux de la cour de Rome, tels que la
Rote, etc. ; où l'on analyserait les formulaires et les styles

---

[1] Belime, *Philosophie du droit*, t. Ier, p. 254.

[2] [On trouvera un résumé de la marche de la procédure canonique à la
fin du *Corpus juris canonici*, et dans la *Summula Joannis Andreœ de pro-
cessu judicii*, publiée à Bâle en 1840, par M. Wunderlich.]

composés par les praticiens lombards ; où l'on passerait en revue la manière de procéder qui était en usage devant la chambre impériale, puis la procédure allemande ancienne et moderne, avec ses variétés, le *Prozess-Ordnung* de Prusse, la procédure russe, la procédure écossaise, enfin la procédure anglaise, que ses types multipliés et propres à chaque juridiction, contribuent à rendre si obscure [1].

Dans ce vaste tableau, il y aurait une partie qui présenterait pour nous un intérêt immédiat et pratique, ce serait celle consacrée aux variétés de la procédure française. En effet, notre procédure a été, comme nos autres lois, importée chez plusieurs peuples qui, en la conservant, ont senti la nécessité d'y faire des modifications plus ou moins profondes. L'étude de ces modifications est profitable pour nous : car si les unes ont été imposées par les habitudes locales ou par les exigences politiques, les autres n'ont été introduites que pour effacer quelques-uns des vices qui déparent le Code français. C'est ainsi que notre Code de procédure a été remanié plus ou moins profondément en Hollande, à Genève, dans le canton de Vaud, dans celui de Berne, dans le royaume de Naples, dans le grand-duché de Parme et tout récemment dans les États sardes.

S'il serait dangereux d'emprunter des formalités propres à des systèmes tout à fait étrangers, de prendre pour exemple tantôt la procédure allemande, tantôt les formes

---

[1] En Angleterre, « tel jurisconsulte, qui, après de longues études et une grande expérience, arrive à une grande renommée dans la procédure selon la loi commune, serait bien embarrassé de diriger une procédure devant les cours d'équité ; tel juge, dont on respecte les décisions lorsqu'il siége d'un côté de la cour, devient l'objet des censures les plus amères lorsqu'il se trouve appelé à rendre la justice de l'autre côté ». (Meijer, *De la Codification*, p. 211.)

judiciaires des peuples slaves, tantôt les *suit at law* et les *forms of proceedings* des pays anglo-saxons, parce que ces emprunts hétérogènes s'allieraient mal avec le caractère de nos lois nationales, l'exemple de codes qui, comme le code de Genève ou celui de Naples, sont en définitive des éditions retouchées du nôtre, peut être invoqué sans inconvénient et au même titre que notre ancien droit.

Ce n'est que pour l'organisation judiciaire que nous possédons des travaux historiques et généraux. Nous avons entre autres savantes recherches, la préface de l'un des derniers volumes des *Ordonnances,* où M. Pardessus a retracé l'histoire de l'administration de la justice en France depuis Hugues Capet jusqu'à Louis XII [1]. Dans un ouvrage depuis longtemps apprécié, Meijer a fait connaître l'ensemble des institutions judiciaires en Europe [2]. Mais la procédure proprement dite est toujours négligée.

L'histoire générale des formes judiciaires est donc encore à faire. Les matériaux abondent cependant. La laborieuse Allemagne a déjà défriché ce terrain. Les écrits de Platner, d'Otto et de Heffter, pour la procédure athénienne ; ceux d'Unger, de Freyberg, Maurer, Steiner, Buchner, Muhlenbruch, Hollweg et Mittermaier, pour les procédures romaines et germaniques, formeraient déjà un noyau bibliographique considérable. Mais ces vastes recherches sont étrangères au cadre et au but de mon travail ; et pour répéter les paroles de l'un des maîtres de

---

[1] N'oublions pas non plus l'Histoire de la constitution judiciaire en France, depuis l'origine de la monarchie jusqu'à nos temps, tirée des sources et des meilleurs écrivains, par J. P. Brewer : *Geschichte der Französischen Gerichts-Verfasung,* von Brewer. (Dusseldorf, Schreiner, 1835-1837, 2 vol. in-8°.)

[2] *Esprit, Origine et Progrès des instructions judiciaires des principaux pays de l'Europe,* par J. D. Meijer (Paris, 1819, in-8°, 6 vol.)

l'école historique, à propos de la procédure romaine,
« ces formes, si je voulais les faire connaître, il me fau-
« drait entrer dans des détails infinis, curieux, pleins
« d'intérêt sans doute, car dans les lois de la procédure,
« non moins que dans celles de la propriété, se peint au
« vif le génie des peuples; mais ce serait mettre un ou-
« vrage dans un autre, et je n'en ai ni le temps ni la
« force [1] ».

De ce champ immense de l'histoire et de la législation
comparée, une parcelle seulement doit être explorée dans
ce mémoire. Occupé à rechercher de quelles réformes
notre procédure civile serait susceptible, il m'a semblé
indispensable de jeter un coup d'œil sur le passé et sur
les contrées voisines, pour voir quelles réformes avaient
déjà été opérées. Etudiant, non-seulement ce qui est et
ce qui a été, mais encore ce qui devrait être, j'ai cru
utile de passer en revue les essais et les projets des réformateurs qui depuis trois siècles ont de près ou de loin
envisagé la procédure civile; de montrer ainsi la marche
de l'esprit humain, par un tableau des efforts, des plaintes
et des critiques dirigés contre nos lois judiciaires. Ce sera
la part qui appartiendra légitimement dans ce travail aux
recherches historiques.

---

[1] M. Laboulaye, *Histoire du droit de propriété foncière en Occident*,
liv. 3, ch. x, p. 160.

CHAPITRE VIII.

MARCHE PROGRESSIVE DE LA PROCÉDURE EN FRANCE.

—

C'est surtout en France que la procédure civile est le produit du temps et des traditions. Chaque siècle l'a perfectionnée et appropriée aux mœurs, en la mettant en harmonie avec les modifications du droit et de l'organisation politique et judiciaire. Notre Code de procédure actuel est jusqu'à un certain point une édition revue et augmentée de l'ordonnance de 1667, laquelle n'était elle-même qu'une réforme des ordonnances antérieures. Il serait ainsi facile de remonter la série des lois successives sur la procédure, et on les verrait alors s'enfanter les unes des autres.

Nous ne nous arrêterons point à la procédure semi-barbare des premiers temps de la monarchie, quelles que soient ses traces dans nos usages modernes : l'étude des formes usitées devant les rachimbourgs ou les scabins, et plus tard devant les cours féodales, n'aurait que peu d'utilité pour les réformes à exécuter au xixe siècle. Le combat judiciaire et les gages de bataille n'ont rien de commun avec le grimoire de nos praticiens, quoique là cependant soit l'origine de l'appel.

La plus grande révolution peut-être qui se soit accomplie dans l'histoire de notre procédure, eut lieu quand les formes judiciaires du droit canonique se substituèrent à celles de l'ancienne pratique féodale[1]. Ce fut une transformation analogue à celle qui s'opéra quand les Romains abandonnèrent les actions de la loi pour la procédure formulaire.

La procédure des Décrétales s'introduisit jusque dans les justices féodales : c'était l'esprit chrétien qui luttait contre l'esprit violent et guerrier des barbares. C'est de cette procédure des *cours de chrétienté* qu'est issu le fond du système de notre procédure moderne. En cela l'extension de la juridiction ecclésiastique servit puissamment la civilisation.

Ainsi nous devons au droit canonique « plusieurs insti-« tutions de notre procédure civile, telles que l'appel des « jugements interlocutoires, l'interrogatoire sur faits et « articles, l'appel en matière de juridiction volontaire, « la règle : *reprobatoires des reprobatoires ne sont re-« çues,* etc. Plusieurs de nos termes de pratique ont une « origine canonique : ainsi *conclure* dérive de la forme « syllogistique sous laquelle on exposait sa demande de-« vant les tribunaux ecclésiastiques[2] ».

Mais la royauté, en grandissant, cherchait à faire prévaloir sa puissance, et bien avant l'époque où l'on put proclamer la maxime : *toute justice émane du Roi,* la royauté tentait de réglementer les procédés des praticiens.

---

[1] Montesquieu, liv. 28 , ch. 40 : *Comment on prit les formes judiciaires des Décrétales.*

[2] M. Esbach, *Cours d'introduction à l'étude du droit*, p. 214.

« Plusieurs des maximes du droit canonique sont encore observées dans toute l'Europe, et même dans les pays protestants. Les formes judiciaires sont sorties en entier de cette source, et quelque répugnance que bien des gens aient à vivre sous des lois faites par des prêtres, ils n'en emploient pas d'autres quand ils défendent leur fortune, leur réputation ou leur vie. » (Bernardi, *De l'Origine et des Progrès de la législation française,* p. x.)

S. Louis, dans ses *Etablissements,* avait voulu régler
la procédure; si les formalités des Décrétales furent pré-
férées, les rois ses successeurs ne renoncèrent pas à agir
sur l'administration de la justice.

A l'absence de procédures, qui caractérisait la justice
des barons, les juristes, qui prenaient peu à peu la place
des seigneurs féodaux (dont ils n'étaient d'abord que les
conseillers), avaient substitué des formes compliquées.
C'est l'époque où les tribunaux devinrent permanents.

Bientôt un travail en sens inverse s'opéra, et la tendance à laquelle nous obéissons, surtout de nos jours, fut
désormais de simplifier les formes.

Cette simplification se serait opérée il y a longtemps, si
à côté du désir d'abréger les procès, les rois n'avaient eu
celui de tirer de la justice un revenu pour leur trésor.

Pendant quatre siècles, le fisc se montra le grand
obstacle à la rapide administration de la justice, et à côté
de ce protecteur des abus, vint malheureusement se ranger la vénalité des charges de justice et de judicature,
vénalité à laquelle on doit en partie le prix excessif de la
justice dans nos temps modernes. Néanmoins, l'influence
de l'autorité royale, en s'efforçant d'agir contre la multiplicité et l'embarras des formes, amena une nouvelle
révolution dans l'histoire de la procédure : je veux dire
l'abrogation des formes des Décrétales devant tous les
tribunaux. L'ordonnance de 1667 accomplit ce changement, préparé pendant tout le XVIᵉ siècle, en obligeant
même les tribunaux ecclésiastiques à suivre la procédure
uniformément prescrite dans cette ordonnance [1].

---

[1] Ordonn. de 1667, tit. Iᵉʳ, art. 1ᵉʳ.

Une dernière remarque à faire, c'est que les lois de la procédure dans l'ancienne France ne présentaient point une bigarrure aussi grande, aussi profonde que celle du droit civil. Les coutumes, du moins dans leur dernier état, ne contenaient point ordinairement de prescriptions relatives aux formes. Dès le moment où la procédure canonique fut en usage, l'unité de la loi se trouva sur ce point facilement assurée, sinon en fait, au moins en principe, et les rois en profitèrent pour faire exécuter leurs ordonnances dans tout le royaume [1]. La procédure fût même devenue uniforme dans la majeure partie de la France (nous exceptons les provinces nouvellement conquises), si chaque tribunal principal n'avait eu son *style de procéder*. L'attention des historiens du droit est aujourd'hui tournée vers ces recueils des vieux praticiens, véritables coutumiers de la procédure. L'ordonnance de 1667, qui établit l'unité de la loi de forme, longtemps avant qu'il fût possible d'y assujettir la loi du fond, avait ôté sans doute la plus grande partie de leur utilité à ces styles aujourd'hui intéressants au point de vue de l'histoire [2]. Cependant les anciens textes conservèrent leur autorité en ce qui n'était point changé, cor-

---

[1] Cependant, avant l'ordonnance de 1667, « les juges d'Eglise de chaque diocèse avaient leurs styles et usages particuliers dans la procédure. » (Guy du Rousseau de Lacombe, *Recueil de jurisprudence canonique*, in-f⁰, v⁰ *Procédure*.)

[2] Le nombre des règlements particuliers, antérieurs à l'ordonnance de 1667, était considérable, et il serait difficile de les énumérer tous. Ainsi, à Laval, le juge du comté donna aux avocats, le 5 février 1652, un règlement *pour le faict de la justice et expédition des causes de la juridiction du comté de Laval*. (Laval, Rob. Cormier, 1652.) En 1675, on fit également, pour le siége de Laval, un *Tarif des honoraires, taxes et dépens*, imprimé en 1685. (*Recherches sur les corporations du comté de Laval*, par M. de la Bauluère, ch. des Avocats.)

rigé ou abrogé par l'ordonnance de 1667. Pussort, dans
le procès-verbal des conférences sur le titre 27, art. 10,
avait dit : qu'en dressant les articles, l'intention n'avait
pas été d'y comprendre généralement toutes choses, mais
seulement ce qui avait besoin de réformation et qu'on
pourrait suivre les anciennes ordonnances pour les choses
auxquelles il n'aurait pas été spécialement dérogé. Aussi,
malgré l'intitulé même de l'ordonnance où Louis XIV déclarait vouloir établir un style uniforme dans *toutes les
cours et siéges*, il n'y eut point de parlement qui ne re-
tint quelque usage particulier dans des choses qui n'é-
taient pas directement contraires à l'ordonnance. Les
rôles des causes, les *videments* de registres, la distribution des procès, les jugements par grands et petits commissaires, le partage d'avis, par exemple, étaient restés
sous l'empire des usages, et un commentateur estimé,
Rodier, put former un volume in-4° des questions « relatives aux usages des cours de parlement [1] ».

---

[1] « Avant l'ordonance de 1667, qui établit par tout le royaume une
« même loi pour la procédure ; chaque parlement avoit ses usages et même
« ses lois coutumières sur la procédure, les comissaires, pour former
« cette loi, examinèrent les usages et les règlemens de chaque province,
« et en prirent ce qui leur parut de plus équitable et en même temps de
« plus propre pour abréger les procès, pour diminuer les tergiversations et
« les surprises des chicaneurs, et pour doner les moyens à chaque plai-
« deur de faire conoître clairement son droit à ses juges, il falut ocuper
« une compagnie d'habiles gens à composer cet ouvrage, il falut surmon-
« ter plusieurs obstacles de la part de quelques parlemens ; mais enfin la
« loi de la procédure civile, qui est une grande partie du droit fransois,
« fut formée et devint générale, et par conséquent uniforme pour toutes
« les provinces du royaume, et cela malgré les diférens articles des difé-
« rentes coutumes, auxquels l'ordonance dérogea pour l'utilité comune
« de toutes les provinces, et persone n'en murmura, ou s'il y eut quel-
« ques murmures, ils tombèrent bien-tôt, parce qu'ils n'étoient pas fondés
« en raison. » (L'abbé de Saint-Pierre, *Mémoire pour diminuer le nombre
des procès*. Paris, Cavelier, 1725, in-12, p. 69 et 70.) Nous avons transcrit textuellement ce passage, où l'on reconnaîtra le système orthographique
de l'auteur.

Remarquons même que, sous notre code moderne, si la *procédure* est uniforme, la *pratique* présente encore de notables variétés d'une contrée à une autre, et ces différences entre les usages des divers tribunaux, qui varient surtout entre les ressorts de cour d'appel, ne sont consignées nulle part et ne s'apprennent que par l'exercice du barreau, *triturâ fori* [1]. Mais, quoique peu importants en apparence pour la bonne administration de la justice, nous aurons à dénoncer cependant plus d'une habitude de palais, plus d'un usage, qui constituent de graves abus, et quelquefois même de véritables violations de la loi.

[1] « C'est encore l'usage qui règle nombre de petits détails dans la pro- « cédure, dont la loi n'a pas cru nécessaire de s'occuper, ainsi que la « forme des actes, au sujet desquels la loi s'est bornée à indiquer ce qui « est indispensable. » (Meijer, *De la Codification,* p. 175-76.)

CHAPITRE IX.

—

L'ordonnance de 1667 réalisa les premières réformes dans le sens des idées modernes. Les lois relatives à la procédure étaient jusque-là éparses dans une multitude d'ordonnances, la plupart sur des sujets multiples, et la plus grande confusion régnait en cette matière. Les textes destinés à régler la justice avaient fini par devenir si nombreux qu'il était difficile de les connaître tous; ils avaient suffi pour remplir de gros volumes, et les juris-consultes Néron et Girard avaient pu former un énorme in-folio du recueil des ordonnances et déclarations *sur le fait de justice et l'abréviation des procès*. L'abréviation des procès! c'était là le but vers lequel avaient tendu en vain bien des réformateurs, et leurs efforts étaient venus échouer contre les ruses des gens de justice. Dès le XIVe siècle, le roi Jean avait publié, pour l'abréviation des procès, l'ordonnance de 1383; deux siècles plus tard, en 1539, François Ier donnait dans le même but l'ordonnance de Villers-Coterets; mais le mal, à peine réprimé, renaissait plus grand et plus profond.

Les précautions du droit canonique pour assurer le triomphe du bon droit avaient bien changé de nature :

les formes des Décrétales, en passant dans les tribunaux laïques, s'étaient compliquées de tous les ambages qu'avaient pu imaginer les praticiens. Les ecclésiastiques, pour attirer à leur juridiction tous les plaideurs, avaient dû garder des ménagements et conserver à leur justice un caractère d'équité et de conscience[1] : ce caractère disparut promptement sous l'effort cupide des procureurs qui apparurent dès le commencement du XVIᵉ siècle. Leur nombre était illimité d'abord, et l'autorité royale, effrayée de leur multiplication, voulut les réglementer : plusieurs ordonnances enjoignirent aux parlements d'en réduire le nombre. Il paraît que leur probité était dès lors en suspicion et que leur profession n'avait pas un grand relief; car, dès l'origine de ces fonctionnaires, on découvre dans leur organisation naissante trois prohibitions; à savoir, que l'office de procureur dérogeait à la noblesse, qu'il était incompatible avec la profession d'avocat, et qu'il ne pouvait être exercé par des ecclésiastiques[2]. C'est dans les mains de ces officiers devenus ainsi

[1] « L'Église attira presque tous les procès à la barre de ses tribunaux. « Les plaideurs, du reste, étaient loin d'en murmurer, car ils trouvaient « dans les officialités, de l'impartialité, de la science et une procédure « régulière, tandis que les justices seigneuriales n'étaient peuplées que de « chevaliers ès lois ignorants et corrompus. » (M. Eschbach, *Cours d'introduction générale à l'étude du droit*, p. 211.)
Une Constitution d'Innocent III, rappelée par M. Boncenne (p. 148), défendit aux juges d'Église de percevoir aucun droit sur les plaideurs, sauf les cas où ils seraient obligés d'aller aux champs pour l'examen de l'objet litigieux. (Décrétales, *de vitâ et honestate clericorum*, cap. 10.) On sait que les juges civils recevaient des épices des parties, et que c'est en 1789 seulement que ce salaire a été supprimé.

[2] Duvigneau, procureur du parlement de Bordeaux, a prétendu le contraire dans une apologie de la profession de procureur, qu'il prononça à l'ouverture d'une conférence sur l'ordonnance, faite à Bordeaux en 1782 et 1783. Il s'efforça d'établir que les procureurs ont toujours été *assimilés aux avocats*, qu'ils pouvaient être *promus aux ordres sacrés*, et enfin qu'*ils ne*

nécessairement laïques, que la procédure canonique commença à se dénaturer, et perdit les avantages qui lui avaient d'abord assuré un universel empire. Les praticiens italiens, venus à la suite de Clément V à Avignon, ont été particulièrement accusés d'avoir surchargé la procédure canonique de cautèles et de subtilités qu'ils prétendaient étayer de l'autorité du droit romain [1].

Louis XIV, dont la puissance gouvernementale pénétrait dans tous les replis de l'organisation sociale, voulut réformer en ce point les abus dont gémissaient ses sujets, et faire sentir son autorité aux gens de justice de tous les tribunaux du royaume. L'ordonnance de 1667, rédigée au sein du conseil d'Etat, fut ensuite soumise à des conférences composées des magistrats les plus célèbres, tant du conseil que du parlement de Paris. Ces conférences commencèrent le 26 janvier 1667, et au mois d'avril suivant, parut cette ordonnance nouvelle qui devait « bannir les détours ruineux de la chicane [2] ». C'é-

dérogeaient pas. Sur ce dernier point, il est forcé d'avouer que notamment Guy Coquille, d'Argentré et Loyseau étaient d'un avis tout différent. Le livre de Duvigneau, qui contient quelques recherches curieuses, a été publié à Genève, en 1783, sous le titre de Discours sur la profession de procureur, et forme un volume in-8°. — Boucher d'Argis prit aussi le parti des procureurs dans l'Encyclopédie (v° Procureurs). Voy. enfin une série d'articles publiés dans le journal le Droit (nos des 18, 20 et 22 octobre 1852) sur l'origine des procureurs et des avoués. On y passe en revue tous ceux qui ont illustré cette profession auprès du parlement de Paris, depuis Hilaire Clément, mort en 1390, jusqu'à Bigot de la Boissière, au XVIIIe siècle. Il y a aussi l'Essai sur la profession des procureurs, par Groustel (1749, in-12), et les Considérations sur la grandeur et la décadence de la profession de procureur (1843).

[1] « C'est chose certaine, disait Loyseau, que la plupart de nos chicaneries, longueurs et procédures vicieuses, ont été apprises des praticiens de cour d'Église, lorsque les papes séaient en Avignon. » (L. III, ch. 3, no 8.) Loyseau est trop sévère : nos praticiens aidèrent bien à ceux d'Avignon.

[2] Procès-verbal des conférences tenues par ordre du roi pour l'examen

tait la première fois que les règles de la procédure civile
étaient réunies dans un ordre méthodique et séparées de
matières étrangères à l'administration de la justice. Les
ordonnances de Villers-Coterets, d'Orléans et de Moulins;
les édits de Cremieu, de Roussillon et d'Amboise, ne présentaient, ni cette clarté, ni cette méthode, ni cette unité
de vues; les unes ne prononçaient que sur certaines parties de la procédure, les autres ne traitaient de la justice
que d'une manière accessoire [1]. L'ordonnance de 1667
fut le premier pas fait dans la voie de notre codification
moderne ; c'était la première fois qu'on voyait une loi
tracer à tous les tribunaux du territoire la marche de la
procédure, depuis l'ajournement introductif d'instance
jusqu'à l'exécution des jugements. Aussi est-ce une des
lois que le grand siècle compte au nombre de ses titres
glorieux [2]. Nous l'avons révisée sans doute avec utilité,
mais nous ne devons pas oublier qu'elle a servi de type et
de point de départ à notre code de procédure moderne.

---

des articles de l'ordonnance civile du mois d'avril 1667, p. 2 de l'avertissement. (Nouv. édit., Paris, 1740, in-4º.)

[1] Les principales ordonnances sur la procédure sont celles de 1363,
de 1446, de 1453 (on a dit de celle-ci qu'elle fut notre premier code de
procédure), de 1493, de 1536, d'août 1539 (Villers-Coterets), de 1560
(Orléans), de 1563, de 1566, de 1572, de 1667 (l'ordonnance civile) et
de 1670. Il y en avait qui ne régissaient la procédure que dans quelques
provinces, telles que les ordonnances d'Ys-sur-Thyle et d'Abbeville. [Au
recueil de Néron et Girard, il faut ajouter les compilations suivantes :
Code Gillet ou des procureurs, recueil d'édits, déclarations, arrêts et règlements concernant les fonctions des procureurs du parlement de Paris; de
délibérations de la communauté des avocats, et d'instructions relatives à
l'ordre judiciaire. Pierre Gillet, ancien procureur, donna pour la première
fois cet ouvrage au public en 1714. — *Code Pont-Chartrain*, recueil de
règlements concernant la justice, rendus sous le chancelier de Pont-
Chartrain, imprimé par son ordre en 1712. Les règlements analogues,
donnés sous le chancelier le Tellier, avaient été également rassemblés en
1687 sous le titre de *Code le Tellier*.]

[2] *Thémis*, t. IV, p. 236.

CHAPITRE X.

—

L'ordonnance de 1667 fut une légitime satisfaction accordée à des plaintes depuis longtemps formulées. De toutes les calamités qui accablèrent nos pères pendant la durée de ce brillant mais orageux xvie siècle, aucune ne sembla plus vive que la décadence de la justice et les vices de son administration. On dirait, en lisant les pages plaintives ou indignées de nos vieux jurisconsultes, que les guerres privées du palais furent plus douloureuses encore que la guerre civile, et il est venu jusqu'à nous presque autant de gémissements sur la corruption de la justice et la rapacité de ses ministres que de lamentations sur les déchirements religieux. Je vois d'abord, parmi ceux qui préparaient de loin la réforme opérée enfin par Louis XIV, l'illustre chancelier de l'Hospital, qui, dans ses *Mémoires pour la réformation de la justice*, protestait contre la vénalité des charges, et s'efforçait de réparer les malheurs causés par les chanceliers Duprat et Poyet, ce *bipedum nequissimus*, comme l'appelait Dumoulin. En même temps que l'Hospital déteste les procès en beaux vers latins, dans son épître *De exsecratione litium*, j'entends le grand jurisconsulte Guy Coquille tonner *contrà fiscales furores*, dans ses œuvres poétiques [1], et stigmatiser dès cette époque les tributs que les gouvernements modernes prélèvent sur la justice. Je lis les plaintes amères dont Carondas le Caron fait précéder ses Réponses du droit français, et où il « deplore le desordre qui... « peruertit toutes choses, faisant appeler et estimer Iustice ce qui n'en retient à grand'peine l'ombre. — Nous « voyons, dit-il en son avant-propos, nous voyons la « France, laquelle autresfois a esté tant honorée des « peuples voisins et estrangers pour la Iustice qui y re- « gnoit, estre aujourd'huy très mal renommée pour les « corruptions qui aueuglent les juges et magistrats : « tellement qu'il semble que les diverses loix et ordon- « nances qu'on y publie pour l'administration de la Ius- « tice et institution de nouueaux officiers, ne sont que « nouueaux appasts pour nourrir et affriander le procès « qui est le malheur fatal de la France [2] ». Adrien Turnèbe, dans une épître adressée à l'Hospital, appelle les officiers de justice « *pestes populatoresque popelli* » et s'écrie :

Ad prædam accurrunt unà : inventaria scribunt
Omnibus invitis hæredibus : optima furtim
Avertunt, comeduntque palam quam plurima [3].

---

[1] *Guidonis Conchylii Romenæi Nivernensis poëmata.* Niverni, 1590, in-8°.

[2] *Responses du droict françois*, par Carondas le Caron, jurisc. parisien. Paris, 1586, in-8°. — [Voy. aussi le *Discours de la justice*, par Charles de Bourgueville, lieutenant général à Caen. Paris, Chesneau, 1579, in-4°.]

[3] Adriani Turnebi *Epistola ad Hospitalem*, Franciæ cancellarium, scripta anno 1560.

A la fin de ce siècle, Loyseau accumule toutes ses colères contre la vénalité des charges et la cupidité des procureurs : dès le début de son Traité des offices, il donne cette instruction aux juges « que s'il est vray que l'une « des plus grandes afflictions de ce monde sont les pro- « cez, il s'en suit que l'une des plus grandes charitez, « c'est d'empescher les procez, ou du moins les vuider « promptement [1] ». Cette pensée d'aviser aux moyens de pacifier les plaideurs est poursuivie par beaucoup d'esprits généreux, et tandis que Loyseau laisse éclater toute la virulence de son style dans son fameux *Discours de l'abus des justices de village*, nous voyons paraître des écrits aujourd'hui oubliés mais bons à signaler, tels que l'*Eridographie* du toulousain Noguier [2], la *Source et Origine de procès*, de Jean de Marconville [3], et les *Moyens pour abréger les procès*, de Philibert Bonet [4].

[Si des traités des jurisconsultes nous passons aux autres écrits du temps, nous trouverons des attaques bien plus hardies. Dans la chaire chrétienne, Michel Menot prêche contre les gens de loi, et Olivier Maillard avertissait ses auditeurs de se garder des *et cætera* des notaires. — Dans

---

[1] Loyseau, *Du Droit des offices*, édit. de 1701, p. 28.

[2] L'*Eridographie*, contenant la description de procès, qui le nourrit, et que faut-il auoir pour l'éuiter, par Antoine Noguier, tolosain. *Imprimé à Tolose par Guillon Boudeuille*, 1552, in-8°.

[3] *La Manière de bien policer la République chrestienne, contenant l'estat et l'office des magistrats; ensemble la source et origine du procès et détestation d'iceluy, auquel est indissolublement conjoinct le mal et la misère qui procède des mauvais voisins.* Paris, Jean Dallier, 1562, petit in-8°. — 2e édition. Rouen, 1582.

[4] *Moyens pour abreger les procès et oster les empeschements de bonne et brefve expédition de justice, faictz par manière de conseil et advis,* par maistre Philibert Bonet, docteur ès droits. Paris, Guillaume Lenoir, 1556, in-8°. — On peut encore citer de la même époque une critique intitulée : *Deux Plaidoyez d'entre M. Procez, appelant de la sentence du seneschal de Raison... et M. de Bon-Accord.* Paris, Chesneau, 1570, petit in-8°.

les livres entachés d'hérésie, les satires les plus violentes
livraient à la risée publique tout l'ordre judiciaire. Henri
Estienne, dans son *Apologie pour Hérodote*, poursuit de
ses traits les plus acérés les suppôts du palais. Rabelais,
avant lui, s'était moqué, avec son cynisme habituel, de
la justice et de ses ministres. Dans deux chapitres tout entiers de son *Pantagruel*, il accumule des phrases bizarres,
et il place ce galimatias incompréhensible, comme échan-
tillon d'éloquence judiciaire, dans la bouche du seigneur
de Humevesne et de son antagoniste, lorsqu'ils « plai-
doyent deuant Pantagruel sans aduocats [1] ».. Il enchéris-
sait ainsi sur la farce de l'Avocat Pathelin, cette satire
des mœurs judiciaires du xv° siècle. Dans sa facétieuse
énumération des livres qu'il suppose dans la bibliothèque
de l'abbaye de Saint-Victor, il invente les titres les plus
burlesques pour les ouvrages de jurisprudence, tels que
« le Chatfourré des procureurs, la Complaincte des aduo-
« cats et la Rustrie des prestolans » (c'est ainsi qu'il appelle les juges de village) [2]. Il fait juger par Pantagruel un
procès inextricable auquel n'avaient rien pu comprendre
les « vieulx rabannistes » (gens à rabat). Pantagruel, pour
se tirer d'affaire, fait brûler l'amas de sacs qui contenait
les procédures et entend les explications des parties elles-
mêmes sans intermédiaires. Il écarte les praticiens, «veu
que les loix sont extirpées du mylieu de philosophie morale et naturelle » à laquelle les avocats ne connaissent
rien, non plus qu'aux « lettres d'humanité et congnois-
sance des anticquitez et hystoires... dont toutes foys les

[1] La *Vie de Gargantua et de Pantagruel*, liv. II, ch. 10, 11 et 12.
[2] *Ibid.*, liv. II, ch. 7.

droitz sont tout pleins [1] ». Et les deux parties furent contentes de son arret, ce « qui feut quasi chose incréable.
Car aduenu n'estoit depuys les grandes pluyes et n'ad-
uiendra de treize iubilez, que deux parties contendentes
en iugement contradictoire soyent egualement contentes
d'un arrest deffinitif [2] ». Il pousse encore la dérision plus
loin, dans l'histoire du « iugement du iuge Bridoye, lequel sententioyt les procès au sort des dez ». C'est là qu'il
raconte « comment naissent les procès, et comment ils
viennent à perfection ». Il écrit six chapitres pour prouver que le jugement des procès par les dés est aussi raisonnable que le jugement par délibération, et il termine
par « l'estrange hystoire des perplexitez du iugement humain [3] ».]

L'opinion d'un philosophe dont l'esprit sceptique reflète aussi une des faces du génie du xvie siècle, ne peut
non plus être ici passée sous silence. Montaigne fait peu
de cas des lois positives, des tribunaux réguliers et des
formes destinées à assurer l'administration de la justice.
Les lois, voici en quels termes il en parle : « Elles se
« maintiennent en crédit, non parce qu'elles sont justes,
« mais parce qu'elles sont loix : c'est le fondement mys-
« tique de leur auctorité ; elles n'en ont point d'aultre qui
« bien leur sert. Elles sont souvent faictes par des sots ;
« plus souvent par des gents qui, en haine d'égualité, ont
« faulte d'équité ; mais tousjours par des hommes auc-
« teurs vains et irrésolus. Il n'est rien si lourdement et

---

[1] La *Vie de Gargantua*, liv. II, ch. 10.

[2] *Ibid,* ch. 13.

[3] Liv. III, ch. 39 à 44. Au ch. 12 du liv. IV, il fait passer son héros
dans le pays de *Procuration,* où il observe « l'estrange manière de viure
entre les chicanous ».

« largement faultier que les loix, ny si ordinairement.
« Quiconque leur obéit parce qu'elles sont justes ne leur
« obéit pas justement par où il doibt. Les nostres fran-
« çoises prestent aulcunement la main, par leur desrègle-
« ment et déformité, au desordre et corruption qui se
« veoid en leur dispensation et execution. Le comman-
« dement est si trouble et inconstant qu'il excuse aulcu-
« nement et la désobéissance et le vice de l'interpréta-
« tion, de l'administration et de l'observation. » La
justice, voyez comment il la traite : « Considérez la forme
« de ceste justice qui nous régit ; c'est un vray tesmoi-
« gnage de l'humaine imbecillité. Tant il y a de contra-
« dition et d'erreur !... Combien ai-je veu de condem-
« nations plus crimineuses que le crime ! » Et dans le
même chapitre, il nous donne son idée sur les tribunaux :
parmi les nations fortunées, il range celles qui n'ont
guère de lois. « En voylà, dit-il, qui pour touts juges,
« employent en leurs causes le premier passant qui
« voyage le long de leurs montaignes [1] ; et ces aultres
« eslisent, le jour du marché, quelqu'un d'entr'eux,
« qui, sur le champ, décide touts leurs procès. Quel dan-
« gier y auroit-il que les plus sages vuidassent ainsi les
« nostres, selon les occurrences et à l'œil, sans obliga-
« tion d'exemple et de conséquence ? A chasque pied son
« soulier. Le roy Ferdinand, envoyant des colonies aux
« Indes, voulust sagement qu'on n'y menast aulcuns
« escholiers de la jurisprudence, de crainte que les pro-

---

[1] C'était un usage presque général dans les républiques de Lombardie, au XIIIᵉ siècle, de confier à des juges étrangers l'administration de la justice. Encore de nos jours, la république de Saint-Marin choisit toujours pour juge un étranger.

« cès ne peuplassent en ce nouveau monde, comme
« estant science, de sa nature, generatrice d'altercation
« et division : jugeant avecques Platon que c'est une
« mauvaise provision du païs, que jurisconsultes et mé-
« decins[1]. » Ailleurs, son aversion contre les affaires
judiciaires lui fait dire : « A combien de fois me suis-je
« faict une bien évidente injustice, pour fuyr le hasard de
« la recevoir encores pire des juges, après un siècle d'en-
« nuys et d'ordes et viles praticques...[2] » Les ordonnances de son temps, il les appelle « je ne sçais quelles
« chestifves reformations sur les habillements, la cuisine
« et la chicane[3] ». — « Pourquoy, se demande-t-il encore,
« est-ce que nostre langage commun, si aysé à tout
« aultre usage, devient obscur et non intelligible en
« contract et testament ?[4] »

J'ai tiré de Montaigne ces longues citations, parce
qu'elles résument beaucoup d'écrits publiés au XVIIe et
surtout au XVIIIe siècle, et qu'il ne manque pas encore de
personnes qui partagent cette manière de voir. Montaigne
semble être le chef de cette classe de réformateurs qui,
pour améliorer la distribution de la justice, ne propose-
raient rien moins que de supprimer toutes les institutions
judiciaires : opinion que nous verrons préconisée par les
gens de lettres et les esprits légers, mais dont on a lu
plus haut la réfutation.

Il faut bien le dire, ces boutades signalaient un mal
profond; mais parmi ces écrivains du XVIe siècle nous n'en

---

[1] Montaigne, *Essais,* liv. III, ch. 13.

[2] *Ibid.,* liv. III, ch. 10.

[3] *Ibid.,* liv. III, ch. 9.

[4] *Ibid.,* liv. III, ch. 13.

trouvons guère qui indiquent des remèdes pour corriger la *vénalité, profanation et contemnement* de la justice, comme disait Guy Coquille. Toutefois, un principe d'une importance majeure et que l'on s'étonne de ne pas voir apparaître dès l'origine de la procédure, à savoir que les juges doivent motiver leurs jugements, est mis en avant sous Henri II, par Raoul Spifame, ce jurisconsulte singulier, que l'originalité de son esprit fit passer pour fou. On sait que quelques-unes des idées de Spifame, consignées dans les Arrêts imaginaires, qu'il supposait avoir été rendus par Henri II, en 1556, ont été depuis accueillies par le législateur; mais sa meilleure invention, celle d'obliger à motiver les décisions judiciaires fut la plus tardive à faire son chemin, puisque ce n'est qu'à la révolution de 1789 qu'elle a été consacrée dans nos lois. Spifame avait été plus heureux en proposant d'abolir les justices seigneuriales dans les grandes villes : précurseur de Loyseau dans la lutte des juristes contre la féodalité justicière, sa proposition trouva de l'écho, et la suppression des prétoires seigneuriaux dans les villes principales, diminua le nombre des jugeries inutiles [1].

Mais la maxime qu'un bon jugement doit porter avec lui la démonstration de sa bonté et la preuve de sa raison, est tellement précieuse qu'elle doit faire placer le livre de

---

[1] [Sur le singulier ouvrage de Spifame, *Dicæarchiæ Henrici Regis christianissimi Progymnasmata,* voy. une notice de Secousse, *Hist. de l'Acad. des inscriptions et belles-lettres,* t. XXIII, p. 274, et Debure, *Bibliogr. instructive,* Hist., t. II, p. 90. Ces articles ramenèrent l'attention sur ce livre oublié, dont les idées furent remises en circulation dans un volume intitulé : « *Vues d'un politique du* XVIᵉ *siècle sur la législation de son temps, également propres à réformer celle de nos jours,* ou Choix des arrêts qui composent le recueil de Spifame, connu sous le titre de : *Dicæarchiæ Henrici,* etc., avec des observations, par Auffray. » Paris, 1775, in 8°.]

Spifame au premier rang de ceux qui ont contribué à l'a-
mélioration des formes judiciaires. Jamais cet inventeur
de règlements n'eut une inspiration plus ingénieuse et plus
utile que le jour où il supposa l'existence de deux ordonnances par lesquelles il était enjoint à tous les juges de
mettre dans leurs sentences et arrêts *la cause expresse et
spéciale d'iceux*.

La Roche-Flavin à son tour, dans ses *Treize Livres des
parlements de France*, mit sur le compte de l'histoire le
rêve de Spifame. « Anciennement, écrivait-il, les juges
« avaient coutume d'insérer dans leurs jugements la cause
« ou motif de la condamnation ou absolution ; mais au-
« jourd'hui cela n'est en usage, et les arrêts et sentences
« ne contiennent que ce qui est ordonné, simplement sans
« autre raisonnement [1]. »

Cette même pensée qu'il fallait que chaque décision
contînt son motif, devait rester plus de deux cents ans à
l'état d'utopie, et cependant un troisième écrivain du
XVIe siècle l'inscrivit parmi ses aphorismes législatifs.
« Nec decreta exeant cum silentio, sed judices sententiæ
« suæ rationes adducant, idque palàm, atque astante
« coronâ », disait le chancelier Bacon [2].

C'est un des plus graves reproches que l'on puisse faire
aux rédacteurs de l'ordonnance de 1667, que d'avoir négligé d'inscrire dans la loi un principe aussi fondamental.
Et nous devons l'avouer, à regret pour notre pays, ce ne
fut pas la France qui eut l'honneur de faire passer la première, des régions de la théorie dans le domaine de la

---

[1] *Treize Livres des parlements de France*, liv. XIII, ch. 64.
[2] *De Justitia universali,* aphorisme 38.

pratique, une règle aussi précieuse : car à Naples, dès le mois de septembre 1774, un édit prescrivait aux magistrats de ne juger que sur le texte de la loi, et de motiver leurs décisions[1].

Signalons parmi les bienfaits rendus à la justice par le chancelier de l'Hospital, la création des présidiaux, tribunaux nouveaux fondés dans le but de diminuer le nombre des degrés de juridiction, et de soustraire les plaideurs aux abus des anciens tribunaux, dont on restreignait par là la compétence.

Mais Ayrault, dans le même temps, disait, dans une harangue adressée au duc d'Anjou, en 1570 : « Que iamais « on ne veid tant de juges et si peu néantmoins de bonne et « briefve Iustice... en ce royaume, qu'elle en est bannie « comme si on luy avoit fait son procès à elle-mesme. »

Avec l'apaisement des troubles civils la justice refleurit, et les plaintes si acerbes des jurisconsultes contre l'ordre judiciaire devinrent moins vives. Des magistrats illustres semblent, par l'excellence de leurs arrêts, avoir rendu moins sensibles les vices de la législation, et justifié ainsi cette pensée de Platon, reproduite de nos jours par MM. Portalis et Dupin, qu'il vaut mieux posséder de bons juges avec de mauvaises lois, que de bonnes lois avec de mauvais juges. Pendant le cours du xviie siècle on n'attaqua plus si vertement la justice, et au lieu des amères doléances des jurisconsultes et des magistrats eux-mêmes, il n'y eut plus que la critique des poëtes. La magistrature, éminente par ses lumières et sa vertu, fut entourée d'un respect profond. Les gens de lettres reprochèrent à la

---

[1] *Encyclopédie méthodique,* jurisprud., v° *Arrêt,* et Boncenne, introduction, p. 129.

procédure son obscurité et ses ennuis, mais se bornèrent
à la satire des plaideurs et des procès [1]. Toutefois les traits
nombreux dirigés alors contre les discussions judiciaires,
en les représentant comme une source de calamités, de
frais et de vexations, attestent les périls de cette guerre
du palais, partant les vices de la procédure. Longtemps
avant que Boileau écrivît contre les procès son épître fa-
meuse, et Racine sa comédie des *Plaideurs,* un poëte,
aujourd'hui oublié, dirigeait, dans une *mazarinade* digne
de remarque, des invectives éloquentes contre la procédure et ses misères [2]. Et dans le premier quart de ce siècle
illustre on ne craignait pas d'inscrire sur la tombe d'un
conseiller de Rouen [3], dans une épitaphe en beau style
lapidaire, que ce magistrat, livré toute sa vie à l'étude des
lois, avait laissé ses fonctions, *parce qu'il avait honte de
mourir au milieu des procès :*

> ....! PER OCTO
> LVSTRA THEMIN PIE COLVIT, REGI SVO BENE
> NOTVS, DE REPVBLICA SVA BENE MERITVS
> SVO MVNERE BENE FVNCTVS, ...
> .... LVBENS
> DESTITIT...................... ....

---

[1] [On imprima en Hollande un conte satirique intitulé : *le Procès est
un abyme sans fond,* et où plaideurs et gens de justice sont traités avec
une incroyable crudité. Les caricaturistes se mirent aussi de la partie, et
M. Leber cite (n° 2984 de sa biblioth.) quatre eaux-fortes italiennes des
plus singulières, gravées au XVIIe siècle et intitulées : *le Procez des procez.*
Bayle ne dédaigna point de rendre compte d'*Arlequin procureur,* farce
jouée aux Italiens, et tout Paris applaudit avec une joie indicible la scène
des deux procureurs dans le *Mercure galant.*]

[2] Dans le siècle précédent, Guillaume Passerat avait chanté : « la Divinité des procès. »

[3] Gaspar Lemarchant, seigneur d'Outrelaize, conseiller à la cour des
aides de Normandie. Son épitaphe se voit dans l'église de Saint-Manvieux,
près de Caen, et M. de Caumont l'a donnée tout entière dans sa *Statistique monumentale du Calvados,* t. Ier, p. 223.

.... RELIQVVM VITÆ
TEMPVS SIBI SVISQVE PRÆSTITIT, NON
QVOD TÆDERET PATRIÆ VIVERE, SED QVOD
PVDERET IN LITIBVS MORI........

C'est dans ce calme des esprits que Lamoignon écrivit ses Arrêtés, et prépara l'ordonnance de 1667, qui devait réglementer à nouveau la procédure civile et y introduire un ordre inconnu jusqu'alors. Malheureusement Lamoignon n'était pas l'ami de Colbert, et ce fut Pussort, oncle de ce ministre, qui fut chargé du rôle principal dans la rédaction de l'ordonnance. Pussort, quoique instruit d'ailleurs, était un homme d'un caractère intraitable, fort entêté du passé et sans vues profondes sur la législation. Il ne comprit que d'une manière étroite son office de réformateur. Sans Lamoignon, la nouvelle ordonnance n'eût été qu'un résumé mis en ordre des anciennes ordonnances. Mais, grâce au premier président, on fit disparaître les plus criants des anciens abus. C'est ainsi que l'ordonnance de 1667 « coupa court à la multiplicité des appels des jugements préparatoires, l'une des plaies qui désolaient le plus l'ancienne jurisprudence. Il ne fut plus permis désormais de revenir devant le juge pour alléguer la faute du juge lui-même, sur l'appréciation des actes et des faits, espèce de voie de révision incessante, qui faisait de la fin d'un procès comme de la victoire de Cadmus, et dégradait la magistrature..... On ne vit plus les instructions par écrit s'allonger, se grossir au gré d'un vil intérêt, les procureurs creuser une mine sans fond, et les rapporteurs attendre quelquefois les pièces toute leur vie. La contrainte par corps, qui était alors une règle générale en matière civile, tomba au rang des plus étroites excep-

tions[1] ». Malheureusement l'ordonnance de 1667 ne s'oc-
cupa pas de la saisie immobilière, et laissa ainsi le pays
livré dans cette partie de la législation, à la plus affreuse
anarchie. Enfin, le projet de créer des formules pour
servir à l'exécution de l'ordonnance devint aux mains des
gens du fisc l'origine de l'introduction du papier timbré
en France, ce qui aggrava encore les frais de justice[2].

La réforme ainsi opérée inspira le respect, et ce concert
de satires et d'épigrammes qui s'élevait contre l'ancienne
pratique devint moins unanime. Les esprits incessamment
occupés à la recherche du mieux tournèrent leurs efforts,
non contre les vices de la loi, mais contre les défauts des
hommes. On entreprit le perfectionnement des mœurs judiciaires, au nom de la morale et des principes religieux.
C'est alors que parurent un certain nombre de traités sur
les devoirs des magistrats, où l'on exhorte les dépositaires
de la justice à extirper ceux des abus qui subsistent
encore. Déjà, au commencement du siècle, Jean de Coras
avait composé un « Discours des parties et office d'un bon
et entier juge[3] »; en 1692, Denis Simon, conseiller au
bailliage de Beauvais, rentra dans cette voie et donna
« l'Idée d'un bon juge » à la suite de sa *Bibliothèque
historique des auteurs et interprètes du droit.* En 1699,
un membre d'une des familles parlementaires de la Bour-
gogne, Fyot de Montpont, fit paraître, sous le voile de
l'anonyme, un ouvrage intitulé : « les Qualités nécessaires

---

[1] Biographie de Guillaume de Lamoignon, par M. Sorbier. (*Mémoires
de l'Académie de Caen,* vol. de 1847, p. 339.)

[2] Le papier et le parchemin timbrés furent établis, suivant les diploma-
tistes bénédictins, en Espagne et en Hollande, l'an 1555 ; à Bruxelles, en
1668 au plus tard, et en France l'an 1673.

[3] Lyon, 1605, in-12.

« à un juge avec la résolution des questions les plus im-
« portantes sur les devoirs de sa profession[1]. » Deux ans
après, un ancien magistrat angevin, que ses collègues
avaient éloigné de leur compagnie, Frain du Tremblay,
publia à son tour, et aussi sous le voile de l'anonyme, des
« Essais sur l'idée du parfait magistrat, où l'on fait voir
« une partie des obligations des juges[2] ». Dans ce livre,
écrit d'une manière négligée, Frain du Tremblay rappelle
sans ménagement aux juges leurs devoirs, et attaque, au
nom de la conscience et des principes religieux, les abus
judiciaires de son époque[3].

Le xviiie siècle arrivait avec toutes ses aspirations in-
quiètes vers un état de choses nouveau. L'ordre judiciaire
et la procédure allaient redevenir l'objet d'ardentes réclamations. Les abus étaient pesants et assuraient un bon
accueil aux écrits qui les dénonçaient. Mais si l'on signa-
lait amèrement le mal, la frivolité de l'époque ne faisait
guère chercher le remède, plus difficile à découvrir qu'on
ne le supposait. Beaucoup n'étaient guère éloignés de
l'avis de Montaigne, et trouvaient que le meilleur moyen
pour couper court à tout, était de supprimer purement et
simplement la justice, ses formes et ses ministres. Mon-

[1] Paris, Emery, 1699, in-12. Une 3e édition parut en 1706. (Voy. le
Dictionn. de Barbier.)

[2] Paris, Emery, 1704, in-12.

[3] Je clorai l'énumération de cette série de publications en citant l'in-4o
qu'un certain Roques fit imprimer à Bâle, en 1740, sous ce titre : *Traité
des tribunaux de judicature, où l'on examine ce que la religion exige des
juges, des plaideurs, des avocats et témoins, avec une préface où l'on prouve
que la justice est la source de la tranquillité, de la gloire et du bonheur des
Etats.*

[On a aussi imprimé à Venise, en 1737, un in-8o assez singulier, intitulé : *Il foro all' esame : considerazioni utili, dilettevoli, erudite, morali
per li Giudici, Avvocati, Clienti, ed altri,* opera del signor G. Antonio
Querini. — Mais cet ouvrage n'a que rarement trait aux abus du palais.]

tesquieu, président à mortier au parlement de Bordeaux,
avouait ne rien comprendre à la procédure, et disait que
c'était l'une des choses qui le dégoûtaient de son métier
de président : lui, magistrat de cour souveraine, il écrivait, dans ses *Lettres persanes*, ces paroles célèbres : « Il
« serait assez difficile de décider si la forme s'est rendue
« plus pernicieuse lorsqu'elle est entrée dans la jurispru-
« dence, ou lorsqu'elle s'est logée dans la médecine ; si
« elle a fait plus de ravages sous la robe d'un jurisconsulte
« que sous le large chapeau d'un médecin, et si, dans
« l'une, elle a ruiné plus de gens qu'elle n'en a tué dans
« l'autre. »

Les *Lettres persanes* datent de 1721 : quatre ans plus
tard, en 1725, l'abbé de Saint-Pierre, que M. Villemain
considère à juste titre comme le précurseur de l'*Esprit
des lois*[1], se consolait de son expulsion de l'Académie
française, en faisant paraître le *Mémoire pour diminuer le
nombre des procès*. Réfugié au milieu de ce cercle d'amis
connu depuis sous le nom de *club de l'entresol* et qui fut
le premier essai d'une académie de sciences morales, il
recommençait la guerre contre la vénalité des charges.
Voici l'analyse de son livre :

Il se plaignait sans cesse de « la petite étendue d'esprit
« de nos anciens législateurs ». C'est-à-dire qu'il réclamait
vivement la réforme de notre ancien droit, et demandait
pour nos lois ce que l'on a appelé depuis *codification,* ou
plus d'étendue dans leurs dispositions, plus de clarté, plus
de *tendance* à l'utilité sociale et à l'uniformité.

Par l'étendue plus grande de leurs dispositions, il

---

[1] M. Villemain , *Tableau de la littérature au* XVIIIe *siècle,* 15° leçon.

espérait prévenir tous les doutes, et par suite éviter les procès qui en sont la conséquence, et dispenser des « commen-
« taires qui grossissent nos livres de loix ». « Un article,
« disait-il, qui a besoin de commentaires, est défectueux;
« car, ou il n'est pas sufisant pour décider tous les cas
« et toutes les questions, ou bien il est mal exprimé. »
Il espérait ainsi que « chacun, avec son Recueil des Loix
« civiles du royaume, qui composeroit tout le Droit
« fransois, pouroit, sans sortir de son cabinet, sans
« frais, en un quart d'heure, savoir la décision de la
« question ».

Comme par le laps du temps et le mouvement des affaires,
il ne tarde pas à se produire une foule de questions nouvelles, non tranchées par le législateur, et qui sont la
source de nouveaux procès, l'abbé de Saint-Pierre réclamait comme étant d'une utilité capitale, « l'établissement
« d'une compagnie perpétuelle destinée à perfectioner
» perpétuellement le droit fransois, pour diminuer tous les
» jours les sources des procès ». Il demandait l'établissement d'une académie de législation, formée de jurisconsultes savants, chargée de faire disparaître l'obscurité des
lois, tant en la forme qu'au fond, de rédiger tous les dix
ans une édition nouvelle du corps du droit, d'en bannir
les antinomies, les expressions vieillies et les dispositions
surannées, de recevoir des magistrats et des parlements
des observations critiques sur les points vicieux du droit,
enfin, de mettre au concours la rédaction d'édits per-
fectionnés sur chacune des principales matières, en dé-
cernant des prix aux auteurs des meilleurs projets. Il
conférait ainsi le pouvoir législatif, non pas à un corps de
députés composé d'hommes de professions et d'aptitudes
diverses, élu par des citoyens étrangers à la science

du droit, et perpétuellement renouvelé par les fluctuations politiques, ni à un conseil d'Etat choisi par le gouvernement et trop dans la dépendance du pouvoir, ni aux
magistrats des tribunaux dont les attributions ne doivent
pas excéder l'application des lois, mais à une compagnie
formée d'hommes d'élite, se recrutant elle-même par
une libre élection, et demandant des lumières, des renseignements et des matériaux à mettre en œuvre, à tous
les hommes compétents et livrés soit à la pratique, soit
aux études théoriques.

L'abbé de Saint-Pierre pressentait donc la rédaction des
Codes et la création de l'Académie des sciences morales et
politiques. Mais il eût voulu de plus que les Codes une fois
rédigés, eussent sans cesse été revus et améliorés par une
compagnie perpétuelle; il eût sans doute été fort affligé
du nombre énorme et de la confusion des lois promulguées
chez nous depuis soixante ans.

Outre ces deux points principaux, il faisait une grande
guerre à la diversité des coutumes, à leur variation de
territoire à territoire, ce qui, lorsque les parties chan-
geaient de domicile, multipliait les procès. Il combattait
la féodalité, la diversité dans la tenure des terres, l'inégalité dans les partages, la multiplicité des degrés de juridiction, la bizarrerie que présentaient les limites des
divers ressorts, les petites friponneries et les vexations
auxquelles se livraient les juges inférieurs, l'absence de
lumière et de probité des magistrats partis de trop bas, et
qui manquaient d'éducation et de sentiments élevés, la
rapacité et les malversations des gens de finance, l'abus
de la contrainte par corps, la manière indéchiffrable dont
les officiers publics écrivent leurs actes, le désordre des
minutes des notaires, et une infinité d'abus que malheu-

reusement nos diverses révolutions n'ont guère fait disparaître. Mais il voulait en même temps une magistrature
puissante, se recrutant elle-même par une libre élection,
en dehors de l'action du pouvoir et n'admettant dans son
sein que des hommes d'une science éprouvée, considérables par leur naissance et par leur fortune. Il trouvait
meilleur de traiter les affaires par écrit que de les juger
sur de simples plaidoiries orales. Il terminait enfin en
demandant la liberté des substitutions, afin de maintenir
les biens dans les familles, d'assurer la conservation et la
splendeur des maisons nobles, et de rendre aussi élevée
que possible la valeur des terres. Son ouvrage, écrit d'une
manière bizarre et prolixe, résume donc les idées des
parlementaires, et reflète les aspirations que ses contemporains faisaient vers l'avenir : on y trouve réunis à la
fois les principes les plus aristocratiques et un dédain
singulier pour les maximes de nos ancêtres, des vues qui
se sont réalisées et d'autres restées impraticables. Il avait
emprunté la plupart de ses idées aux jurisconsultes et aux
magistrats de son temps, et il déclare souvent qu'il s'em-
pare d'observations que leurs auteurs n'eussent pas eu le
loisir de mettre par écrit. Sur les procès mixtes qui nais-
saient de la variété des statuts, il signale les lumières qui
lui furent fournies par le jurisconsulte normand Frolland,
et il cite à l'appui de sa thèse en faveur des substitutions, les
renseignements que lui avait communiqués le célèbre de
Laurière. Mais ses vues générales sont trop souvent obscurcies par les minces détails dans lesquels il descend et par les
projets d'application peu réalisables qu'il mettait en avant.

L'abbé de Saint-Pierre revenait donc à l'idée, soulevée au
xvi⁰ siècle, d'arrêter autant que possible les procès. Déjà,
en 1668, on avait vu paraître l'*Arbitre charitable pour*

éviter les procès et les querelles [1], et ce sujet devait rester longtemps le rêve des gens de bien. En 1765, on vit publier encore un *Essai sur les motifs d'éviter les procès et sur les moyens d'en tarir la source.* Malheureusement ces dissertations étaient trop vagues pour remédier au mal. « Ce « livre, dit Boncenne, en citant l'Essai de 1765, offre le « tableau des inquiétudes, des longueurs et des frais qui « affligent les plaideurs. Voilà les motifs d'éviter les procès. « Quant aux moyens d'en tarir la source et de faire dispa- « raître l'appareil des formes, l'auteur n'en a pas trouvé « d'autre que celui de rendre les hommes bons et justes, en « leur apprenant de bonne heure les devoirs qu'ils doivent « remplir les uns envers les autres [2]. » — Cicéron avait été plus pratique avec cette seule réflexion : « On doit faire pour « éviter les procès, tout ce qui dépend de soi et peut-être « même un peu plus : car il est non-seulement honnête, « mais quelquefois utile de relâcher un peu de ses droits [3].

Mais ces auteurs semblaient oublier que l'on n'est pas toujours maître d'éviter une contestation, et que souvent l'honnête homme a besoin de se défendre contre la mauvaise foi. L'hygiène, en effet, ne saurait mettre à l'abri de toutes les maladies, et l'homme le plus juste et le plus pacifique a quelquefois besoin d'appeler à son aide les lois et la justice. Ces écrits devaient rester impuissants, parce qu'ils avaient un faux point de départ, parce qu'ils étaient composés par des hommes trop étrangers à la

---

[1] In 8º.

[2] Boncenne, introduction, p. 8.

[3] « Convenit à litibus, quantùm licet, et nescio an paulò plus etiam quàm licet, abhorrentem esse : est enim non modò liberale, paululum non nunquàm de suo jure decedere, sed interdùm etiam fructuosum. » Cic., *De Offic.*, II, 18.

jurisprudence, et qui sentaient le mal sans savoir remonter à sa véritable cause.

Ce qu'il eût fallu, c'eût été un examen critique des lois alors en vigueur, article par article, et des matériaux bien préparés pour la refonte de l'ordonnance de 1667. Mais on crut plus opportun de pousser à la suppression des formes judiciaires que de travailler à leur amélioration graduelle.

La forme emporte le fond, telle fut la pierre d'achoppement. Voltaire et toute son école se firent une arme terrible de ce triste adage, et battirent en brèche les lois judiciaires. — Voltaire écrivait à un magistrat, qu'il ne serait pas mal de trouver un jour quelque *biais* pour que le fond l'emportât sur la forme. Le mot était joli, remarque Boncenne; mais avec quelques réflexions sur la marche des affaires, il est visible que ce *biais* ne serait autre chose qu'un pouvoir arbitraire [1].

Les gens de lettres confondirent les jurisconsultes dans leur haine pour les officiers de justice, et l'on vit des journalistes conseiller sérieusement aux souverains qui voudraient composer de nouveaux codes, de n'y point employer de jurisconsultes [2].

L'excès était à son comble; Montesquieu, revenant sur les opinions de sa jeunesse, dut justifier l'utilité de la procédure. Il écrivit dans l'*Esprit des lois* un passage fameux, répété par tous les commentateurs [3]. Frédéric,

---

[1] Boncenne, introduction, p. 4. [Voltaire, grand plaideur, eut souvent l'occasion de manifester sa rancune. On rapporte qu'interrogé au sortir d'une audience sur ce qu'il y avait remarqué, il répondit : « J'ai vu la justice d'un côté et les juges de l'autre. »]

[2] Boncenne, *ibid.*, p. 4.

[3] *Esprit des lois*, liv. VI, ch. 2.

roi de Prusse, dans le préambule de son code, objet de l'enthousiasme d'alors, plaça aussi cette réflexion deve- nue célèbre, que « puisque l'injustice a créé un art d'em- brouiller les affaires, il faut que la justice ait un art de les débrouiller ».

Dans la seconde moitié du siècle, les écrits dirigés contre les abus judiciaires furent nombreux : on mit au jour, par exemple, l'*Alambic des lois* [1], la *Thémis dévoilée*, publications dont le titre seul indique l'esprit et la ma- nière. Il y avait cinquante ans déjà que d'Aguesseau avait composé, pendant son exil à Fresne, le *Mémoire sur les vues générales pour la réformation de la justice*, où il se plaignait des frais énormes qui accablaient les plai- deurs. L'abus n'avait certes pas diminué depuis, et l'au- teur de la *Thémis dévoilée* écrivait ces lignes : « A Tou- « louse, à Grenoble, à Aix, à Bordeaux, etc., les frais « sont excessifs : ce n'est qu'un procillon, s'il ne coûte « que 10 ou 20,000 francs [2]. »

Au milieu de cette effervescence des esprits, les com- mentateurs de l'ordonnance de 1667 travaillèrent pour l'usage exclusif du palais, et fermèrent l'oreille aux cla- meurs du dehors. On réimprima Lange et Bornier, qui avaient écrit sous le règne de Louis XIV, et qui s'atta- chaient au texte de la loi existante, sans s'inquiéter de ce qui devrait ou de ce qui pourrait être. Pothier, dont les travaux ont tant servi à la rédaction du Code civil, ne laissa sur la procédure qu'un traité peu remarquable, pâle ouvrage de sa vieillesse. Son collègue Jousse, l'un

---

[1] L'*Alambic des loix*, ou *Observations de l'ami des François sur l'homme et sur les loix* (par Rouillé d'Orfeuil). A *Hispahan*, 1773, in-8°.

[2] *Thémis dévoilée*, p. 23.

des derniers auteurs de pratique, prêta seul quelque attention aux opinions qui préoccupaient le public, mais se montra peu disposé à se faire l'écho des novateurs[1]. Pigeau et Denisart gardèrent le silence sur les idées nouvelles, et parmi les derniers commentateurs de l'ordonnance, je n'en trouve qu'un seul, le moins connu de tous, Dumont, qui mêla, à des explications juridiques, des vues de réforme ou plutôt des réflexions critiques sur les abus judiciaires. Mais l'in-12 anonyme de Dumont ne fit sans doute pas autorité au palais[2].

Les auteurs de l'Encyclopédie n'apportèrent point dans ce qu'ils donnèrent sur la procédure tout l'esprit d'innovation et de critique que l'allure de certaines parties de leur recueil ferait supposer. La rédaction des articles de jurisprudence fut confiée à des praticiens : les philosophes n'étaient guère en état d'aborder ces matières. Voici en quels termes justes et sensés Boucher d'Argis, auteur de l'article *Procédure*, distinguait ce qu'il y avait de bon et de mauvais dans les formalités de la justice :

« Le mal consiste, disait-il, en ce qu'au lieu de s'en tenir à ce qu'il y a d'essentiel dans l'ordre judiciaire, on y a mêlé beaucoup de choses vicieuses et superflues, qui laissent le champ libre à la malignité, au mensonge, à toutes les espèces d'injustices qu'on voit se multiplier dans les procès. Les choses en sont venues au point que

---

[1] *Traité de l'administration de la justice*, où l'on examine tout ce qui regarde la juridiction en général, la compétence et les devoirs des personnes employées pour l'exercice de la justice, par M. Jousse. Paris, 1771, 2 vol. in-4°. — *Commentaire sur l'ordonnance civile de 1667*, 2 vol. in-12.

[2] *Nouveau Commentaire sur l'ordonnance civile de 1667*, par l'auteur du Nouveau Style criminel. Paris, Berton, 1783, in-12. Le nom de l'auteur, Dumont, est indiqué dans le privilége.

les gens sensés ont eu les procès en horreur, et ont souvent mieux aimé faire des pertes considérables, que de s'engager dans un labyrinthe sans issue. Mais avec tout cela, comme il n'y a et ne peut y avoir que les souverains qui jouissent du droit de se rendre justice à eux-mêmes, il reste une infinité de cas où la voie de recours au juge est d'une nécessité indispensable.

« . . . .

« Il s'agit uniquement de prescrire une forme convenable, qui laisse, d'un côté, à la vérité tous les secours nécessaires pour se faire connoître et pour établir ses droits, mais qui détourne de l'autre l'effet de tant de ruses et d'artifices, que les hommes ennemis de la justice et de l'ordre ont inventés, pour obscurcir les affaires, en les embarrassant de longueurs, et pour éluder des jugements qu'ils craignent de subir.

« Cet immense assemblage de difficultés et d'échappatoires a formé le monstre de la chicane, et fait haïr la procédure, qui n'a été introduite que pour l'instruction respective des parties litigantes, et pour instruire régulièrement les juges de ce qui fait l'objet du procès. »

La magistrature n'était pas restée en dehors du travail des esprits, et les présidiaux, ces tribunaux créés par l'Hospital au xvie siècle, se jetèrent surtout dans le mouvement. Beaucoup d'entre eux reclamèrent des réformes, attaquèrent les frais de justice et la vénalité des charges, en réservant leurs plus rudes coups pour les justices seigneuriales, en butte depuis deux siècles à des réclamations incessantes. Nous ne pouvions passer sous silence, dans cette revue des travaux critiques sur l'ordre judiciaire, les mémoires publiés au nom des présidiaux de

Nîmes, de Valence, de Vannes et de Châlons[1], les représentations des présidiaux d'Angers[2], de Beauvais, de
Reims, de Tulle, de Périgueux, d'Angoulême, d'Abbeville, de Gray, de Caen[3], d'Evreux[4] et de Rhodez, ni
un mémoire rédigé par le parlement de Rouen[5], ni les
remontrances des autres parlements[6]. Le présidial d'Angers qui, dès 1763, avait élevé la voix, réclamait de nouveau dans ses représentations de 1769 contre la rapacité
des officiers de justice, surtout contre les procureurs, que
Boucher d'Argis, père de l'auteur de la *Bienfaisance de*
l'ordre judiciaire (publiée en 1788), défendit cependant
dans l'Encyclopédie. Voici la définition que le présidial
d'Angers donnait des frais de justice : «Frais, sorte d'impôt
« indéfini, qu'une foule de ministres subalternes lève
« dans le palais, dans ses avenues, ses issues, ses con-
« tours, ses environs; perception toujours arbitraire et
« presque toujours impunie[7]. »

---

[1] Mémoire pour le présidial de Nismes, 1782. — Mémoire pour le présidial de Valence, 1775, in-4º. — Mémoire pour le présidial de Vannes,
1763, in-4º. — Mémoire pour le présidial de Chaalons, 1767, in-8.

[2] Requête du présidial d'Angers, 1763, in-4º.

[3] Représentations du présidial de Beauvais, 1764 et 1778, in-fol. —
Représentat. du présidial de Rheims, 1766, in-8º. — Représentat. du
présidial d'Abbeville, 1775, in-4º. — Représentat. du présidial de Tulle,
1777, in 4º. — Représentat. du présidial de Périgueux, 1777, in-8º. —
Représentat. du présidial d'Angoulême, 1777, ms. — Représentat. du
présidial de Gray, 1778, in-8º. — Représentat. du présidial de Caen,
1778, in-4º.

[4] Lettre du présidial d'Evreux, 1783.

[5] Mémoire pour le parlement de Rouen, 1766, in-8º. — Remontrances
du parlem. de Rouen, 12 fév. 1755.

[6] Remontrances du parlem. de Bordeaux, 1784.

[7] Représentat. du présidial d'Angers, 1769, in-fol. — [Un pamphlet
intitulé « Nécessité d'une réforme dans l'administration de la justice et
dans les loix civiles de France, avec la réfutation de quelques passages de
l'*Esprit des loix* (Amsterdam, 1764) », ne traite d'un bout à l'autre que
de la situation précaire des présidiaux, et de l'utilité de leur donner du
lustre. On y attaquait aussi vivement les justices seigneuriales, que Montesquieu avait défendues.

Enfin en 1780, une académie de province, celle de Châlons, mit au concours cette question : « Quels seraient les moyens de rendre la justice en France avec le plus de célérité et le moins de frais possible ? » Le prix fut décerné, en 1783, à Bucquet, procureur du roi à Beauvais, qui ne publia pas immédiatement son travail, mais l'augmenta de notes et de citations. Ces hors-d'œuvre, mal rattachés au discours principal, présentent cependant plus d'intérêt que le mémoire lui-même, parce qu'ils résument une infinité d'écrits et de pamphlets aujourd'hui oubliés. Le tout parut en 1789[1]. L'auteur supposa avec raison que la question posée par l'académie de Châlons renfermait celle-ci : « Quels seraient les moyens de rendre la meilleure justice ? » Mais, pensant avec Voltaire que l'on ne manquait pas d'excellents ouvrages sur la législation, et que cependant ni Grotius, ni Puffendorf, ni l'*Esprit des lois*, n'avaient encore produit une loi utile, ni une sentence du Châtelet[2], il déclare avoir écarté soigneusement les spéculations et les systèmes pour s'attacher à la pure pratique. On ne rencontre donc dans ce livre aucunes recherches philosophiques sur la procédure. Trouvant sans doute l'ordonnance de 1667 satisfaisante, il est d'avis de conserver la jurisprudence d'alors, et fait porter ses critiques sur l'organisation judiciaire et les lois civiles plutôt que sur les lois de forme. Les moyens qu'il proposait étaient ceux-ci :

---

[1] Discours qui a remporté le prix à l'Académie de Chaalons, en l'année M. DCC. LXXXIII, sur cette question proposée par la même Académie : « Quels seraient les moyens de rendre la justice avec le plus de célérité et le moins de frais possible ? » Beauvais, la vᵉ Desjardins, 1789, in-4º. — Une copie manuscrite du même ouvrage, en 3 vol. in-4º, ayant appartenu à Lamoignon, est indiquée dans le catalogue de la bibliothèque de M. Villenave, nº 1059. — Voy. aussi la *Biographie universelle*, vº Bucquet.

[2] Voltaire, *Questions sur l'Encyclopédie*, vº Loix.

« 1° procurer aux tribunaux inférieurs des juges capables
« et suffisants ; 2° réduire les justices seigneuriales aux
« cas féodaux et à ceux requérant célérité ; 3° accorder aux
« parties la faculté de plaider elles-mêmes, sauf les cas où
« les juges réputeroient indispensable d'ordonner qu'elles
« plaideroient par procureur et par avocat ; 4° revoir
« les deux derniers édits des présidiaux, et la déclaration
« interprétative du 29 août 1778, d'après les observations
« des différents siéges, soit en 1777 et 1778, soit dans
« les années précédentes, à compter de 1753, pour en
« rendre l'effet plus marqué, plus simple et plus durable,
« et en même temps décorer les présidiaux et en augmen-
« ter le nombre ; 5° porter des lois précises sur des ma-
« tières qui deviennent une source intarissable de procès,
« et qu'elles préviendroient, et pourvoir à ce que les lois
« existantes soient exécutées, ou les abroger; 6° prescrire
« une seule coutume [1] ».

C'était le résumé des réclamations des présidiaux, et en
grande partie la reproduction de ce que l'abbé de Saint-Pierre
demandait soixante ans auparavant. Publié au moment où
allaient disparaître à la fois et les présidiaux et les justices
seigneuriales, le mémoire de Bucquet ne fut qu'un écrit
de circonstance. Il eût fait un livre plus durable si, prenant
son sujet de plus haut, il avait exécuté cette pensée émise
par Thomas dans l'un de ses Eloges, « d'appliquer le doute
« de Descartes à la législation, de l'examiner pièce à
« pièce, comme il examina toutes ses idées, de faire une
« revue générale des coutumes, des usages et des lois,
« comme il fit la revue des systèmes, et de ne juger

_____

[1] *Discours,* etc., par Bucquet, p. 6 et 7.

« de tout que d'après la grande maxime de l'évidence [1] ».

[Le programme de l'Académie de Châlons avait excité l'attention d'un autre écrivain. L'année même où le prix proposé fut décerné parut, sans nom d'auteur et sous la date de Londres, 1783, un in-douze, sur la manière de rendre la justice en France, avec le plus de célérité et le moins de frais possible, qui avait été rédigé en vue du concours ouvert par cette académie [2]. La procédure occupe la seconde partie, les chapitres consacrés aux tribunaux forment la troisième, et la quatrième est intitulée : « Des officiers de justice et des gens inutiles et dangereux que les tribunaux recèlent. » Dans la première partie, l'auteur avait fait le procès aux lois civiles elles-mêmes et à l'organisation sociale. Il avait battu en brèche la hiérarchie des personnes, la noblesse héréditaire, et décrié le célibat du clergé et les vœux monastiques. Les antiques institutions pour le maintien des familles et des grandes propriétés excitaient sa colère, ainsi que le droit de testament. En revanche, il demandait la liberté du prêt à inté-

---

[1] Thomas, *Eloge de Descartes.*

[2] Ce volume est intitulé : *les Loix civiles et l'Administration de la justice ramenées à un ordre simple et uniforme, ou Réflexions morales, politiques, etc., etc., sur la manière de rendre la justice en France avec le plus de célérité et le moins de frais possible.* Londres, 1783. — L'avis de l'éditeur commence ainsi : « Depuis longtemps tous les amis de l'humanité se plaignent du désordre qui règne dans nos lois civiles, des lenteurs interminables de la procédure, des frais énormes de justice. L'Académie de Châlons-sur-Marne, qui est, de toutes les académies de l'Europe, celle qui tourne le plus ses vues du côté de la législation, a promis une couronne au patriote qui trouveroit les moyens les plus efficaces de remédier à ces abus funestes. Ce sujet est si beau, si intéressant, que sans doute un grand nombre d'athlètes s'est mis sur les rangs pour disputer les lauriers académiques. L'envie de les mériter, le désir plus noble encore d'être utile, ont donné naissance à l'ouvrage que nous offrons au public. L'auteur se disposoit à l'envoyer au concours, tel qu'il est aujourd'hui, lorsque plusieurs circonstances se sont réunies pour le détourner de ce dessein...» — Barbier, *Dictionn. des anonymes*, nº 10570, nous révèle le nom de l'auteur, Pétion de Villeneuve.

rêt, l'interdiction de doter les femmes, le divorce, etc.[1].
Il est fâcheux que l'auteur ait trop cédé à cet entraîne-
ment des idées de son temps; car son livre, écrit avec
correction et méthode, renferme ailleurs des vues sages.
Les chapitres trop brefs qu'il consacre à la procédure sont
à peu près irréprochables; il signale avec justesse des
abus réels et il en indique le remède. Il reconnaît et démontre (chose notable pour l'époque) la nécessité des lois
de forme, et proclame (chose encore plus étonnante) que
le seul moment où la justice fut simple, prompte et jamais coûteuse, se trouva en plein moyen âge, aux xiie et xiii[e]
siècles. Plusieurs de ses idées de réforme sont remarquables; par exemple, il proposait la réduction du délai d'appel à un mois, à l'imitation de ce qui se faisait déjà dans
les tribunaux de Prusse. La diminution des frais fixe sérieusement son attention. Ses idées sur les tribunaux inférieurs, la multiplicité des degrés de juridiction, les tribunaux d'exception, sont les mêmes que celles de Bucquet.
Son nouveau plan raisonné des tribunaux a été à peu près
exécuté dans notre organisation judiciaire actuelle. Il demandait l'établissement de magistrats conciliateurs. Il
combat énergiquement la vénalité des charges et stigmatise avec éloquence certains manéges à l'aide desquels on
rançonnait les plaideurs. Ce qu'il appelle l'attirail de la
chicane, c'est-à-dire la multiplicité excessive des gens de
loi et des agents subalternes, excite ses plaintes légitimes.
Nous regrettons de ne pouvoir transcrire ici son chapitre
du notariat, qui est plein d'observations justes, mais nous
citerons sur les avocats et les procureurs quelques-unes

---

[1] Guyton de Morveau écrivit, à la même époque et dans les mêmes
idées, son *Plan de la réformation de la jurisprudence*.

de ses réflexions : « Il est difficile de concevoir, dit-il,
« comment ces deux états sont divisés, lorsque tout sem-
« ble les réunir. N'est-il pas absurde qu'il y ait des gens
« de loi pour la forme et d'autres pour le fond ; que celui
« qui traite une affaire n'en dirige pas la marche ; qu'une
« partie soit obligée de payer deux défenseurs pour la
« même affaire? — La procédure et le droit n'ont rien
« d'incompatible, absolument rien. Il y a plus, l'un et
« l'autre ont des rapports sensibles, des liaisons très-di-
« rectes et se prêtent un secours mutuel... Dans les con-
« seils du monarque, les avocats sont en même temps pro-
« cureurs. — Frédéric, en Prusse, a aboli les charges de
« procureurs, et il n'y a plus que des avocats dans ses
« cours de justice [1]. » Il se plaint enfin de la facilité avec
laquelle on conférait les grades dans les universités, ce
qui multipliait encore le nombre des gens de loi.]

Les états de Blois, en 1577, avaient inséré dans leurs
cahiers un chapitre *de la Justice*, ceux de 1614 firent
entendre leurs doléances sur le même sujet. Le tiers état,
à cette dernière assemblée, éleva de vives plaintes contre
la multiplicité des justices, et contre la négligence de
certains conseillers, qui se reposaient sur leurs secrétaires
du soin d'étudier les dossiers et de préparer les rapports,
abus énorme que Spifame condamnait déjà en 1556 dans
ses Arrêts imaginaires [2], et que Beaumarchais stigmatisa
si rudement dans ses mémoires contre Goesman. Les états
généraux de 1789 allaient entrer plus vivement dans la voie
des réformes : l'heure d'un changement de fond en comble
avait sonné. La procédure civile survécut peu aux antiques

---

[1] Pages 273 et 274.
[2] Spifame, *Dicœarchiœ Henrici regis progymnasmata*, arr. 281, fol. 248.

magistratures : l'ordonnance de 1667 n'eut plus pendant la révolution qu'une existence intermittente. Maintenue provisoirement par la loi des 12-19 octobre 1790, elle disparut une première fois sous le coup du décret du 24 octobre 1793 (3 brumaire an II), qui supprima les procureurs [1], et jeta l'administration de la justice dans l'anarchie : car [le barreau s'étant dispersé et les écoles de droit n'existant plus, la direction des affaires fut livrée à des praticiens de bas étage, et l'abord des tribunaux se trouva envahi par des gens de loi sans garantie de probité ni de capacité.] La loi de 1790 contenait d'excellentes innovations, à côté d'autres mesures que l'expérience a condamnées. Ainsi elle ordonna pour la première fois en France de motiver les décisions judiciaires, elle créa le jury en matière criminelle, et conféra aux magistrats du ministère public l'inamovibilité qu'on leur a enlevée depuis. Mais elle établit l'élection des juges, abusa de l'arbitrage et inventa la déplorable et éphémère institution des tribunaux de famille. Dans l'art. 20 de cette loi, la constituante décréta que la procédure civile serait incessamment réformée, de manière à être rendue plus simple, plus expéditive et moins coûteuse. C'était une promesse plus aisée à décréter qu'à exécuter. La convention s'en acquitta par son fameux décret du 24 octobre 1793. Une réaction se fit : le consulat rétablit, le 5 septembre 1800 (18 fructidor an VIII), les avoués et remit en vigueur l'ordonnance

---

[1] [Un certain nombre d'écrits satiriques avaient été publiés contre les procureurs au moment de la révolution. On peut citer notamment les facéties suivantes : *Histoire d'un procureur qui a rapporté après sa mort les pièces à sa partie*, 1770; — la *Bazochéide*, poëme burlesco-patriotico-héroïque en trois chants, par R***, 1790; — et surtout le *Trépas de la reine de la Chicane, ou les Hurlements des procureurs au parlement de Paris*; imprimerie de la Bazoche, 1790, avec figures.]

de 1667[1]. Celle-ci ne fut définitivement abrogée que le 1er janvier 1807, jour auquel le Code de procédure nouvellement rédigé fut mis pour la première fois à exécution.

---

[1] [C'est ici le lieu de citer un vol. in-12 intitulé : *Entretiens critiques, philosophiques et historiques sur les procès*, par Marie-Louis-Joseph de Boileau. Paris, an XII. — La première partie de cet écrit, publié au moment où l'on rédigeait le Code de procédure, est entièrement consacrée à l'organisation judiciaire et à la critique des abus ; elle se lit encore avec intérêt. Ce que l'auteur disait à propos du rétablissement des procureurs sous le nom d'avoués est assaisonné d'anecdotes piquantes.]

CHAPITRE XI.

—

Quelques progrès que l'ordonnance de 1667 eût fait faire à la procédure civile, plus d'un siècle s'était écoulé lorsqu'éclatèrent les événements de la révolution française. Les institutions politiques, l'organisation judiciaire, le droit civil lui-même avaient été bouleversés de fond en comble, et l'ordonnance de Louis XIV fût-elle restée tout à fait à la hauteur des besoins du siècle, il eût été nécessaire de procéder à sa révision pour la mettre en harmonie avec le droit et le système judiciaire. Mais ces grands changements n'étaient pas la seule cause qui rendît nécessaire un Code de procédure nouveau. Nous venons de voir combien d'assauts l'esprit inquiet du xviiie siècle avait livrés à l'ordre et au cérémonial des tribunaux, et de quels blâmes on poursuivit la procédure civile. Frédéric, roi de Prusse, mettant en pratique les théories de l'époque, avait établi dans ses Etats une procédure nouvelle, qui, grâce à un ouvrage de Formey, eut en France un certain retentissement, mais que dès ce temps-là Jousse critiqua à bon droit [1]. La loi d'octobre 1790 avait d'ailleurs, dans son article 20, décidé la rédaction d'un code de procédure simplifiée, abrégée et rendue moins coûteuse. Enfin, la tentative de réforme radicale opérée par le décret de 1793 laissait aussi des traces, car elle avait été mise à exécution pendant sept années. Il fallut donc se mettre à l'œuvre. « Un arrêté des consuls du 3 germinal an x, chargea une commission composée de Treilhard, conseiller d'Etat; Try; Berthereau, président du tribunal de la Seine; Séguier, premier président du tribunal d'appel de Paris; Pigeau, ancien avocat au Châtelet, et Fondeur, secrétaire, de préparer un projet de code de procédure civile. Le travail de cette commission fut publié [2] et soumis aux observations des tribunaux d'appel et de cassation [3]. Le projet fut ensuite soumis à la même élaboration que celui du Code civil. Chaque titre, examiné d'abord par la section de législation du conseil d'Etat, fut discuté par l'assemblée entière; communiqué officieusement au tribunat, présenté au corps législatif avec exposé de motifs, communiqué officiellement au tribunat qui émit son vote, et enfin discuté devant le corps législatif [4]. »

L'établissement des justices de paix, qui remplacèrent

---

[1] *Observations sur la procédure qui s'observe en Prusse,* en tête du nouveau commentaire sur l'ordonnance civile du mois d'avril 1667, par M. ***, conseiller au présidial d'Orléans, t. Ier, p. xxj. — Sur la procédure actuelle de Prusse (Prozess-Ordnung), voyez les critiques de Meijer, notamment *de la Codificat.*, p. 150.

[2] « *Projet de code de procédure civile,* présenté par la commission nommée par le gouvernement, Paris, an xii, in-4o. »

[3] « Le travail de la cour de cassation est extrêmement remarquable; on le trouve dans Sirey, t. IX, I, 1. »

[4] « Ces travaux préparatoires se trouvent dans l'ouvrage de Locré. » — M. Eschbach, *Cours d'introduction à l'étude du droit,* p. 289.

sous plus d'un rapport les anciennes justices seigneuriales ; l'introduction de la conciliation, dont l'idée paraît avoir été puisée dans les lettres de Voltaire, l'abolition des présentations, formalité fiscale qui avait lieu dès le début de l'instance après la constitution de procureur, quelques autres simplifications encore, enfin un nouveau système de saisie et de vente forcée pour les immeubles, imaginé à la place des formalités du décret, si compliquées et si obscures ; telles furent les innovations que consacra le nouveau Code.

Il importe de signaler l'apparition d'un mode de publicité qu'ignoraient les auteurs de l'ordonnance de 1667. La création des journaux judiciaires date de la fin du règne de Louis XV, et les rédacteurs du Code de procédure ont dû tenir compte de leur établissement. De là un certain nombre de dispositions nouvelles qui, en consacrant ce mode de publication, amenèrent la multiplication des feuilles d'affiches légales. Malheureusement, l'introduction de cette formalité est bientôt devenue une source d'abus, par l'élévation du tribut que les imprimeurs, depuis lors, prélèvent sur certains justiciables.

Il faut bien l'avouer, si l'ordonnance de 1667 parut un chef-d'œuvre pour le temps où elle a été rédigée, le Code de procédure civile ne tient pas un rang aussi brillant parmi les monuments du droit. L'ordonnance de 1667 avait été le premier ouvrage de codification exécuté en France, et l'art de la rédaction des lois avait depuis été perfectionné. Cependant le Code de procédure, postérieur au Code civil, est loin, à certains égards, de la majestueuse simplicité de ce dernier. — Sous le rapport de la forme, on y remarque un grand nombre d'articles qui ne peuvent être compris de la foule des justiciables, soit à cause des termes de pratique et des phrases techniques qui s'y rencontrent, soit à raison des vieux usages du palais auxquels le texte fait allusion [1]. Grammaticalement parlant, sa rédaction est moins nette, moins concise que celle du Code civil : ses articles ont une forme moins énergique et moins lucide. La manière même dont il est divisé ne permet pas de saisir sans une certaine étude la marche d'une procédure ; l'ensemble forme une masse incohérente où il est difficile de se retrouver. Ceux qui l'ont rédigé semblent avoir plus d'une fois perdu de vue le grand but de la codification, qui est de mettre la loi autant que possible à la portée de chacun, tous les citoyens étant réputés la connaître. — Sous le rapport du fond et du mérite de ses dispositions en elles-mêmes, la simplification des formes, qui depuis trois siècles est la loi constante du progrès, n'a pas été aussi complète qu'il eût été possible ; et sur quelques formalités nouvelles, la conciliation par exemple, on a trouvé beaucoup à critiquer. Le chapitre de la saisie immobilière, que ses auteurs cependant avaient cru un chef-d'œuvre, n'a pu résister aux attaques dont il devint bientôt l'objet. Enfin, sous son empire, l'administration de la justice a été de nouveau infestée d'innombrables abus.

Si l'on recherche les causes de cette infériorité, il est aisé d'apercevoir que les théories philosophiques du xviiie siècle, par leur abstraction et leur caractère absolu, et

---

[1] « C'est surtout dans le Code de procédure civile que la loi française a adopté les anciens termes techniques comme connus, sans en donner d'explication directe ; aussi ne peut-on se faire une idée de la procédure d'après les seuls articles du Code, et faut-il nécessairement recourir à la doctrine des auteurs et à la pratique ancienne que le Code a réformée. » (Meijer, *De la Codification*, p. 173, à la note.)

en attaquant le principe même de la nécessité de la procédure, ont fait obstacle à son complet perfectionnement. Nous avons montré dans le chapitre précédent quelle fut la marche des idées, et nous avons reconnu que presque tous les écrits dirigés contre la procédure se bornaient à des plaintes ou à des satires sans indication d'un remède applicable. Les rédacteurs du Code de procédure, anciens praticiens accoutumés à l'observation de l'ordonnance de 1667, furent peu disposés à tenir compte des opinions d'écrivains qui se glorifiaient pour la plupart d'ignorer la jurisprudence. On avait d'ailleurs de bonnes raisons pour se tenir en défiance contre ces théories. Elles avaient inspiré les législateurs révolutionnaires, qui dans leur décret de 1793 « ne se contentèrent pas de réformer, et qui supprimèrent quand il ne fallait que réduire ». On avait vu quels graves abus l'excès de simplification avait fait naître, et on préféra souffrir ceux auxquels on était accoutumé plutôt que d'être exposé aux dommages qui étaient la conséquence d'un nouveau régime. « Il en ré- « sulta que, lorsqu'on voulut remédier aux effets désas- « treux de cette justice *informe*, le dégoût des innovations « radicales disposa les esprits à un retour trop complet « vers un ancien ordre de choses qui devait être modifié « pour être mis en rapport avec notre nouvelle organisa- « tion judiciaire [1]. » C'est ainsi que toujours les mouvements trop rapides sont suivis d'un retour en sens contraire, et que les réformes exagérées, par les réactions qu'elles causent, sont le plus grand obstacle à un progrès régulier. Le décret de 1793, par lequel on avait cru éta-

---

[1] Acad. des sciences morales et politiques, séance publique du samedi 3 avril 1852.

blir un bon ordre en supprimant toutes les formalités , fut un malheur , non-seulement à cause des injustices et des désastres que les fortunes privées subirent pendant le temps de son exécution , mais encore parce qu'il a certainement contribué à éloigner de salutaires réformes.

Si les précédents influencèrent ainsi défavorablement les rédacteurs du Code de procédure, il faut ajouter enfin qu'il fut moins bien élaboré que son aîné. Celui-ci avait été l'objet, pendant la révolution, de plusieurs projets successifs. Cette préparation de longue main manqua aux rédacteurs du Code de procédure : le seul avant-projet fut celui de Thouret, ouvrage posthume mis au jour par son fils, en 1800. En outre « la discussion de ce Code fut en général moins soignée et moins approfondie au conseil d'Etat que celle du Code civil : la matière était aride, la plupart des membres ne la possédaient pas parfaitement , et d'ailleurs la discussion n'eut pas lieu sous l'œil du maître, occupé alors à guerroyer au loin [1] ». — « Le conseil d'Etat, écrit un auteur estimé, a été trop souvent sous l'influence de ce préjugé vulgaire qui regarde la procédure comme une affaire de pure pratique; il a trop négligé les lumières que pouvaient lui fournir l'ancienne doctrine ou même la simple raison, pour s'abandonner à une routine aveugle [2]. »

Le choix des membres de la commission chargée du projet eut aussi son influence : Pigeau était le seul commentateur de l'ancienne procédure qui en fît partie, et il eut la plus grande part au travail, quoique ses vues ne

[1] M. Eschbach, *Cours d'introduction à l'étude du droit*, p. 290.
[2] M. Ed. Bonnier, *Traité théorique et pratique des preuves*, 2e édit., p. 336.

fussent guère étendues. Jousse n'existait plus : Boucher d'Argis, auteur des articles de procédure de l'Encyclopédie méthodique, et d'éditions annotées des vieilles ordonnances sur le fait de justice, avait porté sa tête sur l'échafaud révolutionnaire. — Enfin on se contenta des seules observations des cours d'appel et de la cour de cassation ; tandis qu'il eût été nécessaire d'invoquer le concours des tribunaux de première instance, plus exercés à la procédure que les cours d'appel, puisque l'instruction des affaires se fait forcément devant le premier degré de juridiction.

CHAPITRE XII.

DE L'AVENIR DU CODE DE PROCÉDURE CIVILE ET DES RÉFORMES
OPÉRÉES A L'ÉTRANGER.

———

Malgré ses imperfections, le Code de procédure civile de 1806 marqua un nouveau pas dans la voie du progrès ; il doit être le point de départ de toutes les améliorations ultérieures, et le thème des perfectionnements sagement imaginés. Il est certain que « notre loi générale sur la procédure civile, meilleure que celles qui l'ont précédée, mérite une des premières places dans l'histoire des législations comparées [1] ». La preuve de la supériorité du système de procédure français, c'est qu'il a été conservé sauf des modifications de détail, par les nations qui ont adopté notre législation.

Mais les quarante années écoulées depuis la publication de ce code ont rendu plus apparentes ses imperfections. La nature mobile des lois de forme, l'imagination des praticiens si féconde pour enfanter des abus, la tolérance qui naît d'un long usage, ont déjà extrêmement vieilli le Code

---

[1] M. Eschbach, p. 118.

de procédure. Beaucoup de lois nouvelles sont venues altérer directement ou indirectement son plan. Les unes,
en modifiant ses dispositions ou en y ajoutant, telles que
les lois du 25 mai 1838, du 20 mai 1854 et du 2 mai 1855
sur les justices de paix, celle du 11 avril 1838 sur les tribunaux de première instance, celle du 2 juin 1841 sur
la saisie immobilière, et celle du 24 mai 1842, relative
à la saisie des rentes constituées sur particuliers, ont brisé
son ensemble et lui ont ôté ce mérite d'être le corps complet des lois de procédure, puisque les lois de la saisie
immobilière et de la saisie des rentes ont seules été incorporées dans son texte [1]. D'un autre côté les lois fiscales, surtout celle du 28 avril 1816, qui, aidée d'une
jurisprudence facile, a amené le rétablissement de la vénalité des offices ministériels, ont été le germe d'abus in-
calculables. La justice est devenue longue, inabordable
et ruineuse, et des doléances, semblables à celles que l'on
faisait entendre sous l'ancien régime, s'élèvent de toutes
parts.

A l'étranger, plusieurs Etats, tout en conservant le système de la procédure française, ont refondu notre Code et
modifié un certain nombre de ses dispositions. Dès 1819,
le royaume de Naples et la république de Genève sont en-
trés dans cette voie. Le 21 mai 1819, une ordonnance
royale mit à exécution le nouveau Code napolitain, qui,
malgré les perfectionnements qu'il a fait subir à notre procédure civile, est resté à peu près inconnu en France [2];

---

[1] [On aurait dû aussi incorporer dans le Code les dispositions du règlement de l'ancien conseil des parties, qui, restées en vigueur, forment la
procédure spéciale suivie devant la cour de cassation.]

[2] Voyez, dans le tome IV des *Mémoires de l'Académie des sciences morales,* la note de M. Berriat-Saint-Prix sur le Code napolitain de procédure civile.

en 1828, une loi sur les ventes judiciaires *(legge concer-nente l'espropriazione forzata)* est venue le compléter, bien avant que l'on eût songé en France à simplifier la procédure sur la même matière, et sans que nos législateurs de 1841 se soient doutés qu'il y avait là un précédent dont ils pouvaient profiter.

Le 29 septembre 1819, la nouvelle loi sur la procédure civile, pour le canton de Genève, parut à son tour : les améliorations qu'elle renferme et les intéressants exposés de motifs qui l'accompagnent ont fixé sur elle l'attention[1]. Le Code de procédure du canton de Vaud a été aussi refondu en 1824. La Grèce elle-même, où l'ancien droit byzantin forme le fond de la législation, a été dotée, en 1834, d'un Code de procédure civile et d'instruction

---

[1] L'ordonnance de 1667 avait subi aussi, dans un petit Etat alors indépendant de la France, la Lorraine, une révision assez semblable à celle que notre Code de procédure a subie à Genève. Si j'avais eu à faire l'histoire des progrès du système de procédure français, tant en France qu'à l'étranger, je n'aurais eu garde de passer sous silence l'ordonnance de Lorraine de 1707, appelée aussi Code Léopold, et sur laquelle on trouve d'intéressants détails dans le Répertoire de Guyot et de Merlin, v° *Code*, § 3, n° 3. — Dès 1630, le duc de Lorraine avait songé à mettre ordre à la justice dans son duché de Bar, et l'on vit paraître un « Règlement de Son Altesse pour retranchement et abréviation des procès en sa cour de Saint-Mihiel » (Saint-Mihiel, 1630, in-4o). — La loi de Genève actuelle est le produit de la double action des idées philosophiques modernes, et des traditions de l'ancien édit genevois. Son rédacteur, le professeur Bellot, a mis à profit les écrits de Bentham. Comme cette loi n'est qu'une variété du système français, nous invoquerons souvent son exemple. [Les petits Etats semblent avoir généralement devancé les grandes monarchies dans la révision des lois de procédure et la réforme des abus judiciaires. Au XVIe siècle, Gerard de Groesbeck, prince-évêque de Liége en 1564, abbé de Stavelot en 1576, créé cardinal en 1578, signala son règne par la révision et la rédaction en un code général des lois judiciaires du pays dont il était souverain. Ce recueil, connu en Belgique sous le nom de *Reformation de Groesbeck,* est intitulé : *Statuts et Ordonnances touchant le style et la manière de procéder, et l'administration de la justice devant et par les cours et justices séculières du pays de Liége.* Liége, 1572. (*Bulletin de la Société scientifique* du Limbourg, t. Ier, p. 232.)

criminelle [1]. En Hollande, le roi Guillaume a promulgué,
le 1ᵉʳ octobre 1838, un Code de procédure [2] qui fait partie de la refonte générale des lois françaises aujourd'hui
en vigueur dans ce royaume. Ce code, publié dans une
langue peu répandue, n'est guère connu chez nous que
par deux articles de MM. Kœnigswarter et Godefroy [3]. Son
plan, autant que j'ai pu en juger moi-même, est plus méthodique que celui du Code français. Il est divisé en trois
livres, subdivisés en titres et en chapitres, et comprend
899 articles formés la plupart de plusieurs alinéas. Les
républiques de l'Amérique du midi ont une organisation
judiciaire et un système de procédure civile où l'imitation
des lois françaises est manifeste au milieu des souvenirs
de la législation espagnole et des emprunts que l'esprit
républicain a faits à l'organisation judiciaire des Etats-
Unis. Je citerai entre autres la république de Venezuela,
qui possède, à l'exemple du nôtre, un Code de procédure
civile (*Codigo de procedimiento judicial*), et où l'on a
promulgué, en 1841, des lois d'organisation judiciaire

---

[1] Voyez un article de M. Zachariæ dans la *Revue étrangère*, t. VII,
p. 288.

[2] *Wetboek van burgerlijke Reglsvordering.* — [M. de Martini, avocat à
Amsterdam, a publié en 1840 et 1842, sous le titre de *Verzameling van
bijlagen*, un recueil où l'on trouve, sous le format in-16, les lois, décrets,
ordonnances et règlements relatifs à l'organisation judiciaire, au notariat,
au barreau, aux corporations de procureurs et d'huissiers (*Deurwaarders*),
aux conservateurs des hypothèques, etc., avec les tarifs des divers salaires
et droits de justice.

Les principaux commentaires sur le Code de procédure hollandais sont
ceux de MM. Oudeman, Vernede et De Pinto. M. Honert a donné un formulaire. Un Traité de procédure civile, avec des formules par Van der
Linden, a été traduit en anglais, pour l'usage des anciennes colonies hollandaises devenues anglaises. Relativement à l'histoire du droit judiciaire
en Hollande, on peut consulter Wttewaal van Stoetwegen, *De Veteri Ordine
judiciorum apud Hollandos*; Lugd. Batav., 1834, in-8º.]

[3] Dans la *Revue étrangère et française de législation*.

7

réformant des dispositions publiées sur la même matière
en 1838 et 1839 [1]. [N'oublions pas enfin les Codes de
Berne, de Parme et de Bade, ni surtout le remarquable
Code de procédure promulgué à Turin le 1er avril 1855,
et qui, rédigé sur le plan du Code français, lui est certainement supérieur, parce qu'on a profité, pour sa rédaction,
de l'exemple des diverses législations que nous venons
de passer en revue [2].]

---

[1] On vient aussi de promulguer en Espagne un nouveau Code de procédure civile, *Ley de enjuiciamento civile* (*Gazette des Tribun.*, 17 déc. 1855).
Tout récemment encore, le discours du roi des Belges, à l'ouverture de
la session de 1855, contenait ce passage : « Vous serez appelés également
à refondre et à compléter la législation sur l'organisation judiciaire. »

[2] *Codice di procedura civile*, per gli Stati di S. M. il Re di Sardegna.
Progetto riprodotto nella tornata della camera dei deputati del 23 maggio
1853; Torino, Stamperia reale, 1853.

Au moment où ce Code de procédure était en discussion devant le sénat
de Piémont, nous avons eu l'honneur de correspondre à son sujet avec
l'un des sénateurs qui faisaient partie de la commission chargée du rapport.
Nous avons suivi ainsi la discussion de ce grand travail législatif, S. Exc.
M. le ministre de grâce et de justice nous ayant fait adresser, par la voie
diplomatique, un exemplaire du projet, avec l'exposé des motifs rédigé
sous ses auspices, et le rapport fait par M. Seb. Tecchio à la chambre des
députés de Turin. Nous avons pu comparer le texte en discussion avec les
idées exposées dans ce Mémoire, qui venait d'être couronné par l'Académie
des Sciences morales et politiques, et transmettre une série de réflexions qui
ont été communiquées à la commission du sénat. Les idées françaises jouissent d'une grande faveur en Piémont, et l'opinion publique a accueilli volontiers le projet déjà mis en avant depuis plus de vingt ans d'introduire
un Code de procédure, en grande partie calqué sur celui de France.
Cependant l'ancienne procédure tracée par les constitutions des ducs de
Savoie, était simple et peu coûteuse, et beaucoup de magistrats éclairés,
craignant l'introduction des abus qui existent en France, auraient désiré
voir conserver les formes judiciaires éprouvées depuis des siècles. Aussi a-
t-on utilement profité de l'ancien système national pour modifier le système français. L'expérience seule peut faire savoir si la marche générale de
notre procédure produira des résultats préférables à l'ancienne *tela giudiziaria* des constitutions piémontaises. Le nouveau Code n'est mis en conséquence à exécution que pour cinq années, au bout desquelles il recevra
du pouvoir législatif ou une sanction définitive ou les modifications qui paraîtraient nécessaires. D'ici là les cours et tribunaux devront à la fin de
chaque trimestre envoyer au garde des sceaux un état des questions de
procédure qu'elles auront décidées. Ces états seront accompagnés d'un

En France, l'heure de la réformation n'est pas encore venue, mais les esprits s'y préparent. Depuis longtemps des jurisconsultes éminents ont examiné les questions d'amélioration : les points capitaux sont traités dans les ouvrages de Boncenne et de Boitard : on trouve dans celui de Carré, revu par M. Chauveau, les controverses qu'il importerait de trancher par un texte positif. Des brochures nombreuses ont paru sur ce sujet. Déjà en 1849, le gouvernement avait nommé une commission pour la réforme du Code de procédure, et M. Odilon Barrot, dans le rapport sur l'arrêté qui nommait cette commission, rappelait que ce Code « a peu participé aux idées philosophiques et progressives qui ont présidé aux travaux législatifs du consulat et de l'empire. Il y avait sans doute, continue le rapporteur, un grand danger à trop innover à de vieilles pratiques qui avaient pour elles la puissance de longues habitudes judiciaires. Ce danger existe encore aujourd'hui ; il ne doit cependant pas arrêter toute modification, toute simplification dont l'utilité serait démontrée [1] ».

Cependant des vices et des abus désastreux ne sont encore dénoncés nulle part. Les justiciables sentent cruellement l'effet de ces abus, sans en connaître positivement la cause. Un pareil malaise a produit son résultat inévitable : à la révolution de février, des réformateurs improvisés ont attaqué violemment, dans diverses brochures, et l'ordre judiciaire, et la procédure en vigueur. Nous

rapport spécial du président sur les inconvénients révélés par l'application du nouveau Code. — Déjà on a vu paraître sur ce Code un travail intitulé *Commentario del Codice di procedura civile, per gli Stati sardi*, con la comparazione degli altri Codici italiani, et delle principali legislazioni straniere, opera del signor Pisanelli ; gr. in-8°, Torino, Unione tipograph.

[1] Rapport de M. Odilon Barrot, 25 août 1849.

avons lu un certain nombre de ces écrits : nous tâcherons d'en tirer les idées compatibles avec des réformes sages et prudentes, en repoussant, au nom de l'expérience, les théories hasardées. Nous croyons qu'en faisant la guerre aux abus, il faut respecter notre organisation judiciaire, et qu'en supprimant les formalités oiseuses, il est bon de conserver l'ensemble de notre Code de procédure. Car le développement historique des faits démontre combien le système usité chez nous est fortement implanté, quelles profondes racines il a jetées dans notre droit, et comme il porte avec lui une tendance vers le progrès.

CHAPITRE XIII.

DE LA VOIE A SUIVRE POUR OPÉRER DES RÉFORMES EN FRANCE. —
VICES RÉSULTANT DE LA LOI ELLE-MÊME. — RÉFORMES DANS
LES TEXTES.

—

Pour réformer les abus, il ne suffirait pas de retrancher quelques articles du Code de procédure, d'abolir
quelques formalités. Sans doute, le Code a besoin d'améliorations, mais l'ensemble de l'administration de la justice doit lui-même être révisé. A côté des vices qui résultent des prescriptions mêmes de la loi, il y a une
infinité d'abus plus fâcheux que les défauts du texte. Les
uns tiennent à des usages que la faiblesse du gouvernement a laissés s'introduire à côté de la loi, les autres
viennent du personnel de la magistrature et des officiers
publics.

Quant aux vices qui résultent de la loi elle-même, ce
n'est que par des réformes apportées dans son texte qu'on
peut y remédier. La recherche de ces dispositions vicieuses est l'objet principal de ce travail. Le préliminaire
de conciliation, l'usage des requêtes de défenses, la rédaction des qualités, les enquêtes, la distinction des affaires ordinaires et sommaires, la procédure de la saisie

immobilière, sont des points depuis longtemps critiqués. A côté de ces questions capitales, il y a à faire des observations de détail, il y a des simplifications utiles à apporter. Les tarifs ont aussi besoin d'être revus, si l'on veut mettre un terme aux frais énormes que coûte la justice, et qui la rendent inabordable pour la majorité des citoyens.

Mais si l'on doit se garder de la refonte absolue des lois, qui fait naître des questions transitoires et des procès, il ne faut pas que les retouches et les améliorations restent en dehors du Code sous forme de lois supplémentaires. Si la nécessité d'une modification se fait sentir, il faut que l'unité du texte soit toujours conservée, que la disposition nouvelle soit incorporée dans la loi générale et habilement fondue dans son ensemble. C'est au moyen de l'insertion d'*authentiques* (comme disaient les anciens glossateurs) que l'on devra réformer les passages à corriger, en sorte que l'article nouveau prenne la place de l'article abrogé. C'est, au reste, ce que l'on a fait en 1841 pour la loi de la saisie immobilière, et c'est ainsi que l'on pourra assurer cette qualité si désirable dans un corps de droit, l'*intégralité* de chaque Code [1].

---

[1] Meijer, *De la Codification*, p. 209. Bentham, *De la Codification*, section 2.

CHAPITRE XIV.

•

—

Mais nous ne saurions trop le répéter, la révision la plus
sévère et la plus scrupuleuse du Code de procédure et du
tarif, peut améliorer la législation, mais ne réprimerait
point les abus. La loi la meilleure et la mieux rédigée, est
impuissante si elle n'est pas observée [1]. Qu'importe un bon
système de procédure, si l'observation des formalités tend
moins à l'instruction des affaires qu'à enrichir des spécu-
lateurs? Comment la justice pourra-t-elle être rendue, si
les causes sont mal instruites? A quoi servirait de diminuer les tarifs, si les tarifs actuels sont laissés de côté, si
la taxe est faite négligemment, si elle est abandonnée par
les magistrats à la discrétion des officiers ministériels eux-
mêmes, si en dehors de la taxe on exige sous toutes les
formes des gratifications et des salaires? A quoi bon sim-

---

[1] *N'y a point faute de bons règlements, s'ils estoient bien observez,* disait déjà Godefroy, commentateur de la Coutume de Normandie, en déplo-
rant les abus qui déshonoraient la justice de son temps.

plifier les formalités de justice si les officiers chargés de
les mettre en usage s'efforcent de prendre la voie la plus
longue et la plus coûteuse, si les notaires dirigent les affaires de manière à faire plusieurs actes là où un seul eût
suffi? A quoi bon, enfin, parler de réformes et aspirer vers
un meilleur état de choses, si le gouvernement ferme les
yeux sur des abus criants, si la chancellerie a de mauvaises traditions, si les officiers les plus rapaces continuent
à trouver non-seulement le profit, mais encore les honneurs ; si les magistrats chargés de les surveiller sont
abaissés au-dessous d'eux ; si l'entrée de la magistrature
elle-même devient une prime offerte à leur audace, si, enfin, tous ceux qui ont intérêt à soutenir les abus et à les
multiplier continuent à faire fortune ?

Ces abus-là ne peuvent pas être imputés au vice de la
loi : le Code le plus parfait ne peut y mettre obstacle, et les
justiciables devraient assurément préférer une loi de procédure arriérée, quelque incomplète et défectueuse qu'elle
fût, si avec cette loi, les gens d'affaires étaient contenus
dans le devoir.

C'est aux magistrats supérieurs, c'est au chef même de
la magistrature à exercer sur ce point une vigilance tuté-
laire. Le remède n'est pas seulement dans quelques articles
solennellement votés par la législature, il est dans une
surveillance éclairée. La réforme ne se fera pas sur ce
point en révisant continuellement les textes, mais en
veillant à leur exacte application. Elle s'opérera par des
circulaires.

Depuis quelques années le ministère est entré dans cette
voie, non pas d'une manière générale, mais pour arriver
à améliorer un point spécial. C'est par des circulaires, des
instructions qu'on a activé l'administration de la justice,

qu'on est parvenu à diminuer l'arriéré des affaires. C'était déjà un excellent pas, mais il fallait ne point s'en tenir là. La lenteur de la justice ne serait pas le plus grand mal de notre situation judiciaire, si d'ailleurs la justice était exacte et peu coûteuse. Et puis, nous ne pouvons le taire, dans plus d'un tribunal, il eût été préférable pour les justiciables d'obtenir des jugements moins rapides : car l'encombrement des rôles n'a souvent été diminué qu'au préjudice du bon droit. Des magistrats, obligés de faire du zèle, ont expédié précipitamment des affaires mal instruites, ôtant la parole aux avocats au lieu de renvoyer les avoués faire la procédure. *De brief juge, folle sentence,* disait le vieux Loisel.

Mais, sagement appliquées, les circulaires du ministre de la justice et des procureurs généraux n'en seraient pas moins un excellent remède. [Elles sont un moyen facile de couper court aux abus et de prévenir des torts dont la répression aurait souvent un caractère rigoureux. Quant un abus est devenu général, il est impossible de rechercher tous ceux qui ont suivi une manière d'agir encouragée par une longue tolérance. Aussi, comme l'a remarqué justement un écrivain recommandable, « la plupart des infractions répréhensibles restent impunies, se trouvent en quelque sorte tolérées et se transforment en usages abusifs, parce que le ministère public ne veut pas déshonorer un officier public dont la fraude n'est pas assez grave pour mériter une flétrissure publique[1] ». Au lieu de la répression disciplinaire, dont l'emploi est nécessairement arbitraire et tend à affaiblir dans les populations la foi aux institutions

[1] M. Ach. Morin, *De la Discipline judiciaire,* t. II, p. 297.

judiciaires, il vaudrait mieux que la violation des lois de
forme fût prévenue par une sanction dont sont dépourvus
un trop grand nombre d'articles de notre Code de procédure. « Il faudroit, écrivait Pétion en 1783, que les règles
qui servent à l'instruction des affaires fussent..... si impératives qu'on ne pût violer un seul article sans en être
puni sévèrement; qu'elles fussent telles, enfin, que leurs
dispositions restassent inaltérables, même entre des mains
impures. Autrement, ceux à qui la manutention en sera
confiée profiteront de leur silence, de leur ambiguïté, de
leur indulgence, pour se faire des principes conformes à
leurs intérêts[1] ». Que de manœuvres abusives, que de
pratiques ruineuses, que de perceptions indues, auraient
été prévenues, si le législateur, au lieu de se borner à une
prescription impuissante, eût édicté dans l'article même
exposé à être violé, non pas une nullité qui retombe en
définitive sur le justiciable innocent, mais une amende
légère contre l'officier coupable, amende qui, perçue au
moment de l'enregistrement, eût toujours été appliquée
par l'inexorable vigilance du fisc, et cela sans débat,
sans scandale, sans déconsidération pour les officiers de
justice !]

Par un arrêté du 5 ventôse an x, la cour de cassation
avait été chargée par le gouvernement consulaire d'envoyer aux consuls en conseil d'Etat une députation de
douze membres, pour proposer, entre autres choses, les
moyens de réformer les abus qui se seraient glissés dans
l'administration de la justice et d'*établir dans les tribunaux la meilleure discipline, tant à l'égard des juges*

[1] *Les Loix civiles et l'Administration de la justice* ramenées à un ordre
simple et uniforme; Londres, 1783, p. 197.

qu'à l'égard des officiers ministériels. Mais ceci n'a jamais été exécuté.

L'ancienne magistrature avait un moyen de conserver sa splendeur et la scrupuleuse observation des règles, dans ces mercuriales que faisaient à huis clos, soit les présidents, soit les magistrats du ministère public. Elles ne se bornaient pas à un simple discours préparé sur un sujet moral, mais on y exhortait vivement les juges à rendre exactement la justice et à garder les règlements; on n'y épargnait point les remontrances. Charles VIII, Louis XII, François Ier et Henri IV les avaient prescrites à la magistrature, « pour y traiter des abus qui peuvent « se glisser dans l'administration de la justice, ou dans la « poursuite et l'instruction des affaires, et en général de « tout ce qui peut intéresser le bon ordre, la discipline et « l'honneur des cours ». L'art. 130 de l'ordonnance de Villers-Coterets, donnée en 1539 pour la réformation de la justice, voulait même qu'elles se tinssent de mois en mois et qu'elles fussent envoyées au roi tous les trimestres.

Mais de nos jours, les présidents n'osent plus faire de mercuriales, et si les magistrats du parquet en prononcent de temps à autre, ils se gardent bien d'en faire savoir le contenu à ceux qu'elles concernent. L'éloge et le blâme qu'y distribuent certains procureurs généraux, ne parviennent pas jusqu'aux oreilles des tribunaux inférieurs, comme si l'on doutait de l'équité de cette censure. Les harangues d'Ayrault, de Laguesle, de Domat sont remplacées de nos jours par de beaux discours, tout parfumés de rhétorique, où juges et avoués reçoivent des compliments, comme il convient aux jours de fête qui les voient prononcer, et où l'orateur est heureux, pour sortir des lieux communs, d'avoir à faire l'éloge de tel magistrat décédé.

A côté de ces réquisitoires faits à huis clos pour la réformation de la justice, l'autorité royale prescrivait quelquefois l'emploi d'un moyen plus héroïque. Quand les seigneurs abusaient de leur autorité, ou lorsque les officiers de justice se livraient à de trop criantes exactions dans les provinces éloignées du siége des parlements, on assemblait les *grands-jours*, tribunaux extraordinaires et souverains qui devaient vider les causes arriérées, réformer les abus glissés dans l'administration de la justice, et contenir les seigneurs dans le devoir.

Des lettres patentes spéciales détaillaient les matières dont ces tribunaux devaient connaître et nommaient les juges qui les composaient. Brussel, dans l'*Usage général des fiefs* (l. ii, ch. xii), a donné des détails très-curieux sur ces corps créés temporairement, mais avec une large autorité « pour réprimer les abus et subvenir aux opprimés ». Louis XIV établit deux de ces assemblées, l'une à Limoges, en 1668, pour les provinces d'Anjou, Limosin, Périgord et Angoumois, l'autre à Clermont, en 1665, pour l'Auvergne. Les procès-verbaux des grands-jours de Clermont, dont la récente publication a fait quelque sensation, peuvent donner une idée de la vigueur que déployaient en ces circonstances les magistrats réformateurs. Mais rien n'indique mieux le rôle de ces cours redoutables que ce passage des lettres patentes de Charles IX, données à Compiègne le 5 août 1567 : « Voulons iceux (grands-« jours) cognoistre et décider de tous abus, fautes, « maluersations ou négligences, dont nos officiers des « pays et ressorts se trouueront chargez au fait de leurs « estats et offices, ou autrement, et qu'ils les chastient, « corrigent, et punissent selon l'exigence des cas et qu'ils « verront estre à faire : aussi corrigent et amendent

« toutes corrupteles et vsages, stiles et procédures abu-
« siues, mauuaises practiques et formulaires des practi-
« ciens, ou autres choses ès siéges et auditoires desdicts
« païs et ressorts qu'ils trouueront estre desraisonñables,
« ou contre le bien et expédition de la justice : et le tout
« réforment et mettent en bon ordre et forme de
« practique[1]. »

[1] Guesnois, *la Grande Conférence des ordonnances et édits royaux*, t. Ier,
p. 464.

CHAPITRE XV.

—

Il est un dernier ordre de défauts que le meilleur Code
et la plus exacte surveillance ne pourraient prévenir. Le
législateur a beau être prévoyant, l'administration de la
justice sera encore vicieuse si les magistrats chargés de
l'appliquer sont mal choisis, si les officiers ministériels ont
un trop grand intérêt à sacrifier leurs devoirs. La magistrature française possède le caractère le plus honorable,
et une probité reconnue ; mais ces qualités indispensables
sont trop souvent déparées par l'inexpérience des affaires,
par l'ignorance même de la science du droit. C'est là un
vice capital qui rendrait toujours sans efficacité les lois les
plus sagement rédigées : car l'ignorance du juge, pire que
tous les défauts de forme possibles, compromet le fond des
affaires. C'est ce qu'avait bien senti Treilhard, lorsqu'il
disait dans l'exposé des motifs du Code de procédure :
« Ne nous dissimulons pas que le succès du Code dépendra
« beaucoup et de l'autorité à qui son exécution est confiée,

« et de la conduite des officiers ministériels qui le prati-
« queront chaque jour. » Plus bas il ajoutait : « Mais si le
« succès du Code peut dépendre de la conduite pure et
« éclairée des officiers ministériels, il dépendra surtout
« des tribunaux, témoins assidus de la manière dont la
« loi est exécutée. — Ne craignons pas de le dire, les abus
« en cette matière ne peuvent pas s'introduire et se perpé-
« tuer sans qu'il y ait de la part des magistrats au moins
« faiblesse ou négligence ; quand la loi est violée, ils sont
« en quelque sorte complices de l'infraction qu'ils tolèrent,
« surtout en matière de procédure, parce qu'ils ne peu-
« vent se dissimuler un abus qui se pratique sous leurs
« yeux, et que la répression est tout entière en leur
« pouvoir[1]. » (Discours du 4 avril 1806.)

---

[1] « C'est du choix des juges que tout dépend. Même avec de mauvaises lois, de bons juges (à qui on laisse une certaine latitude) trouvent encore le moyen de faire le bien ; mais les meilleures lois n'empêchent pas les mauvais juges d'en abuser pour faire le mal. » (M. Dupin, *Des Magistrats d'autrefois, des Magistrats de la révolution, des Magistrats à venir*, n° 4.)

Platon avait dit aussi qu'avec de bons magistrats, les plus mauvaises lois peuvent être supportables, et que les bons jugements dépendent encore plus des juges éclairés que des bonnes lois. « On a vu des Etats bien « gouvernés avec de mauvaises lois par de bons magistrats ; mais on n'a « jamais vu de pays, quelque excellentes que fussent ses lois, bien gou « vernés par des hommes sans lumières et sans justice. » (Portalis.)

CHAPITRE XVI.

SI LA PROCÉDURE DOIT ÊTRE LA MÊME DANS LES AFFAIRES
CIVILES ET DANS LES AFFAIRES CRIMINELLES?

—

L'assimilation de l'instruction des affaires civiles à celle des affaires criminelles a été proposée comme un moyen simple de réformer la procédure, et de conduire les litiges à leur fin par le chemin le plus droit. Certes ce serait là une transformation radicale, que nous croirions périlleuse : car il ne s'agit pas d'amener la fin des procès par la voie la plus courte, mais au contraire d'arriver à ce résultat par la voie la plus sûre.

En outre, une pareille réforme présenterait de graves difficultés dans l'exécution : car, en matière civile, le point litigieux n'a pas le même caractère qu'en matière criminelle, et les preuves admissibles sont différentes. L'assimilation des causes civiles et des causes criminelles ne serait possible qu'en recevant sans restriction, dans toutes les affaires, la preuve testimoniale dont on ne peut nier les dangers. Mais le système des preuves fût-il identique, la dissemblance des lois du fond présenterait toujours un obstacle insurmontable. Le Code civil règle des matières trop étrangères à celles qui sont l'objet du Code pénal pour que la loi d'exécution puisse être la même pour ces deux codes. Il n'y a aucun rapport entre les droits consacrés par le Code civil et les faits punis par le droit criminel, nulle analogie entre le jugement des délits et celui des procès civils. Enfin, l'action civile, par son caractère privé, est profondément distincte de l'action publique, et il est évident qu'elles ne peuvent revêtir une forme semblable. La procédure doit surtout être écrite en matière civile, elle doit être de préférence orale en matière criminelle.

Non-seulement la justice civile et la justice criminelle sont essentiellement différentes, mais elles se séparent encore par la nature de leur objet. Comme l'a remarqué M. Rauter, en France, la justice civile se rend principalement pour les parties, et le juge ne pouvant prononcer que d'après leurs défenses, sans suppléer des moyens auxquels elles ont peut-être renoncé, il s'ensuit que la justice civile est plutôt une justice *formelle* qu'une justice *matérielle* ou *réelle*. Au contraire la justice criminelle tend nécessairement vers une justice *réelle* et non vers une justice *formelle*[1]. Nous examinerons dans un chapitre ultérieur si la justice civile peut être autrement que *formelle* dans les pays où les citoyens sont maîtres de leurs droits, et s'il conviendrait de mettre à l'écart la maxime que l'*on juge les causes comme elles sont plaidées*.

Pour terminer ce que nous avions à dire de l'assimilation

---

[1] Rauter, *Cours de procédure civile française*, p. 2 et 3, à la note.

entre les deux procédures civile et criminelle, nous ajouterons que les avantages de la seconde sur la première nous paraissent se réduire à l'exemption des taxes fiscales et à la forme plus logique des enquêtes.

LIVRE II.

LIVRE II.

DE L'ORDRE JUDICIAIRE [1].

CHAPITRE PREMIER.

DIVISION.

M. Rossi a ingénieusement comparé l'organisation judiciaire à une machine en repos, et la procédure à la machine mise en mouvement. On peut compléter cette comparaison en disant que l'objet du travail de cette machine

---

[1] [Les ouvrages suivants doivent être cités en tête de ce livre comme se rapportant particulièrement aux questions qui y sont traitées :

Henrion de Pansey. *De l'Autorité judiciaire dans les gouvernements monarchiques;* 1re édit., 1810, in-8o. Les édit. suiv. ont été très-augmentées.

Bentham, *De l'Organisation judiciaire,* publié par Dumont, 1828, in-8o. — *A plan for a judicial Establishment in France;* Londres, 1790.

Comte Sclopis, *Della Autorità giudiciaria;* Torino, 1842, in-12.

Hiver, *Histoire critique des institutions judiciaires de la France, de 1789 à 1848;* Paris, 1848.

Un grand nombre de pamphlets et d'écrits critiques ont été dirigés

est l'application du droit aux faits, et que les matériaux qu'elle met en œuvre sont les actions et les preuves.

On aperçoit là un triple sujet sur lequel reposera la division de ce mémoire.

contre l'ordre judiciaire, particulièrement sous la restauration. Nous citerons ici les principaux :

J. B. Selves, *Tableau des désordres dans l'administration de la justice et des moyens d'y remédier*; Paris, Maradan, 1812, in-8º. Une 2e et une 3e édition parurent en 1813. L'auteur, connu par ses nombreux procès, où il épuisa sa fortune et altéra sa raison, avait aussi publié : *La Mort aux procès, ouvrage destiné à perfectionner la procédure civile, à détruire le germe des neuf dixièmes des procès, et à rendre presque insensible le mal du dixième à peu près qu'on ne peut éviter*; Paris, 1811. *Indication de quelques dispositions urgentes pour calmer provisoirement le mal des procès et surtout des frais*; Paris, 1813, br. in-8º. *Au Roi : la vérité sur l'administration de la justice*; 1814, in-8º. — En 1818, il mit encore au jour le *Plan d'une nouvelle organisation judiciaire pour le criminel et pour le civil*; Paris, Cussac, in-8º.

Considérations sur l'ordre judiciaire en France et sur quelques principes constitutionnels, par P. B. D., magistrat d'une cour souveraine ; Paris, 1815, 140 p. in-8º.

Delamardelle, *Réforme judiciaire en France*; 1817, in-8º.

De la Liberté considérée dans ses rapports avec les institutions judiciaires, par le premier président de la cour royale d'Ajaccio; Paris, Béchet, 1823. L'auteur, M. le président Mezard, avait publié déjà en 1788 un *Essai sur les réformes à faire dans l'administration de la justice*, où il proposa une distribution des tribunaux assez semblable à celle que nous avons.

De l'Administration de la justice et de l'Ordre judiciaire en France, par M. D*** (d'Eyraud); Paris, Treuttel, 1824, 2 vol. in-8º. — 2e édit., 1825, 3 vol.

Charles Comte, *Considérations sur le pouvoir judiciaire*, en tête de l'ouvrage sur le Pouvoir des jurys; Paris, Rapilly, 1828.

Thienot, *Observations sur l'ordre judiciaire*.

Philémon Servet, *Des Institutions judiciaires, discours historique servant d'introduction à la théorie de l'application des lois*; Paris, Gobelet, 1834, in-8º.

Obriot, *Décentralisation, ou Réforme administrative et judiciaire*; Paris, 1850.

Parmi les innombrables journaux qui apparurent à la suite de la révolution de 1848, il y eut la *Réforme judiciaire*, qui ne survécut pas à son premier numéro.

On trouvera indiqués dans la *Bibliotheca realis juridica* de Lipenius, aux mots *Judex, Jurisdictio, Lis, Ordo judiciarius, Practica, Praxis*, etc., un nombre énorme de traités et de dissertations sur l'organisation judiciaire, la justice, la procédure et les abus dans les tribunaux, la plupart publiés en Allemagne et dans les Pays-Bas, aux XVIIe et XVIIIe siècles. Le catalogue donné par Enslin, libraire de Berlin, sous le titre de *Bibliotheca*

En premier lieu, nous examinerons l'organisation judiciaire dans son état actuel, nous signalerons les vices qui altèrent l'administration de la justice, et nous discuterons l'opportunité des réformes proposées.

En second lieu, nous passerons en revue ce qui concerne les actions et le système des preuves.

En troisième lieu, nous considérerons la marche de la procédure et nous nous occuperons des perfectionnements dont elle serait susceptible.

Le livre dans lequel nous allons entrer traitera donc de l'*Ordre judiciaire*.

Celui qui le suivra embrassera la *Formalité judiciaire*.

Et le dernier livre de ce volume sera consacré à l'*Instruction*.

Nous aurons ainsi exploré, dans ces trois divisions successives, tout ce qui concerne la mise en œuvre du droit, tous les moyens d'application à l'aide desquels les principes

---

juridica, fournit encore d'autres indications. Nous nous bornerons à citer parmi ces ouvrages anciens ou étrangers, les suivants :

Claude Lycnard, *Des Iuges, des Iurisdictions et des Advocats*; Rheims, 1558, in-8º.

Diodori Tuldeni, profess. Lovan., *De Causis corruptorum judiciorum et remediis libri IV*; Coloniæ, 1624, in-4º.

Matth. Stephani, *Tractatus de officio judicis*; Francofurti ad Mœnum, 1625, in-4º.

Globig, *Censura rei judicialis Europæ liberæ, præsertim Germaniæ*; Dresde, 2 vol. in-8º, 1820-22.

Il ne faut pas oublier enfin les projets relatifs à l'organisation judiciaire, dont les chambres ont été saisies à diverses époques, avec les rapports dont ces projets ont été l'objet, tels que le projet rédigé par M. Persil, puis présenté par M. Sauzet, son successeur, en 1837, et surtout le *Rapport sur le projet de loi d'organisation judiciaire*, par M. de Crouseilhes, dans le *Moniteur* du jeudi 5 mai 1850. Voyez aussi l'*Analyse des observations de la cour de cassation et des cours royales sur le projet de loi relatif à l'organisation judiciaire*; Paris, imprim. royale, 1836.

Au point de vue juridique, on pourra consulter Carré, *Lois de l'organisation judiciaire*, revues par M. V. Foucher, 9 vol. in-8º, et Bonnier, *Éléments d'organisation judiciaire*, in-8º.

du fond, les lois *substantives*, comme dit Bentham, revêtent en quelque sorte un corps. Nous aurons étudié, dans
un même ouvrage, les trois ordres de lois *adjectives*, catégorie qui ne comprend pas seulement les formes de procédure, mais encore l'organisation judiciaire, et la théorie
des preuves qui en est inséparable [1].

Ceci posé, nous abordons les questions relatives à
l'ordre judiciaire.

[1] [« L'amministrazione della giustizia civile presenta le idee di :
« 1o Autorità giudiziaria organizzata ;
« 2o Individualità giudicanti ;
« 3o Individualità contendenti ;
« 4o Forma o modo di procedere ;
« 5o Prove da addursi. » (Ambrosoli, *Introduzione...*, lib. III, cap. 1,
art. 4o : Giurisprudenza filosofica delle processo giudiziario civile e commerciale.)

CHAPITRE II.

—

Nous avons eu recours à l'évidence, dès le début de ce travail, pour établir que la nécessité de tribunaux constitués publiquement est inhérente à l'ordre social. Nous nous sommes attaché ensuite à tracer, à l'aide du raisonnement, le cadre essentiel de toute procédure, et pénétrant dans le droit positif, nous avons vu quels principes devaient diriger le législateur lorsqu'il règle les formalités d'une instance. Mais nous n'avons pas étudié toutes les parties du cérémonial judiciaire, ni examiné assez à fond quelle sera la constitution du tribunal. Nous avons remarqué seulement que si les tribunaux étaient nécessaires, ils devaient se composer non-seulement des juges, mais encore de personnes accessoires et de ministres inférieurs. Ces notions n'étant pas suffisantes, il faut pousser plus loin notre analyse.

Quoique l'organisation judiciaire appartienne plutôt au droit public de chaque nation qu'au droit naturel, quoique l'état politique et les convenances particulières aient en cette matière une influence décisive, il est facile de voir que l'établissement des juridictions ne doit pas être arbitraire. Si la philosophie ne fournit qu'un nombre très-limité d'axiomes et de principes incontestables, la critique s'exerce utilement en discutant les questions fondamentales, et l'expérience, en résolvant quelques-uns de ces problèmes, les élève presque à la hauteur de dogmes universellement admis.

Considérée philosophiquement, l'organisation judiciaire a donc soulevé et soulève encore de nombreuses questions, auxquelles se rattachent inséparablement les critiques présentées au point de vue pratique.

Toutes les parties de la théorie de l'organisation des juridictions ont été l'objet de ces discussions ou philosophiques ou juridiques, et se sont trouvées soumises ainsi au contrôle d'une minutieuse analyse.

La synthèse serait plus difficile à établir. Les efforts que nous ferions pour élever au milieu des régions de la théorie l'édifice d'une organisation judiciaire purement idéale, nous sembleraient peu profitables. Chaque législateur peut tracer son plan à sa manière et disposer de telle ou telle façon les matériaux qu'il met en œuvre. Ce qu'il lui importe seulement, c'est de bien choisir ces matériaux et d'obéir à certaines lois premières de stabilité et de convenance.

Voici l'indication des principales questions dont la discussion et l'ensemble constituent surtout la théorie de l'organisation judiciaire :

« Quelle est, pour les tribunaux, la constitution la « mieux adaptée à la nature des fonctions qui leur sont « confiées, et la plus propre à leur en faciliter l'exercice? »

« Quelles sont les conditions qui peuvent le mieux assurer l'aptitude et l'indépendance du juge?[1] »

---

[1] Acad. des sciences mor. et polit., t. III, p. 457, rapport de M. le comte Portalis.

Voilà déjà deux questions législatives, et ces questions en renferment plusieurs autres.

Par exemple, quelle sera la loi de répartition des tribunaux au point de vue géographique? Quelle sera l'étendue de leurs circonscriptions territoriales?

Les tribunaux seront-ils permanents, ou les membres qui les composent seront-ils renouvelés dans une certaine mesure et au bout d'un certain temps?

Leur siége sera-t-il fixé, ou au contraire la justice sera-t-elle ambulatoire?

Chaque tribunal jouira-t-il d'une compétence universelle, pour connaître de toutes espèces de causes, *ratione materiæ*, ou admettra-t-on des tribunaux spéciaux, affectés à la solution de procès particuliers? Convient-il de n'avoir dans chaque circonscription territoriale qu'un seul tribunal, ou faut-il diviser la juridiction par nature d'affaires, et avoir des juges civils et des juges commerciaux, des juges pour le pétitoire et d'autres pour le possessoire, des juges pour les grands procès, et d'autres pour les petites causes?

Tous les habitants d'une circonscription seront-ils soumis au tribunal de cette circonscription, ou seront-ils les maîtres de préférer le tribunal de la circonscription voisine?

D'où les juges tiendront-ils leur puissance? Doit-on admettre qu'ils jugent par représentation du prince? Serait-il désirable que le souverain pût juger lui-même?

Y aura-t-il une hiérarchie dans les tribunaux? Convient-il que la chose jugée puisse être remise en question devant des degrés de juridiction supérieurs? Combien y aura-t-il de ces degrés de juridiction?

Faut-il qu'un tribunal soit composé de plusieurs juges?
La multiplicité des magistrats fournit-elle une garantie?
Un juge unique est-il préférable?

Avec plusieurs magistrats, le président sera-t-il toujours
le même, ou chaque juge présidera-t-il tour à tour?

Le juge du fait doit-il être le même que celui du droit,
ou doit-on admettre le jury en matière civile?

La justice est-elle un service qui doive être rémunéré
par ceux qui le réclament? Lequel de l'Etat ou des parties
doit rétribuer le juge?

Conditions d'aptitude. — Quelles garanties exigera-
t-on des juges? Formeront-ils une classe à part de citoyens
ayant reçu une éducation spéciale? Devront-ils posséder
des connaissances particulières? A quelles épreuves les
soumettra-t-on? Subiront-ils des examens, un noviciat?
Convient-il que les places de magistrature soient vénales?
Est-il bon d'encourager la transmission des fonctions
judiciaires dans les mêmes familles?

La science du droit est-elle absolument nécessaire au
juge? Faut-il nécessairement le choisir parmi ceux qui se
sont voués à la jurisprudence, et faire ainsi de la judicature une profession fermée à ceux qui n'ont pas étudié
théoriquement les lois?

Conditions d'indépendance. — Par qui seront choisis
les juges? Seront-ils élus par ceux qui ont recours à leur
ministère, ou l'Etat, les nommant lui-même, les imposera-
t-il à la confiance des justiciables?

Les juges seront-ils inamovibles, ou pourront-ils être
révoqués comme les fonctionnaires publics?

Les magistrats recevront-ils des récompenses? Admettra-
t-on ou repoussera-t-on leur avancement graduel? Cet
avancement sera-t-il arbitraire ou soumis à des règles?

Quelles garanties seront données à ceux qui auront fait leur vocation de la magistrature?

Quels sont les avantages et les inconvénients de l'esprit de corps? Serait-il utile de laisser les magistrats désigner ceux d'entre eux qui seraient dignes d'avancement et de distinctions?

L'institution d'un ministère de la justice est-elle profitable aux justiciables? L'organisation naturellement administrative d'un ministère est-elle conciliable avec l'indépendance de la magistrature? Avantages et désavantages de l'influence des bureaux sur le corps judiciaire.

A ces principales questions que soulève l'organisation des tribunaux eux-mêmes, viennent s'ajouter les questions relatives au rôle des personnes accessoires, les considérations sur l'inconvénient du trop grand nombre d'hommes de loi dans un état, les précautions diverses dont il faut entourer l'administration de la justice, la nécessité ou le danger d'une infinité de rouages secondaires faisant partie de la grande machine judiciaire.

Quelles sont les personnes accessoires qui doivent être admises? Faut-il préférer des officiers ministériels à peu près indépendants et offerts au choix des parties, ou confier l'instruction des causes à des commissaires de justice, à des juges d'instruction civile? L'intervention de l'avoué est-elle nécessaire dans toutes les causes, ou faut-il la limiter aux plus importantes? Convient-il de séparer le ministère de l'avocat de celui de l'avoué, ou de ne donner à chaque partie qu'un seul représentant?

Le notariat est-il une institution utile? Que conclure de l'absence de notaires dans certains pays de l'Europe?

Dangers et avantages de la vénalité des charges.

Il y a enfin des questions de cérémonial. La justice ne

doit-elle pas se rendre toujours au même lieu : les magistrats et les officiers de justice ne doivent-ils pas être
revêtus, dans l'exercice de leurs fonctions, d'insignes et
de costumes?

Certaines questions de cérémonial sont d'une importance
majeure, par exemple la publicité de l'audience et l'existence du débat oral, l'une des plus puissantes garanties
de l'impartialité du juge.

Tels sont les principaux points qui constituent la théorie
de l'organisation judiciaire, les questions de doctrine spéculative que doit étudier tout législateur. Mais on le voit,
la plupart des problèmes énoncés en ce programme sont
susceptibles de solutions diverses, selon le but que se proposent les gouvernements, selon l'état social et politique
de chaque peuple, selon ses instincts et ses habitudes,
selon les tendances de son droit civil. Aussi Bentham, qui
est entré dans ces controverses et qui a consacré plusieurs
de ses travaux à la philosophie de la constitution judiciaire,
a-t-il rattaché en général ses discussions à l'organisation
des tribunaux anglais, en prenant cette organisation pour
cadre. Nous suivrons son exemple, et partant de la constitution actuelle de la justice française, ce sera à l'occasion
de ses différentes parties que nous exposerons nos vues de
réforme. Nous ne devons pas en effet nous renfermer sur
le terrain de la raison purement abstraite, mais invoquer
aussi la raison civile, et tendre à des applications et à des
perfectionnements pratiques. Le système et l'économie
générale de la législation actuellement en vigueur nous
semblent donc être le programme le plus simple à suivre.

CHAPITRE III.

DE LA JURIDICTION ET DE LA COMPÉTENCE [1].

—

Je ne prétends pas refaire ici le volume sur l'*organisation judiciaire* que M. Dumont a extrait de divers écrits de Bentham, et je n'ai pas le dessein d'incorporer dans mon travail une analyse complète de toutes les idées de ce réformateur. Je réunirai simplement dans ce chapitre quelques réflexions purement théoriques que m'ont suggérées ses doctrines.

Ces réflexions porteront notamment sur la théorie de la juridiction et de la compétence, ainsi définie par Boncenne : « La juridiction est le pouvoir du juge ; la compé-
« tence est la mesure de ce pouvoir. On dit le ressort, le
« détroit *(districtus)* ou l'arrondissement d'une juridic-
« tion, pour exprimer le territoire sur lequel elle s'étend.
« C'est la sphère d'activité du juge [2]. »

Les anciens jurisconsultes français ont combattu pendant trois siècles les justices seigneuriales au profit de la maxime *toute justice émane du roi ;* et pour anéantir la

---

[1] Conférez Henrion de Pansey, *De l'Autorité judiciaire*, ch. 6 et suiv.

[2] Boncenne, introduct., ch. 6 : De la juridiction. — De la compétence. — Des tribunaux ordinaires et des tribunaux extraordinaires.

juridiction des seigneurs, ils ont exagéré la juridiction royale. Aujourd'hui que les justices féodales ont succombé avec la féodalité, le principe que la justice est une émanation de la souveraineté trouve à son tour des contradicteurs ; et, au moment où l'assemblée nationale proclama en 1789 cette maxime, restée depuis lors constitutionnelle en France, *la justice est rendue au nom du souverain,* Bentham, qui, de la rive d'Angleterre, contemplait le travail des législateurs français, protesta contre cette doctrine, qualifiée par lui de fiction mensongère. Pourquoi, disait-il, attribuer au chef de l'Etat une justice que celui-ci n'aurait pas le droit de rendre ? Si la justice est l'œuvre exclusive des juges, leur nom seul devrait alors être placé en tête de leur ouvrage [1].

Bentham était donc bien loin d'une erreur aujourd'hui abandonnée, quoique soutenue par de nombreux partisans au xviiie siècle, et qui était de croire qu'il serait expédient pour le bien de la justice que le prince vaquât lui-même à son administration. C'est une des utopies que l'on rencontre dans le mémoire de Bucquet, couronné en 1783 par l'Académie de Châlons. L'auteur a beau invoquer les exemples de Vespasien et de Marc-Aurèle, de Dagobert et de Charlemagne, de Louis XII et de François Ier, on ne peut raisonnablement partager son enthousiasme pour la justice que rendait l'empereur de Maroc « *à cheval sous un parasol*[2] » ; elle ne me semble bonne que pour les pays où le prince est le maître de la vie et des biens de ses sujets. — Que le chef de l'Etat donnât audience à tout le monde

---

[1] Bentham, *De l'Organisation judiciaire,* ch. 3 : Au nom de qui la justice doit-elle être rendue ?

[2] *Discours qui a remporté le prix à l'Académie de Châlons,* etc., p. 95.

pour écouter les plaintes et les doléances de ceux qui sont
opprimés et leur faire administrer justice, j'y applaudirais
fort; mais cette justice, purement gracieuse et de gouvernement, n'a aucun rapport avec la décision des litiges
entre particuliers. Autant il est salutaire que les abus de
pouvoir puissent être dénoncés à celui qui peut y mettre
ordre, autant il serait dangereux que le prince vidât lui-
même les procès privés, sans formes et sans connaissance
du droit. Cette rêverie, répétée par tant d'écrivains, serait
l'un des plus fâcheux principes du despotisme. Bentham
l'a réfutée, et ce n'est pas la moindre conquête de nos
temps modernes d'avoir séparé le pouvoir judiciaire des
pouvoirs législatif et exécutif [1]. *Nul ne peut être distrait
de ses juges naturels, nulle affaire ne peut être décidée
par des commissions :* la philosophie du droit n'a pas à
proclamer de maximes plus salutaires [2].

Les principes qui doivent déterminer le nombre et la
distribution des tribunaux ont nécessairement été aussi
examinés par Bentham. « Il faut, dit-il, multiplier les tri-
« bunaux à proportion des affaires. » Si, dans un lieu
donné, les juges sont toujours occupés et que les procès
languissent, le nombre des juges n'est point suffisant. « Il
« faut encore, ajoute-t-il, multiplier les tribunaux à rai-
« son des distances locales, pour épargner aux parties le
« temps et les frais d'un voyage à un tribunal éloigné [3]. »

Les justiciables doivent-ils aller trouver les juges, ou les

---

[1] Sénèque avait déjà dit : *Si judicas, cognosce; si regnas, jube.*

[2] Conférez Montesquieu, *Esprit des lois,* liv. VI, ch. 5; Henrion de
Pansey, *op. cit.,* ch. 3 : Le prince doit-il s'immiscer dans l'exercice de
l'autorité judiciaire ? — et Van Lennep, *De Partibus quas reges habuerint
habeantque etiam nunc in administrandâ justitiâ.* Amstelod., 1849, in-8°.

[3] Bentham, *De l'Organisation judiciaire,* ch. 4.

juges aller trouver les justiciables? C'est là une question
qui n'est plus guère discutable en France, quoique autrefois ses plus grands corps judiciaires aient été ambula-
toires. L'Angleterre a encore ses douze juges qui vont
tenir leurs assises de comtés en comtés. Le chancelier
Fortescue s'enorgueillissait de ce qu'en ce pays, fidèle
aux vieux usages, la justice est portée au seuil de
chaque habitation. « To bring justice down to every mans
« door [1]. » Les *circuits* ou tournées des juges sont, aux
yeux de beaucoup d'Anglais, un chef-d'œuvre de législa-
lation. La justice voyage et les justiciables restent chez
eux; mais Bentham remarque que lorsqu'on dit que la
justice se rend elle-même à la porte des justiciables, on
oublie que sa présence n'a lieu que quatre jours dans
l'année, et que son absence est de trois cent soixante.
Bentham discute les avantages, réels d'ailleurs, de cette
organisation et en pèse les inconvénients : sa conclusion
n'est pas en faveur des circuits. Que l'Angleterre conserve
donc ces tournées judiciaires auxquelles elle est accoutu-
mée, nous n'avons sur ce point aucun emprunt à lui faire.

Bentham attaque les tribunaux d'exception, les juridictions spéciales. Il examine les faux principes qui, selon lui,
ont fait créer une variété de tribunaux avec des attributions différentes. Il se prononce pour la compétence universelle de chaque tribunal. A quoi bon, dit-il, cette
division métaphysique, ces démarcations intellectuelles
d'après lesquelles on fait son lot à chaque cour de justice? Pourquoi ces tribunaux de commerce, ces tribunaux
de famille, ces tribunaux de conciliation? « Plaidez-vous

---

[1] Blackstone, *Commentaries,* liv. III, ch. 4.

« pour dix écus, vous irez devant tel tribunal ; plaidez-
« vous pour cinquante, vous irez devant un autre. S'agit-
« il, dans votre affaire, de courants d'eaux et de forêts,
« vous avez à chercher d'autres juges que s'il était ques-
« tion de champs et de vignes. Les divisions de ce grand
« échiquier judiciaire n'ont été les mêmes dans aucun
« pays, mais elles sont adoptées plus ou moins dans pres-
« que toute l'Europe ; et le principe de la compétence
« universelle de chaque tribunal s'élève au milieu de
« toutes ces exceptions comme un grand paradoxe qui
« aura contre lui la foule des praticiens et de ceux à qui
« la routine tient lieu de raison [1]. »

Ce jurisconsulte n'admet à sa théorie que de rares exceptions. Au lieu de multiplier les tribunaux suivant la
nature des affaires, et d'avoir ou des tribunaux inoccupés
ou des tribunaux éloignés des plaideurs, il faut ne consulter que le nombre des causes et les convenances géo-
graphiques. — Mais l'inconvénient de la distance n'est
rien en comparaison des incertitudes qui naissent en plusieurs cas sur le tribunal compétent. « Que les plaideurs
« seraient heureux s'il n'y avait qu'une cour de justice,
« si on pouvait dire le *tribunal*, comme on dit le *châ-
« teau*, l'*église !* Le plus simple rustique ne pourrait s'y
« tromper ; il saurait d'abord à quel juge porter sa plainte ;
« il n'aurait pas besoin d'un procureur pour le guider et
« mettre son ignorance à contribution ; il ne faudrait pas
« plaider dans une cour pour apprendre qu'on doit plai-
« der dans une autre. Mais dès que vous créez des tribu-
« naux spéciaux, vous créez une science nouvelle ; dès

---

[1] Bentham , *De l'Organisation judiciaire,* ch. 5.

« que vous placez un labyrinthe sur la route de la justice,
« « il faut un expert pour diriger ceux qui en ignorent les
« détours, et à chaque pas le ministère d'un homme de
« loi devient nécessaire. Que de frais, que d'embar-
« ras, que d'incertitudes avant de parvenir au juge lui-
« même ! [1] »

Cette division affaiblit la publicité. Tous ces tribunaux
hétérogènes, armés de quelques fragments de juridiction,
partagent l'attention publique et n'ont qu'un auditoire
désert ; la justice n'y est plus garantie par la surveillance
et les regards des citoyens. Bentham ne voit pas un seul
avantage pour contre-balancer tant d'inconvénients. « Un
« juge, dit-on, se rend plus habile dans une branche de
« la loi lorsqu'il s'en occupe à l'exclusion de toute autre. »
Notre philosophe n'admet même pas cette supériorité due
à la spécialité. — Pour nous, elle nous semble incontes-
table ; mais il reste à peser la question de savoir si elle
contre-balance les inconvénients résultant des compétences
diverses. A nos yeux, l'aptitude spéciale pour certaines
matières est plus désirable chez l'avocat que chez le juge ;
car c'est l'avocat qui étudie l'affaire, qui explore les auteurs, les arrêts, les précédents ; et lorsqu'une cause a été
bien instruite et bien plaidée, il est facile à un magistrat,
doué d'un sens droit et de connaissances générales, de
donner une bonne solution en choisissant entre les deux
systèmes qui ont été développés.

Bentham combat surtout l'établissement des tribunaux
spéciaux pour les petites causes, et se trouve en cela en
opposition avec presque tous les écrivains réformateurs

[1] Bentham, *De l'Organisation judiciaire*, p. 23 et 24.

du siècle dernier. Suivant lui, « ce faux principe de dé-
« marcation n'a point d'application plus malheureuse que
« dans les affaires pécuniaires, c'est-à-dire lorsqu'on éta-
« blit différents tribunaux pour s'occuper exclusivement
« de causes d'une certaine valeur. » Tous ces tribunaux
populaires, préconisés par les philanthropes et dont la juridiction est limitée à un certain taux, seraient les plus
mauvais et les plus contraires à l'intérêt du pauvre, pour
lequel une petite somme a plus d'importance peut-être
qu'une somme dix fois plus grande pour son riche adversaire. « Il est heureux sans doute que les pauvres soient
« favorisés en certains cas et qu'on leur laisse un accès
« facile à quelques tribunaux ; mais... le tort, le vrai tort
« que l'on fait aux pauvres, c'est de refuser le droit d'ap-
« pel à toutes ces causes, qu'on regarde comme peu im-
« portantes d'après une fausse mesure [1]. »

Ce principe de la compétence universelle de chaque
tribunal, en vertu duquel il faudrait supprimer les tribunaux spéciaux, est très-digne de l'attention des législateurs. Bentham l'exagère, il est vrai, en le poussant à ses
extrèmes conséquences ; mais tempéré par de sages exceptions, on ne peut méconnaître ce qu'il a de vrai. Il est
certain que l'un des plus grands vices de nos tribunaux de
commerce et de nos justices de paix se trouve dans les
questions de compétence que fait naître l'existence de ces
tribunaux à part, et qui s'agitent plus souvent devant eux
que devant nos tribunaux civils.

Une autre doctrine que Bentham a mise en avant, c'est
ce qu'il appelle l'*intercommunauté* de juridiction. Non

---

[1] Bentham, *De l'Organisation judiciaire*, p. 27.

content de donner à tous les tribunaux une compétence universelle, *ratione materiæ*, il propose encore, comme un nouvel avantage à ménager à ceux qui ont besoin des secours de la justice, de leur permettre, sous certaines conditions, de choisir entre les juridictions voisines celle qui leur conviendrait le mieux. « Cette communauté de juridiction, remarque-t-il, n'est point incompatible avec la démarcation territoriale de chaque cour. Il faut nécessairement des limites; il faut qu'un homme appartienne à une juridiction déterminée; autrement un demandeur ne saurait à quel juge il doit s'adresser; un défendeur ne saurait devant quel juge il est amenable; enfin, le juge lui-même ne saurait à quel plaideur ses services sont spécialement dus. Afin que chacun sache où il doit aller et qu'on ne puisse pas le traîner aux extrémités de l'empire, afin qu'il soit sûr de trouver la justice quelque part, il faut que la loi ait fixé l'enceinte de chaque district judiciaire, qu'elle ait dit aux juges : Vous servirez tels individus, et aux citoyens : Vous vous adresserez à tels juges. Mais quoiqu'il soit nécessaire de tracer cette enceinte, il ne l'est pas d'y renfermer rigoureusement les justiciables; des divisions établies pour des raisons de convenances doivent cesser quand ces convenances ne se trouvent plus. Or, il est aisé d'imaginer un grand nombre de cas où les parties peuvent trouver leur avantage à pouvoir choisir entre les tribunaux voisins, pour recueillir plus aisément des preuves, pour ne pas déplacer trop de témoins, pour se garantir d'une prévention populaire, pour avoir un juge qu'on croit plus expérimenté, ou seulement pour accélérer une affaire; le tribunal voisin peut être vacant pendant que celui du lieu serait occupé. Cette liberté ne sera jamais dangereuse si on ne peut en user que par le consentement

des parties ou par la décision d'un juge, ou si le demandeur, qui a transporté le procès à une cour voisine plutôt
qu'à celle du défendeur, est responsable de tout l'excédant
des frais, dans le cas où la distance serait plus grande.

« Croit-on l'émulation utile entre les juges? voilà un
moyen simple et sûr de l'exciter et de la soutenir ; c'est
comme une élection perpétuelle qu'on donne au peuple,
mais une élection paisible et sans brigue. La rivalité entre
les juges de même rang ne consiste qu'à se disputer le prix
de la confiance publique, et leur honneur aura sa mesure,
comme les talents d'un avocat, par le nombre de leurs
clients et l'importance des causes qui leur seront soumises..... »

Cette doctrine nous semblerait admissible, au moins
jusqu'à un certain degré. Pourquoi maintenir en effet,
d'une manière presque absolue, ces remparts métaphysiques, ces barrières qui donnent une circonscription im-
muable à chaque juridiction, qui font de chaque ressort
comme un Etat séparé? Pourquoi imposer en quelque
sorte aux parties la compétence d'un tribunal que l'une et
l'autre peut-être seraient bien aises de décliner? Pourquoi
forcer deux habitants de Marseille à venir vider à Rouen
un procès, parce que l'immeuble qu'ils se disputent est
situé en Normandie? Pourquoi ne pas les aider à comparaître devant le tribunal où tous deux seraient d'avis de
plaider? Il y aurait certes quelque latitude nouvelle à accorder au consentement mutuel en fait de compétence territoriale. C'est surtout lorsqu'une juridiction est exercée
par un seul magistrat, comme nos justices de paix par
exemple, que l'exercice de cette faculté de choisir devrait
être facilité aux justiciables. Je voudrais que le demandeur
pût dans son exploit offrir d'une manière formelle, au dé-

fendeur, un accord sur le choix du juge, et que le défendeur eût le même droit; on ne verrait plus dans nos campagnes deux parties aborder, avec une égale répugnance,
le siége d'un juge ignorant ou antipathique. Presque toutes
nos villes sont divisées en deux ou trois justices de paix,
qui le plus souvent ont la même salle d'audience : pourquoi
empêcher les habitants du quartier de l'ouest de s'adresser
au juge du quartier du nord, s'ils ont plus de confiance en
son impartialité et en ses lumières? Quoi! notre législation
a établi les juges de paix pour concilier les procès, et non-
seulement elle arrête les adversaires loin du juge qui aurait
leur confiance, mais elle leur donne pour médiateur un
magistrat qui n'aura aucun ascendant sur leurs esprits! Ne
pourrait-on pas, dans les grandes villes où il y a plusieurs
juges de paix, laisser les parties libres de choisir leur juge,
comme elle choisissent leur notaire, en organisant, par un
texte spécial, cette faculté de choisir?

Pour les tribunaux composés de plusieurs magistrats, on
accorderait surtout cette espèce d'élection aux plaideurs
appelés devant une cour ou tribunal divisé en plusieurs
chambres; on les laisserait désigner la chambre de leur
choix, s'ils s'entendaient là-dessus.

Or, dans l'état actuel de nos lois, la faculté de proroger
la juridiction, d'étendre la compétence territoriale d'un
tribunal, n'est pas d'un exercice facile. Elle se réduit
presque, dans la pratique, au droit qu'a le défendeur de
renoncer à soulever l'exception d'incompétence. La loi
trace ses divisions territoriales *à priori*, sans prévision du
consentement mutuel des parties, et elle y enferme les
plaideurs. Pour sortir de ce cercle de Popilius, pour re-
culer les bornes de la juridiction, les parties peuvent sans
doute s'accorder, mais cet accord amiable n'est pas assez

facilité par la loi. Pourtant « il importe peu à la société
« qu'un particulier, lorsqu'il y consent, aille plaider de-
« vant un autre juge que celui de son domicile, si, abs-
« traction faite de la question de territoire, l'affaire est
« d'un genre compris dans les attributions de l'un comme
« de l'autre...... Cette extension ou prorogation volon-
« taire de la juridiction territoriale d'un tribunal ne fait
« pas ressentir à l'ordre public la plus légère atteinte ¹ ».
Remarquons, à cette occasion, que la compétence des
tribunaux de commerce, *ratione personæ*, est moins
restreinte que celle des tribunaux civils, qui pourtant ont
la plénitude de juridiction ². L'art. 420 du Code de procédure donne au demandeur, en matière commerciale,
une option que n'aurait pas le demandeur dans une matière personnelle civile, et c'est un des points où la procédure commerciale se montre plus libérale et plus simple
que la procédure purement civile.

L'exagération du principe de la compétence territoriale
paraît un vestige de l'ancienne constitution judiciaire du
moyen âge. Lorsqu'un seigneur avait une justice patrimoniale, ses intérêts fiscaux le portaient à empêcher ses
vassaux d'aller plaider ailleurs; il les assujettissait à se
faire juger par son sénéchal, de même qu'il les forçait à
venir moudre à son moulin. Dans les justices royales, les
juges maintenaient leur compétence, parce que les plaideurs leur payaient des épices, et que pour assurer le re-

¹ Bonceune, t. 1ᵉʳ, p. 92 et 93.

² [Sur la théorie de l'unité de juridiction et sur les difficultés qui naissent dans la pratique des démembrements de compétence, voyez Henrion
de Pansey, *De l'Autorité judiciaire*, ch. 19 à 21, et une dissertation de
M. Delahaye dans le *Journal de procédure* de M. Bioche, t. XIX,
1853, p. 64.]

venu de leurs charges, il leur fallait conserver leurs justiciables, comme un notaire ou un avoué conserve ses
cliens. « C'est, disait Bacon, une des faiblesses de l'hu-
« manité, que les tribunaux combattent comme des coqs,
« sur le privilége de rendre la justice. » Mais ces raisons
ne subsistent plus.

Ma conclusion est donc que nos législateurs auraient
quelque parti à tirer de l'idée de Bentham, et que sa
doctrine, sur ce point, pourrait recevoir des applications
pratiques.

CHAPITRE IV.

L'ensemble des questions qui composent la théorie philosophique de l'organisation judiciaire étant exposé, ainsi
que les principes sur la distribution des juridictions et
l'étendue des compétences, nous allons désormais passer
en revue toutes les parties de la justice française. Nous
entrons désormais sur le terrain vif des critiques et des
réformes. Nous allons à la fois signaler les abus et défendre les institutions contre des attaques mal fondées et
des projets périlleux. Dans cet examen de l'ordre judiciaire, nous discuterons successivement la plupart des
questions que nous groupions tout à l'heure dans un seul
chapitre, et en interrogeant les faits, nous espérons mettre
en lumière les principes vraiment légitimes et réfuter certaines théories.

Les garanties de capacité à exiger des juges, la critique
du personnel des divers ordres de magistrats, l'affaisse-
ment moral où tombe le pouvoir judiciaire, la vénalité
des charges et la puissance des officiers ministériels, l'en-

vahissement des gens d'affaires qui se substituent aux jurisconsultes, les frais énormes que coûte la justice, voilà
les sujets qui se présenteront d'abord. Mais à notre époque
d'aspirations incessantes vers un meilleur état de choses,
des changements fondamentaux ont souvent été proposés,
et à chacune de nos secousses politiques, sont de nouveau
présentés. La justice absolument gratuite, l'abord des tribunaux rendu plus facile, l'établissement du jury en matière civile, la question de savoir si un juge unique serait
préférable à une nombreuse assemblée de magistrats, le
droit d'appel pour la partie condamnée, la hiérarchie
même des juges, leur inamovibilité, leur mode de nomination, telles sont en second lieu les graves questions qui
devront nous occuper, avant de soumettre à une critique
de détail chacun des livres, des chapitres, des articles
mêmes du Code de procédure.

Mais nous déclarerons franchement que beaucoup des
remèdes proposés nous semblent impraticables, et que
dans les chapitres séparés que nous leur consacrerons,
nous combattrons ces radicales doctrines au nom des
idées pratiques. Notre organisation judiciaire est sortie
triomphante des dernières agitations publiques. Notre magistrature a même survécu dans la secousse où le trône
s'est englouti. Ce ne sera pas nous qui nous plaindrons
d'une stabilité qui fait l'apologie du système judiciaire en
même temps qu'elle garantit la justice au milieu des
ébranlements sociaux. Nous le proclamons, l'organisation
de nos tribunaux nous paraît excellente en principe. Mais
si partout dans cet écrit nous la défendons, nous ne pouvons non plus taire les vices qui la défigurent. Ces vices,
il ne dépend guère du législateur de s'y opposer : ils
tiennent aux hommes, ils tiennent surtout à l'état où se

trouve la société : pour les diminuer, il faut l'action incessante et juste du gouvernement.

Le premier de ces vices est l'abaissement de la
magistrature, abaissement qui tient à la situation qui
lui est faite dans le monde, et surtout au choix du personnel. J'ai applaudi tout à l'heure à l'investiture nouvelle donnée aux anciens magistrats ; mais je suis forcé
de le dire, depuis longtemps la dignité, la science de la
magistrature ne tendent pas à s'accroître. Sa probité, son
intégrité ne peuvent être révoquées en doute ; c'est un
hommage que je me hâte de rendre aux magistrats de
tous les degrés, et qui, peut-être, si on en croit les
plaintes que firent entendre nos pères, n'aurait pu être
rendu aux magistrats inférieurs, à certaines époques de
notre histoire. Mais si l'intégrité du juge, son impartiale
probité sont des conditions absolument nécessaires, elles
ne suffisent pas non plus. La connaissance du droit et des
affaires n'est pas moins désirée dans le juge par les justiciables. Peut-être ne faut-il plus demander aux magistrats
un savoir profond, quand les connaissances tendent partout à s'éparpiller : mais du moins faudrait-il que tous
possédassent la science ordinaire et commune des avocats
qui plaident devant eux. « Bien juger, disait Fénelon,
« c'est juger selon les lois, et pour juger selon les lois, il
« faut les connaître [1]. » *Erudimini qui judicatis.*

Je n'ose aller plus avant sur ce point : je crains de sor-
tir de la gravité qui convient à un travail scientifique.
Mais, plaise à Dieu, qu'on ne puisse jamais répéter en
France ce qu'a dit autrefois un de nos vieux juriscon-

---

[1] *Direction pour la conscience d'un roi,* p. 65. — Conférez la *Science
du magistrat,* mercuriale prononcée par d'Aguesseau en 1709.

sultes : « Mille et mille accidents sont survenus à la Ré-
« publique pour les incapacitez, insuffisances et igno-
« rances notoires de tels juges, qui pour n'entendre rien,
« ou fort peu en droit et pratique, ont esté faits fable,
« mespris et opprobre du commun populaire, à qui estoit
« manifeste leur imbecillité..... [1] »

---

[1] Guenois, *la Grande Conférence des ordonnances*, t. I, p. 147, à la note.

M. le comte F. Sclopis commence le chapitre 5 de son traité *Della Autorità giudiciaria*, par un tableau des qualités du juge : « Criterio giusto, dottrina sincera, imparzialità assoluta, ecco i tre requisiti essenziali a formare un savio magistrato giudiciario ; ecco le tre potenze per le quali esso può rispondere alla fiducia che il Principe ed il pubblico in lui ugualmente ripongono. La vita del giudice si divide tra la solitudine de' suoi studi e la pubblicità del suo operare. » L'auteur se plaint ensuite de la légèreté actuelle des études de droit en Italie, et trace un excellent plan d'études pour un magistrat.

CHAPITRE V.

DU PERSONNEL DES JUSTICES DE PAIX.

—

Des juges de paix ! Qui n'a présent à la mémoire les brillants portraits que tracèrent de ces magistrats les législateurs d'il y a cinquante ans ? Quoi de plus séduisant que l'idée qu'on avait conçue de cette magistrature patriarcale ? Pourquoi faut-il que ces pompeuses descriptions n'excitent plus que le sourire, que ces flatteuses espérances n'aient été réalisées qu'en partie ? [1] C'est ici que nous répéterons que l'institution est excellente, mais que le choix des hommes est la seule cause des vices qui la ternissent. Si, quelque part, nous avons à critiquer le personnel de la magistrature, c'est assurément dans les justices de paix.

Les juges de paix sont choisis à notre époque dans une classe d'hommes très-différente de celle d'où on les tirait

---

[1] Discours de Thouret à l'assemblée constituante. — Voyez le tableau que M. Henrion de Pansey a tracé de ces illusions au début de son traité *De la Compétence des juges de paix*, §§ 1 et 6.

à leur origine. Quand cette juridiction fut créée, on s'efforça d'en exclure les praticiens et les gens de loi : on voulut que l'élection appelât à cette nouvelle magistrature les notables habitants des campagnes, les propriétaires ruraux les plus recommandables par leur expérience. La compétence des juges de paix étant bornée aux choses de convention très-simples et de la plus petite valeur, il n'était pas besoin de connaissances judiciaires pour remplir cette fonction. Un jugement sûr, la connaissance des hommes et des localités, la notion des habitudes des populations et des usages ruraux étaient les meilleurs titres au choix des électeurs. Heureux quand les agitations de ces temps ne viciaient pas l'élection. Les circonscriptions cantonales étant alors beaucoup moins étendues, il était facile de trouver dans chaque localité un homme qui connût parfaitement tous ces points : et le juge de paix étant choisi parmi les habitants du pays, son influence conciliatrice était plus puissante.

Mais cet état de choses a subi un grand nombre de modifications successives. Le nombre des cantons fut d'abord réduit de presque moitié, et la circonscription de chaque juge de paix étendue d'autant. La compétence a été élevée, et un grand nombre d'attributions nouvelles ont été données aux juges de paix. Le bon sens et l'expérience pratique seraient souvent insuffisants en présence de cette complication. Et puis, il faut le dire, loin de se « peupler d'hommes de mérite de tous les genres », comme Thouret l'annonçait à la tribune, les campagnes ont vu successiment disparaître les propriétaires les plus considérés et les plus capables. Dans beaucoup de contrées, la pépinière naturelle des juges de paix s'est évanouie par suite du morcellement de la propriété et devant les dissensions de

petites localités ; l'influence est restée sans partage aux
usuriers, aux gens d'affaires, aux instituteurs. Le niveau
moral des campagnes s'est déplorablement abaissé dans
certains départements, et il deviendrait impossible d'y
trouver des juges de paix convenables parmi les notables
du canton.

A côté de cette pénurie, une autre influence est venue
se produire. La manie des places si tristement développée
chez nous dans ces dernières années ; le besoin d'une position pour tant d'individus déclassés, la faveur trop
grande donnée aux officiers ministériels de tout rang,
enfin surtout les considérations politiques, ont fait asseoir
sur le siége respectable des tribunaux de paix, des magistrats peu considérés. Prenez, un à un, dans tel département, les juges chargés de concilier les procès, de vider
les différends les plus nombreux, d'interposer leur autorité dans les familles, et recherchez leur origine : presque
tous seront, non pas des notabilités respectées dans la
contrée, mais d'anciens greffiers, d'anciens notaires,
d'anciens huissiers même. Tel notaire a-t-il été obligé
d'abandonner une charge où il ne pouvait vivre, il sollicite aussitôt une justice de paix et il l'obtient de préférence ; tel substitut est-il incapable de tenir une seconde
ou une troisième place dans un parquet, et de se tenir
debout à l'audience où son opinion n'emporte pas jugement, on en fait un juge de paix, et on l'envoie seul,
juger sans appel un grand nombre de causes, défendues
à tort et à travers par des praticiens de village. Ici le
greffier, qui hier vendait à l'encan les récoltes du canton,
s'assied aujourd'hui sur le tribunal au pied duquel il écrivait naguère ; plus loin, un ex-huissier juge le banquier
campagnard qui le gratifiait de sa clientèle, et pour lequel

il dénonçait des protêts ou pratiquait des saisies. J'ai beau parcourir les catégories d'où l'on tire les juges de paix, j'y trouve des praticiens obligés de quitter l'étude de leur patron, des pharmaciens, des maîtres d'étude ou d'école, des agents d'affaires, des percepteurs, des gens qui n'ont pu réussir dans leur profession première, je n'y trouve pas assez d'hommes à la hauteur des fonctions qui leur sont confiées.

Qu'arrive-t-il de tout cela? C'est que, aidés de leur greffier et de manuels stériles, les juges de paix arrivent à styler certaines formules, mais que sous ces protocoles il y a d'étranges jugements. Je pourrais citer un juge de paix qui, dans son canton, sépare, par acte sous seing privé, les époux faisant mauvais ménage, et qui croit faire un acte valable et sérieux; cet exemple ne serait pas isolé. J'en connais qui, présidant les conseils de famille, font allouer un traitement à des agents d'affaires qui manipulent les tutelles; car, grâce à cette protection, ceux-ci, dans certaines contrées, commencent à se faire nommer tuteurs dans les familles, comme ils se font nommer syndics dans les faillites. Et si j'arrivais aux motifs d'une infinité de jugements, et que je voulusse choisir parmi ceux qui sont ridicules, j'en ferais un volume; mais il suffit que la lecture de ces *considérants* ingénieux réjouisse, dans les causes d'appel, le prétoire des tribunaux.

C'est là un déplorable spectacle. Si du juge titulaire, je descendais aux suppléants qui sont appelés à le remplacer, j'y trouverais bien pis encore. Presque aux portes de Paris, il y a des cantons où il est difficile de trouver un homme digne d'être investi de cette magistrature, si minime qu'elle soit. Il serait désirable pour la considéra-

tion de la justice que même les suppléants du juge de
paix ne remplissent point d'autres fonctions, et presque
partout on choisit des notaires ; qu'au moins ils n'exer-
çassent que des professions respectées, et j'en vois qui
sont agents d'assurances et de remplacement militaire,
qui assistent comme témoins l'huissier exploitant dans le
canton.

Plusieurs des faits que je viens de signaler sont particuliers, il est vrai ; mais la pente actuelle des choses, des
précédents de plus en plus nombreux tendent à rendre
ces choix compromettants un mal général. Si on n'y apporte un prompt remède, il faudra bientôt appliquer aux
justices de paix plus d'une des critiques véhémentes que
le vieux Loyseau fit entendre de son temps contre les juges des seigneuries, « juges guestrez, le plus souvent
ignares et meschants ». Plaise à Dieu que les désordres
si vertement stigmatisés dans le *Discours de l'abus des
justices de village* ne renaissent jamais dans aucune juridiction de France !

Mais il faut le reconnaître, les juges de paix, successeurs des sénéchaux de hauts justiciers, ou des prévôts et
vicomtes royaux, sont placés dans le même milieu que
ces anciens officiers de judicature. Comme les juges de
seigneurie, ils sont choisis maintenant parmi les praticiens ; comme eux, ils sont non gradués, ils sont amovibles.

Ce me semblerait donc une utile réforme, et elle est désirée par la plupart des magistrats des départements, de
demander aux juges de paix de sérieuses garanties de capacité. Puisqu'on a chargé les justices de paix d'attributions nouvelles et élevé leur compétence, il est désormais
impossible de recruter ces juges parmi les notabilités rurales : mais ce ne serait pas trop d'exiger de tout candidat le

grade de licencié en droit[1]. Peut-être même devrait-on imposer en sus de ce titre un examen spécial, portant sur les matières les plus difficiles de la compétence des juges de paix, telles que les actions possessoires, les tutelles et assemblées de famille, les enquêtes, l'instruction préparatoire des affaires criminelles, les règles à suivre dans la conciliation des procès. La position du juge de paix qui juge seul, et qui est privé à la fois et des lumières qui naissent de la discussion entre magistrats, et de la plaidoirie d'avocats éclairés, demande une plus grande masse de connaissances[2].

L'inamovibilité, si ces magistrats présentaient les garanties que donne la science, serait aussi de nature à les rehausser beaucoup. Elle a souvent été demandée, et peut-être serait-elle plus utile que jamais pour empêcher qu'ils ne soient transformés en agents politiques. Les juges de seigneurie, les sénéchaux de l'ancien régime tremblaient devant le seigneur qui les avait nommés, et osaient bien rarement juger en faveur du vassal contre le maître du fief : trop de juges de paix de nos jours sont dans une triste dépendance. « L'absence de l'inamovibilité altère « jusque dans son essence cette magistrature », dit un commentateur du Code de procédure : «... depuis long« temps le pouvoir ministériel a fait de ces fonctions une

---

[1] Le projet de loi rédigé par la commission désignée par le gouvernement provisoire le 2 mars 1848, exigeait de tout juge de paix la licence en droit ou cinq années d'exercice comme notaire, avoué ou greffier.

[2] .... parce qu'il arrive bien souvent des occurrences et difficultez toutes nouvelles qui ne se trouvent dans les livres, principalement entre païsans qui ne peuvent donner leur fait à entendre nettement, comme feraient de bons avocats bien préparez; et toutefois il faut vuider ces pointilles sur le champ, sans conseil.... Que fera donc en tel accessoire un praticien de village, sinon de juger à tort et à travers ! (Loyseau, *Discours de l'abus des justices de village*, p. 11.)

« prime offerte au zèle des électeurs. Communément on
« nomme juges de paix, non ceux qui en sont les plus
« dignes, mais ceux qu'une bonne fortune appelle aux
« faveurs ministérielles[1]. »

Mais comme il serait difficile d'exiger la licence en droit
des suppléants, puisque ceux-ci ne sont pas rétribués, je
ne voudrais pas leur conférer l'inamovibilité. Il y a plus,
la présence de deux suppléants ne me paraît point nécessaire dans chaque justice de paix : il vaudrait mieux dans
les simples cantons ruraux, où il est difficile de faire des
choix convenables, qu'il n'y eût qu'un seul suppléant pour
remplacer le titulaire en cas d'empêchement. Je proposerais donc une réduction considérable dans le nombre de
ces magistrats inférieurs, et cette réduction vertirait
assurément à la considération du corps entier. Quant aux
villes importantes, où le nombre des gradués en droit est
considérable, j'exigerais la licence des suppléants comme
des juges de paix.

Enfin je réclamerais plus que jamais une autre garantie
demandée dès 1814, par M. Dupin, dans son écrit sur les
Magistrats d'autrefois et les Magistrats à venir, à savoir
« de ne les prendre que parmi les hommes doués de
« quelque propriété. Les juges de paix auraient certaine-
« ment, en leur qualité de propriétaire qui viendrait
« appuyer celle de magistrat, plus de consistance per-
« sonnelle et plus d'ascendant sur la population, que le
« juge de paix qui ne possède rien et n'a que son traite-
« ment pour vivre[2] ». Déjà en 1807, alors que le choix
des juges de paix dépendait encore en partie de l'élection,

---

[1] Delzers, *Cours de procédure civile;* Paris. 1843, in-8°, p. 75.
[2] M. Dupin, *Des Magistrats,* etc., n° 48

M. Bourguignon voulait, avec M. Henrion de Pansey, voir éloigner « les simples prolétaires, qui ambitionnent le « plus souvent ces places par cupidité, et qui les obtien- « nent par suite de leurs intrigues... » La loi, disait-il, ne soumettant les juges de paix « à justifier d'aucune « étude, d'aucun examen préalable, il serait à désirer « qu'ils ne fussent choisis que parmi les propriétaires « jouissant au moins de quinze cents francs de revenus « fonciers. Cette fortune suppose une certaine instruction « et un intérêt personnel au maintien de l'ordre » [1].

Instruction, indépendance, considération sociale, voilà trois choses qu'il importe d'assurer à ces magistrats populaires. On ne peut entourer leur choix de trop de garanties, et on ne devrait jamais oublier que « l'essentiel est que les justices de paix soient constituées de manière à pouvoir bien juger » [2].

[1] Bourguignon, *De la Magistrature en France*, IIIe partie, ch. 2, des Justices de paix, p. 145.

[2] *Ibid.*, p. 150.
[Il a été question, à diverses reprises, de toucher aux justices de paix. On trouvera le résumé de ces projets dans l'*Histoire critique des institutions judiciaires de la France de 1789 à 1848*, par M. Hiver. M. Billion, juge de paix à Lyon, publia en 1824 une brochure intitulée : *Des Juges de paix en France, ce qu'ils sont, ce qu'ils devraient être*. Il serait injuste de passer sous silence un autre travail qui parut en 1828 sous ce titre : *De l'Institution judiciaire des juges de paix en France*, par P. Bottin Desylles, juge de paix de Saint-Sauveur-le-Vicomte. L'auteur y a donné d'excellents chapitres sur le danger de trop multiplier les fonctions des juges de paix, sur l'étendue des ressorts, sur les suppléants, sur les garanties à exiger des candidats, sur l'utilité de la présentation par les corps judiciaires.]

CHAPITRE VI.

———

Les juges de paix n'ont pas la plénitude de juridiction :
ce sont des juges d'exception. En dehors de la pleine juridiction des tribunaux ordinaires, il y a encore dans
presque tous leurs ressorts, un tribunal spécial pour les
contestations relatives au commerce.

Les tribunaux de commerce actuels ne sont point une
institution nouvelle : ce n'est même pas une institution
rajeunie. L'organisation de cette juridiction, sa procédure
se retrouvent presque entières en France, dès le xive siècle, dans le tribunal appelé *Conservation des foires de
Champagne et de Lyon*. Sous les Valois, au xvie siècle,
l'institution prit des développements nouveaux, et dès le
règne de Henri II, l'élection des juges consulaires, orga-
nisés par le chancelier de l'Hospital, se faisait presque
comme de nos jours; une modification qui s'introduisit
dans la suite, fut l'admission de certains défenseurs tolérés à la fin du xviie siècle, et qui étaient consacrés par
l'usage au moment de la révolution française.

Les juges consuls des marchands changèrent de nom en 1790; comme en beaucoup de choses, le changement n'eut guère lieu que dans les mots. Le décret du 6 octobre 1809 institua les tribunaux de commerce actuels, mais il le fit sobrement, et à cette époque on n'établit ces tribunaux spéciaux que dans les villes réellement commerçantes.

Depuis, les limites primitives ont été dépassées, et il n'est guère de sous-préfecture en France, si minime, si peu industrieuse qu'elle soit, qui n'ait obtenu un tribunal de cette espèce. Cette nuée de prétoires, ces jugeries sans nombre sont-elles d'une véritable utilité? Nous ne le croyons pas, et nous ne sommes pas seul de notre avis.

« Pourquoi, dit M. Dupin, pourquoi tant de petits tribunaux de commerce? Ne serait-il donc pas suffisant d'en conserver dans les principales villes maritimes, et dans celles des grandes places de l'intérieur où les manufactures abondent davantage, et où les affaires commerciales, plus importantes, plus multipliées, plus délicates, exigent réellement un tribunal d'exception qui les juge dans un autre esprit et avec plus de célérité que les affaires civiles?

« Dans les autres lieux, les affaires de commerce seraient portées aux tribunaux ordinaires, mais avec *injonction précise :* 1° d'en hâter l'expédition en les jugeant sur un rôle particulier et à des jours fixes; 2° de n'accorder *aucun délai, sous aucun prétexte, à aucun débiteur, pour aucune dette...*[1] »

[1] Dupin, *Des Magistrats d'autrefois et des Magistrats à venir,* n° 52.

M. Belime, dans sa Philosophie du droit, va même plus loin. Selon lui, « la juridiction consulaire, paraîtrait avoir eu pour but, dans l'origine, de soustraire les négociants aux exactions de toutes sortes que se permettaient autrefois les juges locaux et seigneuriaux. Sous ce rapport, elle aurait survécu aux motifs de son institution. On ne peut guère croire, ajoute-t-il, à la nécessité de cette justice exceptionnelle, quand on pense que, dans les pays les plus commerçants, tels que l'Angleterre, elle n'est pas connue, et que, même chez nous, les appels des tribunaux consulaires sont portés devant les cours royales » [1].

« Dans les pays qui doivent au commerce leur plus grande prospérité, comme l'Angleterre et les villes hanséatiques ; dans ceux qui lui doivent leur existence politique, comme les Pays-Bas, on n'a jamais connu les juridictions consulaires », remarque le docteur Meijer, qui a très-bien analysé les inconvénients d'un tribunal spécial de commmerce [2].

Mais les commerçants italiens du moyen âge avaient des juges consuls ; c'est en Italie qu'on les voit naître dès le xiiᵉ siècle. Dans l'Amérique du sud, il y a aussi des tribunaux de commerce ; j'ai sous les yeux la loi d'organisation

---

[1] Belime, *Philosophie du droit*, liv. III, ch. 8, t. 1ᵉʳ, p. 433.

[2] Meijer, *Esprit, Origine et Progrès des institutions judiciaires*, t. VI, p. 479. Nous devons ajouter cependant qu'en Angleterre quelques esprits novateurs demandent l'introduction des tribunaux de commerce, à la manière de ceux de France. En 1853, on pétitionnait dans ce sens à Southwark, en se plaignant de la lenteur et des frais des tribunaux anglais en matière commerciale. Voyez la *Gaz. des Tribun.* du 17 avril 1853. Conf. également un article sur l'utilité des tribunaux de commerce dans la *Law Review*, nᵒ de mai 1854.

de *los tribunales de commercio* de la république de Venezuela : elle est du 2 mars 1841.

Bentham, avec son principe de la compétence universelle de chaque tribunal, rejette nécessairement des tribunaux d'exception comme le sont les tribunaux de commerce. Sans aller aussi loin, en admettant même l'utilité de cette juridiction dans les grands centres commerciaux, nous devons signaler les dangers que présente la multiplication des tribunaux de commerce.

Le moindre inconvénient de cette multiplication, c'est de mettre à la charge du budget le traitement de cent quatre-vingt à deux cents greffiers dont la fonction eût été remplie sans surcharge par le greffier du tribunal ordinaire.

Le second défaut a été d'ajouter à la foule innombrable des avoués et des gens de justice les agréés qui fourmillent dans ces juridictions superflues et qui sucent de leur côté la substance des plaideurs.

Le troisième danger, et celui-là est énorme, c'est de confier des intérêts précieux à des juges peu capables, vu la difficulté où l'on est de composer sérieusement ces tribunaux.

Les négociants jugés par leurs pairs, et jugés avec une procédure sommaire et sans entremise de gens de loi, voilà l'idée fondamentale de l'institution, et ce qui la rend digne d'éloges. Mais dans la plupart de nos tribunaux de commerce, même dans les grandes villes, cette base est laissée de côté.

Les véritables négociants, les chefs des maisons de commerce ne composent pas la juridiction consulaire. Des agents d'affaires entreprenants et ambitieux, des rentiers oisifs qui n'ont fait commerce que pendant cinq ou six années, parce qu'ils étaient riches et sans activité, sont transformés en juges par une douzaine de votants[1].

Ce n'est pas là l'esprit de la loi. L'institution est viciée jusque dans son principe.

Je comprends l'utilité d'un tribunal de commerce dans nos grands centres d'industrie ou dans nos grands ports de mer, car là les affaires sont innombrables et les causes qu'il s'agit de juger sont d'une nature spéciale et tout à fait de la compétence des négociants qui habitent ces villes. Sans doute, à Marseille, au Havre ou à Granville, toutes ces contestations qui naissent du commerce maritime seront mieux jugées par des armateurs que par des jurisconsultes. Sans doute, à Rouen, à Saint-Etienne, à Lille, on trouvera en grand nombre des hommes possédant des connaissances précieuses pour une bonne justice. Mais donner mission à un épicier de petite ville, à un maître maçon ou à un autre artisan patenté, de juger les délicates questions qui se présentent devant la juridiction commerciale, c'est compromettre les intérêts des citoyens. J'ai vu des manufacturiers qui faisaient un grand commerce

---

[1] Les dispositions du décret du 30 août 1848, qui modifiait les art. 618, 619, 620 et suiv. du Code de commerce, n'avaient rien changé à cet état de choses. Sous ce décret, aujourd'hui abrogé, les élections étaient valables, quelque peu nombreux que fussent les votants.

On décide que les agents de change et courtiers doivent être considérés comme commerçants, et peuvent en conséquence être portés sur la liste des notables. (Pardessus, t. I, nᵒˢ 41 et 124; Vincens, t. I, p. 62; Mollot, Bourses de commerce, nᵒˢ 94 et 104; Horson, t. II, nᵒ 194; Répertoire du Journ. du palais, vᵒ Tribun. de comm., nᵒ 53 ; Sed contrà, Bioche et Goujet, vⁱˢ Agent de change, nᵒ 2, et Tribun. de comm., nᵒ 16.)

Le juge de commerce doit-il résider dans la ville où siége le tribunal? La discussion au cons. d'Etat sur l'anc. art. 620, C. comm., semble le dire (Locré, nᵒ 3); mais en fait, beaucoup de juges dans les petits tribunaux de commerce habitent simplement le ressort et se déplacent pour les audiences. C'est peut-être un nouvel abus qui naît du trop petit nombre de commerçants dignes d'être élus dans les arrondissements sans commerce.

avec l'étranger et qui en recevaient des valeurs, être jugés non pas par des banquiers ou des négociants véritables, mais par des détaillants qui avaient à peine la notion d'une lettre de change.

Le mal que je signale ici a déjà été dénoncé; et puisque l'un des buts de ce mémoire est de passer en revue et d'apprécier les critiques dirigées contre notre administration de la justice, je vais citer ici quelques passages d'une brochure récente, en élaguant ce qu'elle a d'un peu trop vif.

« ... Presque tous ces juges sont obligés par leurs propres intérêts, d'allier ces importantes fonctions avec la conduite de leurs affaires particulières, qui exigent souvent toute leur attention et tout leur temps. Souvent aussi leur intérêt particulier nécessite de leur part une très-grande circonspection ; car alors, pour peu qu'il se présente à leurs décisions des intérêts rivaux, il est bien difficile qu'elles n'en ressentent pas une certaine influence.

« Il en est bien autrement encore dans les villes secondaires, où le commerce se compose entièrement de détaillants de toute espèce, à l'industrie desquels on ne saurait raisonnablement donner le nom de commerce dans sa véritable acception. Cependant un boucher, un tailleur, un cafetier, un marchand de vin, de modes, un miroitier, un imprimeur, tout cela est qualifié du titre pompeux de négociant. C'est parmi ces hautes notabilités commerciales que se recrutent les tribunaux consulaires [1]..... »

Mais ce qui déconsidère surtout la juridiction commerciale, c'est l'immixtion des agents d'affaires dans la com-

---

[1] Mme Goldsmid, *De la Faillite, ver rongeur de la société* (Paris, 1846), p. 118, des Juges qui composent les tribunaux de commerce.

position de ces tribunaux. Il est une infinité de petits tribunaux de commerce, de ceux qui peuvent à peine, tant les affaires sont rares, tant leur importance est minime, occuper une audience par semaine; il est une infinité de ces tribunaux qui ont pour président un agent d'affaires. Comme la plupart des juges appelés à siéger ignorent les moindres formalités de la procédure, qu'ils sont incapables de juger une nullité d'exploit, ou de faire une ligne de dispositif, ils sont obligés de s'en rapporter en tout au praticien qui leur sert de pilote et de guide, et qui rédige le jugement, sans consulter autrement que pour la forme ses obéissants collègues. J'ai assisté aux audiences d'un tribunal de commerce, où, lorsqu'un ancien agent d'affaires qui le présidait ordinairement venait à manquer, les juges désorientés étaient obligés d'appeler le greffier à leur aide.

La présence des agents d'affaires dans les tribunaux de commerce est un des vices les plus graves de cette institution. Nourris de procédure, imbus de la lecture d'un arrêtiste, ils jugent, non pas suivant les usages commerciaux, mais d'après un système bâtard qui n'est ni le droit, qu'ils ne savent pas, ni l'équité. C'est à eux qu'on doit l'abus de ces défenseurs, établis contre le vœu de la loi, qu'on appelle agréés, et sur lesquels je reviendrai dans un prochain chapitre. Tel agréé, tel agent d'affaires a fait fortune, protégé qu'il était par un confrère ou par un prédécesseur élu juge consulaire, dont la protection lui valait d'être syndic dans toutes les faillites, arbitre dans toutes les contestations.

Deux réformes sont donc urgentes dans cet ordre de juridiction. Il faudrait d'abord revenir à l'esprit et à la lettre des art. 618, 619 et 620 du Code de commerce,

qui ne permet d'élire que des commerçants et non pas de
simples patentés. Il faudrait ensuite, au lieu de créer de
nouveaux tribunaux consulaires, réduire le nombre de
ces juridictions [1]. Ce serait le moyen de supprimer des
greffiers à la charge de l'Etat, et de diminuer le nombre
de ces gens de loi, sans instruction comme sans dignité,
qui vivent aux dépens du public [2].

[1] Suivant le compte général de la justice civile et commerciale pour 1847,
il y en a qui jugent moins de cinquante affaires par an. (Rapp., p. xxix.)

[2] La question de l'opportunité de l'introduction du ministère public auprès des tribunaux de commerce a été aussi soulevée. Elle avait été proposée en 1802 dans le projet de code soumis à l'examen de ces tribunaux.
Ceux de Lyon, de Bordeaux, de Bruxelles, de Genève, l'approuvèrent. La
plupart des autres la repoussèrent comme devant donner trop d'influence
au gouvernement.

CHAPITRE VII.

DES MOYENS DE REHAUSSER LA MAGISTRATURE ET D'ASSURER
L'APTITUDE DES JUGES. — EXAMEN, NOVICIAT, INSPECTIONS.

—

I. J'arrive à la justice ordinaire, aux tribunaux qui ont la plénitude de juridiction. Parlant des membres de ces tribunaux, je me plaignais il y a un instant de l'abaissement de la magistrature et de l'insuffisance du savoir des juges. Je veux rechercher les moyens de remédier à cette fâcheuse situation.

L'insuffisance du savoir est un malheur véritable. Un juge partial et passionné commet sans aucun doute moins d'injustices qu'un juge ignorant. C'est le cas de répéter :

« Homine imperito nunquam quidquid injustiûs. »

On exige des grades comme garanties de capacité : ces garanties ne suffisent pas [1].

---

[1] Ces questions sont abordées dans les recueils allemands. Voyez un article de M. Jäger, publié dans le n° de septembre 1854 du *Gerichtssal*, et intitulé : *Ueber die Ausbildung der Richter und Advocaten.*

La licence en droit est trop aisément conquise dans les facultés, pour que l'État puisse se reposer sur elle comme preuve d'instruction. Les examinateurs sont en général d'une facilité déplorable, et la majorité des élèves qui sortent des écoles de droit n'ont que des connaissances apprises à la hâte, en vue de l'examen, et qui, mal digérées, ne laissent que des traces fugitives.

Dans les facultés de province, l'assiduité aux cours, généralement exigée, rend plus durables les notions acquises ; mais les examinateurs sont trop portés à admettre tous les candidats [1].

La Faculté de Paris devient, il est vrai, un peu plus exigeante : en revanche, la rigueur de l'examen est éludée à l'aide de certaines préparations qui mettent rapidement au courant du système personnel à l'examinateur, sans laisser aucune trace scientifique. Avec un répétiteur habile, l'esprit le plus léger, le candidat le moins intelligent pourra successivement passer ses examens, soutenir des théories préparées par autrui, arriver à la licence, et même au doctorat en droit, et, deux ans après, ignorer les principes les plus élémentaires. Les répétiteurs sont, j'ose le dire, la plaie de la Faculté de droit de Paris.

Les jeunes gens les plus distingués, les plus capables, ceux qui ont mérité leurs diplômes par un travail consciencieux, cherchent, au sortir de l'école, à prendre

---

[1] Dès 1849, M. Lherbette écrivait, dans son *Introduction à l'étude philosophique du droit*, ce passage : « Est-il nécessaire que les grades en droit « puissent être obtenus par quiconque les désire? Les états pour lesquels « la loi les exige sont en très-petit nombre, et l'importance de ces états « est telle qu'on ne saurait se montrer trop sévère sur l'examen des con- « naissances demandées à l'homme qui s'y destine. » (Discours préliminaire, p. lxiij.)

place au barreau, et s'ils sollicitent plus tard des fonctions dans la magistrature, ce n'est qu'après s'être efforcés de se créer une clientèle, et avoir ainsi, par une continuation d'efforts, augmenté la masse de leurs connaissances.

Ceux, au contraire, qui visent directement à la magistrature, n'ont garde de s'épuiser de travail, et le stage qu'ils font au barreau en attendant le jour où ils obtiendront une fonction, n'est qu'une période d'oisiveté consacrée à toute autre chose qu'à l'étude ou la pratique du droit[1]. Je pourrais citer, dans nos facultés de droit, certains examinateurs qui, pour excuser une indulgence extrême, allèguent que les candidats trop faibles feront toujours bien des juges ou des membres du parquet.

Cette facilité est d'autant plus déplorable, que si dans le barreau ou dans les offices ministériels on est forcé de réparer, par des études ultérieures ou au moins par la pratique des affaires, l'insuffisance du bagage scientifique acquis à l'école[2]; dans la magistrature, rien n'oblige à

---

[1] Sous l'ancien régime, on se plaignait déjà de ce que le stage au barreau, exigé des aspirants à la magistrature, n'était ni assez sérieux ni assez prolongé. On trouve cette question discutée au XVIIIᵉ siècle par le duc de Belle-Isle, dans son *Testament politique*, ch. 9, de la Dispensation de la justice, p. 178. Servan disait que « la lampe du magistrat « qui travaille pour le public doit s'allumer avant celle de l'artisan qui « ne travaille que pour lui seul ». — On a attribué la même pensée à Guillaume de Lamoignon.

« Ce qui manque à notre magistrature, c'est un stage, c'est un temps d'épreuve, ce sont de rigoureux examens. Dans plusieurs États de l'Europe, les candidats qui doivent un jour peupler les tribunaux se forment dans des institutions préparatoires. Il en existe en Prusse, en Pologne, en Hollande, en Autriche : pourquoi la France, *libre et constitutionnelle*, n'obtiendrait-elle pas, contre les abus du pouvoir, des garanties adoptées par plusieurs gouvernements absolus? » (*Mémoires de l'Acad. des sciences morales et polit.*, t. III, p. 478.)

Mais il ne faudrait pas abuser du noviciat dans les parquets, de peur d'augmenter la prépondérance déjà excessive du ministère public.

[2] *Leges in scholis deglutiuntur, in palatiis digeruntur*, disait Dumoulin.

sortir de son indifférente ignorance le magistrat qui y est
entré sans les connaissances nécessaires.

Il faudrait donc des garanties plus élevées que le titre
de licencié. Le doctorat en droit, quoique supposant une
préparation plus sérieuse, ne suffit cependant pas. Je connais de jeunes docteurs, d'un véritable savoir, très-versés
dans la connaissance des hautes théories de la jurisprudence, et qui, assis sur un siége de magistrat, seraient
fort embarrassés pour rédiger un jugement ou recevoir
une enquête. Les cours de pratique établis dans les universités allemandes manquent, on le sait, à l'enseignement du droit, tel qu'il a lieu chez nous [1].

II. La vieille magistrature française était protégée par
une barrière qu'on a enlevée depuis cinquante ans et que je
voudrais voir relever. On sait qu'avant la révolution, l'ob-
tention des grades, dans les facultés de droit, n'était subordonnée qu'à quelques formalités dérisoires, et que, d'un
autre côté, la vénalité des offices de judicature semblait
livrer à la richesse la possession exclusive des charges de
conseillers aux parlements et aux bailliages. Cependant

---

[1] Sur le cours appelé *practicum* en Allemagne, dans lequel on met
entre les mains des jeunes gens de véritables dossiers, et dans lequel on
les habitue à rédiger les différents actes de la procédure, voyez M. Eschbach, *Encyclopédie juridique*, p. 121.

« Dans les écoles de droit, on étudie les lois, on ne peut acquérir qu'un
peu de théorie; ce n'est qu'en suivant le barreau qu'on apprend à les appliquer... Un simple légiste, qui n'est point encore familiarisé avec la
jurisprudence des cours et qui n'a pas été dans le cas de pénétrer dans les
divers détours de la chicane, est exposé à commettre des erreurs bien
graves et bien funestes. Magistrat prématuré, ce n'est qu'en faisant des
victimes qu'il acquerra l'expérience... » (Bourguignon, *De la Magistrature en France,* etc., 2e part., ch. 4, du Choix des magistrats, p. 111.)

Que dire de certains juges de paix, qui non-seulement n'ont pas fait
leur droit, mais n'ont jamais ouvert le Code civil avant d'entrer en fonctions?

l'or ne suffisait point pour s'asseoir sur ces siéges illustres. L'esprit de corps, jaloux de l'honneur de la magistrature, avait trouvé un moyen d'éloigner les candidats qui n'avaient d'autre titre que leur opulence. On exigeait des nouveaux magistrats un examen qui devait révéler leur capacité. Dès le xvie siècle, on exigeait cet examen outre le titre de licencié et la fréquentation du barreau pendant trois ans. L'art. 108 de l'ordonnance de Blois traçait la forme de ces examens, qui duraient plusieurs jours. Après une argumentation faite sur un texte donné trois jours à l'avance, et une discussion « sur la fortuite ouverture de chacun livre, qui se fera en trois endroits pour le moins », disait l'ordonnance, on donnait au candidat un sac de procès pour en faire le rapport, s'il avait satisfait suffisamment à l'examen. — « Cet examen est ri-« goureux, ajoute Coquille dans ses *Annotations sur l'or-« donnance de Blois,* mais il est bienséant pour l'émi-« nence de savoir qui est requis en ceux ès mains des-« quels la vie, l'honneur et les biens de tous les sujets du « roy sont commis. » (T. 1, p. 44, à la fin.)

Au xviiie siècle encore, cette redoutable épreuve de l'examen sauvegardait la magistrature française contre la frivolité de l'époque. On n'en exemptait que les avocats qui avaient exercé réellement et avec honneur pendant vingt années; et si un magistrat passait d'un siége inférieur à un tribunal plus élevé, d'un bailliage à un parlement par exemple, l'examen était réitéré, le nouvel office étant réputé requérir un examen plus rigoureux que le premier [1].

---

[1] Denisart, v° *Examen.* — Ferrière, *Dictionn. de pratique,* v[ls] Examen, Juge et Récipiendaire.—Edit de 1679, art. 16 et 18.—Déclaration du 26 janvier 1680.

C'est ainsi que les justices royales attiraient à elles
toute la puissance qui vient de la considération : c'est par
cette noble concurrence du savoir qu'elles affaiblirent et
éclipsèrent les justices féodales ; car les juges des seigneurs [1] n'étaient ni gradués, ni examinés. Les magistrats
royaux réunissaient donc cette double garantie du grade
et de l'examen subi devant leurs futurs collègues.

Pourquoi, à notre époque, une si sage mesure ne serait-elle pas rétablie ? Les corporations ministérielles n'admettent dans leur sein de nouveaux membres qu'après un
examen (souvent trop facile, il est vrai) ; les avocats à la
cour de cassation subissent, pour prendre possession de
leur titre, une épreuve analogue. L'entrée de la magistrature reste seule sans barrière suffisante.

Ce serait donc une utile mesure que d'exiger des candidats qui aspirent aux fonctions de la magistrature un
examen professionnel spécial, outre le diplôme de licencié,
qui ne serait alors qu'un titre général commun à toutes les
professions judiciaires. La principale épreuve de cet examen consisterait dans le dépouillement d'un dossier, et
la rédaction *in extenso* du jugement de l'affaire. Cette
épreuve est aujourd'hui usitée pour l'admission des avocats à la cour de cassation. On y ajouterait utilement,
comme épreuves accessoires, les exercices suivants :

Procéder à une enquête ;

Faire la taxe de deux ou trois dossiers ;

Dresser un ordre.

L'inexpérience de la plupart des juges en ces matières

---

[1] Une déclaration royale du 26 janv. 1680 exigea des baillifs, sénéchaux, prévôts, etc., des justices seigneuriales tenues en pairie et ressor-
tissant nûment au parlement, le diplôme de licencié et le serment d'a-
vocat.

faciles à connaître, il est vrai, mais qu'on n'apprend guère quand on trouve le moyen de s'en dispenser, a été la source de graves abus. Dans des tribunaux de premier ordre, les magistrats ont abandonné la taxe à la corporation des avoués : dans presque tous, la rédaction des ordres est laissée soit aux clercs d'avoué, soit à un commis greffier. Nous reviendrons plus tard sur les conséquences de pareilles pratiques.

III. La vénalité des charges de judicature, dans l'ancien régime, avait empêché de songer à créer un noviciat pour la magistrature. La fréquentation du barreau pendant trois années, et l'examen imposé au récipiendaire, et qu'il subissait ainsi longtemps après avoir pris son grade, avaient paru suffisants. Dans les parlements toutefois, les jeunes magistrats étaient réservés pour les affaires les moins graves. On appelait plaisamment les jeunes conseillers la *tourbe des enquêtes.*

Dans la nouvelle organisation judiciaire, l'institution des juges auditeurs, supprimée, comme aristocratique, lors de la révolution de juillet, était devenue une sorte de noviciat qui permettait d'exercer et d'éprouver les candidats.

Depuis, la nécessité d'un noviciat a frappé beaucoup de bons esprits, et dans les dernières années du gouvernement de Louis-Philippe, il a été plusieurs fois question de revenir, au moins par un équivalent, à l'institution des juges auditeurs. D'assez nombreux écrits ont paru sur ce sujet [1].

---

[1] *Réflexions sur l'utilité et les inconvénients que présente la réorganisation d'un corps d'auditeurs près les tribunaux de première instance,* par E. L. Manicz, in-8º d'une feuille et demie. Douai, 1841. — *Du Projet*

Ce n'est pas ici le lieu de discuter cette question au point de vue politique. Mais, quant à la capacité des magistrats, il est évident qu'un noviciat ne pourrait produire que les meilleurs effets. Tout ce qui donnerait à la magistrature, en outre de la science du droit, la pratique et la connaissance des affaires, ne ferait qu'augmenter la confiance que les magistrats doivent inspirer aux peuples.

IV. Que l'on ajoute à la nécessité du diplôme de licencié ou de docteur, destiné à constater les connaissances théoriques et générales, l'épreuve nouvelle de l'examen professionnel, ou que l'on se borne à la création d'un simple noviciat : que l'on exige même les deux garanties à la fois, l'entrée seule de la magistrature aura été protégée contre de fâcheuses admissions. Il resterait un puissant moyen d'entretenir, si on peut ainsi dire, le lustre du corps judiciaire : nous voulons parler d'inspections. Tous les services de l'Etat sont soumis à une surveillance régulière. L'ordre judiciaire seul semble abandonné. Je sais qu'un pouvoir disciplinaire, exercé par les procureurs généraux, veille sur le personnel des tribunaux, mais il veille de loin et ne peut bien connaître la vérité. Je voudrais que des inspections proprement dites fussent exer-

de créer un noviciat pour la magistrature, par Doublet de Boisthibault, in-12 d'une feuille un tiers. Chartres, Garnier, 1841.
[Sur les juges auditeurs, voyez : — Ordonn. du 19 décembre 1823. — Déc. du 16 mars 1808.— Duvergier de Hauranne, De l'Ordre légal en France (1826), ch. 16, de l'Ordre judiciaire, p. 266 et suiv. — Contre l'institution des juges auditeurs, comme pouvant altérer l'indépendance de la magistrature, conférez Des Juges auditeurs, pétition à la chambre des députés, par Auguste Petit, juge au tribunal de la Seine. Paris, 1828, 38 pages in-8o. — Quant aux garanties de capacité à exiger des candidats aux fonctions judiciaires, voyez aussi l'excellent rapport de M. de Crouseilhes sur le projet de loi d'organisation judiciaire, Moniteur du jeudi 2 mai 1850, no 122.]

cées par les procureurs généraux dans l'étendue de leur ressort; je voudrais que tous les tribunaux d'arrondissement et surtout les justices de paix fussent visités par les chefs du parquet, à peu près comme les diocèses, dans l'ordre religieux, le sont par les évêques. La tournée du procureur général lui révélerait de nombreux abus, que la correspondance de ses subordonnés ne peut lui faire exactement connaître. Le procureur général devrait tout voir par ses yeux : ici ce sont des prétoires indignes de la majesté de la justice [1]; ici ce sont des magistrats que leur tenue compromet; ici ce sont des greffes où les minutes gisent abandonnées parce qu'elles ne produisent rien au greffier; là ce sont des officiers ministériels dont la clameur publique signale les exactions. Il importerait que le procureur général, chargé de la surveillance gouvernementale, connût par lui-même, et non par ouï-dire, le personnel des officiers de justice, l'extérieur, la physionomie, la manière de vivre, le langage même de chaque magistrat. Au contraire, les premiers présidents et les procureurs généraux, afin d'échapper sans doute à l'importunité des solliciteurs, reçoivent souvent avec impatience ceux de leurs subordonnés qu'ils devraient connaître et juger par eux-mêmes. En éclairant les chefs hiérarchiques, ces inspections seraient même favorables aux inférieurs, car elles dissiperaient des préventions injustes, et diminueraient les passe-droits et l'arbitraire, par la manifestation de la vérité.

---

[1] [« Pour être imposante, la justice sociale a besoin d'appareil ; dans un maigre entourage, son prestige s'évanouit;... la dignité du prétoire est nécessaire à celle du juge. » (*Les Ailes d'Icare*, roman de M. Ch. de Bernard, ch. 2, un Tribunal de première instance.)

CHAPITRE VIII.

FAIBLESSE DES TRAITEMENTS, CAUSE DE L'ABAISSEMENT DE LA
MAGISTRATURE[1].

—

La magistrature n'est pas suffisamment rétribuée en
France : c'est un fait dont on convient généralement[2].

[1] Un grand nombre d'écrivains se sont occupés de ce sujet. Bentham
en a renfermé toute la philosophie dans ces deux principes : « Le salaire
des juges doit provenir uniquement du trésor public, sans aucun émolument, aucune amende, aucun droit sur les parties ou sur aucune des
opérations judiciaires. — Pour asseoir le salaire des juges, en pesant les
besoins et les bienséances d'un état qui suppose nécessairement une éducation libérale, il faut avoir en vue un individu qui devrait y trouver le
fonds principal de sa subsistance. » (Bentham, *De l'Organisation judiciaire*,
ch. 12, Salaire des juges.)

[2] Il faut mettre un juge à même de vivre décemment du produit de sa
place. » (Le maréchal de Belle-Isle, *Testament politique*, ch. 9, de la
Dispensation de la justice, p. 172.)

« Le grand intérêt de l'Etat est que tout homme revêtu d'une portion
« de l'autorité n'ait pas besoin d'en abuser pour vivre avec cette décence
« qu'exige l'honneur de sa charge. Si les princes eussent connu cette
« vérité, ils auraient moins donné à leurs favoris et auraient mieux ré-
« compensé les magistrats... » (Filangieri, *Science de la législation*,
liv. III, ch. 19, p. 347.)

« Les magistrats étant désormais privés des exemptions, droits, privi-
« léges et prérogatives dont jouissaient leurs prédécesseurs, quels seront
« leurs émoluments? La raison dit que pour les fixer avec justice, il faut
« avoir égard : 1° aux études longues, pénibles et dispendieuses qu'il
« faut avoir faites depuis l'âge de l'enfance jusqu'à celui de la maturité
« pour acquérir les connaissances nécessaires à cette profession ; 2° à la

Les magistrats inférieurs surtout, c'est-à-dire ceux qui sont les plus nombreux et qui vident le plus grand nombre de contestations, ont des traitements trop faibles.

Au point de vue politique, la conséquence de cet état de choses est de faire de la magistrature une carrière aristocratique, ou un refuge pour ceux qui n'ont pu réussir au barreau ou dans d'autres carrières.

Au point de vue de la considération du gouvernement, il est déplorable de voir l'un des grands pouvoirs de l'Etat placé dans la situation la plus précaire.

Au point de vue de la considération de la magistrature elle-même, considération qu'il importe au pays de rendre aussi grande que possible, il est incroyable de voir les magistrats moins payés qu'une foule de fonctionnaires obscurs, moins aisés que les avocats qui plaident devant eux, plus pauvres surtout que les officiers ministériels qui sont leurs subordonnés.

Au point de vue des intérêts du trésor, il est injuste

« circonstance que, tous les moments du magistrat étant nécessairement
« employés à l'exercice de ses fonctions, il lui est absolument impossible
« de se livrer à aucun autre emploi lucratif. Je persiste à dire qu'il n'est
« pas nécessaire, qu'il est peut-être même dangereux que le magis-
« trat soit dans l'opulence, une grande fortune exige trop de soins ; mais
« il ne faut pas non plus qu'il soit dans la pénurie. Ses émoluments
« doivent être proportionnés à la dignité, à la gravité de son ministère ; ils
« doivent être tels qu'il puisse vivre sans luxe, mais dans l'aisance ; qu'il
« puisse donner à sa famille une éducation soignée. S'ils étaient de beau-
« coup inférieurs aux bénéfices qu'un jurisconsulte honnête et délicat fait
« communément dans son cabinet, celui-ci dédaignerait la magistrature et
« cesserait d'y aspirer comme à une retraite avantageuse, ce qui nuirait
« essentiellement à l'une et à l'autre profession.... » (Bourguignon,
De la Magistrature en France, etc., 2e partie, ch. 5, du Traitement des
magistrats, page 123.)
[M. Lucas, dans un excellent mémoire, lu le 25 janv. 1855 à l'Académie des sciences morales et politiques, a démontré la nécessité d'élever
les petits traitements, devenus insuffisants par suite de la révolution monétaire causée par la surabondance des métaux précieux.]

que la justice, qui rapporte à l'Etat des produits considérables, soit moins rétribuée que les agents des finances,
surtout lorsqu'on pourrait, par une plus équitable distribution, mieux récompenser les services rendus.

Au point de vue enfin de la bonne administration de la
justice, qui est le principal but de cet écrit, la parcimo-
nie du budget écarte des honorables fonctions de la magistrature les hommes les plus habiles, les plus instruits,
les plus actifs, les plus persévérants ; elle leur en ferme
l'entrée si un patrimoine ne leur permet point de se contenter du stérile honneur attaché par les souvenirs du
passé aux fonctions de judicature.

Charles Comte, dans ses *Considérations sur le pouvoir judiciaire,* fait même de la mesquinerie des traitements de la magistrature française, un argument contre
l'organisation actuelle de nos tribunaux. Pour justifier sa
théorie du jury en matière civile et d'un juge unique,
il invoque l'impossibilité prétendue de payer convenablement les magistrats. « Le nombre des juges, dit-il,
des suppléants, des procureurs du Roi, des substituts
s'élevant à cinq ou six mille, on ne peut accorder à
chacun qu'un salaire tellement borné, qu'il est tout
au plus le tiers ou la moitié de ce qu'il devrait être
pour faire vivre une famille et la bien élever. Il
résulte de là que les avocats ou les jurisconsultes un
peu connus préfèrent l'exercice de leur profession aux
fonctions judiciaires ; s'il y a quelques exceptions à cet
égard, elles sont si rares qu'elles ne méritent pas d'être
comptées [1]. » Plus loin le même auteur ajoute : « Je ne

[1] Charles Comte, *Considérations sur le pouvoir judiciaire,* en tête de la
traduction des Pouvoirs des jurys, de Philipps, 2ᵉ édit. Paris, 1828, p. 39.

sais s'il est quelque branche des connaissances humaines dans laquelle on peut compter les savants par milliers ; je ne sais s'il en est une dans laquelle, après avoir compté des savants par milliers, on compte parmi ces savants des milliers d'hommes d'un jugement droit, d'un caractère ferme, impartial et intègre ; je ne sais enfin s'il en est une dans laquelle, après avoir compté par milliers des savants d'un caractère impartial, ferme et irréprochable, on compte parmi eux des milliers d'hommes tellement désintéressés, qu'ils consentent à remplir pendant tout le cours de leur vie des fonctions pénibles et souvent fastidieuses, moyennant un salaire de quinze ou dix-huit cents francs par année : s'il est une science dans laquelle on rencontre tant de merveilles, j'ose affirmer que ce n'est pas celle du droit [1]. »

Il y a quelques années, sous le ministère de M. Martin (du Nord), il fut question d'augmenter enfin les traitements de la magistrature. On vit alors le spectacle d'un grand nombre de réclamations adressées par les tribunaux de première instance, faisant, la rougeur sur le front, mais avec une rude énergie, de justes remontrances sur l'insuffisance de leur rétribution.

Qu'a-t-on fait ? Pour faire taire ces plaintes, l'on a augmenté assez notablement le traitement des conseillers de cours d'appel, on a doublé celui des présidents et des chefs de parquet, et quand la satisfaction a été ainsi donnée aux chefs de corps, l'on a jeté quelques centimes aux simples juges de première instance. Maintenant encore ils sont moins rétribués que dans les premières années de la révolution de 1789.

---

[1] Charles Comte, *Considérations*, etc., p 64 et 62.

Cependant les juges de première instance, les substituts, les juges de paix, forment l'immense majorité de la magistrature.

Cette portion si considérable du corps judiciaire possède-t-elle donc une fortune patrimoniale qui lui permette de suppléer à la maigreur de ses traitements? Evidemment non, car sous l'ancienne loi électorale environ un tiers seulement payait le cens suffisant pour être investi de l'électorat [1].

Si par une famille nombreuse ou par quelqu'un des malheurs dont la vie est semée, une gêne extrême survient dans l'intérieur du magistrat, les règlements justement établis ne lui permettent le cumul d'aucune autre profession. Il lui faut vivre dans une étreinte insurmontable, car le traitement actuel lui permet à peine de pourvoir aux premiers besoins de l'existence.

L'espoir d'une augmentation de traitement ne s'ouvre même pas, car pour le simple juge de première instance, la carrière de l'avancement est à peu près fermée.

Telle est la déplorable position de la justice française.

Je sais qu'à ces plaintes dont on ne nie pas la légitimité, on répond en invoquant l'embarras financier de l'Etat.

De nombreux fonctionnaires sont cependant créés chaque jour, et à ceux-là on alloue sans conteste des salaires en harmonie avec les besoins de l'époque. La magistrature reste seule avec des traitements faits pour un autre siècle.

---

[1] Ce serait donc en vain qu'on alléguerait que le décret du 16 mars 1808, la loi du 20 avril, le décret du 6 juillet 1810 et l'avis du conseil d'Etat du 19 février 1811, etc., obligent les candidats à la magistrature à justifier d'une certaine fortune.

On n'a pas même songé en sa faveur à une meilleure répartition des traitements, ni à faire passer des riches budgets des administrations financières quelques parcelles dans le budget de la justice.

Je viens de parler d'une meilleure répartition des traitements. Il y a trop d'inégalité entre les hauts degrés de l'échelle judiciaire et la magistrature inférieure.

Les traitements sont les mêmes pour toute la France, calculés suivant la population des villes, sans tenir compte des différences dans le prix des choses nécessaires à la vie. Il résulte de là une première inégalité. Dans le midi de la France, la douceur du climat et la faible valeur des denrées, rendent l'existence facile ; mais, dans les départements du nord, la situation n'est plus la même. A Toulouse, les magistrats inférieurs peuvent suffire à leur dépense ; à Lille ou au Havre, leur position sera difficile.

C'est ici le lieu de signaler une bizarrerie inouïe. Tandis qu'on laissait les membres des tribunaux dans cette position précaire, on accordait aux avoués une faveur qu'on eût sans doute refusée aux juges. Se fondant sur les considérations que je faisais valoir tout à l'heure, les avoués de Rouen et de quelques autres grandes villes ont demandé l'élévation du tarif des actes de procédure. Ils ont obtenu les mêmes émoluments que les avoués de Paris. Pour eux, il n'y a pas eu d'objection ; on a reconnu qu'à Rouen le prix de toutes choses était aussi élevé qu'à Paris : les officiers ministériels sont donc rétribués comme à Paris ; la magistrature seule a gardé son traitement provincial.

Pourtant le tarif en vigueur était déjà fort lourd pour les justiciables, plus d'une plainte avait été élevée contre les sommes allouées, et les fortunes énormes faites par certains avoués, constataient, aussi bien que le haut prix des charges, la suffisance du tarif.

Mais la faveur extrême accordée aux officiers ministériels, a fait jusqu'ici, je crois, garder le silence sur une autre singularité, je veux parler du traitement des greffiers. Le gouvernement, en autorisant la vénalité des charges de ces officiers, en constituant ainsi une sorte de propriété en leur faveur, leur avait déjà fait un assez beau présent, ce semble. Eh bien, on a été assez facile pour leur maintenir, outre le produit magnifique de ces offices, un traitement qui a été longtemps égal à celui des juges. Chaque greffier en chef a en outre trois ou quatre commis greffiers aussi rétribués par l'Etat, que l'Etat ne nomme pas, et que le greffier en chef qui les choisit emploie à son profit personnel.

On a cru justifier ces largesses en disant que le greffier avait la charge de garder les minutes, etc. Mais ces minutes lui rapportent de beaux revenus. Pour être conséquent, il faudrait payer aussi les notaires.

Il est bon d'ailleurs de dire ici de quelle manière se fait la garde de ces minutes. Les jugements modernes, les actes de l'état civil, tout ce qui rapporte un produit au greffier est conservé et classé. Mais les pièces provenant des anciennes juridictions, gisent en général dans un affreux pêle-mêle, abandonnées à toutes les chances de destruction. Un tribunal voulait faire classer et inventorier des dossiers et des registres qui étaient entassés depuis cinquante ans dans une pièce du greffe ; le greffier allégua qu'il n'avait pas de fonds pour cela, et s'adressa au conseil général en question pour obtenir un crédit spécial, qui lui fut justement refusé. Dans quel but en effet les greffiers sont-ils rétribués? Si le conseil général eût accordé une

subvention, c'eût été un bénéfice net pour le greffier :
car ces minutes mises en ordre eussent été explorées dans
l'intérêt des études historiques, et le greffier eût pu
percevoir un droit. En effet, les minutes sont sa propriété[1] !

Le traitement des greffiers est donc un abus. Il est
étonnant de voir un greffier dont on n'exige ni grades,
ni stage, ni instruction, gagner par an 12 à 15,000 fr.,
quand le président ne reçoit que 3,000 fr. Il est absurde
qu'un seul homme, subordonné aux magistrats, possède à
lui seul le traitement d'un tribunal entier.

Je suppose un tribunal d'arrondissement de trois ou de
quatre juges, payés d'ordinaire 1,800 fr. ou 2,000 fr.
Ce tribunal a un greffier en chef qui reçoit à peu près le
traitement d'un juge, deux commis greffiers au moins,
salariés par l'Etat, et que le greffier en chef pourrait parfaitement payer lui-même comme un notaire paye ses
clercs. Dans l'arrondissement, il y a un tribunal de commerce dont les juges ne sont pas salariés, mais dont le
greffier reçoit un traitement du trésor, bien que son office
soit des plus lucratifs : quelquefois même ce greffier a
aussi un commis salarié par l'Etat. Il est évident qu'en

---

[1] Il n'est pas hors de propos d'attirer ici l'attention du gouvernement
et du monde savant sur les dépôts d'archives annexés à certains greffes.
Ces dépôts sont inconnus, parce qu'ils sont impénétrables; ils sont tous
exposés à périr, parce que les greffiers se sont accoutumés à les regarder
comme leur chose propre et ne les envisagent qu'au point de vue de l'argent. Il est de ces dépôts qui sont aussi considérables que les archives de
certains départements : ils contiennent des documents de toute espèce,
déposés là provisoirement lors de la bagarre révolutionnaire. Tout cela gît
d'ordinaire dans un grenier, livré à la dent des rats et aux infiltrations des
toits ou des fenêtres mal jointes. D'un autre côté, les pièces en parchemin
ont souvent été l'objet de spéculations ou servent à relier les plumitifs
modernes.

Il serait à souhaiter que les documents ainsi dérobés aux études historiques fussent distraits des greffes, où ils sont en péril, et réunis aux dépôts
publics d'archives.

supprimant l'émargement parasite de ces fonctionnaires beaucoup plus riches que les juges, on trouverait immédiatement le moyen, sans injustice, sans grever le budget, d'augmenter au moins d'un tiers le traitement de chacun des magistrats.

Les greffes de justice de paix sont aussi rétribués. J'avoue qu'ils sont beaucoup moins lucratifs; mais cependant, grâce aux ventes de récoltes pratiquées par les greffiers, ces officiers ont encore une position très-souvent meilleure que celle du juge de paix lui-même. Les greffiers de justice de paix reçoivent un traitement de 5 à 600 fr.; si ce traitement était ajouté à celui du juge de paix, borné à 1,200 fr. dans la plupart des cantons ruraux, la position de ce magistrat serait plus digne, plus indépendante : on aurait le droit d'exiger de lui une instruction plus sérieuse, et j'en suis sûr, aucun greffe ne resterait sans compétiteur [1].

J'achève ce trop long chapitre, qui se rattache au sujet

---

[1] [M. Maire, juge de paix à Nancy, a donné dans le *Journal de procédure* de M. Bioche, t. 24, p. 20, un article intitulé : *De l'Insuffisance actuelle des émoluments des greffes de paix et des moyens d'y remédier.* L'auteur attribue la position précaire de certains greffiers au haut prix des offices, à la diminution du nombre des procès, à l'esprit de conciliation que les juges de paix propagent chez leurs justiciables, et à la suppression de formalités inutiles et coûteuses.

Certes, il y a là un progrès public dont il faut s'applaudir, dussent tous les greffiers du monde être réduits à une mince position. Cependant, l'auteur se plaint vivement et propose, pour rendre aux greffiers un revenu en rapport avec l'élévation du prix de leurs charges, la création d'une infinité de menus droits, comme si les justiciables étaient créés et mis au monde pour nourrir ces officiers. Pour nous, nous croyons que les greffes rapportent en général assez; et la valeur des offices n'étant à nos yeux que la preuve d'un excédant de produit, tout ce qui peut la diminuer nous semble un bienfait. Les justiciables ne sont pas là pour payer l'intérêt de la charge. Le malaise vient aussi de ce que ces officiers ont voulu sortir de leur modeste position et s'élever à des habitudes de luxe inconnues à leurs prédécesseurs, simples scribes après tout.]

de ce mémoire, car tout ce qui touche à la dignité, à la considération de la magistrature, est de la plus haute importance pour la bonne administration de la justice, et aussi intéressant pour les justiciables que tel ou tel protocole de procédure.

CHAPITRE IX.

DE L'AVANCEMENT ET DES RÉCOMPENSES HONORIFIQUES [1].

———

Si, du côté pécuniaire, aucun avantage n'attire dans les rangs de la magistrature les hommes que leur intelligence, leur savoir, leur application rendraient particulièrement aptes à distribuer aux particuliers la justice, cette dette de l'Etat, voyons si quelque compensation est offerte, du côté de l'avancement ou des honneurs, à ceux qui chaque jour se consacrent ainsi presque gratuitement aux fonctions fastidieuses du juge.

Voyons si quelque prime d'encouragement stimule le zèle des nombreux magistrats des tribunaux d'arrondissement; si quelque récompense est présentée comme mobile à ceux qui se distinguent dans la prompte expédition des affaires, dans l'étude assidue du droit, dans le maintien exact de la justice, à ceux qui refrènent la cupidité des gens de loi!

---

[1] Conférez Bourguignon, *De la Magistrature en France, considérée dans ce qu'elle fut et dans ce qu'elle doit être;* 2e partie, ch. 6, Honneurs et Prérogatives de la magistrature. Voyez également *Considérations sur l'ordre judiciaire en France*, par P.-B. D. (Paris, 1845), p. 69 et 70.

J'ai regret de le dire, mais dans l'état actuel des choses, le magistrat qui s'est une fois assis dans un tribunal de première instance, n'a plus rien à attendre du pouvoir : il doit se contenter de son modique traitement, et fort de son inamovibilité, il peut se livrer au repos, sans rien attendre de l'avenir.

Cette situation, qui éteint toute émulation légitime, est désastreuse pour les justiciables.

Je vais donc parler ici de l'avancement et des récompenses honorifiques comme moyens de relever la magistrature, en y attirant les hommes d'avenir, et en réveillant de leur torpeur les hommes de mérite, capables, mais découragés, qu'elle renferme en grand nombre dans ses rangs.

L'avancement ! Des publicistes l'ont condamné comme une atteinte à l'inamovibilité, comme un moyen d'influence pour le pouvoir, qui peut ainsi peser sur les balances de la justice et corrompre les juges, pour ainsi dire. Charles Comte, dans ses Considérations sur le pouvoir judiciaire, a vivement critiqué sous ce rapport l'organisation judiciaire actuelle de la France, qui lui paraissait trop semblable à celle d'une armée, en ouvrant aux juges, comme aux officiers, la carrière des honneurs et de la fortune, et où le gouvernement a la faculté d'accélérer, de ralentir ou d'arrêter leur marche dans cette carrière, selon qu'ils se montreraient plus ou moins dévoués à le servir [1].

Ces critiques sont rarement applicables en France, car

---

[1] Charles Comte, *Considérations sur le pouvoir judiciaire,* p. 27, 36 et surtout la note de la page 37.

Bentham est d'un avis opposé à celui de Charles Comte ; voyez son chapitre sur les avantages d'une *promotion graduelle.*

depuis de longues années l'avancement est à peu près refusé
à la magistrature assise, la seule, comme on le sait, qui
soit inamovible. C'est dans le ministère public qu'un magistrat peut espérer sortir des rangs inférieurs : presque
tous les siéges de conseiller dans nos cours d'appel sont
remplis par d'anciens magistrats du parquet, et si quelques présidents de tribunaux ont été appelés aux rangs
supérieurs de la magistrature, eux-mêmes avaient pour
la plupart rempli auparavant les fonctions du ministère
public ; car la présidence des tribunaux de première instance n'est pas même réservée aux juges d'arrondissement. La position faite à ces juges est une impasse, et il
ne faut pas s'étonner, si, étant mal rétribués et laissés en
même temps dans l'oubli, la plupart d'entre eux manquent
de zèle dans l'exercice de leurs fonctions ; si parmi eux il
y a tant d'incapacités, tant de gens qui ont laissé s'é-
teindre les facultés qu'ils auraient eues pour la science du
droit [1]. Mais si de temps en temps quelque magistrat est
tiré de son siége inamovible pour être élevé à une position plus haute, les arguments qu'on a faits contre le prin-

---

[1] « L'application que vous avez à chercher les hommes habiles et ver-
« tueux pour les élever, excite et anime tous ceux qui ont du talent et du
« courage ; chacun fait des efforts. Combien y a-t-il d'hommes qui lan-
« guissent dans une oisiveté obscure, et qui deviendraient de grands
« hommes si l'émulation et l'espérance du succès les animaient au tra-
« vail ! » (Fénelon, *Télémaque*, liv. XXIV.)

Dans une brochure publiée en 1823, le premier président de la cour
d'Ajaccio ajoutait : « On forme de bons sujets par l'instruction, qu'il fau-
« drait baser principalement sur la morale ; par des études que des encou-
« ragements devraient favoriser ; par l'avancement graduel, dont il ne fau-
« drait jamais se départir ; mais on les forme bien plus par la perspective
« des honneurs, par les distinctions accordées au mérite, et encore plus
« par la pureté des choix et la certitude que l'homme vertueux ne restera
« pas oublié dans la foule. » (*De la Liberté dans ses rapports avec les
institutions judiciaires.*) Voyez aussi l'*Essai sur l'administration de la
justice*, du même auteur.

cipe de l'avancement semblent reprendre toute leur force ;
car alors la faveur a été accordée non pas au mérite et à
la supériorité judiciaire, mais plutôt au zèle pour le pouvoir et à des considérations politiques. Si un magistrat
sent en lui quelques velléités d'ambition, ou si l'absence
de fortune le force à convoiter le traitement plus élevé
des tribunaux supérieurs, le parquet seul peut lui offrir
une carrière. Mais le parquet ne peut recruter qu'imparfaitement la magistrature assise : car celle-ci, pour être
bien remplie, exige des qualités plutôt solides que bril-
lantes, tandis que le ministère public est mieux exercé
par des orateurs que par des jurisconsultes. La faveur
exclusivement réservée aux membres du ministère public
a eu pour conséquence de rendre infiniment rares dans
les cours d'appel les magistrats sérieusement versés dans
le droit civil, et c'est sans doute à cette sorte d'exclusion
qu'il faut attribuer la tendance croissante des cours d'appel à rendre des arrêts en fait, plutôt que des décisions
motivées sur le droit [1].

La magistrature assise ne trouve donc dans l'espoir
d'un légitime avancement aucun stimulant. Je vais rechercher si au moins quelques récompenses honorifiques
sont accordées à ceux des magistrats qui résistent à cette
engourdissante position, à ceux qui trouvent dans l'amour
du bien public, dans un sentiment élevé des devoirs de
leur profession, un mobile suffisant pour se distinguer.
Eh bien, la vérité sur ce point est que le magistrat qui
s'applique à la connaissance du droit, cette vaste étude

---

[1] Je sais qu'on a aussi attribué cette tendance au désir de faire échap-
der les arrêts à la censure de la cour de cassation ; mais ce désir ne trou-
verait-il pas sa cause dans le sentiment de l'insuffisance scientifique ?

que la vie ne suffit pas à achever, ne doit travailler que pour le pur amour de la science.

Dans le nombre toujours croissant de croix d'honneur qu'on distribue à toutes les professions, la magistrature seule reste à peu près oubliée, la magistrature inférieure toujours. Peut-être après vingt-cinq ou trente ans de services viendra-t-elle orner la poitrine du président : il est inouï qu'un simple juge l'ait reçue. Les fonctionnaires publics, agents des administrations financières, des ponts et chaussées, de la voirie, sont assurés d'obtenir cette faveur devenue presque banale ; le juge qui fait partie de l'un des grands pouvoirs de l'Etat doit seul ne pas y aspirer [1].

Le magistrat qui se dévoue tout entier à l'exercice de son ingrate profession trouvera-t-il au moins un dédommagement dans la considération publique ? Oui, sans doute, l'honneur de la vieille magistrature française jettera un reflet sur lui aux yeux des personnes bien nées. Mais si une fortune personnelle lui manque ; si, réduit à son modique traitement, il est forcé de vivre obscurément, la foule, qui n'honore que la richesse, le traitera avec dédain, et lui accordera, quelle que soit sa capacité, son savoir, son mérite, la même considération qu'à l'employé de préfecture qui touche un salaire égal au sien,

---

[1] [L'Annuaire de la Légion d'honneur pour 1853 fournit sous ce rapport de curieux renseignements. Sur 52,709 membres, l'ordre judiciaire ne figure que pour onze à douze cents membres ; sur 57 grands-croix, la magistrature n'en compte que trois, et dans un total de 214 grands officiers, on ne trouve que *quatre* magistrats.

Cela tient peut-être, il est vrai, à d'anciennes traditions. En effet, « les membres des anciens parlements cherchaient à conserver leur indépendance et à se préserver des séductions de la vanité par l'usage de ne porter jamais ni titres ni décorations ». (Fritot, *Esprit du droit*, 2e édit., p. 464.)

et qui, dans ses loisirs, peut ajouter encore à ses émoluments. Mais malheur à lui, si le désir de mettre un terme
aux abus et de défendre les justiciables contre la rapacité
de certains officiers de justice, le porte à toucher à des
usages que ceux-ci considèrent comme un droit! son
énergie soulèverait contre lui des tempêtes.

J'achève ce chapitre par un dernier mot. Quand, au
commencement de ce siècle, un puissant génie recons-
titua l'ordre judiciaire, il voulut assurer à ses membres
un rang élevé dans la hiérarchie sociale. Des préséances
furent assurées à la magistrature. Faut-il le dire, elle
seule ne peut se les faire conserver. Jetez un coup d'œil
chez le préfet de tel département qui, dans une réception
officielle, va représenter le gouvernement : les premières
places y sont données aux gros traitements, et la magistrature ne passera qu'après les gens de finance. Les magistrats devraient-ils lutter ? Non, ils préfèrent se rappeler ces paroles du vieux jurisconsulte Loyseau : « Il ne
« se fait guères de loix pour ce qui concerne simplement
« l'honneur ; mais les rangs d'honneur s'observent volon-
« tiers par honneur ; et certainement ils sont plus hono-
« bles, quand ils proviennent d'un respect volontaire [1]. »

---

[1] Loyseau, *Traité des ordres et dignitez.* (Œuvres, Lyon, 1701,
in-fol., p. 4.)

CHAPITRE X.

———

Je n'ai pas besoin de faire remarquer l'utilité d'une
bonne et exacte justice au point de vue du gouvernement,
et de répéter qu'elle est une des premières conditions de
la stabilité des Etats. C'est une vérité devenue banale et
qui n'a plus besoin de démonstration. Il est certain qu'une
mauvaise distribution de la justice affaiblit les forces d'un
empire et prépare sa décadence [2]. Il n'est pas douteux
qu'un gouvernement qui remplit les tribunaux de mauvais juges, vicie l'administration de la justice et devient
la cause d'autant d'iniquités que s'il portait atteinte à
l'indépendance des tribunaux. Or rien ne désaffectionne

---

[1] Conférez Dupin, *Des Magistrats*, etc.; ch. 3, § 1er, du Choix des
magistrats.

[2] *De la Liberté dans ses rapports avec les institutions judiciaires*, par le
premier président de la cour d'Ajaccio, ch. 10, Influence d'une bonne
justice sur la stabilité des Etats. — M. Sclopis commence son savant
traité *Della Autorità giudiciaria* par un chapitre intitulé : « La giustizia
fondamento dei regni. »

plus les peuples et n'irrite davantage les esprits que les injustices commises par les représentants du pouvoir. C'est même, au point de vue de la conservation des droits des citoyens, un des avantages du principe que toute justice émane du souverain; car lorsqu'une injustice est commise au nom de celui-ci, la logique de l'esprit public la fait remonter au moins jusqu'à son gouvernement. Aussi les abus du pouvoir judiciaire et de l'administration ont-ils creusé peut-être autant de révolutions que les excès de la presse. Pourquoi, au milieu des orages du commencement de ce siècle, l'esprit novateur avait-il eu tant de peine à remuer les Allemands? « C'est, répondait « Mme de Staël, parce qu'ils jouissaient du repos, de la « sûreté; parce que les tribunaux promettaient une jus- « tice sûre, quoique lente, contre tout acte arbitraire; « parce que personne n'était froissé, ni dans ses droits ni « dans ses jouissances, et qu'on ne sentait pas le besoin « d'un ordre de choses qui maintînt ce bonheur[1]. »

Le bon choix des juges intéresse donc les gouverne-ments au plus haut point, et ceux-ci assurent mieux leur propre durée en confiant les magistratures à des hommes éclairés et justes, qu'en remplissant les tribunaux de créatures ignorantes ou corrompues. Aussi, tous les pu-blicistes se sont-ils préoccupés de la recherche des moyens d'assurer de bons choix dans la magistrature. Les uns ont voulu l'élection populaire, les autres l'élection ou la pré-sentation par les corps de magistrature eux-mêmes. Nous parlerons plus loin de ces divers systèmes. En France, le principe que la justice émane du souverain entraîne cette conséquence que les juges sont nommés et institués par

---

[1] Mme de Staël, *De l'Allemagne*.

lui. Puisque la justice est rendue en son nom, il est juste qu'il ait le choix des juges, à cause de la responsabilité morale que nous signalions tout à l'heure. Sous ce rapport, l'élection des juges de commerce est une brèche au principe. Mais ces questions dépendent plus de l'organisation politique et des habitudes de chaque nation que du droit universel de la raison, et nous voulions dans ce chapitre mettre seulement en relief, comme un point de droit naturel et philosophique, l'obligation qu'ont les gouvernements de faire administrer la meilleure justice possible, ce qui entraîne comme conséquence le devoir de ne confier les fonctions de juge qu'aux hommes les plus intègres et les plus éclairés, qu'à des « magistrats d'expérience, de bon et clair entendement », comme disait Ayrault, qu'à des « juges *droicturiers* », selon le mot de Henri IV.

Nous avons vu en effet, dès le début de ce travail, que la base de toute juridiction reposait sur la nécessité d'empêcher les citoyens de se faire justice à eux-mêmes. Mais cette justice spontanée et individuelle, incompatible avec un état social régulier, n'a pu être enlevée qu'à condition de lui substituer une justice meilleure et moins sujette aux excès et à la passion. Aussi, lorsque les gouvernements font administrer une trop mauvaise justice, l'instinct des peuples les porte-t-il à se la rendre à eux-mêmes et à bouleverser l'ordre social. La société doit la justice à chaque citoyen par une obligation étroite, puisque c'est elle qui lui enlève la faculté qu'il aurait, dans l'état de nature, de poursuivre son droit par ses propres mains [1].

---

[1] Belime, *Philosophie du droit*, t. Ier, p. 452.

L'obligation de faire distribuer la meilleure justice par les hommes les plus intègres, les plus éclairés et les mieux pourvus d'un sens droit, n'est pas de celles auxquelles les gouvernements puissent légitimement échapper. Chaque fois qu'un juge ignare ou servile est investi du pouvoir de décider entre les citoyens, une des lois immuables de la nature se trouve violée. L'Etat, pour obéir à ces lois qui ne tirent point leur puissance de l'homme et qu'aucune autorité ne saurait abolir, ne doit pas accorder à la faveur, mais au mérite, les redoutables fonctions de juge. Malheureusement ces lois saintes sont souvent obscurcies dans le trouble des agitations humaines, et l'opinion publique n'est pas un suffisant obstacle pour en empêcher la violation. L'Angleterre peut s'enorgueillir des moyens qu'elle emploie pour attirer au service de la justice les hommes les plus capables : elle offre à l'Europe un noble spectacle en attachant à ses tribunaux les jurisconsultes les plus réputés, et en achetant, à prix d'or, la science et les lumières de ses douze juges de comtés. Chez nous l'Etat, pour faire des juges, ne sollicite personne, il est entouré de solliciteurs, et ceux-ci ne sont pas d'ordinaire les hommes les plus sages, les plus habiles, les plus instruits, les plus fermes, les plus indépendants. Les gens de ce dernier caractère n'aiment guère à assiéger les bureaux ni les distributeurs de places : ils s'efforcent d'utiliser leurs talents dans des professions privées. C'est là un des malheurs de nos temps : l'Etat, je le répète, pour obéir à la fois à son intérêt et à la raison, devrait revendiquer comme un droit les services des jurisconsultes les plus distingués. Il n'est pas bien que les particuliers aient des hommes d'élite pour serviteurs, quand l'Etat emploie trop d'hommes secondaires. L'intérêt public voudrait que le

gouvernement eût un droit de préférence, et surtout qu'il
en usât. Colbert, le ministre du grand roi, semble avoir
voulu revendiquer pour son pays cette glorieuse prérogative, quand il expédiait dans les provinces des agents
mystérieux et dévoués, chargés non point d'un infime
espionnage, mais de la noble mission de découvrir les talents ignorés !

CHAPITRE XI.

—

J'ai passé une revue critique des divers ordres de magistrats ; je dois maintenant soumettre à un examen semblable les officiers que la loi a donnés pour auxiliaires à la justice.

J'ai montré l'abaissement de la magistrature, et tous mes efforts ont eu pour but de faire voir la nécessité de la rendre aussi éminente, aussi respectée que possible. Arrivé à parler des ministres inférieurs de la loi, j'émettrai un vœu différent.

Je veux garder ici la modération convenable en touchant un sujet qui a soulevé des réclamations vives et souvent passionnées ; mais l'impartialité même me fait un devoir de proclamer comme une vérité, que les gens de loi ont à notre époque une puissance excessive, et que cette puissance est le plus grand obstacle à l'administration d'une bonne justice.

La puissance des agents judiciaires sera chez nous, tant qu'on ne l'aura pas affaiblie, une difficulté invincible pour l'amélioration des lois de la procédure.

Il est de mode de se plaindre des avocats, d'attaquer leur puissance. C'est là une guerre sans danger et qu'on peut faire sans bravoure, car la puissance du barreau est désormais une puissance évanouie. Elle s'est en allée avec le vieux monde que les avocats ont tant combattu.

L'avocat, je prends ce mot dans son acception véritable ; l'avocat, c'est-à-dire le jurisconsulte disert et indépendant, n'est plus qu'un lointain fantôme. Il a succombé devant la domination de l'avoué, qui distribue les causes et la fortune, et qui, séparant le client du défenseur, a réduit celui-ci à n'être plus que l'orateur de l'avoué. L'avocat est remplacé par un agent d'affaires gradué : le jurisconsulte par un homme dont le savoir n'a pas dépassé les limites des recueils de Sirey ou de Dalloz.

L'avocat ne peut donc lutter contre les officiers publics. La magistrature elle-même n'a pas une position suffisante pour les contenir. Je pourrais citer des magistrats qui n'ont fait leur chemin qu'en sortant triomphants de l'urne électorale, et qui n'ont réussi aux élections de tous degrés qu'en fermant les yeux sur la conduite des officiers ministériels qui tenaient le vote dans leurs mains.

Mais si aucune célébrité n'attaque corps à corps la colossale corporation des gens de loi, les plaintes de la foule se font entendre de toutes parts. Ces plaintes ont retenti de tout temps et en tout lieu ; aujourd'hui elles sont justifiées plus que jamais.

La puissante cohorte reste toutefois inébranlable, car elle se recrute tous les jours. Que deviendront ces jeunes gens qui sortent des écoles ? Il faut bien qu'ils se fassent avoués ou notaires. Avocats, ils doivent marcher avec les officiers ministériels.

Les fonctions de notaire ou d'avoué aujourd'hui mènent à tout. Si l'officier public ne sait point réaliser de gros bénéfices dans sa charge, il la vend et se fait solliciteur de places. N'est-ce pas à lui qu'on accorde de préférence les fonctions de toute nature ?

La magistrature, fermée il y a trente ans à celui qui avait rempli le ministère d'avoué ou qui était le parent d'un avoué, compte aujourd'hui dans ses rangs un nombre considérable de ces officiers. J'ose dire qu'elle a perdu en même temps une partie de son prestige.

Le législateur devrait appliquer ses efforts à régler et à contenir cette puissance.

Les offices ministériels rapportent trop d'argent, sont trop facilement accessibles aux hommes cupides, aux individus habiles, mais sans élévation d'esprit.

Le notariat, cette antique magistrature de la juridiction volontaire, compte beaucoup d'hommes honorables; mais trop de fois il a été envahi par des gens qui n'ont vu dans cette profession qu'un moyen d'entourer leur existence des jouissances du luxe, ou de faire promptement une fortune équivoque.

Il faut mettre un terme à cette fâcheuse situation, en fermant l'accès du notariat à ces clercs sans fortune, sans éducation, qui achètent une charge sans moyens de la payer.

Il faut prohiber l'usage abusif de cautionnements qui n'appartiennent pas aux officiers qui les déposent, et qui ne sont qu'une garantie illusoire[1].

_____

[1] [Pour couper court aux abus, il conviendrait d'établir une surveillance

Il faut, en écartant du notariat la plupart de ceux qui cherchent à s'en faire une carrière à tout hasard, faire baisser le prix excessif et ruineux des charges.

Il faut assurer aux esprits distingués, cultivés par l'étude, une préférence sur ces praticiens sans instruction qui fourmillent dans les officines des gens de loi.

Pour tout cela, il suffirait d'exiger des garanties sérieuses de capacité, d'interdire l'entrée du notariat à ceux qui ne seraient pas munis du diplôme de licencié en droit, qui ne justifieraient pas ainsi d'une éducation libérale.

« Il n'est qu'un seul moyen de donner à tous les no-
« taires l'estime qu'ils doivent avoir, disaient, en 1786,
« les auteurs de l'Encyclopédie méthodique ; et ce moyen,
« nous le trouvons dans les écrits des plus grands magis-
« trats : ce serait de faire une loi précise pour interdire

---

sur le notariat, de prescrire aux notaires la tenue rigoureuse d'un registre de dépôts, et de créer des inspecteurs qui pourraient être les mêmes que ceux de l'enregistrement, pour visiter les études, vérifier les registres, la caisse de dépôts, etc.

Enfin, la présence du second notaire ou des témoins devrait être réelle, effective, sérieuse, *à peine de faux*.

La loi du 24 juin 1843 a eu le tort de faire de la présence du notaire en second une fiction ; rien ne me paraît plus déplorable dans les lois que les fictions. Qui dit fiction dit mensonge ; or, les lois comme les actes publics ne devraient rien contenir que de rigoureusement vrai. Tous ces protocoles mensongers, toutes ces clauses de style en dehors des conventions réelles et sincères, devraient être sévèrement bannis. La vérité légale doit être pure et sans alliage ; il est grand temps d'expurger nos lois et nos contrats de ces contre-vérités dangereuses. Au reste, jusqu'à la loi de 1843, cet abus du notaire en second, signant aveuglément et pour la forme, quoique général, n'était pas universel : M. Clausade, dans son volume sur les *Usages locaux du département du Tarn*, atteste que dans le ressort de Toulouse l'usage du notaire en second n'était pas fictif, mais réel. M. Drion, président du tribunal de Schelestadt, a publié en 1836 un traité *Du Notariat en second*, dans lequel il a fait ressortir tous les inconvénients de la pratique en usage, et M. Rolland de Villargues a discuté aussi ce point d'une manière spéciale dans le *Répertoire du notariat.*]

« des fonctions qui tiennent de si près au bonheur pu-
« blic à ceux qui n'auraient pas le serment d'avocat[1]. »

« Cette loi à faire, dit Boncenne, fut solennellement
promise par l'orateur du gouvernement qui vint exposer
en l'an xi les motifs de celle relative au notariat. Voici
ses paroles :

« Sans doute qu'à la probabilité imposante que procure
« le stage on ajoutera d'autres garanties d'instruction,
« lorsque les écoles de droit seront rétablies, et qu'on exi-
« gera surtout du candidat qui se destinera aux places de
« première classe, quelques-unes des preuves d'études et
« de savoir qui seront demandées à ceux qui devront
« remplir les autres fonctions judiciaires [2]. »

J'arrive aux avoués. Cette profession suit, je me sens
heureux de le dire, une pente contraire à celle où est
entraîné le notariat. Tandis que les notaires ébranlaient
la confiance publique par des désastres répétés, les fonctions d'avoué devenaient plus considérées, elles étaient
exercées par des hommes plus capables. Le nombre des
avoués gradués augmente tous les jours. Dans quelques
grandes villes, à Paris notamment, les corporations d'a-
voués n'admettent plus dans leurs rangs que des licenciés
en droit.

« On a comblé ces vieilles ornières de procédure, où
se traînait une routine avide et corrompue. Les avoués,
sortis de nos écoles de droit, ont des sentiments plus élevés
et plus généreux, parce qu'ils comprennent mieux l'utilité
de leur profession, parce qu'ils possèdent une instruction
plus franche et plus développée[3]. »

[1] *Encyclopédie méthodique*, Jurisprud., vo *Notaires*.
[2] Boncenne, Introduction, ch. 19, p. 617.
[3] Boncenne, Introduction, ch. 19, p. 594.

Ne pourrait-on pas seconder ce mouvement et exiger la licence des avoués exerçant dans tous les chefs-lieux de département, ou au moins dans toutes les villes où siége une cour d'appel[1]?

Cette garantie des grades est surtout un moyen d'écarter les praticiens rapaces. Elle rejetterait enfin dans les fonctions d'huissier tous les jeunes gens auxquels le notariat ou la postulation seraient ainsi fermés, et les charges d'huissier seraient mieux remplies. Il est en effet regrettable de dire que beaucoup de tribunaux ont des huissiers peu dignes de la qualité d'officiers publics.

L'inégale répartition des offices contribue à entretenir le mal; il y a des tribunaux où le nombre des avoués est trop considérable. La diminution du nombre des affaires, dans ces dernières années, a entraîné dans des voies illégitimes des officiers qui ne pouvaient vivre de leur charge honnêtement. Il y a des arrondissements où dix et douze avoués postulent auprès de tribunaux de trois ou quatre juges, tandis que d'autres tribunaux plus importants n'ont que cinq ou six avoués. Ici des abus affligeants déshonorent la justice; là, au contraire, les charges étant suffisamment lucratives par elles-mêmes, ne sont remplies que par des titulaires capables et honorablement posés.

Le mal est plus grand pour les huissiers; presque partout leur nombre est excessif. Plusieurs tribunaux, frappés de la position désastreuse où se trouvaient les huissiers dépourvus de clientèle, ont voulu éteindre quelques

---

[1] [En 1847, la commission des hautes études avait pensé qu'il convenait d'exiger le grade de licencié des candidats aux fonctions d'avoué. A plus forte raison les art. 23 et 27 du décret du 22 ventôse an XII, qui permettent l'entrée de la magistrature aux avoués non licenciés, après dix années d'exercice, devraient être définitivement abrogés.]

titres. Toutefois, une difficulté dérive de la vénalité des charges : comment rembourser les offices qui seraient supprimés? Si, dans les villes où se trouvent huit ou dix de ces officiers, une bourse commune a pu faciliter la suppression : dans les cantons ruraux on n'a pu raisonnablement obliger un huissier à réunir deux titres. Ainsi, les huissiers sont restés trop nombreux, et leur position précaire a été aggravée par la diminution des affaires. Les charges restent à peine quelques années dans les mêmes mains, parce que les titulaires sont obligés de revendre presque aussitôt. De là vient la multiplicité des abus de confiance commis par des huissiers, qu'une impérieuse nécessité force d'employer à leur usage des fonds reçus pour leurs clients; de là ces poursuites correctionnelles et disciplinaires si souvent répétées. — C'est un mal auquel il est urgent de porter remède : l'État doit au public des officiers dignes de confiance.

En général, il y a en France trop d'officiers ministériels. C'est un principe certain que, dans un État bien réglé, on doit réduire autant que possible le nombre des gens de loi, puisque le travail de cette classe de citoyens ne produit aucune valeur par lui-même, et que leur gain au contraire est prélevé sur la richesse des producteurs[1]. Quand les gens d'affaires sont trop multipliés, le moindre désordre qui en résulte, c'est une foule de rapines et de fraudes, et la multiplicité des procès.

[1] C'est le cas de dire avec un ancien : « Lucrum sine damno alterius fieri non potest. »

[Diodore Tulden, dans son traité *De Causis corruptorum judiciorum et remediis*, commence son quatrième livre par un préambule « contra eos qui judiciorum emendationi intercedunt, ne forensis industria et questus impediatur, cum incommodo multorum ».]

CHAPITRE XII.

DE LA VÉNALITÉ DES CHARGES ET DES MOYENS DE LA FAIRE DISPARAITRE.

—

La vénalité des charges, consacrée par un texte furtivement introduit dans le budget de 1816, a été un déplorable présent fait à la France [1].

Il est vrai qu'elle renaissait déjà en fait sous l'empire ; mais loin de la tolérer, et surtout de lui donner une consécration, le législateur eût dû la bannir à jamais. C'eût été un bienfait aussi grand que celui d'un bon Code de procédure.

Le rétablissement de la vénalité des charges a vicié la loi de la procédure dans son application, paralysé toutes les mesures prises contre les anciens abus. La révolution a mis fin au trafic des fonctions de magistrat : il ne fallait pas rétablir celui des officiers de justice.

Cette vénalité est l'une des tristes innovations que les désordres politiques et moraux du XVIᵉ siècle ont léguées

---

[1] Loi du 28 avril 1816, art. 91. — En 1845, M. Rolland de Villargues avait publié un écrit intitulé : *De la Nécessité d'ériger en titre d'office les fonctions de notaire.*

au monde moderne[1]. Pendant trois cents ans, elle a rendu impuissants les efforts faits à tant de reprises pour la réformation de la justice. A peine admise par les lois, le grand chancelier de l'Hospital la faisait prohiber comme la source d'une infinité de maux. Sous Louis XV, Maupeou faillit rendre populaire la suppression des parlements, en supprimant momentanément la vénalité des offices. L'abolition de cette vénalité fut l'une des réformes les plus désirées de la révolution de 1789.

Les écrivains les plus célèbres et les plus compétents avaient protesté contre ce trafic des fonctions publiques. L'Hospital écrivait ces lignes éloquentes : « Associé avec « quelques hommes intègres que la cruelle mort a épar- « gnés, nous soutenons, autant qu'il est en nous, l'an- « cienne splendeur de la magistrature. Que son lustre est « effacé ! Combien elle s'est avilie depuis qu'on en a ou- « vert l'accès à tout le monde ; qu'on y a vu entrer une « foule de jeunes gens sans talent et sans application, qui « ne connaissent pas les premiers éléments du droit, et « dont les titres sont dans l'argent qu'ils ont compté ! « Dans la distribution des emplois, on n'a plus d'égards

---

[1] « Il n'est pas besoin de dire les inconvénients et les maux que cette « méchante invention a causés et cause tous les jours; les moins éclairés « les connaissent assez et voient bien que c'est un mal auquel il est fort « nécessaire, mais certes très-difficile présentement de remédier. » (Hardouin de Péréfixe, *Histoire de Henri IV.*)

Guillard, président au parlement de Paris, fut si indigné de ce commerce, qu'il remit sa charge entre les mains de François Ier. Le cardinal de Richelieu n'était partisan du maintien de la vénalité qu'à cause de la difficulté de la faire disparaître. (*Testament politique.*) Le marquis d'Argenson, qui avait été dans le cas de bien apprécier durant son ministère les abus de la vénalité, déclarait, dans ses *Considérations sur le gouvernement de la France*, que « les maux *causés par l'usurpation des fiefs* ne semblent rien en comparaison des mauvais effets de la vénalité des offices ».

Le président Hénault a résumé l'historique de la vénalité des charges de judicature dans les *Remarques*, à la fin de son *Abrégé chronologique*.

« pour le mérite. La vertu est forcée de céder à l'opu-
« lence ; et c'est cependant lorsque les vices s'accroissent,
« que la vertu pour les contenir, devrait avoir la puissance
« et l'autorité[1]. »

Je sais que ces paroles s'appliquent surtout à la vénalité
des fonctions judiciaires. Mais ce fut pour celles-ci que la
vénalité eut dans la suite moins d'inconvénients : la difficulté des réceptions ayant éloigné de la magistrature ceux
qui pour y entrer n'avaient que leur argent.

Guy Coquille compare le commerce des offices de judicature et de justice, c'est-à-dire des charges de magistrats
et d'officiers ministériels, à la *simonie*, ce trafic impie
des choses saintes contre lequel l'Eglise amassait toutes ses
foudres.

Loyseau mettait toute sa véhémence à condamner un
pareil abus. Dès le début de son livre *Du Droit des offices*,
il disait : « Je n'estime pas qu'il y ait rien en notre usage
« de plus contraire à la raison, que le commerce et la
« vénalité des offices..... Car si l'officier mérite sa
« charge, ce n'est pas raison qu'il l'achète : s'il ne la
« mérite pas, il y a encore moins de raison de la luy
« vendre..... »

Estienne Pasquier, de son côté, quoique avocat du roi
à la chambre des comptes, déclarait que sur la vente des
greffes « fut entée la ruine de la France[2] ».

Montesquieu voulut justifier plus tard l'achat des charges de magistrature[3] (on sait qu'à peine majeur, sa grande
fortune lui avait permis d'acheter une charge de président

---

[1] *Epistolarum*, I, p. 15.

[2] Estienne Pasquier, *Recherches*, liv. IV, ch. 12.

[3] *Esprit des lois*, liv. V, ch. 19.

à mortier); mais de toutes les doctrines de l'illustre publiciste, c'est l'une de celles qu'on lui a le plus reprochées. Et pourtant je ne crains pas de le dire : la vénalité des charges de magistrature vendues à deniers comptant par le gouvernement lui-même, eut moins d'inconvénients que n'en a de nos jours la vénalité des offices ministériels. Elle était en harmonie avec les mœurs aristocratiques du xviie siècle : elle contribua à assurer l'indépendance des corps de magistrature, en leur donnant le pouvoir de se recruter eux-mêmes; elle plaça les magistrats à l'abri de l'influence du pouvoir et des exigences de la politique. Elle servit à former des familles où le savoir et les vertus judiciaires étaient héréditaires, et la splendeur de ces grands noms et de ces grandes fortunes rendit la justice plus respectable. N'ayant point d'avancement à attendre, ni de richesses nouvelles à amasser, la seule émulation des parlementaires ne put être que celle de mériter, par leur intégrité, leur science et la sagesse de leurs jugements, la considération publique. — Mais ces avantages n'existèrent que sous la forte monarchie de Louis XIV. Pendant les agitations du xvie siècle, la vénalité ne servit qu'à déshonorer la justice, et déjà à la fin du xviiie siècle, la plupart des conseillers, emportés par la corruption de l'époque, avaient perdu la tradition des mœurs austères et les habitudes graves et laborieuses de leurs prédécesseurs.

L'auteur des *Essais sur l'idée du parfait magistrat*, avait, avant Montesquieu, défendu jusqu'à un certain point la vénalité des charges judiciaires. « On ne parle jamais, dit-on dans l'avertissement de ce livre, des désordres de la justice, que l'on n'entende murmurer contre la vénalité des charges; comme si cette vénalité étoit la cause de tous les maux qui se commettent dans les palais. Mais il seroit aisé de faire voir que toutes les autres voyes dont la politique peut se servir pour établir les juges, ont leurs inconvéniens et même plus graves que la vénalité, et que les maux dont on l'accuse ne viennent point d'elle comme de leur véritable cause. — Il est vray que les plus illustres magistrats, qui ont vu cette pratique s'introduire, en gémissoient dans leur cœur et en craignoient les suites.... Cette vénalité est-elle un obstacle à la science, étouffe-t-elle les sentimens d'honneur et de probité dans les âmes bien nées? Au contraire, si pour bien juger les hommes, il faut avoir une parfaite connaissance des loix, plus un père de famille est accommodé, plus aussi il est en état de rendre habile un fils qu'il destine aux emplois de la justice, de luy donner de bons maîtres, et de l'entretenir longtemps dans les plus fameuses universitez.... Quant un homme est entré dans la magistrature avec des facultez convenables, il est moins susceptible de crainte et d'espérance, et par conséquent plus en état de résister aux grands et de défendre les petits. » Mais il est visible qu'appliqués à nos charges de notaires, d'avoués et d'huissiers, ces raisonnements, écrits à l'époque aristocratique de Louis XIV, perdent tout ce qu'ils pouvaient avoir de vérité.

Bentham est le seul, je crois, qui de nos jours ait soutenu que le meilleur moyen d'assurer une bonne administration, serait de rétablir la vénalité des offices. Mais on sait que ce chef célèbre de l'école égoïste a aussi défendu l'usure, les mariages à temps, le duel et une foule d'autres choses contre lesquelles proteste la conscience publique.

De nos jours encore, la vénalité des offices rencontre en théorie une répulsion presque universelle. Dans la pratique seulement, le désir de ne pas bouleverser des fortunes établies sur une promesse de la loi, et de ne pas grever d'un remboursement énorme nos finances endettées, fait admettre cette vénalité. Mais la majorité de ceux qui, soit dans des écrits sérieux, soit dans de simples brochures, ont cherché les moyens d'améliorer nos lois de procédure et d'organisation judiciaire, voient là le plus grand obstacle à une réforme salutaire.

Beaucoup d'officiers ministériels éclairés, mais écrasés par le prix de leurs titres, préféreraient eux-mêmes tenir leurs fonctions de la nomination directe du gouvernement.

Et si quelques auteurs de jurisprudence, les arrêtistes par exemple, se font les défenseurs de la vénalité, c'est pour ne pas s'aliéner, on peut le croire, les officiers publics qui souscrivent à leurs recueils.

Il est peu de questions au reste sur lesquelles on ait autant écrit à notre époque. La bibliographie complète des écrits de toute espèce et de toute dimension publiés sur ce sujet formerait plusieurs pages[1]. On comprend que

---

[1] Voyez entre autres le *Traité de la vénalité des offices*, par Savarou; Paris, 1615, in-8o; — le *Traité des offices* désignés dans la loi du 28 avril 1816 et du droit des officiers ministériels de présenter leurs successeurs, par M. le chevalier Dard; in-8o; — *Du Monopole des professions lucratives en France, ou du Privilége et de la vénalité des offices et de leur suppression, moyennant indemnité*, par Morel-Fatio; Paris, Paulin, 1839, 85 p. in-8o; — *Réforme nécessaire du notariat en France*, par Péclet, avocat; Paris, Delaunay, 1839; — *Vénalité des offices*, par A. Faudot; Paris, Albert, 1846, 36 p. in-12, 2e édit.; — *Restitution à la liberté du travail de la profession d'avoué*, par Poisson; 1852, in-8o de 4 f. — Je ne cite que pour mémoire le volume de M. N. H. Cellier, intitulé : *Réforme notariale et vénalité des offices;* Paris, Joubert, 1840 : l'auteur dit à peine

dans ce travail, je ne puisse qu'effleurer une si vaste question.

Je dois donc me borner à constater son influence sur le système de procédure, et les difficultés qu'elle apporte à la diminution du nombre des officiers, à la simplification des procédures, à l'abaissement des tarifs, même à l'extinction des procès. Je dois aussi rechercher par quelles voies on pourrait arriver à la faire disparaître.

Nous croyons que le gouvernement devrait racheter les offices. Ce serait une iniquité en même temps qu'une mesure désastreuse pour la confiance publique, que de faire perdre à d'innombrables familles la valeur de charges qui ont été vendues et achetées sur la foi d'un état de choses consacré assez explicitement par diverses lois. L'anéantissement de ces fortunes privées réagirait sur la fortune publique. Une telle confiscation serait aussi injuste qu'odieuse.

Cependant l'Etat, en définitive, qui n'a jamais reconnu à ce droit de présentation le caractère d'une véritable propriété ; l'Etat qui, sur ce point, a toujours résisté aux prétentions excessives des officiers qu'il avait enrichis par une libéralité inconsidérée, l'Etat, dis-je, peut assurément, sans injustice, sans sortir de la limite de son droit, mettre un terme, dès à présent, à l'accroissement de ces valeurs, et même prendre des mesures tendant à en abaisser le chiffre, en diminuant, par exemple, le nombre des concurrents et des acheteurs au moyen de nouvelles conditions d'aptitude. Celui qui achète une charge est toujours

---

quelques mots de la vénalité. Cette question a été soulevée par les romanciers, notamment par M. Léon Gozlan, dans le *Notaire de Chantilly*.

Le ministre de la justice avait nommé, le 26 août 1839, une commission chargée d'examiner, sous sa présidence, toutes les questions qui se rattachent *à la création et à la transmission des offices.*

exposé à la voir diminuer de prix dans ses mains, il suffit pour cela d'un déplacement dans le commerce, d'une stagnation dans les affaires, ou même de la concurrence d'un confrère plus habile ou plus heureux. L'Etat ne peut garantir le titulaire de ces fluctuations; il ne lui doit rien non plus pour l'exercice d'un droit de réglementation qu'il n'a jamais abdiqué, qu'il ne pouvait abdiquer. L'Etat pourrait donc, sans injustice aucune, prendre des mesures pour abaisser insensiblement la valeur des offices [1].

Notez bien qu'en rachetant les charges, le gouvernement mettrait une générosité sans exemple dans le passé. Le trésor n'a rien reçu, si ne n'est un cautionnement sans proportion avec leur valeur actuelle et qu'il doit toujours restituer. Sous l'ancienne monarchie, l'Etat agissait avec moins de scrupule : les offices étaient mis dans le commerce moyennant finance, et lorsque le trésor réclamait quelques ressources nouvelles, ces charges ainsi concédées et payées étaient supprimées, puis bientôt rétablies et revendues de nouveau. C'était sans doute un déplorable abus dont en définitive les justiciables étaient les victimes. Mais cependant, au point de vue des officiers ainsi dépouillés périodiquement, cette mesure, si souvent répétée, était rigoureusement conforme au droit public, et pas un légiste ne prit la défense des détenteurs de charges. Les offices étaient considérés comme domaniaux, le domaine faisait plutôt une concession qu'une vente, et il retirait cette concession suivant son bon plaisir [2]. C'est

___

[1] Sous le ministère d'Argenson, à la fin du siècle dernier, on prépara la suppression de la vénalité des charges militaires en en diminuant le prix à chaque mutation.

[2] Pourtant, dans ce temps-là, on faisait payer aux propriétaires d'of-

encore le principe en vigueur pour les usines établies sur les cours d'eau navigables et flottables; ces usines n'existent que par une concession que l'administration peut toujours retirer sans indemnité. Et cependant il y en a qui sont concédées depuis bientôt 300 ans, et qui ont passé par une infinité de mains. Je sais que d'ordinaire l'administration accorde spontanément quelque indemnité lorsqu'une longue possession rendrait le retrait de la concession trop rigoureux.

Eh bien, les officiers ministériels sont dans la même position que les propriétaires des usines ainsi concédées. L'État a confié les offices aux titulaires d'alors, sans en recevoir un sou : qui pourrait l'obliger à payer des charges qu'il n'a pas vendues? Des considérations de sage politique et d'équité bien plus que de stricte justice en assureraient donc le remboursement.

Mais comment opérer ce remboursement sans surcharger le budget? C'est là un point capital que ceux qui proclament l'urgence de l'abolition de la vénalité des charges laissent souvent de côté.

Suivant l'opinion la plus probable, la valeur des offices

fices un droit pour la conservation de leurs charges. Charles Paulet s'était rendu fameux en inventant cette mesure fiscale. Les officiers de nos jours ne sont pas soumis à la *paulette;* l'État pour eux est d'une générosité sans exemple, car les offices constituent la seule propriété exemptée de l'impôt annuel. On a, il est vrai, dans le budget de 1850, frappé les officiers ministériels d'un impôt nouveau; mais cette patente n'est pas établie sur la valeur de leurs offices ni sur leur produit. C'est une taxe toute semblable à celle dont on a frappé le barreau. Les officiers publics ne paient ni plus ni moins que les avocats, dont la profession n'a jamais été un monopole, ou qui plutôt n'ont jamais revendiqué d'autre monopole que celui de l'honneur. Cette taxe nouvelle ne rend pas à l'État l'impôt qu'il aurait droit de tirer de propriétés excessivement lucratives, et qui n'existent que par son extrême protection; mais en revanche, elle a augmenté l'avilissement qui envahit la profession jusque-là la plus libérale.

ministériels, en France, s'élève à près d'un milliard [1]. Il
est impossible de songer, même avec les finances les plus
prospères, à faire supporter aux contribuables le paiement
d'une somme aussi énorme, alors surtout que ce sont
déjà les sommes prélevées, à tort ou à raison, sur ces
mêmes contribuables qui ont contribué à élever ainsi le
prix des charges. Il serait inique de forcer les justiciables,
écrasés par les gens de loi, à payer encore un remboursement à ces mêmes officiers, qui n'ont donné cette valeur
à leurs offices qu'en exploitant le tarif sur tous les sens.
Il serait cent fois moins injuste de supprimer toute indemnité envers les officiers, que d'imposer encore une fois
les justiciables. Les écrivains qui ont proposé le rachat
pur et simple des charges par l'État, afin d'abaisser les
tarifs, n'ont pas songé, ce me semble, qu'une simplifi-

---

[1] Voyez, sur la valeur des offices en France et sur leur produit annuel,
les calculs faits par M. le président Bérenger dans son rapport sur les
statistiques civiles du ministère de la justice, *Mémoires de l'Acad. des
Sciences morales et polit.*, t. Ier, 2e série, p. 488 et 489. — Le nombre
des officiers qui ont la propriété de leurs charges est de plus de 24,000 ;
le prix de ces charges varie depuis 5 à 6,000 fr. jusqu'à 4 et 500,000 fr.
(Le greffe civil de Paris a été vendu 700,000 fr. ; celui du tribunal de
commerce vaudrait, dit-on, un million.) Le terme moyen de la valeur
vénale de ces offices ne saurait être fixé au-dessous de 20 à 25,000 fr. —
Cette valeur fictive, dit M. Bérenger, « force les titulaires à grever leurs
« clients d'un 'surcroît d'honoraires considérable, afin de recouvrer les
« intérêts de ce capital, intérêts qui, calculés au 5 pour 100, augmen-
« tent encore de 25 millions le tribut levé chaque année sur ceux qui ont
« le malheur d'avoir des procès. Et cependant, si quelques tableaux sta-
« tistiques pouvaient être consacrés à constater le produit des taxes judi-
« ciaires ordonnancées par les magistrats au profit des officiers de jus-
« tice, peut-être arriverait-on à la démonstration que ce produit est loin
« de représenter même l'intérêt du capital des offices. D'où la conséquence
« que, pour s'indemniser de cet intérêt et pour retirer de leur industrie
« un produit qui suffise à l'entretien de leurs familles, les officiers judi-
« ciaires se trouvent dans la nécessité de percevoir de leurs clients bien
« au delà des taxes qui sont autorisées par la loi ».
Selon l'administration de l'enregistrement, les cautionnements fournis
par les notaires, avoués, greffiers et huissiers, s'élevaient en totalité à
59,665,783 fr.

cation de la procédure et un abaissement des frais de
justice, avec de pareilles conditions, seraient un remède
pire que le mal. Il vaudrait mieux laisser les officiers en
possession de leurs charges, sauf à rogner leurs revenus
et à mettre des bornes sévères aux abus, droit pour
l'exercice duquel personne n'oserait sans doute demander
une indemnité au gouvernement.

Pour mon compte, je présenterai ici un système de
rachat avec lequel le gouvernement pourrait, dans une
période d'environ vingt années, éteindre la vénalité de
toutes les charges sans tirer un centime des caisses de
l'État.

Comme base de ce système, on décréterait l'abolition
actuelle de tous les offices, sauf à maintenir provisoirement les titulaires, et à opérer successivement le remboursement [1].

On n'attaquerait pas à la fois toutes les catégories d'officiers ministériels; mais on commencerait par la suppression des charges de notaires, car le notariat est de
toutes les catégories, celle qu'il est le plus nécessaire de
réformer.

---

[1] M. Morel-Fatio termine sa brochure contre le *Monopole des professions lucratives* par un chapitre intitulé : « Plan proposé pour le rachat
du privilége d'exercice et de transmission des offices, et pour l'institution
du libre exercice de toutes les industries. » Nous lisons dans l'art. 2 de
ce projet : « Les possesseurs d'offices ou d'autres priviléges seront indem-
« nisés de la perte de leurs priviléges sur le pied de leur valeur vénale,
« au jour de la promulgation de la présente loi. Ils recevront, pour le
« montant de leur indemnité, des obligations du trésor payables en vingt
« années, par égales portions, et portant un intérêt de 3 pour 100. »
Dans un écrit sur la vénalité des charges, publié en 1838, M. Bavoux
a insisté sur la nécessité de la faire cesser, à raison des inconvénients qui
y sont attachés. M. Bavoux proclame aussi l'indispensable justice d'un
remboursement, dont les moyens d'exécution consisteraient dans des in-
demnités payées par les nouveaux officiers qui profiteraient de l'abolition
de la vénalité.

L'estimation des charges serait la première partie de la mesure. Leur valeur étant invariablement fixée, voici comment on se procurerait le moyen de les rembourser peu à peu.

Les notaires actuellement titulaires resteraient en fonctions, mais cesseraient de toucher pour leur propre compte le revenu de leurs offices. Ils deviendraient sur-le-champ des fonctionnaires à traitement fixe, payés par l'État. La régie de l'enregistrement encaisserait les émoluments actuels, comme elle reçoit les droits de greffe. Le traitement des notaires serait établi par classes, suivant la population des villes. Tel notaire qui tire de sa charge 18 à 20,000 francs par an, recevrait un traitement de 6,000 francs, par exemple. Il ne pourrait se plaindre, car il aurait encore une position supérieure à celle de la plupart des sous-préfets et des présidents de tribunaux d'arrondissement. L'État, de son côté, réaliserait des bénéfices qu'il emploierait au remboursement.

Mais pour empêcher les notaires de réclamer tous à la fois ce remboursement, il ne leur serait versé qu'à la sortie de leurs nouvelles fonctions, encore assez richement rétribuées pour qu'ils s'empressent de les conserver. En cas de démission, ne seraient admis à réclamer le paiement immédiat de l'estimation que ceux qui auraient trente années de service, cinquante ou soixante ans d'âge, ou des infirmités justifiées. En cas de démission hors de ces conditions, l'intérêt seul du capital à rembourser serait dû par l'État. En cas de décès, le remboursement serait immédiat.

Il est scandaleux, en effet, de voir maintenant un officier public acheter une charge et la revendre au bout de cinq ou six années. Je connais d'anciens avoués et d'anciens notaires qui n'ont pas trente-six ans d'âge, et qui se font solliciteurs d'emplois. Les bureaux des ministères accueillent avec une facilité trop grande les demandes de ces candidats, au lieu de leur répondre : Vous aviez un emploi, il fallait le garder. Cette inconstance, cette mobilité dans les offices ministériels est l'une des plaies de l'organisation actuelle; et dût-on conserver la vénalité, il faudrait mettre des limites à cette revente perpétuelle des fonctions d'officiers publics [1].

Je reviens à mon projet. Les notaires, ainsi forcés de rester dans leur ministère, ne pourraient se plaindre de suivre la même profession toute leur vie : ils auraient le même sort que les magistrats, que les officiers de l'armée, que les fonctionnaires les plus honorés. Avec cette limite, les finances publiques n'auraient à rembourser chaque année qu'un petit nombre d'offices, et elles trouveraient des ressources suffisantes dans le bénéfice procuré par le rachat.

On arriverait donc à la suppression, sans imposer de sacrifices aux contribuables, sans faire perdre aux titulaires le prix de leurs charges, et à l'aide d'une expropriation semblable à celle que l'utilité publique impose tous les jours aux propriétés ordinaires, mais beaucoup

[1] L'auteur d'une brochure publiée en 1849, sous ce titre : *De la Vénalité des offices relativement au notariat*, par un notaire, explique très-bien les « causes du court exercice des fonctions de notaire » et des autres maux du notariat. On trouve d'excellentes choses dans cet écrit de 150 pages, dont l'auteur a gardé l'anonyme. On y démontre : 1º la nécessité du rachat de la *propriété* des offices de notaire; 2º la nécessité de l'abolition de la vénalité de ces offices; 3º les moyens à employer pour faire le rachat sans causer de préjudice aux titulaires, ni à l'État, ni aux particuliers. Ces moyens consistent aussi dans un amortissement graduel.

moins rigoureuses, puisque les possesseurs actuels conserveraient des fonctions richement rétribuées.

Au bout de sept à huit années, on pourrait appliquer aux avoués la même mesure qu'aux notaires, et ainsi, sans secousse, sans avances, sans sacrifices, l'Etat serait redevenu maître d'un domaine qu'il n'aurait jamais dû aliéner.

Les notaires seraient des magistrats nommés par le gouvernement et recevant un traitement fixe. Ils n'auraient point de frais d'étude, car chacun d'eux aurait un ou plusieurs substituts, aussi rétribués par l'Etat.

Les avoués deviendraient en quelque sorte des juges d'instruction civile, dont on diminuerait le nombre, tout en le laissant assez grand pour ne pas limiter le choix des parties, car il ne faut pas que l'Etat devienne, même indirectement, le maître des procès privés. Ils auraient aussi un traitement fixe, avec des clercs, substituts ou suppléants plus ou moins salariés.

Les greffiers auraient alors une rétribution officielle dont rien ne pourrait faire contester l'utilité, et ils seraient assimilés, par leur traitement fixe, aux archivistes des préfectures qui délivrent expédition des pièces dont ils ont la garde, sans rien recevoir pour eux-mêmes. Les juridictions administratives ont ainsi, à l'aide d'archivistes et de secrétaires, su se passer des greffiers en titre d'office[1].

L'enregistrement percevrait aisément tous les droits, suivant un tarif arrêté, et les officiers ministériels changés

---

[1] [La vénalité des greffes est la moins justifiable de toutes, car là il n'y a pas de clientèle, pas d'avances de fonds, pas de choix de la part des justiciables. — Voyez la circulaire de M. Pasquier, garde des sceaux, du 24 fév. 1817.]

en magistrats, ne seraient plus tentés de percevoir des honoraires abusifs[1].

Peut-être faudrait-il faire exception néanmoins pour les huissiers et les commissaires-priseurs, dont les émoluments seraient plus difficiles à recouvrer, à moins de les confondre, soit avec le timbre, soit avec l'enregistrement.

Le résultat d'une telle opération serait tout en faveur du pouvoir; le bénéfice en serait immense pour le fisc.

Le gouvernement, reprenant ainsi la nomination directe d'un nombre considérable de places, posséderait dans ses mains un puissant moyen d'influence et d'autorité. Aujourd'hui il n'est pas maître de choisir les officiers auxquels il donne l'investiture, et dont un grand nombre combat pour l'opposition : il n'a surtout aucun moyen d'action sur cette légion de clercs et de praticiens de toute espèce, qui, sortis la plupart des populations agricoles et n'ayant reçu d'autre éducation que d'avoir passé leur jeunesse dans la poussière d'une étude, travaillent parfois au profit des agitations publiques. La réforme ainsi admise,

---

[1] Voyez sur ce point un article sur l'organisation judiciaire, par M. Ferdinand Jacques, dans la *Revue de droit français et étranger,* t. V, 1848. L'auteur termine ainsi ce qu'il dit des offices vénaux :

« Le mal est grand; pour le faire disparaître et ramener quelque simplicité dans l'administration de la justice, il faut un remède énergique; je n'en vois d'autre que le rachat immédiat des offices. Les notaires, les huissiers, les greffiers seraient transformés en véritables fonctionnaires publics salariés par l'Etat; alors les tarifs pourraient être notablement diminués, et perçus, comme contribution publique, par les receveurs de l'enregistrement. Les avoués, nous les supprimerions définitivement, en donnant à tout avocat le droit de postuler et de plaider, sans cependant rendre leur ministère obligatoire. A quoi bon faire des frais pour une affaire qui se tranche sur un simple exposé? Si au contraire elle est importante, l'intérêt de la partie ne suffit-il pas pour lui faire chercher un conseil habile? C'est le seul moyen d'en finir avec tant de procédures frustratoires et coûteuses, et d'arriver enfin à une réforme si désirée de notre procédure. »

le pouvoir trouverait dans ce nombre infini de places de notaires, d'avoués, de substituts, de clercs de tout rang, un moyen de satisfaire les jeunes gens qui sortent des écoles. Il y aurait là toute une hiérarchie nouvelle et une infinité de mutations produites par l'avancement. Mais il faudrait placer à l'entrée de ces carrières la garantie des grades, d'un stage ou surnumérariat sérieux, et d'un examen spécial à chaque corps. Des fonctions trop souvent mal remplies aujourd'hui, seraient désormais réservées à des hommes bien élevés : les écoles de droit et les études de jurisprudence acquerraient un nouveau lustre, et l'on verrait moins de cultivateurs enlever leurs fils à l'agriculture pour en faire des hommes à instruction incomplète et à éducation manquée.

Au point de vue financier, l'Etat trouverait dans le revenu de toutes les charges remboursées des ressources considérables. La réunion des offices au domaine public rendrait faciles les réformes. Alors on pourrait aisément diminuer, au moins d'un tiers, le nombre actuel des officiers ministériels, supprimer les formalités inutiles, les procédures frustratoires, abaisser les tarifs, et il resterait sans doute encore plus qu'il ne faudrait pour rétribuer convenablement la magistrature et les officiers conservés par la nouvelle organisation. Les offices rapportent aujourd'hui un revenu immense, dont le gouvernement pourrait facilement se procurer le chiffre exact, afin de diriger à coup sûr une opération de ce genre. Il est certain que l'émolument prélevé sur le public par les officiers ministériels dépasse de beaucoup les droits que l'Etat perçoit sur l'administration de la justice.

CHAPITRE XIII.

DES AGENTS D'AFFAIRES ET DES AGRÉÉS.

—

La France compte un personnel d'environ 30,000 notaires, avoués, huissiers ou greffiers[1]. Outre cette armée régulière et en quelque sorte officielle, triplée au moins par les clercs répandus dans toutes ces études, il y a l'armée irrégulière et non moins énorme des agents d'affaires.

L'agent d'affaires se divise en une infinité de variétés : agréés près les tribunaux de commerce, syndics, arbitres, défenseurs près les justices de paix, avocats de village, mandataires, praticiens parcourant les marchés, dressant des actes sous seing, donnant des avis et faisant ainsi

---

[1] On comptait 9,880 notaires en exercice en 1841; le nombre en a été réduit, en 1842, à 9,868. Il y en avait 414 de première classe, 1,429 de seconde et 8,025 de troisième.

Le nombre des actes reçus par tous ces notaires ensemble s'est élevé, en 1842, à 3,408,310, soit 345 actes par notaire. (Compte rendu de la justice pour 1842, Rapport au roi.)

Les statistiques judiciaires devraient faire connaître exactement le nombre, la distribution et le revenu des officiers ministériels. Sous ce rapport, elles ont présenté jusqu'à ce jour une regrettable lacune.

naître des procès qu'ils nourrissent avant de les adresser aux avoués [1].

Les officiers ministériels forment un corps, ayant une discipline, soumis à des règles professionnelles. Des tarifs réglementent leurs droits et honoraires.

L'agent d'affaires au contraire est libre : il paye patente, et cela le dispense de preuves d'aptitude, de discipline et de surveillance. Si le gouvernement veut faire disparaître cette lèpre de la chicane qui ronge nos populations, il faut qu'il s'occupe de soumettre à quelques conditions les agents d'affaires, afin d'en diminuer le nombre.

Il faudrait astreindre à une patente élevée et rigoureuse tous ces praticiens qui y échappent aujourd'hui. Peut-être même devrait-on régler cette profession, comme on a réglé la médecine, en édictant une peine contre ceux qui exerceraient sans grades ou sans brevet [2].

---

[1] [Une nouvelle espèce d'agents d'affaires était apparue faisant la chasse aux successions; parés du titre de généalogistes, ils faisaient de grosses et rapides fortunes en exploitant la révélation de successions ignorées auprès d'héritiers lointains. Un arrêt de la cour de Paris a heureusement réprimé ce qu'il y avait d'excessif dans cette singulière industrie. Voyez la *Gazette des Tribunaux* des 26 août 1853 et 1er décembre 1854.]

[2] On trouve dans le nouveau *Répertoire de jurisprudence* de MM. Dalloz, aux mots *Agents d'affaires* et *Agréés*, une curieuse apologie de ces industries. Quelque effort que les auteurs aient fait pour rehausser ces professions, ils ont dû avouer le peu de considération qu'on y attache dans le monde, et qui a motivé la délibération du conseil de discipline des avocats de Paris, excluant à toujours du tableau les personnes qui ont exercé l'état d'agréé ou d'agent d'affaires. Sur l'incompatibilité des fonctions d'avocat et d'agréé, voyez la discussion de la loi des patentes sur les agents d'affaires, *Moniteur* du 18 mai 1850 (no 138, p. 1734 et 1735).

Dès 1586, un de nos vieux jurisconsultes, Charondas le Caron, disait dans l'avant-propos de ses *Responses du droict françois,* en parlant des gens d'affaires : « Ils estoient, tant en la Grèce qu'à Rome, mal renom-
« mez, hommes abjects et de la plus basse et vile condition ; mais aujour-
« d'huy, en la France, noz praticiens tiennent les premiers lieux et font
« passer par leurs mains toutes les causes, non-seulement privées, ains
« aussi publiques : avec tel hasard toutesfois que souvent n'y a qu'eux
« qui y gaignent... »

Si les officiers ministériels devenaient des fonctionnaires de l'Etat, ils n'auraient plus d'intérêt à faire naître des affaires par des moyens cachés et à entretenir des pourvoyeurs : le nombre des agents diminuerait à proportion. — L'agent d'affaires ne se recruterait plus du nombre infini des notaires, avoués et huissiers qui exercent cette profession après avoir vendu leurs charges.

Mais où la réforme devrait surtout frapper, c'est contre les agréés, dont la présence auprès des tribunaux de commerce est une violation permanente de la sage volonté du législateur.

Les agréés s'étaient déjà montrés près de la juridiction consulaire de Paris au xviiie siècle, malgré le texte des ordonnances d'alors : proscrits de nouveau par les rédacteurs du Code de commerce, ils ont malgré cela envahi un grand nombre de tribunaux consulaires en province.

Voici sur l'origine de cet abus si persistant, ce qu'un ancien agréé, M. Guibert, auteur d'une Notice sur la compagnie des agréés du tribunal de commerce de Paris, est forcé d'avouer lui-même :

« L'existence auprès de la juridiction commerciale établie à Paris d'une réunion de personnes agréées par les juges pour diriger les parties dans leurs débats, les conseiller, les représenter et plaider leurs causes, est un fait qui remonte à une époque très-ancienne.

« Ce fait a cela de remarquable, qu'il s'est produit *malgré la volonté du législateur*, et que les magistrats eux-mêmes, tout en cherchant d'abord *à lui résister pour obéir à la loi*, lui ont ensuite prêté leur appui, *s'en sont emparés pour le régulariser et pour en devenir le plus ferme soutien.* »

La création des agréés a été un excès de pouvoir des

tribunaux de commerce, qui en leur faveur ont procédé par voie de règlement, malgré le principe fondamental de l'art. 5 du Code civil[1].

Il est inexact d'avancer que l'institution des agréés soit utile pour l'administration de la justice. Des tribunaux de commerce de premier ordre savent parfaitement s'en passer. Il n'y a pas d'agréés au Havre, à Saint-Quentin, à Granville et dans une foule d'autres villes commerçantes. En revanche, certains tribunaux de commerce qui jugent à peine quelques affaires chaque semaine, ont voulu se rehausser en se donnant des agréés. Les statistiques judiciaires ont omis d'indiquer quels tribunaux de commerce ont ou n'ont pas d'agréés. D'après les renseignements que nous avons recueillis sur ce point, le nombre des tribunaux consulaires où le barreau présente les affaires qui méritent les soins d'un homme de loi, et où les agréés ne sont pas admis, est encore le plus grand.

L'introduction des agréés a eu pour résultat de rendre dans beaucoup de tribunaux la barre inaccessible aux parties elles-mêmes, de diminuer le nombre des conclusions prises *en leur présence*, selon le vœu de la loi[2], de faire disparaître de la juridiction consulaire le barreau

[1] On invoque, à tort selon nous, l'art. 35 de la loi du 27 mars 1791, qui donne aux tribunaux de commerce la faculté de faire des règlements pour l'ordre de leurs audiences. Conf. l'arrêt de cassation du 29 juillet 1851, avec le réquisitoire de M. le procureur général et l'arrêt du 16 mars 1852, annulant, comme illégale, une délibération réglementaire du tribunal de commerce de Sarlat, relative à ses agréés.

[2] « Il ne faut pas d'intermédiaire entre le commerçant qui plaide et le « commerçant qui prononce sur une affaire de son état; tout doit être, « tout est sommaire; l'équité, la bonne foi sont la base de tous les juge- « ments. Il serait fort à désirer que les parties pussent toujours être en- « tendues contradictoirement et en personne. » (Discours de Treilhard au corps législatif le 4 avril 1806, Exposé des motifs du C. de procéd.)

véritable[1], et de rendre enfin la justice plus coûteuse[2].

M. le ministre de la justice a donc pris une excellente mesure en s'opposant à l'introduction des agréés dans l'Algérie, et en déférant à la cour de cassation quatre délibérations du tribunal de commerce d'Alger, qui établissait près de lui six de ces agents d'affaires, et leur donnait un tarif, un costume, etc. — M. le procureur général Dupin a établi dans un réquisitoire qui résume la matière, ce qu'avaient d'abusif de pareilles délibérations[3], et le 25 juin 1850, la cour de cassation a rendu l'arrêt suivant :

« Vu l'art. 80 de la loi du 27 ventôse an VIII, portant :

« Le gouvernement, par la voix de son commissaire, « dénonce à la section des requêtes de la cour de cassa- « tion les actes par lesquels les tribunaux auraient excédé « leurs pouvoirs » ;

« Vu la lettre en date du 9 avril dernier, par laquelle, aux termes dudit article, M. le garde des sceaux a chargé M. le procureur général près la cour de lui déférer quatre délibérations prises par le tribunal de commerce d'Alger, les 31 janvier, 21, 23 et 28 février dernier, comme renfermant un excès de pouvoir ;

« Attendu que ces délibérations, prises en assemblée générale, ont pour but de créer un corps d'agréés près

---

[1] Comment se fait-il que les agréés se revêtent de la toge, eux que la loi n'a jamais reconnus et qui n'ont aucune existence légale? La toge n'appartient qu'à la magistrature et au barreau. C'est là une infraction aux règles établies et une atteinte aux droits de ces derniers, et l'art. 259 du Code pénal pourrait lui être appliqué. Pourquoi cette tolérance?.... (Mme C. Goldsmid, *De la Faillite*, p. 125.)

[2] Les bénéfices immenses que prélèvent les agréés sur les justiciables sont attestés par le haut prix des études d'agréé. Quoique aucune loi n'assimile ces études aux offices ministériels, la clientèle d'un agréé se vend ordinairement à Paris 300,000 fr.; à Rouen, 100,000 fr.

[3] *Moniteur*, 27 juin 1850, n° 178, p. 2489.

ledit tribunal, de régler leur nombre, leurs attributions, l'organisation de leur chambre syndicale, leur costume, le serment qu'ils doivent prêter, et le tarif de leurs émoluments ;

« Que de pareilles dispositions ne sont pas dans les attributions du pouvoir judiciaire ;

« Qu'elles constituent un empiétement sur les droits du gouvernement et de l'autorité administrative ;

« Qu'elles ont un caractère réglementaire et de généralité contraire aux prohibitions de l'art. 5 du Code civil ;

« Qu'elles sont, en outre, en opposition manifeste avec la législation spéciale à l'Algérie.......

« Que, dès lors, elles renferment en la forme et au fond un excès de pouvoir :

« Par ces motifs, faisant droit sur les réquisitions du procureur général, déclare nulles et non avenues les délibérations du tribunal de commerce d'Alger des 31 janvier, 21, 23 et 24 février dernier.......[1] »

Jamais les plaintes contre les agréés n'ont été plus vives qu'aujourd'hui : de nombreux écrits signalent les abus que fait naître la tolérance de ces officiers. Qu'il me soit permis de transcrire ici les passages suivants d'une récente brochure[2] :

« Par des délibérations successives, et notamment par celles du 21 décembre 1809 et 10 juin 1813, le tribunal de commerce de Paris consolida à tout jamais les charges des agréés en exercice auprès de cette juridiction. Le droit de présenter des successeurs fut reconnu au profit, tant des agréés, que de leurs veuves, héritiers ou ayants

---

[1] *Moniteur*, 27 juin 1850, p. 2489.
[2] *Critiques et Réformes*, par maître Jacques, nᵒ 1ᵉʳ, juillet 1850.

cause (art. 5 de la délibération du 21 décembre 1809),
et à compter de cette époque, ce droit de transmission a
été consacré dans toutes les circonstances. Bien plus, les
frais dus aux agréés furent tarifés par des règlements; et
aujourd'hui encore, on voit affiché, dans la salle des
audiences de ce tribunal, un dernier règlement en date
du 26 juin 1845, qui fait connaître aux justiciables quels
sont les droits des agréés.

« Ainsi, voilà des magistrats consulaires, annuellement
élus, qui constituent des droits aux agréés, à leurs veuves, héritiers ou ayants cause, et cela au mépris de la loi
qui leur interdit de pareilles délibérations. (Art. 5 du Code
civil.)

« Une fois engagé dans cette voie, le tribunal devait
en subir toutes les conséquences.

« La barre doit être libre pour les justiciables, leurs
avocats ou défenseurs. La barre est occupée par les agréés
seuls, à l'exclusion de tous autres.

« Qu'un avocat se présente, il est tenu; jusqu'à l'appel
de sa cause, de se confondre dans l'auditoire; et il n'est
pas sans exemple qu'un avocat, connaissant mal son terrain, ait été obligé de sortir des banquettes qui n'appartiennent qu'aux agréés.

« Mais ce n'était pas assez : il restait encore à mono-
poliser les affaires au profit de MM. les agréés.

« Nous ne parlerons que pour mémoire des mille et une
tracasseries qu'eurent à subir les défenseurs non agréés,
pour leur faire déserter volontairement la juridiction
consulaire, telles que *remises de causes, après l'appel,* etc.
Mais ces petits moyens n'ayant pas réussi, on eut recours
à une mesure extrême.

« On exigea des défenseurs la légalisation de la signature

de leurs mandants par un agent de l'autorité, tandis que les agréés en furent dispensés.

« En d'autres termes, on disait aux justiciables : Vous chargerez nos agréés de vos affaires, ou bien vous serez tenus de faire les frais d'une procuration notariée.

« Le résultat ne se fit pas attendre, les défenseurs disparurent, mais les cabinets d'agréé acquirent une valeur de trois cent mille francs.................

« ....

« Tout ce qui vient d'être dit sur l'organisation actuelle du tribunal de commerce de Paris, sur ses préférences à l'endroit des agréés, et sur le monopole qu'il a créé à leur profit, tout cela serait passé inaperçu s'il n'en fût résulté aucun dommage pour les justiciables ; mais on va voir quelles conséquences fâcheuses sont produites par cet état de choses.

« ....

« En 1850, c'est avec un personnel de dix juges, de seize suppléants et d'un président, que l'on accepte le fardeau de 50,000 causes à juger et de 1,000 faillites à instruire et à surveiller.

« ....

« Le nombre des faillites ayant augmenté au delà de toute prévision, et la surveillance des juges-commissaires et du tribunal étant devenue impossible, il fallut se créer des auxiliaires : de là la création d'une *corporation de syndics*.

« Le tribunal ayant à juger entre cinq et six cents causes par chaque audience, et ne pouvant y suffire, les audiences se bornèrent à un simple appel de cause et à un renvoi devant arbitres-rapporteurs : de là l'organisation des *arbitres-rapporteurs*.

« La loi s'opposait formellement à la création d'une corporation de syndics.

« Quoique d'après l'article 642, disait M. le garde des sceaux, les syndics définitifs eux-mêmes puissent être étrangers à la masse des créanciers, il ne devra être usé de cette faculté qu'avec une extrême réserve. Si des désignations de syndics étrangers devenaient fréquentes, il pourrait en résulter, avec le temps, une habitude à laquelle il serait difficile de se soustraire. En général, il n'y a que de l'inconvénient à créer auprès des tribunaux des professions dépourvues de caractère officiel. Les administrateurs ainsi désignés ne manqueraient pas d'accepter leur mandat, dans l'espérance d'un salaire que des syndics créanciers réclameront plus rarement. Prendre les syndics parmi ceux des créanciers connus qui inspirent le plus de confiance, telle doit être la *règle générale*. Choisir ces syndics parmi d'autres personnes, telle doit être l'exception, que pourront déterminer des motifs dont l'appréciation dépendra entièrement des circonstances. » (Circulaire du ministre de la justice du 8 juin 1838.)

« La loi s'opposait tout aussi formellement au renvoi devant des arbitres, de causes autres que celles dans lesquelles il s'agissait d'examen des comptes, pièces et registres (C. pr., 429), et cependant presque toutes les affaires étaient préalablement renvoyées devant des arbitres.

« En définitive, la justice consulaire était devenue bien plus coûteuse que la justice civile elle-même[1]. »

Je ne dirai qu'un mot des agents d'affaires qui exercent la profession habituelle de syndics. Sans doute, il en est

_____

[1] *Critiques et réformes*, par maître Jacques. — Sur ces questions voyez aussi Boucher, *Institution des agréés*.

d'infiniment honorables et que leur probité et leur expérience rendent fort utiles à la fois aux faillis et aux créanciers; mais aussi beaucoup font fortune par des moyens qu'on n'a pas assez dévoilés. Dans la plupart des faillites, les opérations traînent pendant des années entières, des dividendes sont bien payés, mais le compte définitif n'est jamais rendu par le syndic. Celui-ci garde donc un reliquat composé de toutes les dettes modiques que les créanciers oublient de demander ou qu'ils se fatiguent de réclamer. C'est là un abus général dans nos villes de commerce, et dont les faillis sont les principales victimes. Je sais de malheureux faillis qui depuis plusieurs années sollicitent en vain un règlement définitif, que le syndic ordinaire du tribunal éloigne de toutes ses forces, car dans chaque faillite il est rétribué à tant par année.

Il est donc très-regrettable que l'on ait repoussé une proposition faite en novembre 1850, à l'assemblée législative, par MM. de la Boulie et Paul Sevaistre, dans le but d'accélérer la marche des faillites et d'assurer le paiement des dividendes revenant aux créanciers. D'après cette proposition, les deniers provenant des ventes et recouvrements auraient été versés à la caisse du receveur de l'enregistrement. L'art. 489 du Code de commerce aurait été ainsi très-notablement modifié. L'art. 537 eut été également modifié, en ce sens que les syndics, dans aucun cas et sous aucun prétexte, n'auraient pu toucher les honoraires dus à leurs soins qu'après la reddition de leurs comptes définitifs [1].

---

[1] *Moniteur* du 16 nov. 1850, Rapports et commissions. — Autre abus à signaler : dans plusieurs localités, les avoués s'immiscent non-seulement dans les fonctions d'agréés, mais, ce qui est pis, dans celles de syndics.

CHAPITRE XIV.

DÉCADENCE DU BARREAU[1].

———

Le barreau, ce corps illustre qui, suivant Pasquier, était la pépinière de tous les magistrats[2], le barreau d'où sont sortis tous nos jurisconsultes savants, le barreau décline comme institution judiciaire.

[1] Conférez *Du Barreau et de la Magistrature*, suivis d'un Essai sur les juridictions, par M. Frédéric Billot, avocat à Arles; 1 vol. in-8°, 1851.— L'auteur propose des réformes en grand nombre et des plus radicales. Il y en a que nous n'admettrions guère. Voici sa conclusion : « Je demande la « réforme des études, je leur fixe une durée plus grande; j'appelle de « nouvelles conditions d'âge et j'indique la claustration comme néces- « saire. Je limite le nombre des élèves, auxquels, par ce moyen, j'assure « l'avenir au sortir de la faculté. J'établis des degrés, je fixe l'indépen- « dance absolue du barreau; j'en fais la pépinière de la magistrature, que « je dégage de l'intrigue et du servilisme; j'abolis les honoraires, je fixe « un traitement aux avocats...» L'auteur veut aussi des juges de paix inamovibles, avec un jury; la réduction du nombre des facultés, des tribunaux, etc... Quant à l'idée de donner aux avocats un traitement fixe, son adoption nous paraîtrait de nature à consommer la perte de l'in- dépendance du barreau. Nous opposerons au projet mis en avant par M. Billot, ces paroles de Boncenne : «Lorsque le titre et la profession « d'avocat devinrent à Rome, sous les derniers empereurs, un office pu- « blic, une faveur du pouvoir, l'autorité morale des jurisconsultes tomba « en discrédit; car les honneurs et l'éclat extérieur d'une place ne suf- « fisent pas toujours pour obtenir cette confiance qu'inspirent un noble « désintéressement et des talents éprouvés. » (Boncenne, *Théorie de la procéd. civ.*, Introduct., ch. 20, des Avocats.)
Voyez aussi d'Eyraud, *De l'Administration de la justice en France*, t. II, ch. 32 et 33, et Bentham, *De l'Organisation judiciaire*, ch. 24.

[2] *Recherches*, liv. IX, ch. 38.

La fortune politique de plusieurs célèbres avocats modernes cache à l'observateur superficiel la ruine imminente du corps des avocats.

L'avocat, considéré comme le premier juge des affaires, comme le conseiller des familles, comme la lumière des tribunaux, disparaît tous les jours, emporté par la concurrence des agents d'affaires, anéanti par l'influence croissante des avoués.

Il reste dans les chefs-lieux de département des orateurs brillants, habiles à séduire la foule et à entraîner le jury : mais la plupart de ces rhéteurs sont incapables de diriger l'instruction d'une affaire et d'en surveiller sérieusement la procédure.

C'est que depuis un certain nombre d'années, l'avoué, qui recevait autrefois l'impulsion du jurisconsulte, s'est émancipé, et qu'au lieu de tenir les affaires de l'avocat, c'est lui au contraire qui lui porte les causes au moment des plaidoiries. Dans certaines grandes villes, à Paris par exemple, il y a même ce que le jargon moderne du palais appelle *avocats d'étude*, c'est-à-dire des avocats aux gages d'un avoué, plaidant à l'année et à forfait pour celui-ci les causes légères et courantes. C'est à l'avoué et non à l'avocat que le client verse les honoraires. Ces avocats n'ont qu'un unique client, l'avoué, dont ils dépendent : ce sont plutôt des clercs chargés de porter la parole.

Dans beaucoup de tribunaux de province où naguère encore on voyait à la barre des avocats éminents par le savoir et par la considération, le barreau ne subsisterait plus sans les règlements qui interdisent la plaidoirie aux avoués. Les avocats sont désormais des praticiens recevant des dossiers par l'intermédiaire de l'avoué ; ils n'ont de rapport avec les justiciables que par le canal de celui-ci.

Nous sommes loin du temps où d'Aguesseau écrivait son célèbre discours sur l'*indépendance de l'avocat* [1].

Ce patronage, qui subordonne l'avocat à l'avoué, le jurisconsulte au praticien, avait déjà tenté de se produire au XVIe siècle. Imbert écrivait dans sa Pratique : « L'aucto- « rité des procureurs est si accrue en ce royaume, qu'il « fait qu'un aduocat tant sçauant soit-il, capte leur bene- « uolence s'il veut gaigner en son estat, parce qu'ils « baillent les causes aux aduocats, mesmement s'ingérent « faire escritures..... et les reçoiuent à ce aucuns juges, « doutans qu'ils ne fussent assez diligens à leur aduancer « leurs espices de sentences [2]. » Le chancelier de l'Hospital vit dans cet état de choses un si grand danger, qu'il prit le parti de supprimer les procureurs [3].

A Genève, les législateurs qui ont de nos jours rédigé un Code de procédure sur plus d'un point cité comme modèle, se sont effrayés aussi de la dépendance où les procureurs, protégés par le monopole, avaient réduit le barreau. Ce mal leur a paru si menaçant pour la justice et la science du droit, qu'ils ont couronné leurs réformes dans l'ordre judiciaire par la suppression des procureurs près les tribunaux du canton de Genève [4].

On ne peut trop signaler à ceux qui s'occupent chez nous de la réforme de la justice et de la procédure, le très-remarquable rapport fait au conseil représentatif de

---

[1] D'Aguesseau, *OEuvres complètes*, t. I.

[2] *Pratique* d'Imbert, liv. I, ch. 12, n° 7.

[3] Le chancelier de l'Hospital, *Traité de la réformation de la justice*, t. II, p. 254.

[4] [En 1844, une assemblée d'avocats du royaume de Wurtemberg a pétitionné pour amener la suppression des fonctions de procureurs.]

Genève, le 26 mai 1834, par M. le professeur Bellot, au nom de la commission nommée pour l'examen du projet de loi sur les avocats, les procureurs et les huissiers. Je regrette que les limites de ce travail ne me permettent point d'en reproduire la plus grande partie.

« Le privilége, disait M. Bellot, écarte ou ajourne l'emploi d'hommes capables. Il s'oppose à ce qu'ils se fassent connaître et se développent. Il sacrifie leur fortune, leur avenir à quelques titulaires exclusifs. Il crée et favorise la médiocrité, le relâchement, la négligence, par l'absence de cet intérêt, de cette émulation que provoque et qu'entretient le concours de rivaux, jeunes, actifs, habiles, qui, pour percer, ont besoin de se distinguer par leurs lumières.... Le privilége est donc injuste envers les hommes dont il prononce l'exclusion quels que soient leurs talents et leur aptitude. Il est nuisible à tous ceux qui, ayant besoin de l'espèce de service dont il est l'objet, se trouvent trop restreints dans leur confiance et dans leur choix, et qui ne sauraient compter sur le même zèle, sur les mêmes lumières, ni obtenir les mêmes sûretés que leur offriraient une libre concurrence et une honorable émulation.

« . . . . . Il ne faut qu'assister aux audiences, ouvrir les dossiers de procédure, consulter les registres des tribunaux, pour se convaincre que, sous le rapport de la régularité des formes, sous celui des soins donnés à l'instruction, sous celui enfin d'une plus prompte expédition des procès, il n'y aurait, dans l'intérêt des justiciables, rien à perdre, tout à gagner à plus de concurrence [1]. »

---

[1] *Loi sur la procédure civile de Genève*, supplément, 2e édit., p. 774; Genève, 1837, in-8º.

Mais sans aller aussi loin que la république de Genève,
sans supprimer radicalement les avoués, le mal que nous
signalons disparaîtrait si, en abolissant la vénalité des
charges, le gouvernement faisait de ces officiers des
fonctionnaires à traitement fixe.

Que voyons-nous en effet autour de nous? Ce jeune
homme qui n'a pu franchir les examens qui terminent une
éducation libérale, et qui par suite s'est vu fermer l'entrée
des écoles de droit, achète, après trois à quatre années de
cléricature, une étude d'avoué dans une ville de province,
et aussitôt après cet achat, il se trouve environné de
clients. A côté de lui, un homme plus distingué, muni
de diplômes conquis par des études théoriques, fortifié
peut-être par une pratique plus sérieuse, vient s'asseoir au
barreau et reste douze à quinze années dans l'obscurité,
heureux s'il commence à se faire une position, au moment
où l'avoué, son rival, se retire avec une fortune faite.
N'est-ce pas là une chose déplorable, et le législateur ne
doit-il pas se préoccuper de cet avilissement de la science[1]?

La position faite au barreau vis-à-vis des avoués est
étrange. L'avoué, protégé par un monopole contre toute

---

[1] Je ne puis signaler tous les résultats bizarres de l'excessive faveur
accordée aux avoués; en voici un seul exemple : la loi, pour compléter
le nombre des juges lorsqu'un tribunal n'est pas composé, permet d'appeler à aide de justice un avocat ou un avoué; mais l'avocat ne peut
suppléer les magistrats qu'après un stage de trois années, et c'est une sage
précaution. L'avoué n'est pas soumis à cette exception; aussitôt qu'il a
acheté une charge, il peut compléter le tribunal. L'avocat cependant est
gradué; l'avoué ne l'est pas ordinairement. Cette réflexion m'est suggérée
par un fait actuel : dans un tribunal, la barre était garnie ordinairement
de jeunes avocats et d'un nouvel avoué; les avocats, docteurs en droit ou
aspirants à la magistrature, mais n'ayant pas achevé leur stage, restaient
dans l'auditoire, tandis que l'avoué, plus jeune qu'eux et non licencié,
était appelé à aide de justice. L'avoué a pris sa licence dernièrement et
s'est fait avocat. Depuis ce moment il a dû cesser de juger, jusqu'au
temps où il aura achevé le stage de trois années, conséquence de son
entrée au barreau.

concurrence, n'a point à craindre qu'aucun jurisconsulte vienne s'immiscer dans l'exercice de la postulation. Possesseur du privilége exclusif de représenter les parties, aucune loi ne lui interdit de sortir de ses fonctions. A l'abri de tout empiétement, il peut empiéter à son aise. Aussi qu'est-il arrivé ? C'est que dans la plupart des tribunaux, il s'occupe à peine des procédures, qui devraient être sa besogne journalière : il en abandonne le soin à ses clercs. Il a supplanté l'avocat dans la consultation et la direction des affaires ; il lui fait une concurrence au tribunal de commerce (s'il n'y a pas d'agréés) ; il a pris sa place devant la plupart des conseils de préfecture.

Conséquences : l'avoué, ne pouvant suffire à ces attributions nouvelles, néglige le soin des affaires qu'il avait mission d'instruire par lui-même ; il n'assiste plus aux audiences. D'un autre côté, il exige du client, en outre de ses droits tarifés, des honoraires à titre de soins particuliers qui autrefois étaient du domaine de l'avocat. Nous avons vu des arrêts consacrer ces prétentions, et allouer à des avoués des honoraires en sus des tarifs. Les frais deviennent écrasants pour les justiciables, qui, au lieu d'un jurisconsulte, ont pour les diriger, un faiseur d'affaires, et au lieu d'un avoué, le clerc de celui-ci.

Je le répète, si des mesures nouvelles ne viennent au secours du barreau, le barreau périra, et avec lui ses traditions d'honneur et le dépôt de la science pratique du droit. Tous nos jurisconsultes fameux sont sortis de la magistrature, de l'école et surtout du barreau. Les avoués n'en ont produit aucun : car l'avoué se préoccupe du lucre et non de la science, du soin de faire sa fortune et non de celui d'acquérir un nom par de savants écrits. La disparition presque universelle des avocats consultants, c'est-à-dire des jurisconsultes lentement formés par la méditation des lois et par la constante étude de la jurisprudence, cette science si longue à approfondir, la disparition des avocats consultants, corrobore ce que je viens d'avancer [1].

[1] [La chute du barreau est si rapide, que, depuis que ces lignes ont été écrites, la cour de Paris, dans son audience du 7 décembre 1853, a accueilli la demande de *vingt-cinq* tribunaux du ressort, réclamant pour leurs avoués la faculté de plaider pendant l'année judiciaire 1853-1854. (Voyez la *Gazette des Tribunaux* du 8 décembre 1853.)

Au reste, l'origine du mal date du commencement de ce siècle, et sa cause a été indiquée par d'Eyraud dans son long pamphlet sur l'*Administration de la justice et l'ordre judiciaire en France*, t. II, ch. 29, p. 224 et suiv. C'est un passage saillant au milieu des prolixes déclamations de l'ouvrage.

Il n'y a pas d'avocats dans la plupart des tribunaux du Maine et de l'Anjou; mais c'est une suite de l'état de choses ancien : car avant la révolution, dans ces deux provinces, les fonctions de procureur étaient réunies à celles d'avocat, en vertu de l'art. 58 de l'ordonnance d'Orléans, qui étendit à tous les siéges la permission accordée aux avocats d'Angers par les lettres de Henri II, du 8 août 1552. Seulement aujourd'hui les choses sont retournées : dans ces provinces, les avocats ont fait place aux avoués, et au lieu d'un barreau libre, il n'y a plus que des charges vénales.

Voyez aussi l'édit de 1596 sur le cumul de la postulation et de la plaidoirie.]

CHAPITRE XV.

FRAIS ÉNORMES QUE COUTE LA JUSTICE, ET DES MOYENS DE
LA RENDRE MOINS CHÈRE.

—

La justice coûte en France des frais excessifs; c'est un point que je n'ai pas besoin de démontrer.

Ces frais sont l'objet de plaintes universelles et ils sont plus grands qu'en aucun temps et qu'en aucun pays, l'Angleterre exceptée; leur réduction doit donc être le but principal de la réforme de la procédure.

Je dois ici rechercher quelle a été la cause de leur élévation croissante.

Elle n'est point dans le salaire des juges, qui rendent la justice gratuitement; elle n'est point non plus dans les taxes fiscales, qui, bien que trop élevées sans doute, ne versent dans les coffres de l'Etat qu'une somme imperceptible comparativement à celles que déboursent les justiciables.

Considérez en effet ce qu'a coûté tel ou tel procès. Les droits de greffe, de timbre et d'enregistrement ne seront rien en comparaison des émoluments des huissiers, des

avoués et du greffier, auxquels il faut joindre les honoraires des avocats. Le chiffre de ces émoluments explique
le prix élevé où sont arrivées les charges : et la valeur
d'un milliard, qu'on assure être aujourd'hui celle des offices vénaux, indique pourquoi la justice est si chère.

Si ces énormes frais ne sont autres que le lucre des
gens de justice, il suffirait donc, pour soulager les justiciables, de veiller à ce que les officiers ministériels n'exi-
geassent rien en sus des tarifs, de réduire ce que ces
tarifs eux-mêmes ont d'exagéré, et enfin d'abolir toutes les formalités et procédures frustratoires.

La simplification des formes et la révision des tarifs
seront l'objet des dernières divisions de ce mémoire ; mais
ici, nous le disons à regret, beaucoup de magistrats ne
remplissent pas leur devoir comme taxateurs. Il ne suffit
pas de protéger le bon droit et de distribuer impartialement
la justice : tout juge doit veiller encore à ce que les justiciables ne soient pas victimes des ministres inférieurs de
la loi. Il y a là une obligation de conscience, sinon d'honneur, que nous voudrions voir rappelée souvent aux magistrats[1]. La bienveillance qui résulte de rapports fréquents, ne saurait excuser une mollesse qu'on reproche
quelquefois aux juges qui ont été officiers ministériels, et
qui, si elle était prouvée, devrait suffire pour fermer,
comme naguère, l'entrée de la magistrature à ceux qui
auraient antérieurement rempli les fonctions d'avoué.

---

[1] Frain du Tremblay, dans ses *Essais sur l'idée du parfait magistrat*
(Paris, 1704), a traité, dans ses 39e et 40e chapitres « de la vigilance
du parfait magistrat sur les ministres inférieurs de la justice ». — Voyez
aussi sur ce point une brochure publiée en 1825, sous le titre de : *Vices
de l'administration de la justice*; Paris, Pillet, p. 18, 34 et 35. Cette
brochure anonyme est due à un respectable magistrat de Lisieux, M. Pannier ; elle contient une foule de justes critiques.

Mais répétons-le en terminant, la surveillance la plus exacte sera encore en défaut. Si les abus trop criants provoquaient de temps à autre des mesures sévères, les officiers ministériels auraient promptement pris leur revanche du moment où un peu de relâchement se ferait sentir. Or, dans les affaires humaines, les phases de relâchement sont plus fréquentes et plus longues que les accès de sévérité. J'en conclus donc encore que, pour couper court à tout, il faut abolir la vénalité des charges, et que le rachat des offices et leur conversion en fonctions salariés par l'Etat lui-même seraient le moyen le plus sûr de soulager efficacement ceux qui sont dans la nécessité d'avoir recours à la justice.

CHAPITRE XVI.

DE LA GRATUITÉ ABSOLUE DE LA JUSTICE.

———

Peut-être trouvera-t-on qu'en insistant pour l'abolition de la vénalité des charges et la suppression des offices, nous proposons un moyen de réforme trop radical. Nous ne nous sommes pas dissimulé tout ce qu'une pareille mesure aurait de grave dans l'état actuel des choses, et quelle résistance elle trouverait dans des intérêts nombreux. Aussi dans le cours de cet écrit aurons-nous soin d'indiquer les demi-mesures qu'on devrait prendre si l'on conservait l'organisation actuelle des officiers ministériels. Mais si quelques-uns nous trouvent trop hardi, il en est d'autres qui nous regarderont comme bien timide ; car une opinion plus radicale encore a trouvé d'éminents défenseurs, je veux parler de la gratuité absolue de la justice. La gratuité absolue, que nous repousserons malgré sa vérité philosophique, parce qu'elle est impraticable dans l'état actuel de la societé, suppose d'ailleurs cette suppression des offices vénaux à laquelle nous nous rattachons sans cesse comme au point de départ de toute amélioration sérieuse.

Il y a deux classes de partisans de la gratuité de la justice. Les uns, poussant le principe jusqu'à ses plus extrêmes conséquences, réclament une gratuité telle que les juges cesseraient d'être rétribués et rempliraient des fonctions purement honorifiques et gratuites comme celles des juges de commerce, une gratuité telle que non-seulement l'Etat renoncerait à ses droits de greffe, d'enregistrement et de timbre, mais rétribuerait encore des fonctionnaires chargés de faire, pour les parties, les actes de procédure, au lieu et place des officiers ministériels. Cette gratuité, qui serait si agréable à ceux qui aiment les procès, a été préconisée dans une brochure publiée lors des dernières crises politiques [1]. L'auteur réclamait cette gratuité au nom de l'art. 81 de la Constitution de 1848, qui était ainsi conçu : « La justice est rendue gratuitement, au « nom du peuple français. » Il est vrai que dans les chapitres ultérieurs de son travail, il se borne à proposer des réformes plus acceptables.

Les autres apologistes de la gratuité de la justice admettent la rétribution des juges par l'Etat, et un juste salaire payé par les parties à ceux qui prennent soin de leurs intérêts. Ils protestent seulement contre les taxes fiscales prélevées sur la justice par les gouvernements modernes. Je proclame avec eux que ces taxes sont contraires à la raison et à l'équité, et qu'elles deviennent surtout odieuses quand elles dépassent le chiffre déboursé par l'Etat pour rendre la justice aux sujets ; quand elles de-

---

[1] *De la Justice gratuite,* par J. B. Barnouvin, avocat à la cour d'appel; Paris, 1848; 48 p. in-8°.

Conférez également *Justice gratuite, organisation populaire des tribunaux,* projet de réforme, par C. L. Launay ; Paris, 1852, in-8°.

viennent ainsi un bénéfice, un impôt affecté à d'autres
services. J'applaudis à ces paroles de d'Aguesseau : « Après
tout, le premier devoir de la royauté est de rendre ou de
faire rendre justice à ses sujets. C'est une dette que le roi
paye, quand il les met en état de la recevoir gratuitement,
et il ne s'en acquitte qu'imparfaitement, lorsqu'il leur
vend, en quelque manière, ce qu'il est obligé de leur
donner[1]. » Mais comme il faut proposer surtout des réformes
pratiques et promptement réalisables, je m'efforcerai ici
de mettre d'accord l'intérêt du fisc avec le soulagement
des justiciables.

Bentham, dans deux écrits contre les taxes sur la justice, a, l'un des premiers, mis en avant cette théorie[2].
« Le premier vice radical des impôts sur les procédures,
disait-il, est de tomber sur un individu à l'époque même
où il est le plus probable qu'il n'est pas en état de les ac-
quitter. Le moment où une partie de sa propriété, plus ou
moins considérable, est injustement détenue ou saisie, est
celui qu'on choisit pour lui demander une contribution
extraordinaire. C'est dans le cours d'un procès qui arrête
son industrie, qui suspend ses revenus, qui lui ôte, au
moins pour un temps, des ressources sur lesquelles il avait
compté ; c'est lorsqu'il gémit sous la main d'un oppresseur,
d'un spoliateur, que les gardiens de l'innocence lui font
payer à chaque pas les actes par lesquels il cherche à
maintenir ses droits ou à y rentrer. Tous les impôts doivent être assis sur l'abondance, ou du moins sur l'aisance :

---

[1] *Mémoire sur les vues générales pour la réformation de la justice.*

[2] Bentham, *Scoth Reform*, 1780. — *Protest against law taxes*, 1793.
On trouve de ce second écrit un extrait donné par Dumont dans la
Biblioth. universelle de Genève, en février 1820, p. 128, et à la fin du
tome second du *Traité des preuves*, appendice II.

le caractère de ceux dont nous parlons est de porter *sur la détresse*.

« .... On n'assied pas un impôt sur une grêle, sur un incendie, sur un naufrage ; et cependant cet impôt serait moins absurde, parce qu'au moyen des *assurances* on pourrait avec une légère prime s'*assurer* même contre l'impôt : dans le cas d'un procès à intenter ou à souffrir, on n'a pas, on ne peut pas avoir la ressource d'un bureau d'assurances [1]. »

M. Bellot, l'auteur du Code de procédure de Genève, a professé les mêmes idées dans l'exposé des motifs de ce Code [2]. « Ce serait, nous dit-il, ce serait une erreur grave de penser que l'institution des juges civils ne sert qu'aux plaideurs. Il n'est pas un seul membre de la société qui n'en éprouve le bienfait. Si son état, celui de sa famille, est assuré, si sa propriété est respectée, s'il contracte avec sûreté, s'il jouit paisiblement de l'héritage de ses pères ou des fruits de son propre travail, il en est redevable à ce pouvoir judiciaire toujours prêt à garantir les droits, à assurer l'accomplissement des obligations, qui prévient plus encore qu'il ne réprime la tentative et jusqu'à la pensée de l'usurpation et de la fraude, et dont l'influence sera d'autant plus efficace et plus étendue que ce pouvoir sera lui-même mieux constitué. »

« Bien loin, nous dit un des auteurs qui ont écrit avec le plus de sagesse sur l'économie politique [3], « bien loin « que ceux qui plaident, retirent de l'institution des tri-

---

[1] *Traité des preuves judiciaires*, t. II, p. 406 et 407.

[2] *Lois sur la procédure civile du canton de Genève, suivies de l'exposé des motifs*, par feu Bellot, professeur en droit ; 2e édit., p. 117 et suiv.

[3] « Germain Garnier, dans ses notes sur Adam Smith, t. V, p. 315. »

« bunaux civils plus de bénéfice que les autres citoyens,
« on peut, au contraire, les considérer comme ceux qui
« en profitent le moins. Tandis que tous les autres mem-
« bres de la société reposent tranquillement à l'abri des
« lois, et recueillent en silence les fruits de l'administra-
« tion publique de la justice, ceux qui se voient arrachés
« à cette paix générale, et forcés de défendre leurs droits,
« se trouvent dans une fâcheuse exception, et paient un
« tribut à la faiblesse humaine et aux vices toujours inhé-
« rents à nos frêles institutions. »

« Je vais plus loin, je soutiens que celui qui, pour défendre un droit légitime, est engagé dans une lutte judiciaire, combat à ses périls et risques, pour la sécurité de
tous, dans l'intérêt de la société entière.

« C'est parce que tel plaideur aura fait décider telle
question douteuse, exécuter telle promesse, repousser
telle prétention injuste, que la même question ne sera
plus incertaine pour vous, qu'une même promesse sera
observée à votre égard, qu'on n'élèvera plus la même
prétention.

« Ainsi l'efficacité de l'intervention judiciaire n'est jamais bornée à celui qui l'invoque. »

Quelle que soit la forme de ces arguments, j'ai peine à
croire que celui qui s'engage dans un procès pour défendre son intérêt privé rende un service à la société
tout entière [1]. Le bénéfice qui résulte de l'intervention judiciaire ne paraît pas aller si haut, et pour admettre la
doctrine de ce législateur dont je proclame d'ailleurs la
sagesse ordinaire, il faudrait que nos tribunaux ren-

---

[1] Un de nos adages du palais dit dans un autre sens : « Les arrêts ne
sont bons que pour ceux qui les obtiennent. »

dissent moins de décisions en fait et plus d'arrêts en droit,
et surtout que leur jurisprudence fût plus uniforme et eût
des retours moins subits. Alors les procès eux-mêmes ser-
viraient à arrêter les procès sur les questions semblables.
Mais jusque-là je crois, avec l'opinion plus vulgaire, que
ces guerres privées qu'on vide devant la justice font plus
de mal que de bien à la société. Je m'associe toutefois à
ces amers reproches que M. Bellot faisait plus loin à nos
lois françaises :

« Que de sagesse dans une mesure qui ferme les tribunaux à tous ceux qui ne sont pas assez riches pour se les
faire ouvrir ! Que de convenance à une peine qui frappe
aveuglément et sans distinction le plaideur malheureux,
victime de l'obscurité de la loi ou de l'imprévoyance du
législateur, et le plaideur téméraire armé de fraude et de
mensonge ! Quelle admirable équité, que celle qui inflige
à la partie lésée elle-même la peine que l'insolvabilité de
la partie coupable ne permet pas de lui faire subir [1] ! »

Je me suis assez plaint des frais énormes que coûte la
justice chez nous pour n'être pas suspect. J'admets que
leur excessive élévation nuit aux principes fondamentaux
de la société en protégeant souvent l'injustice et la fraude,
puisqu'il vaut mieux laisser ravir un sillon de son champ
que d'en poursuivre l'usurpation, et sacrifier certains
droits que de réclamer une justice ruineuse. Mais il me
semble aussi que la nécessité de se défendre est un de ces
accidents de la vie dont la société n'a point à garantir ses
membres. Elle leur doit la justice, mais elle n'est pas
obligée de faire valoir leur droit. Les procès sont des ca-

---

[1] Bellot, *Loi de Genève*, p. 119.

lamités comme les maladies : or c'est au malade de payer
son médecin. La société n'a mission d'intervenir auprès
du malade que dans deux cas, si l'indigence ne lui permet pas de se faire secourir, ou si le médecin abuse pour
faire payer trop chèrement ses services. Elle ne doit
assistance qu'à ceux qui ne peuvent s'aider eux-mêmes.
Sans cela, elle anéantirait l'activité humaine.

Je ne demanderais donc qu'une réforme, rendre la justice abordable pour tous, tout en la laissant à la charge
de ceux qui y ont recours et qui ne sont pas dans l'indigence. Je ne vois rien d'injuste à ce que des taxes modérées remboursent l'Etat des frais qu'il fait pour payer les
juges. Mais comme les officiers payés directement par les
parties ont intérêt à augmenter injustement leur salaire,
et que tous les efforts faits jusqu'ici n'ont pu les en empêcher, il faudrait que l'Etat les payât lui-même d'une
manière fixe au moyen de taxes modérées prélevées sur
les parties. On abolirait, en un mot, les dépens alloués aux
officiers ministériels de la même manière qu'on a aboli
les épices des juges. Ce serait là empêcher le médecin de
ruiner le malade.

Ajoutons, pour achever de réfuter la doctrine de
M. Bellot, qu'à Genève même ses principes n'ont pu être
appliqués. Le budget de la justice, dans cette république,
est alimenté par le timbre et l'enregistrement. Seulement
ces droits ont été réduits, et ceux de greffe complétement
supprimés; la justice a ainsi cessé d'y fournir des bénéfices excédant la dépense. Mais, les Génevois le recon-
naissent eux-mêmes : du moment où l'exploitation de la
justice civile a cessé d'être une branche de revenus, le
nombre des procès a notablement augmenté.

———

CHAPITRE XVII.

DES INTÉRÊTS DU FISC.

—

Un auteur estimable, M. Chardon, président du tribunal d'Auxerre, publia en 1837 une brochure que nous aurons souvent l'occasion de citer [1]. Après avoir passé en revue, dans ce travail, tous les points du Code de procédure où sa longue expérience lui avait fait découvrir des défauts, il termine son énumération des *réformes désirables et faciles* à opérer, par un vœu moins exécutable et tout semblable à celui de Bentham et de Bellot. Voici en quels termes M. Chardon déclarait aussi la guerre aux impôts qui pèsent sur les justiciables :

« Mais il est une autre réforme bien plus importante dans ses résultats, qui honorerait notre siècle, et sur laquelle je crains néanmoins d'être écouté moins favorablement, parce que les finances de l'Etat y sont intéressées : ce serait précisément de rendre à la juridiction civile son

---

[1] *Réformes désirables et faciles dans les lois sur la procédure civile;* Auxerre, 1837 ; 93 p. in-8°.

ancienne franchise à l'égard du fisc, en la rédimant des
tributs qui, depuis le xive siècle, lui ont été imposés, et
qui seuls forment plus de la moitié des dépens.

« Il est si contraire aux premiers éléments de morale, de
rançonner ainsi le recours en justice, que ceux mêmes
qui ont créé ces impôts, ne l'ont fait qu'en les dissimulant
sous des prétextes de bien public.......

« Jusqu'à Philippe le Bel, dans aucun temps, dans aucun
lieu, on n'avait pensé à faire au souverain un revenu de
la justice qu'il doit à ses sujets [1]..... »

Je ne puis reproduire ici en entier l'argumentation de
M. Chardon. Je n'entends pas faire ici l'apologie du fisc,
mais je crois que notre auteur a tort de comparer les tributs exigés de ceux qui ont recours à la justice avec les
produits immondes des jeux et de la loterie. Je crois aussi
que ce ne serait pas répondre *mesquinement à l'opinion,
qui à ce sujet se manifeste de toutes parts,* que de faire
seulement la guerre aux formalités. Je ne crois point que
« la suppression des droits de greffe et de timbre allégerait
les mémoires de frais quatre ou cinq fois plus que tous
les retranchements dans les feuilles du dossier. » Sans
doute le premier devoir des gouvernements est de rendre la justice et non de la vendre, mais rien ne les oblige
non plus à la donner à leurs propres dépens. Je ne comprends pas qu'on accuse si rudement l'Etat et qu'on passe
sous silence les frais qui ont donné aux offices une si énorme valeur. Avant de guerroyer contre le fisc, il me semble
qu'il faut faire porter tous les efforts, toutes les attaques,
contre ces tarifs trop élevés et de plus scandaleusement

---

[1] Chardon, *Réformes,* p. 78.

violés tous les jours. J'admets les tributs payés à l'Etat :
quelque odieux qu'ils puissent être, ils m'indignent
moins que les impôts, les droits prélevés au bénéfice de
simples particuliers.

Je laisse ce sujet déjà traité dans le chapitre précédent,
pour faire remarquer que l'intérêt du fisc est depuis longtemps le grand obstacle à des réformes qui eussent été
opérées sans cela. Il ne faut pas se le dissimuler, les impôts sont une des grandes nécessités des gouvernements
modernes, et pour faire accepter des réformes, il ne faut
pas qu'elles viennent heurter le fisc de front. Les besoins
du fisc devront donc être toujours présents à ceux qui ré-
viseront le Code de procédure. Peut-être depuis longtemps
l'Etat aurait-il cherché à diminuer le nombre des procès,
si les procès n'avaient pas été une source de revenus.
Beaucoup de formalités n'ont été conservées, que parce
qu'on craignait, en les supprimant, de diminuer en même
temps la consommation du papier timbré et le chiffre des
droits d'enregistrement.

Il me semble cependant que cette considération ne devrait pas arrêter, surtout si l'on ne perd pas de vue le bénéfice énorme que le trésor retirait de la suppression des
offices vénaux, aussitôt que le rachat successif de ces
offices serait un peu avancé. L'Etat touchant lui-même les
droits aujourd'hui payés directement aux officiers ministériels, déchargerait les justiciables des salaires payés sous
toutes les formes à ces officiers, et pourrait bientôt, par
un abaissement des tarifs, soulager les plaideurs plus que
ne le ferait l'abolition des droits actuels du fisc. Le produit
même que le trésor trouverait dans la perception des honoraires aujourd'hui payés aux notaires, qui, salariés par
l'Etat, recevraient un traitement de cinq ou six mille

francs au lieu de gagner quinze à vingt mille francs par an : ce produit, résultat du rachat des notariats et de leur conversion en une sorte de magistrature, mettrait ensuite l'Etat à portée de supprimer bientôt les droits de greffe[1].

Il ne faut pas perdre de vue cependant que les perceptions du fisc sont incomparablement plus fortes qu'avant la révolution et que le mal a été beaucoup aggravé au commencement de ce siècle. Une infinité de droits qui rendent l'administration de la justice si dispendieuse étaient inconnus sous l'ancien régime. Non-seulement les droits de timbre et de greffe sont considérablement augmentés, mais tous les jugements doivent être enregistrés, même ceux des justices de paix. Autrefois les jugements des justices seigneuriales n'étaient sujets à aucun enregistrement, et ceux mêmes des justices royales n'étaient passibles que d'un droit de petit scel, extrêmement modique. Sous ce rapport nous sommes loin d'avoir progressé. La suppression des épices a été le seul soulagement apporté aux justiciables, mais on n'avait d'épices à payer que dans les grosses causes, celles jugées sur rapport. Sous Charles VIII encore la justice était tout à fait gratuite. *Quantum mutatum ab illo !*

---

[1] Mézerai assigne une singulière origine au droit de greffe ; M. Bourguignon l'a cité à la page 127 de son écrit sur la magistrature.

« J'ajoute, à l'égard du droit de greffe, que tout en écrasant les plaideurs, il ne fournit au trésor qu'une bien faible ressource : il n'excède pas quatre millions... Réparti proportionnellement sur tous les autres impôts, il serait inaperçu ; retranché de la procédure, l'effet, au contraire, en serait immense...» (Chardon, *Réformes*... p. 90.)

CHAPITRE XVIII.

DE LA DIMINUTION DU NOMBRE DES PROCÈS.

—

La recherche des moyens de diminuer le nombre des procès est depuis longtemps poursuivie par les politiques et par les jurisconsultes philosophes. Les procès étaient un mal des sociétés antiques comme de notre civilisation moderne, et plus d'un esprit éminent parmi les anciens, avait cherché, soit à en tarir la source, soit à en entraver la multiplication. C'est dans ce noble but surtout que de tout temps on s'est efforcé de perfectionner les lois, d'en combler les lacunes, d'en bannir les ambages et les obscurités. Mais malgré la meilleure législation, les procès naîtront toujours des intérêts contraires et des passions humaines[1]; pour les abolir, il faudrait abolir le commerce

---

[1] [« Undè bella et lites in vobis? Nonne hinc? Ex concupiscentiis vestris... Concupiscitis, et non habetis... litigatis et belligeratis. » *Epître cath.* de l'apôtre S. Jacques, ch. 4, ℣. 1 et 2.

Considérant les procès comme un fruit des passions humaines, l'Eglise supplie le souverain Maître de toutes choses d'apaiser l'ardeur des différends :

    Extingue flammas litium
    Aufer calorem noxium.
        (Hymne *Rector potens*, à Sexte de l'Office romain.

Et dans une autre hymne elle reproduit la même prière :

    Dissolve litis vincula,
    Astringe pacis fœdera !
        (*Feria sexta ad Vesperas.*)

des hommes. Ils naissent même quelquefois de préférence dans les pays les plus riches, les plus actifs, les plus prospères. Les procès sont la conséquence du mouvement des affaires et des transactions; et le langage même de nos praticiens, a fait, par une expressive métonymie, du mot affaire, le synonyme de procès. Supprimer radicalement, abaisser même d'une manière très-notable le chiffre des différends judiciaires, serait donc une utopie irréalisable, et l'auteur du projet de la paix perpétuelle, le naïf abbé de Saint-Pierre, n'osa rêver qu'une simple diminution dans les guerres que soulève l'intérêt privé, quand il écrivit son *Mémoire pour diminuer le nombre des procès*[1].

Isocrate, chez les Grecs, ne vit point, pour arrêter la fureur des plaideurs, de meilleur moyen que les frais mêmes que coûte la justice[2]; et sans doute qu'avec une pareille opinion, il laisserait, s'il vivait de nos jours, toute réforme de côté, au moins au point de vue fiscal. On est étonné de trouver un célèbre orateur moderne professer une opinion presque semblable. Mirabeau en effet a écrit ces lignes dans un fragment bien connu sur la procédure civile : « Ces formes, que tant de gens croient sur parole
« la sauvegarde des citoyens, tendent à leur but dans un
« sens opposé à l'intention des faiseurs de règlements, et
« forcent, ou du moins doivent forcer à la paix par les in-

---

[1] *Mémoire pour diminuer le nombre des procès*, par l'abbé de Saint-Pierre; Paris, Cavelier, 1725, in-12.

[2] *Discours à Nicoclès*, édition de Henri Etienne, p. 18. Montaigne n'a eu garde d'oublier cette curieuse doctrine, et en rangeant au nombre des plus violents préjudices de la coutume « l'opinion prodigieuse de mettre en traficque la raison mesme, et donner aux loix cours de marchandises », il cite celle d'Isocrate, « qui conseille à son roy de rendre les traficques et négociations de ses subjects libres, franches et lucratives, et leurs débats et querelles onéreuses, chargées de poisants subsides ». *Essais*, liv. Ier, ch. 22.

« commodités, les inconvénients et les dangers de la
« guerre du palais[1]. »

Pour moi, je crois qu'un législateur digne de ce nom
doit s'évertuer non pas à étouffer les procès par des obstacles qui se résumeraient en un véritable déni de justice,
mais à en prévenir la naissance. Ce n'est pas en privant de
l'accès des tribunaux les gens honnêtes qu'on étouffera la
chicane, ce n'est pas en faisant des abords du palais une
caverne de voleurs qu'on arrêtera la cupidité, ce n'est
pas surtout en hérissant la procédure de formes et de difficultés qu'on forcera la mauvaise foi de s'abstenir.

La justice, comme le prince, doit être abordable à tous.
L'Etat doit la faire distribuer à tous les citoyens, c'est son
premier devoir : le second c'est de faire en sorte que les
justiciables aient le plus rarement possible besoin d'y
recourir. Et pour revenir à une comparaison déjà employée, que dirait-on d'un gouvernement qui, sous prétexte de s'opposer à nos maux physiques, ferait jeter les
infirmes hors des hopitaux? Contre la maladie, il y a deux
moyens : la médecine quand elle est née, des précautions
d'hygiène et de salubrité publiques pour la prévenir.

Au lieu d'étouffer les procès, un législateur ferait donc
mieux d'écarter les occasions qui les font naître. *Princi-
piis obsta.*

Les mauvaises lois, les jugements qui décident d'après
le fait plutôt que d'après le droit, l'impéritie des juges et

---

[1] Toutefois, en Angleterre, pays où les procès sont excessivement coûteux, on plaide sur tout et à propos de tout. Et pourtant, selon Bentham, « quiconque n'a pas cinq ou six cents livres sterling pour s'amuser
à plaider, n'est point en état de commencer un procès... Aux yeux d'un
légiste anglais, la modicité des salaires serait une note d'infamie. » Bentham, *Truth versus Ashurst,* etc. ; Londres, 1823.

la cautèle des notaires[1], le trop grand nombre des officiers de justice, la tolérance dans l'Etat des gens qui vivent de la chicane[2], voilà les véritables causes de la multiplication des débats judiciaires.

Le compte rendu annuel de la justice, publié depuis trente ans, permet de reconnaître les parties de la législation qui donnent lieu au plus grand nombre de contestations. Cette statistique, en gagnant chaque année du côté de la précision et des renseignements nouveaux, indiquera au législateur les lois qu'il importe de rendre plus claires. Il est fâcheux d'avoir à constater que le Code de procédure est des diverses parties de notre législation l'une dont les textes ont donné lieu au plus grand nombre de contestations. Je passe sous silence les jugements de première instance, parce que beaucoup ont appliqué le texte même du Code de procédure sans qu'aucune difficulté ait été élevée sur son sens véritable. Mais le chiffre des arrêts de cassation constate les difficultés d'interprétation. Or, le nombre proportionnel des arrêts de cassation relatifs au Code de procédure civile a été de 0,21 pour 1842.

En 1840, on avait jugé en appel 1,062 affaires de procédure, 1,083 en 1841, et 970 en 1842.

« Sur 6,237 décisions rendues par 22 cours royales, di-

---

[1] « D'où naissent tous ces procès qui rendent la propriété incertaine et « qui vont troublant sans cesse la paix des familles ? De la mauvaise ré- « daction des actes. » (Boncenne, introduction, ch. 19, p. 645.)

[2] « Cette sorte de gens, disait le chancelier de l'Hospital, la plupart « desquels n'avoient d'autre but que de faire multiplier, provigner et im- « mortaliser les procez, ne trouvoit jamais maulvaise cause, excepté « quand ils avoient une pauvre partie qui n'avoit pas moyen de fournir « aux frais, ou qu'ils avoient épuisé leurs clients jusqu'aux mouelles. » (L'Hospital, *Traité de la réformation de la justice*, t. I, p. 255.)

sait M. Horace Say, 1,132 présentent à résoudre des
questions de procédure civile, et cette proportion est
malheureusement trop forte. Les formes de la procédure
qui ne doivent être que protectrices des intérêts des faibles,
des absents, des mineurs, ne tournent que trop souvent
au profit de la mauvaise foi et de la chicane; mieux vaudrait souvent, pour l'honnête homme qui a raison, perdre
de suite son procès au fond, que d'avoir à subir les lenteurs, les frais et les ennuis de procès plus ou moins répétés sur des questions de procédure, et portés successivement devant tous les degrés de juridiction [1]. »

Mais un fait qui démontre encore plus clairement l'insuffisance de ce Code, c'est l'énorme masse de commentaires qu'il a fait naître. Ne sait-on pas que la vie de
plusieurs jurisconsultes savants y a été employée? Les
deux volumineux in-4° de M. Thomine-Desmazures et les
premiers ouvrages de Carré n'ont bientôt plus suffi pour
fournir aux praticiens la solution du nombre infini de
questions qui naissent en matière de procédure ; et aujour-
d'hui la masse de décisions est devenue telle qu'un homme
livré à l'étude journalière des lois, est obligé de compul-
ser à chaque instant les sept volumes si serrés de l'édition
nouvelle de Carré, augmentée par M. Chauveau. Et cependant ce livre n'est qu'une sorte de résumé, une encyclopédie de la matière, renvoyant sans cesse aux innombrables volumes du Journal des avoués et aux auteurs spéciaux.

Certaines natures de procès pourraient disparaître à
peu près par quelques dispositions nouvelles que l'on ajouterait dans le Code civil. On sait que l'établissement de

---

[1] M. H. Say, article sur le compte général de l'administration de la
justice en 1840, *Journal des économistes*, t. II, p. 270.

l'état civil au xvıᵉ siècle eut pour but de diminuer le nombre des affaires relatives à l'état des personnes. C'était afin de prévenir les innombrables litiges qui roulaient sur des questions de filiation et surtout de majorité que l'ordonnance de 1569 prescrivit la tenue, dans chaque paroisse, de registres des naissances, mariages et décès. Avant cette ordonnance, la plupart des naissances et des morts « n'étant constatées par aucun acte, les majorités, « les parentés étoient incertaines, et de là résultoit la « nécessité de recourir sans cesse à des enquêtes rui- « neuses pour les parties, et de soumettre les droits les « plus légitimes aux dangers d'une preuve testimoniale [1] ». La création de ces registres authentiques prévint désormais non-seulement les procès relatifs aux droits de famille, mais aussi beaucoup de litiges en matière bénéficiale, la date exacte de la mort des possesseurs de bénéfices étant désormais précisée.

Ce que l'on fit au xvıᵉ siècle pour l'âge et la qualité des personnes, on pourrait le faire jusqu'à un certain point pour la délimitation, la possession et la propriété des fonds de terre. Les registres des églises furent revêtus d'un caractère authentique : on pourrait organiser de même le cadastre, si perfectionné de nos jours, et en faire un élément de preuve authentique qui dispenserait des enquêtes fréquentes en cette matière. Pour cela, il suffirait d'ajouter quelques formalités à la dresse des matrices cadastrales, afin de les rendre contradictoires et opposables entre parties. Déjà la tendance générale, dans l'instruction et le débat des questions de cette nature, est de pro-

---

[1] Boucher d'Argis, *Discours préliminaire*, en tête de son édition de l'Ordonnance de 1539 ; 1786, in-16, p. iij.

duire et d'admettre, comme étant un renseignement précieux, les plans et les matrices du cadastre. Il faudrait élever ce renseignement au rang de preuve positive.

Il serait non moins désirable que des mesures législatives assurassent une délimitation certaine et durable des propriétés territoriales. On pourrait imposer l'obligation du bornage pour toutes les propriétés rurales, même pour les immeubles clos quand la clôture ne serait pas mitoyenne. On figurerait sur les plans cadastraux les bornes régulièrement plantées ou reconnues, et, pour assurer l'exécution de cette disposition, il serait exécuté un bornage général, révisé à des époques périodiques, pour toutes les propriétés qui auraient été divisées ou dont la forme aurait changé. Déjà, sur plusieurs cadastres des départements, la position d'un grand nombre de bornes a été relevée et indiquée.

Cette espèce d'état civil des immeubles ferait disparaître la cause d'un grand nombre de procès, qui naissent de la délimitation incertaine des fonds de terre.

Or, dans l'état actuel des choses, ces contestations, roulant presque toutes sur la possession, ne peuvent être jugées qu'après enquête, expertise ou transport du juge, et souvent même au moyen de ces trois errements réunis, les plus coûteux, les plus lents et surtout les plus périlleux de tous ceux de la procédure. Faire disparaître cette nature de contestations, ce serait donc diminuer les occasions où l'on se trouve dans nos tribunaux de recourir à la preuve testimoniale et aux avis des experts, ce qui ne serait pas un mince avantage. Et non-seulement on éviterait l'emploi de ces dangereux moyens de découvrir la vérité et le bon droit, non-seulement on substituerait une preuve authentique et préconstituée à une preuve testimo-

niale et casuelle, mais encore on déblaierait le rôle des
tribunaux, on éviterait des causes de haine entre voisins,
et on ôterait aux campagnards la tentation d'agrandir leur
propriété en s'emparant du sillon ou de la haie de l'héritage limitrophe. Il est bon de remarquer ici le faible intérêt
de la plupart des actions possessoires, et surtout de celles
en bornage. Beaucoup d'entre elles ont pour objet une
fraction de terrain, qui souvent ne vaut pas cinq francs,
et qui en vaut rarement plus de cinquante; pauvre capital,
tout à fait hors de proportion avec la dépense qu'entraînent
les procédures spéciales.

Mais il ne suffirait pas de déterminer d'une manière authentique la surface de chaque parcelle territoriale par
l'indication de ses limites, de sa configuration, de son
étendue et de ses accidents superficiels, tels que constructions, clôtures, plantations; on pourrait encore indiquer,
sur chaque matrice cadastrale, l'établissement de propriété, livré aujourd'hui à l'arbitraire des parties ou des
notaires dans les actes de vente. Il serait facile de multiplier les copies des plans et des matrices des cadastres assez
pour que chaque propriétaire possédât en quelque sorte son
plan terrier authentique[1]. Peut-être même pourrait-on aller

---

[1] [L'idée de faire du cadastre une sorte de terrier perpétuel et d'état civil
de la propriété a été étudiée, plus à fond que je ne puis le faire ici, dans
des écrits spéciaux, et mise à exécution jusqu'à un certain point à Genève, dans les États sardes, en Bavière et dans quelques autres parties de
l'Allemagne. On propose de réunir les trois administrations du cadastre,
de l'enregistrement et des hypothèques en une seule, en sorte que chaque
parcelle de terre serait décrite dans une notice indiquant exactement non-
seulement son étendue, sa configuration, ses accidents physiques, nature
du sol, culture, constructions, mais encore les droits réels qui l'affectent,
servitudes, hypothèques, etc., et la date de ces droits, ce qui amènerait
à un établissement rigoureux de propriété. L'administration garderait de
chacune de ces notices, exécutées toutes sur une même formule, un nombre
suffisant d'exemplaires, pour qu'à chaque événement modifiant l'état ma-

jusqu'à imposer aux notaires l'obligation d'annexer aux actes de vente d'immeubles une expédition de la partie du cadastre y relative, afin de substituer, par une figuration palpable et précise, l'incertitude de la mention des abornements aujourd'hui en usage. Les Romains, qui possédaient un droit civil si perfectionné, ajoutaient une haute importance à la délimitation et au bornage des terres. Le cadastre tiendra sans doute un jour chez nous la place des *agrimensores*[1]. Nos aïeux n'ignorèrent pas les avantages de renseignements et de preuves de cette espèce ; chez eux, l'usage des *terriers* contribua beaucoup à prévenir

---

tériel ou juridique de la parcelle, démembrement, construction, aliénation, constitution d'hypothèque, etc., un de ces exemplaires pût être annexé à l'acte constatant cette modification, qui elle-même serait reportée sur tous les exemplaires gardés par l'administration. Les actes authentiques et sous seing privé gagneraient à cette mesure une simplicité et une précision toutes nouvelles.

Il existe au reste sur ces questions divers mémoires, au nombre desquels nous citerons le volume de M. Simon Delapalud sur l'*Application du cadastre à la détermination de la propriété immobilière et autres droits réels, ou Commentaire sur le cadastre décrété à Genève en 1851* (1854, in-8°). M. le président de Robernier a fait paraître à ce sujet toute une série d'écrits, dont nous indiquerons ici les principaux : *De la Preuve du droit de propriété en fait d'immeubles, nécessité et moyen d'organiser l'abornement invariable et le terrier perpétuel des possessions foncières* (1844, 2 vol. in-8°) ; — *Examen critique du nouveau projet de loi sur le cadastre* (1846, in-8°) ; — *Esquisse d'un cadastre probant, automoteur et perpétuel, ou Idée d'un grand-livre de la propriété foncière, à l'occasion du projet de loi soumis au corps législatif des États sardes.* Les deux systèmes de M. de Robernier et Delapalud ont été contrôlés par M. Porro dans un travail qu'il a fait paraître sous ce titre : *Sulla Riforma del cadastro di Piemonte, in occasione della discussione della legge proposta nella tornata parlamentare del 1855.* (Parigi, Dalmont, 30 p. in-8°.) — Dès 1835, M. Barrau, géomètre en chef du cadastre des Basses-Pyrénées, émettait comme principe, dans une brochure intitulée : *Pétitions et Mémoires sur la conservation du cadastre* (Paris, Paul Dupont), que « le cadastre, fait pour la répartition de l'impôt foncier, doit devenir le terrier complet de toutes les propriétés foncières pour faire foi en justice ».]

[1] Sur l'importance de la limitation des terres et des *agrimensores* chez les Romains, voyez les *Recherches sur le droit de propriété* de M. Giraud, p. 98.

les procès au milieu de la complication et de l'enchevêtrement des droits féodaux. Nous pourrions encore utilement
recourir à la pratique et aux procédés des arpenteurs-
feudistes de l'ancien régime [1]. N'oublions pas que la mise
en ordre de la propriété est le premier des moyens de prévenir les contestations qui la concernent; que les procès
ne naissent que de l'obscurcissement de la vérité et de
l'oubli ou de l'ignorance des faits, et que le législateur ne
saurait trop multiplier les documents destinés à faire foi
dans l'avenir, à servir de points de repère aux parties et de
jalons aux juges chargés de la recherche de la vérité.
Beaucoup de questions de fait sont des questions en quelque sorte historiques, qui ne s'élèveraient pas s'il restait
un témoin fidèle et indubitable du passé.

La tendance actuelle de nos divers tribunaux à juger
en fait plutôt qu'en droit, en tournant les difficultés d'interprétation juridique qui se présentent, et en empêchant
ainsi une jurisprudence constante de se former, ne peut
aussi que favoriser la multiplication des procès. Si toutes
les questions de droit qui se présentent devant les tribunaux étaient étudiées et vidées au fur et à mesure qu'elles
sont soulevées, les justiciables sauraient mieux à quoi
s'en tenir sur l'issue des contestations analogues, et seraient moins tentés de courir les chances d'une nouvelle
décision. Malheureusement le défaut d'études théoriques
suffisantes chez un trop grand nombre de magistrats, la
faiblesse même des avocats et surtout des avoués chargés
de la défense, enfin une sorte de paresse d'esprit qui porte

---

[1] Dans beaucoup de pays, en Normandie notamment, les procès-verbaux
de bornage sont conservés en minute par certains arpenteurs, qui se font
ainsi une collection d'actes assez semblable à celle des notaires.

les tribunaux à éviter les difficultés, le désir même de juger promptement, multiplient de plus en plus les décisions où la question de droit est restée entière et où le fait seulement a été envisagé par les juges. L'illustre corps qui forme la clef de voûte de l'organisation judiciaire et qui juge les arrêts plutôt que les justiciables, la cour de cassation elle-même ne se défend pas toujours de ce mal qui envahit successivement nos cours d'appel. Je ne saurais donc trop applaudir à ces lignes que je trouve dans la Revue de législation et de jurisprudence, et où M. Wolowski disait, en parlant de la cour de cassation : « Son devoir lui commande de trancher nettement les difficultés qui lui sont soumises, afin de prévenir de nouveaux débats, de nouvelles contestations dans des espèces analogues. Mais, nous le disons à regret, ce devoir n'est pas toujours accompli avec une égale vigueur. On voit trop souvent la cour de cassation éluder les solutions doctrinales, en se rattachant à des moyens secondaires, pour éviter de se prononcer sur le fond même de la difficulté. Nous savons à merveille que cette réserve provient souvent d'un doute consciencieux ; néanmoins, trop d'hésitation nous paraît toujours blâmable en pareille circonstance. Un pouvoir immense est confié au premier tribunal du royaume, parce que l'utilité de ce pouvoir est reconnue par le législateur ; en évitant de se prononcer, la cour régulatrice devient infidèle à ce nom, qui résume sa mission et son devoir : elle perpétue les incertitudes de la jurisprudence et donne un triste aliment à l'esprit de chicane [1] ».

---

[1] *Observations sur la statistique de la justice civile et commerciale*, par M. Wolowski, Revue de jurisprudence, t. XIX (1844), p. 562.

Un des bienfaits principaux qu'on doit attendre des progrès de la science du droit, est certainement la diminution des procès. Cette vérité avait frappé nos pères il y a longtemps déjà, et un de ces poëtes aujourd'hui inconnus qui au xviiᵉ siècle se faisaient une réputation en scandant des vers latins, ne crut point pouvoir faire un meilleur éloge des ouvrages de l'un des plus célèbres commentateurs de nos coutumes, qu'en disant que leur profonde clarté dénouait toutes les difficultés, et assurerait au parlement de fréquents loisirs en tarissant les procès :

Explicat ambages nullo discrimine rerum
Litibus ut miseris curia sæpè vacet [1].

---

[1] *Eloge de Basnage*, en tête de l'édition posthume de ses Œuvres; Rouen, Maurry, 1709, 2 vol. in-fᵒ.

[Depuis la rédaction de ce chapitre, la diminution du nombre des affaires qui s'était fait sentir à partir de 1848 dans beaucoup de tribunaux, mais que l'on pouvait prendre pour un fait passager, s'est considérablement accrue et paraît devoir suivre désormais une progression constante. En même temps que les causes ont diminué comme nombre, elles ont aussi diminué comme importance. Cet heureux abaissement dans le chiffre des contestations contribuera sans doute à faire tomber le prix des charges, à réduire le nombre des officiers de justice, et pourra permettre d'éteindre un certain nombre de siéges de magistrats dans les tribunaux de deux chambres qui ne sont plus suffisamment occupés.]

CHAPITRE XIX.

DE LA PROMPTE ADMINISTRATION DE LA JUSTICE.

Après la diminution du nombre des procès, rien n'est plus désirable que la prompte solution de ceux qui sont nés. C'est encore ici que l'action des praticiens a été funeste ; pendant plusieurs siècles les efforts des légistes et des chefs de l'Etat ont eu en vue l'*abréviation des procez*, et la réduction des délais inutiles entassés l'un sur l'autre par les vieux procureurs. Notre législation moderne, continuant l'œuvre entreprise dès 1363 par l'ordonnance du roi Jean, et continuée sous tous les règnes, est parvenue à extirper jusqu'à un certain point la longueur des délais ; mais si la procédure est abrégée, les procès n'en pendent pas moins trop longtemps devant les tribunaux. L'instruction des affaires n'est plus éternisée par notre loi actuelle, souvent même on pourrait se plaindre qu'elle est faite d'une manière trop hâtée et trop négligée ; mais les causes instruites et mises en état restent quelquefois une année entière à attendre leur tour de rôle. C'est là un mal nouveau non moins grand que l'ancien. Voici en quels ter-

mes le rédacteur du Code de Genève peignait les désastreuses conséquences des retards de la justice : « Temps
« perdu, dépense augmentée, agonie prolongée du plai-
« deur, haine des parties entretenue, droits évanouis,
« ruine consommée par l'attente, transactions arrachées
« à la détresse, projets de la fraude réalisés, jugements
« devenus sans objet, exécution paralysée d'avance, telles
« sont les suites funestes d'une justice habituellement
« tardive; elles équivalent, peu s'en faut, au mal même
« de l'injustice[1]. »

L'arriéré, cette *dette flottante* de la justice, comme on
l'a ingénieusement appelé, voilà donc ce qu'il s'agit de
diminuer. Les circulaires du garde des sceaux, les mercuriales des procureurs généraux ont souvent stimulé
dans ces dernières années l'activité des tribunaux. On en
peut dire autant de la statistique judiciaire publiée chaque
année. Mais je crains que dans certains arrondissements
la justice n'en ait été trop hâtée. « Il en résulte naturellement, disait M. Horace Say[2], une certaine émulation
entre les divers membres de la magistrature, ce qui ne
peut être que favorable à une bonne expédition de la justice. Il paraît toutefois que le zèle de quelques magistrats
s'est trouvé surexcité, et que le désir chez eux de juger
beaucoup a été, dans certains cas, poussé un peu au delà
des bornes. C'est ainsi qu'on assure que depuis la publication du compte général de la justice, un président de
chambre était devenu tellement impitoyable contre les

[1] Loi de proc. de Genève, *Exposé des motifs*, p. 83. — Jean de la Vacque-
rie, premier président du parlement de Paris, sous Louis XI, disait que
trop différer de rendre la justice, c'est quelquefois la refuser.

[2] Article sur le compte général de l'administrat. de la justice en 1840,
dans le *Journal des économistes*, t. II, p. 270.

remises à huitaine si souvent réclamées, que lorsqu'un avocat était, même pour un motif légitime, dans l'impossibilité de venir plaider, la cause était définitivement rayée du rôle, et l'avoué condamné personnellement aux dépens. Il n'a fallu rien moins que l'intervention du tribunal tout entier pour calmer cette ardeur et pour faire comprendre au magistrat que, d'une part, l'avoué pouvait n'être point en faute, et que d'ailleurs n'étant pas personnellement partie en cause, il ne pouvait subir aucune condamnation. Il est très-utile sans doute que justice soit promptement rendue, mais il faut surtout qu'il y ait bonne justice; un des avantages ne doit pas aller sans l'autre. »

Tout ce qui peut d'ailleurs soutenir le zèle des magistrats sera toujours une bonne chose. En signalant les inconvénients résultés des circulaires et de la statistique, je ne propose nullement de renoncer à ces stimulants. Mais je voudrais que les tribunaux fussent non-seulement excités, mais qu'on leur mît en main les moyens de diminuer l'encombrement du rôle, sans pourtant précipiter le jugement de chaque affaire[1]. La manière de tenir les rôles et de faire ce qu'on appelle la conférence n'est pas

---

[1] « Ad proferendam sententiam nunquam præcipites esse debemus, ne indiscussa temerè judicemus, ne quælibet mala audita nos moveant, ne passim dicta sine probatione credamus. » (S. *Gregor.*, *super Job*; apud Ayrault, *Sententiæ aliquot...*)

« Ad pœnitendum properat qui citò judicat. In judicando criminosa est celeritas. (Senec. in proverbiis.) »

> « Qui tôt juge et qui n'entend,
> « Faire ne peut bon jugement. »

« [La lenteur des formes, la longueur des procès est assurément un inconvénient grave; mais la précipitation des jugements est un plus grand malheur encore. Le citoyen qui voit s'écouler plusieurs années de sa vie avant de pouvoir obtenir justice se plaint avec raison; mais celui qui est, lui et sa famille, dépouillé pour toujours, condamné sans appel et sans recours par un jugement irréfléchi, précipité, et cependant irrévocable, est bien plus à plaindre. » (Fritot, *Esprit du droit,* 2e édit., p. 429.)

uniforme dans tous les tribunaux. Dans certains, il y a le
grand et le petit rôle, et on tient des audiences distinctes
pour les affaires sommaires et les affaires ordinaires. Les
affaires sommaires sont ainsi plus promptement expédiées,
mais la plaidoirie des affaires ordinaires se trouve souvent
coupée et renvoyée à huitaine. Ici la conférence est faite
par le président, ici par le greffier, ailleurs par les magistrats du parquet, et nulle règle n'indique quelle cause sera
tirée de préférence du rôle de la chambre pour être inscrite sur les affiches d'audience ou sur les bulletins qui
en tiennent souvent lieu et qui sont distribués aux avoués
et aux avocats. L'ordre même des causes sur ces bulletins
ou conférences est arbitraire. Telle cause qui paraissait
devoir être appelée prochainement se trouve rejetée à une
époque indéterminée, au grand détriment des parties venues souvent de fort loin pour assister aux plaidoiries[1].
Les avocats eux-mêmes ont perdu leur temps à préparer
une affaire qui se trouve remise à une date tellement
éloignée qu'ils doivent l'étudier de nouveau. Je pourrais
citer un tribunal où pendant toute une année, aucune
cause simplement inscrite au rôle n'a été appelée ; les parties désireuses d'obtenir jugement étaient obligées de solliciter une ordonnance ou mandement pour venir à l'audience, et le nombre de ces affaires sur ordonnance était
si grand, qu'elles-mêmes subissaient des remises de plusieurs semaines, et que les causes où les parties ne pres-
saient point leur avoué restaient indéfiniment en arrière.
Dans une cour importante, le premier président aban-

---

[1] On connaît le trait de Desbarreaux, conseiller au parlement, fameux
par un sonnet longtemps cité comme modèle, qui, ayant tardé à rapporter
un procès, en déboursa librement les frais pour indemniser la partie.

donne le soin de délivrer les mandements et d'entendre les avoués qui demandent jugement hors de tour, à un commis greffier qui lui sert de secrétaire. On sait que l'arbitraire et la faveur dans l'ordre des causes excitaient de vives réclamations avant 1789.

Il me semblerait plus juste que l'ordre des affaires sur le rôle fût indiqué par la date des exploits introductifs d'instance, en sorte que chaque affaire fût appelée à sa date, sauf aux avoués à laisser passer le tour des causes qui ne seraient pas encore en état. Si on n'adoptait pas comme point de départ la date même de l'ajournement, afin de laisser au demandeur la disposition du moment où il lui paraît utile de faire mettre la cause au rôle, au moins la date de cette mise au rôle devrait-elle désormais fixer le rang de l'affaire.

Mais surtout on devrait éviter qu'une cause une fois mise au rôle y restât plus de trois mois sans solution, si ce n'est du consentement des parties qui, en temporisant, espèrent quelquefois simplifier le débat, et arriver à s'accorder sur certains chefs d'abord contestés. Pour empêcher les affaires de traîner contre le gré des parties, il faudrait une mesure plus énergique que des circulaires ou que l'émulation qui résulte du compte des travaux de chaque tribunal. Il faudrait plus de temps et voilà tout. Le temps, bien plutôt que la bonne volonté, manque aux tribunaux encombrés d'affaires. Les magistrats doivent par semaine trois audiences de quatre heures chacune, et on ne peut raisonnablement leur demander un plus grand travail, alors que leur traitement est si maigre. Il faut d'ailleurs leur laisser le temps nécessaire pour les enquêtes et une infinité de travaux accessoires. Quelques personnes voudraient voir prolonger les audiences, mais elles ignorent la difficulté de soutenir trop longtemps l'attention nécessaire pour bien juger des affaires le plus souvent fastidieuses. La prolongation habituelle des audiences ne pourrait que nuire à la justice elle-même. Nous connaissons des tribunaux où chaque chambre, dans l'espoir de diminuer l'arriéré, avait résolu de donner chaque semaine une audience de plus. Ce zèle fut infructueux. Les avoués et les avocats, surchargés, entravèrent l'exécution de cette mesure : les magistrats siégeaient en vain un jour de plus, le nombre des affaires arriérées ne diminuait pas. Il faudrait une mesure plus radicale. L'usage des chambres temporaires n'est pas assez répandu. Pour les établir aujourd'hui, l'intervention du pouvoir central dans un règlement d'administration publique est exigée : je voudrais que chaque tribunal pût plus facilement en constituer une [1]. Les tribunaux de chef-lieu de département ont, hors le temps des assises, une surabondance de magistrats : il y a quatre juges et quelquefois cinq à chaque chambre; il serait donc facile d'y organiser des chambres temporaires toutes les fois que l'encombrement deviendrait permanent. Même dans les tribunaux de quatre juges, on pourrait, à l'aide des suppléants, former deux chambres lorsque l'expédition des affaires serait ralentie. Il devrait suffire, pour ce dédoublement des tribunanx, de l'avis du procureur général et de l'autorisation du premier président de chaque ressort [2]. Il faudrait bien qu'en présence

---

[1] La division des tribunaux en sections est fixée aujourd'hui par un règlement d'administration publique. (L. 20 avril 1810, art. 38.) Les chambres temporaires peuvent être composées de juges et de suppléants. (Même loi, art. 39.)

[2] [Comme nous l'avons dit à la fin du chapitre précédent, une diminution très-grande dans le nombre des affaires s'est fait sentir dans beaucoup

de la constitution régulière de ces chambres, les avoués fussent à leur poste, et que les avocats, dans les tribunaux où deux ou trois d'entre eux seulement ont le monopole des affaires, cessassent d'entraver par cet accaparement l'administration de la justice [1]. L'arriéré, en effet, ne profite qu'aux gens de loi, en leur permettant de garder des causes en réserve pour la morte-saison.

de tribunaux, en sorte que l'arriéré a pu enfin disparaître dans plusieurs ressorts, jusque-là fort encombrés. La nouvelle loi, qui ôte aux tribunaux de chef-lieu de département la connaissance des appels correctionnels, contribuera encore à la prompte expédition des affaires civiles.]

[1] [Déjà, au xviie siècle, la critique s'exerça contre les avocats qui se chargent de plus d'affaires qu'ils n'en peuvent étudier; ils essuyèrent les traits de la satire avec ceux qui exigent des honoraires excessifs, ou qui plaident des causes insoutenables, dans un in-12 intitulé : *La Découverte des mystères du palais*; Paris, 1690.]

CHAPITRE XX.

DE LA PUBLICITÉ DE L'AUDIENCE ET DU DÉBAT ORAL [1].

—

La publicité de l'audience est en France un dogme fondamental de l'administration de la justice, et heureusement personne n'oserait, je crois, en ébranler la salutaire
autorité.

La clandestinité des rapports des juges, dans les procès
appointés, avait jeté, sous l'empire de l'ordonnance de
1667, une grande défaveur sur les appointements des
causes. On connaît cette célèbre réflexion du Dictionnaire
de Trévoux : « Quand les juges veulent favoriser une méchante cause, ils sont d'avis de l'appointer au lieu de la
juger [2]. »

Et cependant l'Allemagne de nos jours hésite encore
devant l'adoption du principe de la publicité judiciaire.

---

[1] Conférez M. Seligman, *Quelles sont les réformes dont notre procédure
civile est susceptible?* ch. 4, § 2.

[2] Dictionn. de Trévoux, v° *Appointer.* Voyez là-dessus un piquant article de M. Berriat-Saint-Prix, dans les *Mémoires de l'Acad. des sc. mor.
et polit.*, t. IV, p. 542.

C'est une question qui s'agite depuis quarante ans, et sur laquelle s'exercent les réflexions de ses penseurs, de ses jurisconsultes et de ses publicistes [1]. L'Allemagne ancienne possédait des tribunaux publics, et c'est au milieu des troubles religieux du XVIᵉ siècle que ses officiers de justice ont commencé à s'environner de mystère.

Chez nous aussi la publicité de l'audience, en matière civile, paraît avoir été menacée à la même époque; mais nos grands jurisconsultes se firent ses défenseurs. « L'au- « dience, disait, sous Charles IX, le vieil Ayrault, est la « bride des passions et le frein des mauvais juges. » Il donnait encore comme seconde raison, que le public a intérêt de savoir en quelle réputation les parties s'en vont de devant les juges : « Cela, ajoute-t-il, est nécessaire au « commerce, aux mariages, aux successions, aux hon- « neurs. Tout homme qui est absous, n'est pas honorable- « ment ny absolument absous; et tout demandeur qui « perd sa cause ne la perd pas honteusement ny à fons de « cuve. Il y a quelquefois de la honte à gaigner et de « l'honneur à perdre [2]....»

---

[1] Je citerai notamment la *Procédure publique des anciens Allemands*, par le comte de Freyberg; l'*Histoire de la procédure publique verbale dans l'ancienne Germanie*; ses avantages, ses inconvénients et son abolition en Allemagne, et principalement en Bavière, par Maurer; la *Procédure publique dans les causes de droit civil et de droit pénal*, d'après l'ancienne justice en Allemagne et en Bavière, par Buchner, et le travail de Steiner sur l'*Instruction judiciaire dans l'ancienne Allemagne et l'ancienne Bavière, par rapport à la publicité et à l'oralité de la procédure civile et criminelle*.
[« La maggior parte degli attuali Stati europei hanno adottata la pubblicità dei processi, e perchè il passagio dall' assoluta segretezza alla più estesa pubblicità non fosse troppo brusco, alcuni (come ultimamente il regno di Sassonia) accordarono uno pubblicità ristretta o relativa che ammetteva solo alcune classi di cittadini alle udienze dei processi giudiziarii civili e criminali. Questo fatto sembra parlar forte in favor della pubblicità...» (Ambrosoli, *Introduzione alla giurisprudenza filosofica*, p. 236 et suiv.)
[2] *L'Ordre, formalité et instruction judiciaires*, p. 374, liv. III, nº 65.

C'est afin d'assurer davantage la publicité, qu'il est de
principe que la justice doit toujours se rendre au même
endroit *(apud consueta loca)*, que le juge doit juger, non
chez lui, mais dans un auditoire consacré, enfin que les
débats judiciaires doivent avoir lieu dans le jour et non la
nuit. « La justice est une œuvre de lumière, et non de
« ténèbres », disait Frain du Tremblay dans son *Parfait
Magistrat* [1].

Bentham a été de nos jours l'un des plus solides apologistes de la publicité : il a fait de ce principe la base fondamentale de son *Traité des preuves judiciaires* et de tous
ses écrits [2]. « J'estime », disait-il dans son volume sur l'organisation judiciaire, en commençant un chapitre sur les
moyens d'assurer la publicité, « j'estime la publicité dans
les tribunaux équivalente à toutes les autres précautions
réunies.» Et il cherche la meilleure manière d'assurer constamment aux tribunaux un auditoire nombreux et éclairé ;
pour cela, il ne dédaigne pas de descendre dans de minutieux détails, de s'occuper, par exemple, de l'étendue
convenable pour une salle d'audience. « La publicité et la
« motivation des jugements, s'écrie-t-il en finissant, expli-
« quent la bonne conduite des grands juges d'Angleterre.
« S'ils sont les meilleurs juges du monde, c'est parce
« qu'ils sont les mieux surveillés. »

Pour notre compte, nous n'avons rien à ajouter à tant
d'illustres témoignages. Nous applaudissons à l'unanimité
des voix qui proclament la publicité la première condition
de la sainteté de la justice, et après avoir enregistré le

---

[1] *Essais sur l'idée du parfait magistrat*, p. 139.

[2] « La publicité est la première des cautions. » Bentham, *Panoptique,*
IIᵉ partie.

principe comme un dogme dont il ne faut pas douter, nous aurons à voir seulement si les exceptions qu'il comporte ne sont pas quelquefois étendues d'une manière abusive.

La loi veut que certaines affaires soient discutées en chambre du conseil, et certains jugements ne sont pas soumis à la prononciation publique : ceux d'adoption, par exemple. On a agité aussi la question de savoir si les jugements d'autorisation de femmes mariées devaient être prononcés publiquement, et là-dessus les auteurs se sont divisés. Mais ce qui est certain, c'est que jusque dans ces derniers temps, très-peu d'affaires civiles avaient été privées de la garantie de la publicité, lorsqu'à Paris un magistrat haut placé a introduit en cette matière des usages nouveaux auxquels les tribunaux de province sont restés étrangers. Par une interprétation qui rappelle un peu les décisions du préteur romain, beaucoup d'affaires qui, dans les départements seraient jugées en audience publique, sont regardées à Paris comme de la compétence de la chambre du conseil. Il y a une chambre du tribunal de la Seine qui jamais n'a d'audience, qui ne juge jamais publiquement, et qui est occupée toute l'année à statuer sur les affaires dites de *chambre du conseil*. C'est une chambre du conseil permanente, spécialement organisée pour certaines natures de causes, par M. le président Debelleyme. Désormais les journaux judiciaires consacrent de temps à autre des articles à la jurisprudence de cette juridiction particulière, et c'est dans cette jurisprudence que l'on peut puiser les données générales sur sa compétence [1]. Un

---

[1] Voyez le journal *le Droit* et notamment *la Gazette des Tribunaux* du 6 septembre 1851 et du 8 janvier 1852. Depuis, M. Bertin a consacré à cette juridiction nouvelle deux vol. in-8°, sous le titre de *Chambre du conseil en matière civile et disciplinaire,* et M. Debelleyme s'est réservé d'écrire l'introduction de ce recueil.

examen approfondi des diverses matières qui lui sont réservées sortirait des limites de ce mémoire; bornons-nous
à dire qu'on paraît lui attribuer généralement toutes les
affaires où il n'y a qu'une seule partie en cause, et qui ne
sont pas susceptibles de débat, telles que les diverses autorisations en matière d'interdiction et de tutelle, les
rectifications des actes de l'état civil, la restriction de
l'hypothèque légale, etc., qui jouissent cependant du privilége et de la garantie de la publicité dans le reste de la
France.

Si le principe de la publicité de l'audience est au-dessus de la discussion, on peut, au contraire, comparer et
peser les avantages et les inconvénients de l'instruction
écrite et du débat oral. L'abbé de Saint-Pierre a préconisé l'instruction écrite comme plus sérieuse que la plaidoirie; « car, disait-il, les preuves des faits contestés
« s'épluchent bien plus exactement en lisant et relisant
» les pièces produites, qu'en écoutant des avocats qui
« souvent les embrouillent exprès » [1]. Ayrault disait, au
contraire, *que la défense judiciaire gist en la parole, en
la ratiocination et discours*, et son opinion paraît prévaloir de notre temps, où les écritures des avoués ne sont
plus consultées, et grossissent les dossiers sans utilité
pour la décision du litige. Je crois, au reste, que la meilleure forme d'instruction pour éclairer les juges, et les
mettre à même de discerner sûrement le bon droit consiste dans le mélange de la procédure écrite et du débat
oral; que des conclusions, non pas faites à la légère, mais
sérieusement motivées, sont d'un grand secours pour le
tribunal et ont une grande influence sur la rédaction du

---

[1] *Mémoire pour diminuer le nombre des procès*, p. 233.

jugement; qu'enfin dans les causes plus compliquées, un mémoire distribué aux magistrats remédie convenablement à ce que la plaidoirie a d'imprévu et de fugitif. C'est là, dans ces documents sur papier libre, en dehors du dossier, que se trouve la véritable et sérieuse instruction écrite, celle qui contient des raisons et des éléments de décision : l'usage de ces pièces montre tout le vide et tout l'abus des requêtes de défense, et des autres inutilités du dossier. Ce sont ces documents, partie vitale de la procédure, que le législateur doit surtout prendre en considération, afin de répudier les écritures inutiles et surannées. Mais si les mémoires et les consultations de jurisconsultes sont d'utiles auxiliaires de la plaidoirie, n'oublions pas que celle-ci ne saurait être remplacée, que c'est elle d'où résulte la publicité du débat, et que la publicité est la plus solide garantie de la libre défense, le correctif assuré de tous les vices de la procédure, qu'à elle seule, elle peut compenser toutes les défectuosités d'une organisation judiciaire vicieuse [1].

« La publicité, écrivait M. Belime en traitant de l'orga-
« nisation judiciaire dans sa Philosophie du droit, la pu-
« blicité des débats et l'instruction orale sont une des
« meilleures garanties d'une bonne justice, même au ci-
« vil. Le juge traite l'écriture comme il veut, il la lit s'il
« veut. Mais il faut qu'il écoute la parole qui vient le cher-

---

[1] *Mémoires de l'Acad. des sciences mor. et polit.*, t. III, p. 481.
[« Senza pubblicità non si otterrà fiducia, e senza fiducia non si potrà mai produrne quella persuasione di sicura giustizia, che è pure un grandissimo elemento di tranquillità pubblica, et conseguentemente di solidità vera di governo. Non è già che un giudizio segreto non possa essere giusto intrinsecamente, quando il processo sia bene ordinato ed i giúdici sieno buoni, ma colla pubblicità si scansano pericoli e si procurano convincimenti che diversamente non si potrebbero sperare. » (M. Federigo Sclopis, *Della Autorità giudiciaria*, p. 96.)

« cher sur son siége, et qui l'éclaire malgré qu'il en ait.
« L'instruction par écrit, si elle est à meilleur compte »
(ce que, par parenthèse, nous ne croyons pas) « brusque
« les affaires, et ne garantit pas qu'elles ont été sérieuse-
« ment examinées [1]. »

---

[1] Belime, *Philos. du droit*, t. I, p. 443.

[Une exception singulière veut qu'en matière d'enregistrement les jugements soient nuls s'ils ont été précédés de plaidoiries. La cour de cassation décide que cette nullité est *d'ordre public* et peut être invoquée par
celui-là même qui a été entendu en ses observations. C'est une loi de la
révolution, celle du 22 frimaire an VII, qui a ainsi mis à l'écart le principe de l'oralité judiciaire. Il y a, au reste, d'autres anomalies dans le jugement de ces affaires fiscales, dites *affaires de bureau*. Voyez l'introduction du *Dictionnaire d'enregistrement*, de M. Championnière.]

CHAPITRE XXI.

DES MODIFICATIONS PROPOSÉES DANS L'ORGANISATION JUDICIAIRE [1].

Je n'ai pas mission de discuter les divers projets d'organisation judiciaire proposés depuis quelques années. Les principes nouveaux qu'on a voulu mettre à exécution ne sont point pour la plupart des découvertes; ils ont été préconisés par des théoriciens, avant de l'être par des réformateurs plus ou moins étrangers aux lois. En passant donc en revue ces systèmes, j'aurai en même temps examiné la valeur des innovations proposées.

Je l'ai dit dès les premiers chapitres de ce mémoire, la meilleure marche à suivre pour réformer notre système judiciaire, n'est pas de le détruire, mais de le perfectionner. J'ai donc, en signalant sans ménagement les abus, toujours supposé la conservation du système actuel. Je

---

[1] Conférez Belime, *Philos. du droit*, t. Ier, p. 445, *Des Réformes proposées dans notre organisation judiciaire*, et M. Hiver, *Histoire critique des institutions judiciaires de la France*.

n'espère rien de bon des théories qui, sous prétexte de remédier à quelques vices inséparables des institutions humaines, voudraient nous jeter dans l'inconnu, tandis
qu'il serait si facile de corriger les défauts de lois éprouvées déjà par une longue expérience. Le moindre vice des
lois nouvelles, c'est d'enfanter une foule de questions, qui
se traduisent par une multitude de procès. Les lois appliquées depuis un certain nombre d'années, n'ont plus cette
déplorable fécondité, qu'elles perdent à mesure qu'elles
vieillissent.

Je ne puis cependant quitter ce terrain de l'organisation judiciaire sans jeter un coup d'œil sur les principales
modifications que quelques personnes encore voudraient
introduire dans l'économie de nos lois judiciaires. Le jury
pour vider les questions de fait, un juge unique chargé de
décider sur le droit, un seul degré de juridiction, l'élection des juges par les justiciables, voilà quatre points capitaux mis en avant et déjà repoussés par l'opinion publique. L'assistance judiciaire et l'institution de l'avocat
des pauvres sont deux questions connexes que nous ne
pouvons point non plus passer sous silence. Il y aurait bien
encore quelques points de détail à examiner, mais ils se
rattachent de si loin à notre sujet que nous les laisserons
de côté. On conçoit, en effet, que ce n'est point le lieu ici
d'examiner s'il convenait de supprimer les tribunanx d'arrondissement, puisque ce projet, émis en 1848, a été repoussé par une sorte d'unanimité. La diminution dans le
nombre des magistrats[1] et la suppression de quelques
cours d'appel ont aussi été agitées, mais il me suffit d'in-

---

[1] [La diminution dans le nombre des magistrats sera facile si le nombre
des affaires continue à décroître.]

diquer ici ces questions [1]; car j'ai dû m'attacher aux théories essentielles, aux questions durables qui, survivant aux polémiques temporaires, constituent surtout la science proprement dite.

[1] M. Dupin les a abordées dans son livre *Des Magistrats d'autrefois et des Magistrats à venir,* nos 43, 44 et 45.

CHAPITRE XXII.

DU JURY EN MATIÈRE CIVILE.

L'application du jury aux matières civiles est un vaste sujet dont l'historique seul dépasserait de beaucoup les étroites limites d'un des chapitres de ce travail. Nous ne nous proposons donc point d'en traiter *ex professo*[1].

Mais sans faire ici l'histoire de cette institution, nous remarquerons en passant que le jugement par jurés, tout en présentant plus d'une analogie avec la manière de juger usitée à Rome, a été une forme judiciaire intimement liée au système féodal[2], et que le jugement par des juges

---

[1] [On trouvera l'historique des tentatives faites pour introduire le jury civil en France dans l'*Histoire critique des institutions judiciaires de la France*, par M. Hiver. On peut aussi se reporter à l'ouvrage de M. Rey, *Des Institutions judiciaires en Angleterre, comparées avec celles de la France et de quelques autres États anciens et modernes*, et à celui de Cottu, *De l'Administration de la justice en Angleterre*.]

[2] [Sur l'origine germanique ou scandinave du jury, on peut consulter Gans, *Beitrage zur Revision der preussischen Gesetzgebung* (Berlin, 1830), t. Ier, art. 6, *Die Richter als Geschworne;* Biener, *Beitrage zur der Geschichte des inquisitions processes und der Geschwornen Gerichte* (Leipsik, 1827), Mémoires sur l'histoire de la procédure par enquête et de la justice par jurés); Henrici Cock *Commentatio de judicio juratorum* (Lugd. Batav. 1821); Repp's *A historical treatise on trial by jury wager of law, and other coordinate forensic institutions formely in use in Scandinavia* (Edinburg, 1832). Michelsen, *Die Genesis der Jury* (Leipzig, 1847).

consacré depuis les temps modernes chez toutes les nations du continent paraît provenir au contraire du droit canonique. La persistance de l'usage du jury en Angleterre et aux Etats-Unis semble tenir aux mêmes causes que la conservation d'une foule d'usages du moyen âge qu'on s'étonne de trouver encore vivaces chez les Anglais.

J'ajouterai une autre remarque, c'est qu'il est étonnant de voir préconiser, au nom des idées modernes, une institution que, si elle a jamais existé chez nous, nous aurions totalement abandonnée depuis trois siècles, et dont les populations ont entièrement perdu le souvenir, sans qu'au temps de cet abandon aucun regret ait été manifesté. Je m'étonne toujours de voir les adversaires de la multiplicité des coutumes et de toutes les idées du moyen âge, revendiquer comme un progrès la forme de juger des justiciers féodaux. Et pourtant, parmi les membres de la commission chargée de préparer la Constitution de 1848, il y en avait qui, « considérant le jury comme « une institution amie de la liberté, comme une magis- « trature d'équité et de bons sens, imprégnée des senti- « ments populaires dont elle sort, où elle se retrempe « sans cesse, auraient voulu la développer et l'étendre « progressivement au jugement des matières correction- « nelles et de quelques procès civils[1] ».

L'engouement pour le jury est une variété de la passion qui règne chez nous pour les usages de nos voisins les Anglais. En 1789, lorsque l'heure de la révolution française sonna, les publicistes anglais étaient fort préconisés.

---

[1] Rapport fait par M. Marrast sur le projet de constitution. (*Moniteur* du 31 août 1848, 2ᵉ supplém.)

Depuis que Voltaire[1], Montesquieu, et tant d'autres après eux, les avaient mis à la mode, on traduisait, on lisait leurs ouvrages. La dureté de l'ordonnance criminelle de 1670 révoltait les esprits, qui se passionnèrent pour la législation pénale de nos voisins d'outre-mer. Ce fut le beau temps du jury : la loi du 30 avril 1790, qui en décréta l'application aux matières criminelles, fut reçue avec enthousiasme.

Mais l'application du jury aux matières civiles, quoique vivement appuyée dans l'assemblée constituante, ne fit pas la même fortune. Les plus grands jurisconsultes de ce corps politique, Tronchet, Thouret, combattirent énergiquement ce projet. « Gardez-vous bien, disait Ré-« gnier, de vous exposer aux reproches des siècles à « venir, en décrétant un principe d'une exécution impra-« ticable[2]. » Après une lutte brillante et prolongée, la constituante déclara qu'il n'y aurait *point de jurés en matière civile*[3].

La convention revint à la charge : Couthon et Robespierre lui-même, auparavant défenseurs du jury civil, repoussèrent son adoption. « Le système de l'établisse-« ment des jurés au civil n'est qu'un beau rêve, s'écriait « Couthon : comment entend-on composer le jury? Ce « sera sans doute un certain nombre de juges qui pro-

---

[1] Voltaire s'éprit du jury l'un des premiers, dans son *Histoire du Parlement de Paris*, ch. 8.

[2] *Moniteur* du 8 avril 1790.

[3] Décret du 30 avril 1790. L'abbé Syeyès avait chaudement préconisé le jury dans une brochure intitulée : *Aperçu d'une nouvelle organisation de la justice et de la police en France;* Paris, imprim. royale, 1790, in-8°. — L'ex-conseiller Duport, l'un des plus ardents propagateurs du jury, publia de son côté une autre brochure : *Principes et Plan sur l'établissement de l'ordre judiciaire*, 1790.

« nonceront sur le fait ; viendront ensuite trois autres
« juges, plus ou moins, d'une autre espèce, qui appli-
« queront la loi..... Vous voulez détruire la procédure
« et vous en créez une monstrueuse..... Vous voulez
« détruire les abus, et vous en créez de plus dange-
« reux..... [1] »

L'opinion de Couthon et de Robespierre prévalut :
l'application du jury aux matières civiles ne fut pas décrétée.

D'autres constitutions ont passé sur la France. Aucune
d'elles n'a eu la pensée d'ébranler notre organisation judiciaire.

La doctrine du jury et de l'organisation judiciaire anglaise fut remise en avant par un publiciste longtemps
membre et secrétaire de l'Académie des sciences morales,
Charles Comte, qui en 1818 traduisit l'ouvrage de sir
Richard Phillips sur *les Pouvoirs et les Obligations des
jurys* [2]. Ce livre fit une certaine sensation, et en 1828,
l'auteur en donna une nouvelle édition précédée des *Considérations sur le pouvoir judiciaire et sur l'institution du
jury en France, en Angleterre et aux États-Unis d'Amérique*. Dans ce nouveau travail, l'auteur fit vivement la
guerre aux vices qui déshonoraient, selon lui, la magistrature française, et proposait comme unique remède l'adoption pure et simple du jury en matière civile. L'auteur,
dans son enthousiasme, écrivait ces lignes dans l'*Avertisse-*

---

[1] *Moniteur* du 22 juin 1793.

[2] A la même époque, les éditeurs du recueil intitulé : *Choix de rapports, opinions et discours*, publièrent, avec une prédilection visible, les
discours prononcés à l'assemblée constituante en faveur du jury civil, notamment ceux du conseiller Duport.

ment de sa seconde édition : « On ne tardera pas à se convaincre que le jugement par jurés, non tel que nous le voyons parmi nous, mais tel que les lois anglaises l'établissent, est le plus beau système judiciaire que l'esprit humain ait jamais conçu; on verra que, non-seulement il est au-dessus de tout ce qui a jamais été pratiqué, mais de tout ce qui a été imaginé par les philosophes les plus renommés, anciens et modernes. Plus on méditera sur cette institution, et plus on se convaincra que chez nous elle a été mal comprise ou mal appliquée; plus aussi l'on regrettera que, dès le commencement de notre révolution, elle n'ait pas été adoptée dans toute sa pureté, comme le proposa le général Lafayette, après en avoir observé l'application en Amérique[1]. »

Les efforts de Charles Comte ont été vains : ses doctrines, accueillies par quelques publicistes, ne se sont point propagées dans le pays. La révolution de juillet, qui était la réalisation des idées politiques répandues dans son livre, laissa subsister la magistrature de la restauration si vivement attaquée par lui. D'autres révolutions ont agité les pays voisins, et aucun n'a adopté le jugement par jurés, excepté au grand criminel. La république de Genève a reconstitué son pouvoir judiciaire et mis au jour un système de procédure où l'esprit de réforme s'est manifesté en toute liberté, et cette république n'a point confié non plus au jury la décision des matières civiles[2]. C'est que le système judiciaire anglais, longtemps prôné comme étant

---

[1] *Des Pouvoirs des jurys*, Avertissement, p. VI.

[2] En Angleterre même, les *cours d'équité* jugent sans jury au civil, et la *chambre étoilée* au criminel. (Cottu, *De l'Administration de la justice en Angleterre*.)

sans défauts, a été examiné de plus près, et les plaintes nombreuses qu'il excite en Angleterre ont fini par retentir jusque sur le continent.

Jérémie Bentham lui-même, qu'on n'accusera pas de s'être montré hostile aux idées libérales, et d'avoir reculé devant les réformes hardies, a condamné le jury civil qui fonctionnait sous ses yeux. Partisan du système du juge unique, système lié d'ordinaire à celui du jury, Bentham est l'ennemi déclaré de l'introduction du jury en matière civile. Dans un manifeste d'une hostilité décidée contre les abus et les corruptions de la justice en Angleterre[1], ce philosophe protesta énergiquement contre un bill relatif à la justice écossaise, où l'on proposait d'étendre au civil le service du jury, qui en Ecosse était limité au pénal[2]. Mais il a sur ce point un système à lui. Les partisans du jury sont naturellement les adversaires du droit d'appel

---

[1] Sir Phillips lui-même, dans l'ouvrage traduit par Charles Comte, se livre à des plaintes, quelquefois un peu amères, contre les cours et les officiers de justice. Les pamphlets écrits depuis un siècle en Angleterre, contre l'obscurité des lois, contre les attorneys, ces avoués britanniques, contre le barreau, contre les abus judiciaires de toute espèce, sont en nombre considérable. Voyez notamment un volume intitulé : *The Law and Lawyers laid open in twelve visions, to which is added, plain thruth in three dialogues, between Truman, Skinall, Dryboots, three attorneys, and Season a bencher.* (London, Woodman, 1737, in-12.) A diverses reprises, le parlement a dû prendre des mesures pour débrouiller un peu le chaos ruineux des procédures, pour élaguer *the intricacies, the expensive, unnecessary and vexatious methods of practice, altogether dark and mysterious, even to one half of the practitioners themselves.* Voyez Boote's *Historical treatise of an action or suit at law.*

[2] Bentham, *Scoth Reform.* Bentham a encore combattu le jury dans son écrit intitulé : *Draught of a plan for the Organisation of a judicial Establishment in France.* L'école saint-simonienne condamna à son tour cette institution.

L'Allemagne s'est aussi préoccupée du jury et de la recherche de ses origines si incertaines et si controversées en Angleterre et en France. Feuerbach et Biener ont laissé sur ce point d'estimables travaux. Conférez aussi Boncenne, Introduction, ch. 9 et 10, et M. Sclopis, *Della Autorità giudiciaria,* ch. 5, p. 114 et suiv.

et des deux degrés de juridiction : Bentham au contraire trouve l'appel un droit sacré et veut, comme le droit canonique, qu'il ne soit refusé dans aucune cause. Or, autant il désapprouve l'introduction du jury au civil en première instance, autant il la croit salutaire dans le cas d'appel; selon lui, le jury au civil ne vaut rien comme régime, mais il est bon comme remède. Dans l'édition française des ouvrages de Bentham, Dumont, de Genève, qui a coordonné en un corps d'ouvrage les idées que le jurisconsulte anglais avait émises dans diverses brochures, s'est au contraire déclaré partisan du jury, en se rangeant, contre Bentham, à l'avis de Charles Comte et de Meijer.

Chez nous le jury s'affermissait toutefois de plus en plus en matière criminelle, où longtemps il avait excité la défiance de beaucoup de bons esprits ; il devenait en matière politique, une institution revendiquée par toutes les opinions[1] ; et dans les expropriations, où l'intérêt privé est en lutte avec l'intérêt public, on en faisait une application, qui peut-être, si on l'étendait davantage, deviendrait un moyen d'améliorer les juridictions administratives. Le jury est en effet excellent lorsque la lutte n'a pas un caractère entièrement privé, mais lorsqu'au contraire un particulier a pour adversaire un représentant du gouvernement, c'est-à-dire le ministère public ou l'administration.

La révolution de février n'a point été plus favorable au jury civil. Lorsque son nom a été prononcé, lorsque parmi les bruits de réforme sans nombre qui retentirent

---

[1] Sur le mérite du jury au criminel et ses inconvénients au civil, voyez un rapport de M. le comte Portalis, *Mémoires de l'Académie des sciences morales et politiques*, t. III, p. 474 et suiv.

alors de toutes parts, il a été question de lui, aucune opinion politique ne s'est passionnée pour cette institution et
n'a entrepris de la soutenir[1]. Bien loin de là, elle a soulevé
une vive répulsion chez tous les gens de loi, dans tous les
tribunaux de France. Historiquement parlant, le jury civil nous semble donc encore une fois jugé.

Le jury employé au civil fût-il la meilleure institution
possible, il serait impraticable chez nous, à cause de la
nécessité d'enlever de nombreux jurés à leurs occupations
journalières. Si, comme en matière d'expropriation, les
jurés ne recevaient aucune indemnité, les plaintes les plus
grandes s'élèveraient : si on les indemnisait, cette justice
deviendrait excessivement coûteuse. Enfin le jugement
par jurés demande chez nous un temps considérable : il
suffit pour le reconnaître d'avoir vu fonctionner les jurys soit en matière criminelle, soit en fait d'expropriation,
et l'arriéré des causes que les magistrats ne peuvent déblayer augmenterait bientôt avec le jury d'une manière
effrayante : car les jurés chez nous ne procéderont jamais
avec la même rapidité qu'en Angleterre, où ils forment
leur opinion tout d'abord, et se trouvent d'accord pour
proclamer leur verdict, souvent sans quitter leurs siéges,
ce qui, par parenthèse, a excité plus d'une critique ; car
on prétend que cette habitude expéditive vient de ce que
le président prend sur lui-même de montrer du doigt aux
jurés, le chemin qu'ils doivent suivre, et de leur *indiquer
même le prononcé qu'ils doivent faire.*

---

[1] [Un article publié en 1848 dans la *Revue de droit français et étranger*,
sous le titre d'*Organisation démocratique de l'ordre judiciaire*, a repoussé
vigoureusement l'idée du jury civil, reprise par la commission de réorganisation judiciaire nommée par le gouvernement provisoire.]

Au reste, si le jury civil était jamais admis en France, son introduction aurait pour résultat immédiat de changer de fond en comble, non-seulement notre système de preuves, mais encore toute la procédure. Il faudrait dès ce moment-là mettre à l'écart le code actuel et tous les projets d'amélioration dont il a été l'objet. Le système de procédure français devrait alors faire place à un ensemble de formules, plus ou moins analogues à celles de la procédure formulaire des Romains, ou à celles de la procédure anglaise de nos jours.

L'admission du jury civil jetterait une perturbation profonde dans notre droit, et principalement dans notre système de preuves. Le jury en effet n'est possible qu'avec l'admission sans limites de la preuve testimoniale, si sagement restreinte dans notre droit moderne.

On trouve au reste dans les *Institutions judiciaires* de Meijer, la discussion des questions pratiques que soulèverait l'institution du jury en matière civile. Meijer préconisait des jurys composés d'hommes spéciaux, pris par catégories de professions[1], système mixte qui n'a pas trouvé de partisans. M. Bonjean, l'un des derniers apôtres de la doctrine du jury civil, s'est préoccupé aussi de la mise en pratique de cette institution, et a tracé un projet de loi contenant la procédure devant les jurés jugeant en matière civile, dans son *Traité des actions chez les Romains*[2]. Nous ne devons pas insister sur ces détails,

---

[1] *Essais sur l'origine, les progrès, etc., des institutions judiciaires de l'Europe*, t. V, p. 511.

[2] M. Bonjean, *Traité des Actions, ou Exposition historique de l'organisation judiciaire et de la procédure civile chez les Romains*, 2ᵉ édit., p. 44, 207, 226 et suiv.

puisque nous nous rangeons de l'opinion de Bentham et de Boncenne pour repousser ce mode de distribution de la justice, dans les cas où il ne s'agit pas de l'action publique, mais seulement de contestations entre particuliers.

—

CHAPITRE XXIII.

DU JUGE UNIQUE ET DES GARANTIES QU'APPORTE LE GRAND NOMBRE DES JUGES.

—

La question de savoir si un juge unique n'est pas préférable à un tribunal composé de plusieurs magistrats, si la justice n'est pas mieux rendue par un petit nombre de juges que par une cour nombreuse, est une question agitée par plusieurs écrivains contemporains, et intimement liée à la doctrine de l'application du jury aux matières civiles. Montesquieu en a dit quelque chose dans l'Esprit des lois[1], mais ç'a été pour la combattre. Charles Comte, de nos jours[2], a fait de cette question, un des

[1] *Esprit des lois*, liv. XXVIII, ch. 42, et liv. XXX, ch. 18.

[2] [Dès le milieu du xviiie siècle, le maréchal de Belle-Isle, dans son *Testament politique*, ch. 9, art. 2 et 3, préconisa des tribunaux composés d'un référendaire ou auditeur et d'un seul juge qui prononce, comme moyen de simplifier les formalités de justice, dont la lenteur l'irritait ainsi que *le verbiage des avocats et les pirateries des procureurs*. L'idée de ces tribunaux *solitaires* lui avait été inspirée par l'administration judiciaire établie par les Génois en Corse, dans les années qui précédèrent la réunion de cette île à la France. Il est vrai qu'il s'enthousiasma aussi pour la vieille coutume, usitée à Gênes, de n'admettre pour juges que des étrangers, usage bizarre accrédité dans la plupart des républiques italiennes.]

sujets principaux de ses *Considérations sur le pouvoir judiciaire*, et c'est à lui et à Bentham[1] que le système du juge unique doit ses plus puissants arguments. Voici en quels termes il s'exprime dans l'ouvrage que nous venons de citer :

« On est tombé dans une singulière erreur lorsqu'on a constitué les divers corps de magistrature : on s'est imaginé que pour multiplier les lumières et pour accroître l'indépendance et l'intégrité, il suffisait de multiplier le nombre des hommes. Voyant que, dans la science des nombres, on compose des unités ou des entiers avec des fractions, on paraît avoir cru qu'en réunissant des demi-savants, on composerait des savants. C'est sur cette idée qu'ont été constitués tous les tribunaux d'appel : on a pensé que la science, la probité, l'indépendance, étaient toujours et nécessairement du côté de la multitude. Cette erreur, qui peut du reste s'appuyer de quelques fausses analogies, est si générale et tellement accréditée, qu'il s'écoulera bien du temps avant qu'elle soit dissipée. Voyons cependant s'il n'y aurait pas moyen, sinon de la détruire, au moins de l'affaiblir.

« Nous devons reconnaître d'abord que, toutes les fois qu'il s'agit de résoudre une question qui est à la portée du vulgaire et dont la solution n'exige aucune connaissance spéciale, plus le nombre de voix qui se réunis-

---

[1] Bentham, *De l'Organis. judiciaire*, ch. 10, « du Nombre des juges dans chaque tribunal ». — Conférez sur cette question Fritot, *Science du publiciste*, t. XI, p. 191, « du Nombre des membres des cours et tribunaux » (Paris, Bossange, 1823), et *Esprit du droit*, p. 509 ; les *Mémoires de l'Académie des sciences morales et politiques*, t. III, p. 474, Rapport de M. Portalis, et Ambrosoli, *Introduzione alla giurisprudenza filosofica*, p. 232. — M. Bonjean, *Traité des actions*, p. 44, est de l'avis de Comte et de Bentham.

sent pour ou contre est considérable, et plus il est
probable que la solution est bonne. Si, par exemple, après
avoir bien examiné les preuves produites pour ou contre
un fait déterminé, trois hommes déclarent qu'ils sont
convaincus de la vérité de ce fait, nous aurons plus de
confiance dans leur décision que si elle n'était donnée
que par un seul d'entre eux. Nous aurions plus de confiance encore, si, au lieu de trois hommes, il y en avait
douze qui fussent tous du même avis, surtout s'ils avaient
tous une capacité égale pour résoudre la question qui
leur serait proposée. Il faut observer cependant que le
nombre des personnes délibérantes ne suffit pas pour
donner à la solution même d'une question de fait une
plus grande certitude. Si sur une réunion de cent personnes, cinquante se prononcent pour un avis, et cinquante pour l'avis contraire, il n'y aura ni plus ni moins
d'incertitude que si la question n'avait été examinée que
par deux personnes et qu'elles se fussent divisées. Lorsque
deux personnes sur trois adoptent une opinion, il est
plus probable que cette opinion est juste que lorsque sur
neuf personnes elle n'est adoptée que par cinq. Je fais
cette observation afin qu'on ne s'imagine pas que, dans
les questions de fait, il suffit toujours d'accroître le nombre des juges pour augmenter la probabilité de la justice
de leurs décisions[1]. »

Je ne puis citer ici toute la discussion de Charles Comte;
je saute donc à la fin de son argumentation, parce que j'y
trouve celui de ses moyens qui a peut-être le plus de
force.

---

[1] *Considérations sur le pouvoir judiciaire*, p. 65 et 66.

« Un homme qui juge seul est sans cesse stimulé à étendre ses connaissances ; il ne peut pas faire un progrès sans que la justice en profite, et par conséquent sans que sa réputation et la considération dont il jouit ne s'accroissent ; il ne peut pas rester en arrière dans la carrière de la science, sans en être puni par la déconsidération. Mais lorsqu'un homme instruit se trouve jeté dans un corps d'hommes médiocres, où les délibérations sont secrètes, et où les décisions se prennent à la majorité des voix, toute émulation est bientôt éteinte chez lui. Déjà supérieur à ses collègues, les nouveaux progrès qu'il pourrait faire seraient aussi inutiles à l'administration de la justice qu'ils seraient inutiles à sa fortune et à sa réputation. Ce qu'il peut faire de mieux, c'est de s'endormir dans le sein de la paresse, et de descendre le plus promptement qu'il pourra au niveau des hommes dont les voix forment la majorité. On peut juger de ce qui se passe dans la magistrature par ce qui aurait lieu parmi les avocats, si un pareil système y était admis : ici, sur trois ou quatre cents individus, on en voit une douzaine qui se rendent remarquables par leurs talents. Mais que l'on suppose que, par un moyen quelconque, on est parvenu à établir parmi eux l'égalité, et à distribuer par portions égales la réputation et la fortune, et qu'on se demande ce que seraient devenus ceux qui sont aujourd'hui les plus distingués ! Il est probable qu'ils seraient restés au niveau des plus médiocres, et qu'aucun d'eux n'aurait voulu se donner des peines inutiles[1]. »

En résumé, le système que nous analysons ici se réduit

---

[1] *Considérations sur le pouvoir judiciaire*, p. 70.

à peu près à ceci : on croit donner plus de dignité et d'importance à un tribunal en le composant d'un plus grand nombre de membres [1], et en agissant ainsi, on ne fait pas attention qu'il devient d'autant plus difficile de le composer de gens réunissant toutes les qualités et toutes les lumières désirables. La responsabilité morale s'affaiblit en s'étendant ; il est dans la nature humaine qu'un homme, quelle que soit son aptitude, ne prenne pas la même peine pour coopérer à un jugement dont il ne répond que pour un neuvième, que s'il devait y prendre part pour un tiers, ou mieux encore, si l'honneur ou le blâme pouvant en résulter devait porter uniquement sur lui. Le nombre des personnes délibérantes ne suffit pas en lui-même pour donner à la solution d'une question une plus grande certitude [2].

Ce raisonnement, nous l'avouerons, serait exact si chacun des magistrats votait d'une manière séparée et sans communiquer ses raisons de décider à ses collègues. Mais il en est tout autrement. La majorité ne se forme point d'une manière pour ainsi dire aveugle. Les magistrats, dès qu'une affaire est assez délicate pour soulever des doutes, discutent entre eux les questions de fait et de droit ; et dans ce délibéré, l'affaire déjà préparée par l'instruction et les plaidoiries, est élucidée encore une fois. Souvent même dans cette discussion, des points de vue nouveaux apparaissent aux juges et viennent compléter les moyens fournis par les défenseurs. Pour tous

---

[1] « Que les sénateurs soient assidus, disait Cicéron ; car lorsque le sénat est nombreux, ses décisions ont plus de poids » : *Nam gravitatem res habet, cùm frequens ordo est.* (*De Legibus*, 1. III.)

[2] Horace Say, article cité, *Journal des économistes*, t. Ier, p. 270.

ceux qui connaissent l'importance de cette épreuve nouvelle, la délibération entre plusieurs magistrats est une garantie précieuse pour les justiciables. Pour moi, je n'hésite pas à regarder sa nécessité comme aussi grande que celle de motiver les jugements. Or, on sait que « l'obligation de motiver force à examiner une cause sous toutes ses faces, à l'approfondir. Plus d'une fois le juge est revenu d'une première opinion par l'impossibilité de motiver sainement le jugement qui devait en être le résultat[1] ». Délibérer et voter sont donc deux choses distinctes et qu'il ne faut point confondre. En matière de jugements plus qu'en toute autre peut-être, c'est du choc des opinions que naît la lumière. Il est rare que l'opinion du juge le plus habile ne soit pas modifiée par une réflexion juste d'un magistrat dissident. Les opinions dans le délibéré, essuient, si on peut ainsi dire, un frottement qui leur fait perdre ce qu'elles auraient de trop absolu. Elles y gagnent une sagesse, une maturité que l'échange d'idées seule fait naître. Depuis le moment où le magistrat le plus jeune a ouvert les avis, jusqu'à celui où le président opine à son tour, la question est posée sous une foule d'aspects divers[2].

---

[1] Bellot, *Exposé des motifs de la loi de Genève*, p. 98.

[2] « Le plus grand de tous les malheurs pour les peuples, et par conséquent pour l'État, serait que les charges de judicature fussent uniques. « Il est nécessaire que la justice distributive soit remise à des corps perpétuels. Tout doit être fixe où il s'agit d'apaiser les sujets de querelle « entre les citoyens et dans les familles........ La multiplicité des « membres diminue le pouvoir de chacun (et donne au contraire plus de « force et de dignité à l'ensemble). Un seul homme peut être corrompu : « il est difficile d'en corrompre plusieurs. L'expérience fait encore connaître que des lumières que les juges se communiquent, que des raisons « débattues dans les opinions produisent un plus grand jour et des jugements meilleurs. On a toujours mis une grande différence *cùm universi*

« Tous les publicistes ont regardé, dit très-bien
M. Bérenger, comme une première règle en législation,
que les tribunaux soient composés d'un grand nombre de
juges. Ce concours augmente les lumières, il contribue à
dissiper les préventions, et il devient la meilleure garantie
de la bonté des jugements[1]. » Dès le xiii⁰ siècle, Beau-
manoir formulait ainsi ce principe : « Un hons seul en sa
personne ne puet jugier[2]. »

Bodin disait « qu'un grand nombre de juges est comme
une grande eau, qui est plus difficile à corrompre, et
que souvent un bon et vertueux juge relèvera toute une
compagnie, et rompra les factions et secrètes pratiques
des juges corrompus[3] ».

Ce n'est donc pas un vain préjugé que celui qui attribue
à la pluralité des juges une chance plus grande d'une
bonne justice. Cette opinion, si fortement accréditée
d'ailleurs chez tous les justiciables, est fondée sur l'expérience. Qu'on le demande aux magistrats les plus
expérimentés, s'ils ne trouvent pas dans l'assistance de
leurs collègues un secours moral bien éloigné de cette
apathie et de cette indifférence qu'on suppose très-gratui-

« *judices constituunt*, ou lorsque *singuli sententiam ferunt...*» (*Abrégé*
« *de la république de Bodin*, vol. I, liv. III, ch. 13, p. 440 et 441.)
    « C'est une notion commune à tous les hommes que plusieurs yeux.
« voyent mieux qu'un, qu'une affaire examinée par un grand nombre de
« personnes éclairées l'est toujours beaucoup mieux que par un nombre
« plus petit ; car il est vrai que les juges s'éclairent les uns les autres par
« la communication de leurs sentiments. » (*Idée du parfait magistrat*,
ch. 11, p. 132.)

[1] M. Bérenger, *De la Justice criminelle en France.*

[2] *Coutumes du Beauvoisis*, ch. 67.

[3] Bodin, *De la République*, liv. IV, ch. 4. — Machiavel voulait aussi
que les juges d'un tribunal fussent nombreux, « parce que peu sont corrompus par peu ». Muratori était du même avis.

tement aux membres de nos cours. Je tiens de magistrats d'une capacité et d'une intégrité éprouvée, que rien ne leur semble plus difficile que de juger en référé, quoique les ordonnances qu'ils sont obligés de rendre seuls alors ne soient le plus souvent que des décisions provisoires ou sur des matières de peu d'importance.

On ajoute, il est vrai, que la pluralité des juges affaiblit la responsabilité morale de ceux-ci[1], en écartant de leur personne l'honneur ou le blâme qui remonterait jusqu'à eux si leur opinion était connue. Mais c'est là déplacer la question : car si la pluralité des juges n'avait que cet inconvénient, il suffirait, pour y remédier, de lever le secret des délibérations. L'argument est donc vicieux. D'ailleurs cette objection du secret en elle-même ne peut résister davantage. Le secret des délibérations judiciaires a toujours paru un des devoirs du juge, et dans la formule du serment professionnel imposé en 1849, lors de la nouvelle investiture des magistrats, on a même rappelé d'une manière particulière l'obligation de ce secret[2]. Si j'avais ici à faire l'histoire de ce devoir imposé aux juges comme garantie de leur propre indépendance, je le montrerais écrit depuis plusieurs siècles dans les ordonnances royales qui de règne en règne ont perfectionné et notre procédure civile et notre ordre judiciaire. Mais, je le répète, cette question de la publicité ou de la non-publicité des

---

[1] « Quoique les tribunaux composés de plusieurs juges ne soient pas « infaillibles, il n'en est pas moins vrai que l'on trouve toujours plus « d'instruction dans trois juges que dans un seul, et qu'il est beaucoup « plus rare que plusieurs juges soient simultanément entraînés par une « injuste prévention. » (Bourguignon, *De la Magistrature en France*, 3e part., ch. 2.)

[2] Loi du 11 août 1849.

votes et des délibérations ne peut servir à vider celle de la pluralité des juges.

Nous avons quant à cette question, objet de notre examen actuel, un exemple que nous ne pouvons passer sous silence. Dans les tribunaux de paix, le juge est unique, depuis que la loi du 29 ventôse an IX l'a débarrassé des deux assesseurs qu'on lui avait donnés dans l'origine [1]. J'approuve volontiers la suppression de ces assesseurs dont la présence était incompatible avec le but paternel de l'institution, et dont l'ignorance ne pouvait que rendre plus mauvaise la justice. Mais si l'isolement du juge de

[1] Les officialités étaient composées d'un seul juge, l'*official*, révocable à la volonté de l'évêque; mais si dans les causes ordinaires l'official formait seul le tribunal ecclésiastique, dans les affaires difficiles il choisissait des assesseurs ou l'évêque lui en donnait. D'ailleurs, en matière répressive, l'accusé avait dans certains cas le droit de récuser l'official et même le *promoteur* ou ministère public. (L'abbé André, *Cours de droit canon*, v° Officialités.) Parmi les tribunaux laïques, on peut citer, il est vrai, l'auditeur du châtelet, à Paris, comme jugeant seul; mais c'était une espèce de juge de référé, dont la compétence était plus bornée que celle des juges de paix, et dont toutes les sentences étaient sujettes à l'appel.

[L'unité de juge, l'unité de compétence, l'unité de degré de juridiction sont trois principes théocratiques en vigueur dans les pays musulmans. D'après le Coran, la justice étant sœur de la religion, l'autorité judiciaire est réunie dans le même corps que le sacerdoce. Le cadi, juge, fait partie du collége des ulémas, à la tête duquel le muphti se trouve placé.

Pas de tribunaux spéciaux : un seul degré de juridiction, où l'on juge les affaires de toute nature, civiles, religieuses, criminelles.

Le cadi compose à lui seul le tribunal; mais il est assisté de deux greffiers (*adouls*), témoins nécessaires.

Pas de notaires : le cadi reçoit les actes en la forme authentique; la juridiction volontaire est ainsi unie à la juridiction contentieuse. Des *khatils*, écrivains, assistent le magistrat.

Pas de procureurs ni d'avocats : la partie s'explique elle-même. L'audience est toujours publique; des *chaouchs*, huissiers, en font la police.

La procédure est à l'état rudimentaire. Quand une partie se présente seule devant le juge, celui-ci envoie chercher l'adversaire par un *chaouch*.

Pas de droits fiscaux : la justice est gratuite, comme elle l'était chez nous au temps des croisades.

Le témoignage est la première des preuves; il prévaut même contre les titres, comme chez nous au moyen âge, où l'on disait : *témoins passent*

paix est utile pour l'accomplissement de la mission ordinaire de ce magistrat, dont les fonctions conciliatrices
demandent une certaine unité de vues, il faut avouer que
dans beaucoup de cas, la manière dont il juge seul, alors
qu'il remplit des fonctions de juridiction purement contentieuse, n'est point de nature à engager à réduire à
un seul magistrat nos tribunaux ordinaires [1]. Quoi qu'on ait
dit de la propension à juger d'une manière plus impartiale

---

lettres. Mais le témoignage doit réunir un certain nombre de caractères
exigés par la loi, aussi comme dans notre droit primitif.

Pas de droit de territoire : la compétence du cadi est universelle et n'est
point limitée par la frontière des régences. Quoique le prince ait autorité
sur l'administration de la justice, le pouvoir religieux s'exerce dans tout
pays musulman, sans distinction de territoire, quel que soit le domicile des
contendants et la situation de l'objet contesté, pourvu que les deux adversaires soient en présence et que le juge puisse les entendre; car la justice
est moins rendue au nom du prince qu'au nom de Dieu, qui a des organes
également respectables partout où règne la parole formulée dans le livre,
dans le Coran, code religieux et civil à la fois.

Aussi le musulman, fataliste, se soumet sans murmurer aux décisions
judiciaires. L'appel est inutile et le recours contre les jugements très-rare ;
l'auteur du recours, s'il succombe, est sévèrement puni, pour lui apprendre à douter.

Le cadi tranche les litiges sans trouver de contradicteurs dans le délibéré, sans craindre l'appel, avec une compétence universelle et illimitée.
Le pouvoir d'un juge unique est en effet nécessairement arbitraire.

Bentham et ceux qui l'ont suivi ont-ils songé que leur théorie du juge
unique faisait la base de la justice à la turque?

(Sur la procédure civile musulmane, voyez le *Droit musulman* de
MM. Joanny Pharaon et Dulau, un article de M. J. Barbier sur la justice indigène en Algérie dans le *Droit* du 6 décembre 1855, et le décret
du 5 octobre 1854 sur l'organisation des tribunaux à Alger.)

[1] [Dans un article sur les justices de paix, donné dans la *Revue de législation,* t. III, p. 324, M. Grenier, ancien bâtonnier du barreau de
Riom, a exposé et soutenu de nouveau la théorie de l'aptitude du juge
unique pour repousser l'objection tirée de la délibération solitaire du juge
de paix contre l'extension de sa compétence.

Aux colonies, et notamment à la Guadeloupe, un seul juge rend la justice dans les matières qui sont de la compétence des tribunaux de première
instance (art. 36 de l'ordonn. de 1829). Deux auditeurs, lorsqu'ils ne
sont pas employés au service du parquet, l'assistent avec voix consulta-
tive; mais l'assistance des auditeurs n'est pas nécessaire.]

et plus attentive qui devrait résulter de l'isolement du juge, certains juges de paix sont là pour démontrer le peu de fondement de cette assurance. Assis seuls sur leur siége, j'ai regret de le dire, il en est qui semblent moins craindre l'opinion publique que l'appel dont on menace leurs jugements.

Mais Charles Comte lui-même n'eût point défendu l'institution d'un juge unique chargé de juger à la fois sur le fait et sur le droit. S'il a fait l'apologie d'un système où un seul magistrat remplace nos cours composées de nombreux conseillers, c'est que ce magistrat, comme le préteur romain, devrait prononcer et dire seulement sur le droit. Le juge unique n'est vraiment admissible, quoi qu'en dise Bentham, qu'avec l'institution du jury, et c'est seulement ainsi que Charles Comte l'a préconisé. Bentham seul avait demandé un juge unique, jugeant sans jury sur le fait et sur le droit. Diminuer le nombre des magistrats de nos tribunaux sans mettre à leur place des hommes profondément capables, tels que le sont les juges de comtés en Angleterre, ce serait ruiner toute justice en France.

Je dois terminer ce chapitre par un aveu. Je n'ai jamais bien compris comment concilier cette doctrine qui trouve plus certaine la décision d'un seul homme lorsqu'il s'agit du droit, et qui demande au contraire le sentiment de douze autres hommes lorsqu'il s'agit du fait. Pourquoi un nombreux jury pour juger les questions de fait, quand un seul magistrat doit appliquer la loi? Je ne comprends ce magistrat unique que lorsque cette application ne soulève pas de questions, comme dans nos jurys d'expropriation par exemple. Mais dès qu'il s'élève des questions, que ces difficultés soient dans le droit ou dans le fait, il devient difficile d'attribuer l'infaillibilité judiciaire à un

magistrat unique, si la question a un caractère scientifique, alors qu'on n'accorde cette infaillibilité qu'à une
nombreuse assemblée, si la question au contraire est purement du ressort du bon sens[1].

---

[1] [M. Lerminier, dans sa *Philosophie du droit,* liv. V, ch. 4, « du
Problème de l'organisation judiciaire », endosse les opinions de Bentham
et de Charles Comte. Comme eux, il préconise ardemment le jury civil
et réclame hautement le juge unique. Il demande ensuite la suppression
des cours d'appel comme conséquence naturelle de la juridiction du juge
unique prononçant sur des faits définis par les jurés. « La jurisprudence,
dit-il, est une chose de la raison, une science, un système, une géométrie,
une logique. Ses conditions dérivent de sa nature. Voit-on des géomètres
se cotiser pour la solution d'un problème? L'unité est partout la loi de
l'exercice de la raison. — Le juge du point de droit devra être unique. A
cette condition, il est scientifiquement possible. » Tels sont les arguments
assez nébuleux qu'il ajoute en théorie à ceux de Bentham. En pratique,
il prétend justifier sa prédilection pour le juge unique en citant l'exemple
des *référés.* Pour lui, le jury n'est plus nécessairement une assemblée de
douze pairs, mais bien plutôt une réunion d'arbitres ou d'experts, en
nombre variable et restreint. Ce n'est plus la qualité de citoyen qui fait le
juré, mais la profession spéciale que l'on exerce. A son avis, les arbitres-
rapporteurs du tribunal de commerce de Paris seraient les juges les plus
parfaits, et l'expertise, cette voie dont nous verrons plus loin les défauts,
serait la meilleure des procédures. Il est difficile de sacrifier davantage les
principes au fait, d'entasser plus d'idées contradictoires et impraticables;
il vaudrait autant abolir tout de suite la science du droit. Et cependant
l'auteur convient que « en France nous comptons trop de légistes et pas
assez de jurisconsultes ».]

CHAPITRE XXIV.

DES DEUX DEGRÉS DE JURIDICTION ET DU DROIT D'APPEL[1].

—

La réduction des voies d'appel et de recours à ce qui est indispensable pour garantir le bien jugé des affaires, forme l'un des sujets de discussion contenus au programme qu'on s'efforce de remplir ici.

D'ailleurs, la suppression des deux degrés de juridiction ayant été présentée par plusieurs écrivains, comme l'une des améliorations que le temps devrait apporter à notre ordre judiciaire, nous ne pouvions négliger de nous occuper de son opportunité.

La place même que nous donnons dans la série de nos divers chapitres à l'examen de cette question, laisse apercevoir dès l'abord que nous croyons à la légitimité du droit d'appel et que nous sommes partisans de sa conser-

---

[1] Boncenne, *Théorie de la procédure civile,* Introduct., ch. 15. — Rapport de M. Portalis, *Mémoires de l'Acad. des sciences morales et politiques,* t. III, p. 483; Sclopis, *Della Autorità giudiciaria,* p. 82, Teoria delle appellazioni, et surtout Bentham, *De l'Organisation judiciaire,* ch. 26. — C'est un de ses plus beaux chapitres.

vation. Mais tout en nous prononçant pour son maintien,
nous devons rechercher les moyens de rendre de plus en
plus rare l'exercice de ce droit, sans le restreindre pourtant par des obstacles contraires à la liberté des justiciables.

L'appel n'apparaît dans les législations qu'à une époque
de civilisation déjà avancée. Il est inconnu aux époques
où la violence tient encore une large place dans la décision
des procès. A Rome, il est institué sous Adrien[1]. En
France, le XIIIe siècle le vit organiser comme un moyen
de modérer les combats judiciaires, et comme un procédé
pacifique offert au plaideur mécontent[2]. Je n'ai point
à entrer dans l'histoire de cette institution [3]; mais au
moment de me livrer à son appréciation philosophique,
je devais noter le motif qui lui a donné naissance. En
effet, la faculté d'appeler, c'est une satisfaction donnée
à la partie irritée et convaincue de l'erreur, de l'impéritie ou même de la partialité de ses juges. Appeler, c'est
déclarer que le jugement est mauvais; et au début de son
institution, l'appel a même un caractère d'outrage contre
le juge, qui d'abord se trouvait obligé de soutenir lui-

---

[1] Voici en quels termes un des plus célèbres jurisconsultes romains pesait les avantages et les désavantages de l'appel : « Appellandi usus quam
sit frequens, quamque necessarius, nemo est qui nesciat : quippè cum ini-
quitatem judicantium vel imperitiam recorrigat. Licet nonnunquam benè
latas sententias in pejus reformet. Neque enim utique melius pronuntiat,
qui novissimus sententias laturus est. » (ff. 49, I, 1, *De Appellationibus*,
frag. Ulpiani.)

[2] Voyez Montesquieu, *Esprit des lois*, liv. XXVIII, ch. 27 à 33 ; —
Boitard, *Leçons de procédure civile*, t. II, 48e leçon.

[3] Les principaux documents relatifs à l'histoire de l'appel pendant le
moyen âge se trouvent réduits en pratique dans le *Stilus parlamenti*, et la
plupart des textes sont cités par Henrion de Pansey, *De l'Autorité judiciaire*, ch. 22.

même sa sentence : c'est une espèce de prise à partie. Mais le droit en se perfectionnant, ôte bientôt à l'appel ce caractère irrespectueux : le juge cesse d'être partie dans l'appel : son opinion est inconnue aux plaideurs, et la faculté d'appeler n'est plus pour les magistrats qu'une excitation à rendre la meilleure justice. Le caractère féodal s'en va, la forme parlementaire arrive.

Par une inégalité que motivent les rapports mêmes du seigneur et du vassal, le vilain est privé d'abord du droit d'appeler. Mais un sentiment d'équité lui fait bientôt concéder ce moyen de recours. Le droit canonique voit même dans l'appel une telle sauvegarde qu'il n'en exclut aucune personne ni aucune cause [1].

Mais ce principe du droit canonique, que l'appel doit être reçu même dans les plus petites causes, a de graves inconvénients. S'il est plus conforme aux sentiments de la charité chrétienne, s'il est favorable aux pauvres qui n'agitent dans leurs procès que de minces intérêts, s'il place l'appréciation du droit au point de vue de la justice absolue plutôt qu'à celui de l'argent et de l'intérêt matériel : — d'un autre côté, la faculté d'appeler, ouverte dans toutes les affaires, alimente l'esprit de chicane, perpétue les procès et ruine les plaideurs.

Aussi, du moment où les praticiens eurent commencé à faire de la bénignité du principe canonique un détestable abus, les légistes de leur côté eurent-ils recours à l'arsenal du droit romain, et appliquèrent-ils de nouveau à

---

[1] [Bentham a soutenu à son tour que l'appel devait être admis dans toutes les causes, jusqu'à ce qu'on puisse en indiquer une qui ne puisse pas donner naissance à l'erreur ou fournir des motifs de prévarication. « Dès qu'il y a possibilité de méprise ou d'injustice dans chaque cause, dit-il, il faut laisser à chaque cause un moyen de redressement. »]

l'appel les textes qui ne permettaient pas de le recevoir au-dessous d'un certain taux.

Les tendances historiques du droit sur ce point ont toujours été de restreindre de plus en plus la faculté d'appeler. Mais de ce que, par des causes que nous n'avons pas à examiner, on a longtemps abusé d'un moyen de recours contre les conséquences de la faillibilité humaine et entassé d'une manière déplorable les degrés de juridiction, s'ensuit-il cependant que l'appel doive être à jamais proscrit ?

Des écrivains modernes n'ont pas hésité à le dire. Bentham au contraire a été le défenseur intrépide du droit d'appel.

Le 31 mars 1790, l'assemblée nationale avait décrété qu'avant de régler l'organisation du pouvoir judiciaire on discuterait et déciderait certaines questions, parmi lesquelles figurait celle-ci : Y aura-t-il plusieurs degrés de juridiction, ou bien l'usage de l'appel sera-t-il aboli ?

On sait que le principe des deux degrés de juridiction (avec ou sans hiérarchie) a été adopté, et qu'il a été maintenu tant en France que dans les pays qui ont conservé la législation française. La république de Genève, célèbre par ses réformes en matière judiciaire, a conservé l'usage de l'appel, et bien qu'elle n'eût qu'un seul tribunal de première instance et un seul tribunal de commerce dans son territoire, ses législateurs modernes n'ont cependant pas hésité à placer au-dessus de ces deux tribunaux une cour supérieure de justice.

Mais chez nous les idées de réforme ont amené à contester l'utilité des deux degrés ; et les doctrines démocratiques, hostiles à tout ordre hiérarchique, sont venues en aide à ce système, en protestant contre l'existence des cours d'appel, dont l'utilité a été directement démontrée par Bentham.

On aperçoit qu'à la question même du droit d'appeler se rattachent plusieurs considérations de politique et d'organisation judiciaire.

Le droit d'appel constitue-t-il une satisfaction utile à accorder au plaideur mécontent?

Est-il une garantie donnée aux justiciables et un moyen de maintenir les juges dans un respect plus profond de la légalité?

Ne pourrait-on pas dire qu'il nuit à la considération du juge inférieur?

Les limites du droit d'appel sont-elles établies sur des bases acceptables au point de vue rationnel?

Peut-on dire qu'il y ait plus de probabilités pour la bonté du jugement dans une décision d'appel que dans une décision émanée de juges inférieurs[1]?

La faculté d'appeler laissée aux justiciables ne leur est-elle pas plus nuisible qu'utile, en entretenant les divisions, les haines, et en suspendant la terminaison des procès?

Les cours d'appel sont-elles un rouage superflu dans l'organisation judiciaire, ou au contraire servent-elles à constituer dans la magistrature une hiérarchie désirable?

Par quels moyens enfin amener la diminution du nombre des appels?

---

[1] « La norma delle appellazioni, secondo la pura loro ragione, sarebbe la probabilità d'errore nella sentenza dei primi giudici, e la misura di tale probabilità avrebbe a dedursi dal dissenso di una parte dei membri che formano il tribunale. Quando un tribunale fosse composto di un numero conveniente di giudici dotati di sufficiente capacità e di corrispondente moralità, si pottrebbe forse, con più fundamento che in qualsivoglia altro metodo, stabilire che le sentenze da esso prononciate all' unanimità di voti fossero inappellabili, e soggette all' appello quelle proferite a semplice maggioranza di voci. » (Sclopis, *Della Autorità giudiciaria,* capo 4, p. 83.)

Telles sont les principales questions que je dois aborder, en exposant les opinions des auteurs qui les ont envisagées[1].

[1] [Les effets de l'appel varient suivant la volonté des législateurs. Bacon expose ainsi les résultats qui peuvent être donnés à l'appel et à la rescision :

« Receptum apud nonnullos est, ut lis trahatur ad forum superius, tanquam res integra ; judicio inde dato seposito et planè suspenso. Apud alios verò , ut judicium ipsum maneat in suo vigore, sed executio ejus tantum cesset : neutrum placet ; nisi curiæ, in quibus judicium redditum est, fuerint humiles et inferioris ordinis , sed potiùs ut et judicium stet, et procedat ejus executio, modo cautio detur a defendente, de damnis et expenpensis, si judicium fuerit rescissum...» (*De Justitia universali*, aphorismus 97.)

CHAPITRE XXV.

CONTINUATION DU MÊME SUJET. — OBJECTIONS CONTRE LA
FACULTÉ D'APPELER.

—

M. Bérenger, dans un rapport sur les statistiques civiles du ministère de la justice, publié dans les Mémoires
de l'Académie[1], combat scientifiquement la faculté d'appel de la manière suivante :

« Les peuples modernes ont admis, en quelque sorte
de concert, que l'obligation de parcourir plusieurs degrés
de juridiction était une condition essentielle à la bonne
administration de la justice. Cet assentiment presque
unanime de leur part est-il l'effet d'une nécessité qu'on
s'est généralement plu à reconnaître, ou plutôt résulte-
t-il d'un ancien préjugé qui, sans être fondé sur rien de
sérieux, s'est, comme tant d'autres erreurs, perpétué de
siècles en siècles ?

---

[1] Lu aux séances des 24 février et 18 juin 1835, *Mémoires de l'Acad.
des sciences mor. et polit.*, t. Ier, 2e série, p. 472.

« Si on consulte l'histoire des temps reculés, on trouve
que de toutes parts, il n'existait d'abord qu'une seule
juridiction qui était souveraine ; la théorie des appels
était inconnue...

« Pour devenir permanent, un tel mode de procéder
a dû se fonder sur l'opinion que les derniers degrés
offraient plus de certitude du *bien jugé* que le premier.
On se demande sur quoi cette certitude pouvait reposer :
était-ce sur les lumières plus étendues ou sur le plus
grand nombre des juges qui formaient le dernier degré ?
Pourquoi, dans ce cas, ne pas transporter tout de suite
les mêmes garanties au premier tribunal[1] ? Celui-ci réunissant alors toutes les conditions d'une bonne justice, si
sa décision eût pu sans inconvenient devenir souveraine,
les parties eussent été ainsi dispensées d'aller plus loin.

« Il est un point hors de toute contradiction, c'est que la
certitude du *bien jugé* ne se reconnaît à aucun signe ;
cette certitude n'est accordée aux arrêts d'aucun tribunal.

« Une triste expérience l'a malheureusement trop démontré : l'intelligence des hommes est si diverse, les
facultés de l'un ressemblent si peu à celles de l'autre,
qu'on ne saurait être surpris si tous ne voient pas de même, si tous n'apprécient pas un fait ou n'envisagent pas
une question de la même manière.

« Des notes tenues avec soin dans plusieurs tribunaux
de divers degrés, composés conséquemment d'un nombre

[1] Parce que les tribunaux de premier degré sont trop nombreux, et
parce qu'il serait impossible de les composer de magistrats choisis, puisqu'au-dessous d'eux il n'y a pas de corps de magistrature où l'on puisse
faire ce choix. D'ailleurs les tribunaux de premier degré ont des lumières
suffisantes pour la majorité des affaires; ils servent à déblayer, par une
sorte d'élimination, les causes de peu d'importance, qui sont les plus nombreuses.

de juges diffèrent, et recueillies à des époques diverses,
ont constamment donné pour résultat que, sur cent décisions judiciaires, au delà de la moitié étaient rendues à
la majorité d'une seule voix[1], qu'un quart l'était à la
majorité de plus d'une voix, et qu'à peine si un autre
quart obtenait l'unanimité[2].

« A la vérité, la statistique ne pourrait constater de
pareils faits sans s'exposer à compromettre le secret des
délibérations ; mais si on trouvait le moyen de rendre
leur divulgation possible, en garantissant aux magistrats
l'indépendance de leurs opinions, il en jaillirait assurément la démonstration la plus évidente que la certitude
du bien jugé ne s'appuie sur aucune base solide, et qu'il
faut perdre l'espoir de jamais l'obtenir complète.

« Cette démonstration une fois acquise, il en résulte-
rait que plus on multiplierait les degrés de juridiction,
plus on augmenterait l'incertitude des jugements, et qu'il
faudrait revenir à l'usage des temps primitifs, où chaque

[1] Qu'il me soit permis de faire observer, à propos de ces renseignements
statistiques fournis par M. Bérenger, qu'il n'est point étonnant que plus
de la moitié des décisions judiciaires, en confondant les tribunaux de
tout degré, soient rendues avec une seule voix de majorité : car la plupart des tribunaux, en France, n'étant composés que de trois juges, ou
formant des chambres composées de trois juges, la majorité ne peut être
que d'une voix, deux juges contre un, toutes les fois qu'il n'y a pas unanimité. L'objection perd donc considérablement de sa valeur.

[2] J'ajouterai encore ici, à ce que dit M. Bérenger, cette autre observation : dans les tribunaux de premier degré qui jugent une infinité de causes
légères et de questions élémentaires, l'unanimité s'établit d'une manière
beaucoup plus fréquente, au moins quant au point de savoir quelle partie
doit succomber. La division ne s'établit souvent que sur les questions secondaires : comment et jusqu'à quel degré doit-elle succomber? L'unanimité
doit être plus rare dans les juridictions d'appel, où il y a plus d'opinions
à réunir et où sont agitées des questions plus douteuses. Pour tirer de ces
chiffres un résultat probant, il n'eût donc point fallu confondre les tribunaux ensemble.

tribunal prononçait souverainement et terminait en dernier ressort toutes les contestations portées devant lui.

« L'Etat n'a par lui-même nul intérêt à l'existence des appels, car il n'en prend aucun au sort des procès; peu lui importe en effet que l'objet en litige appartienne à l'une plutôt qu'à l'autre des parties qui se le disputent; il serait même fâcheux qu'il eût, et surtout qu'il manifestât par ceux qui le représentent, quelque préférence à cet égard; ce qui lui importe, c'est que cette guerre privée ne se prolonge pas, c'est que les procès soient terminés promptement, et que les citoyens ne perdent pas à plaider un temps et des facultés qui seraient plus utilement employés s'ils servaient à l'accroissement de la fortune publique.

« Mais si l'Etat est désintéressé sur ce point, ne doit-il pas placer sa sollicitude ailleurs? Quand on songe à cette multitude de familles, qu'on peut évaluer au soixantième de la population, qui sont annuellement engagées dans des contestations privées, peut-il rester indifférent? ne doit-il pas attacher le plus grand prix à ce que la paix renaisse parmi elles, et à ce que les contestations qui les divisent ne s'éternisent pas?

« ....

« Envisagée sous un autre point de vue, la question des deux degrés de juridiction prend un caractère plus grave encore. A-t-on en effet assez réfléchi à tout ce qu'il y a de périlleux dans cette faculté d'appeler d'un tribunal à un autre? A-t-on assez remarqué combien l'autorité des jugements s'en trouve affaiblie, combien la justice elle-même en est déconsidérée? Ce droit, conféré à chaque citoyen, d'attaquer l'autorité de la chose jugée, ne détruit-il pas tout respect pour elle? Car, si la décision du premier tribunal n'est pas une chose sacrée, comment celle du tribunal plus élevé le serait-elle? Et ce qui est digne de méditation, c'est que l'incertitude du bien jugé que nous considérions tout à l'heure comme une conséquence naturelle de la faiblesse humaine, c'est la législation elle-même qui la consacre par l'établissement des deux degrés de juridiction. Par la faculté de l'appel, rien n'est légalement certain, tout est mis en doute; les décisions de la justice ne sont plus aux yeux de la loi, comme à ceux des peuples, que des événements à peu près fortuits, des chances plus ou moins heureuses d'une fortune presque toujours aveugle; avec ce système, plus d'illusions, désenchantement complet, la justice est mise à nu.

« N'admettez au contraire qu'un seul tribunal, souverain dans ses arrêts, la justice redevient ce qu'elle doit être, ce qu'elle était jadis; elle est la vérité légale, elle est la certitude : l'autorité de ses décisions demeure entière, car nul ne peut la contester, et avec le temps, les esprits s'habituent à la respecter et à s'y soumettre. »

J'interromps ici cette citation pour y mêler quelques réflexions.

Le droit d'appel, M. Bérenger le reconnaît lui-même, est consacré par l'assentiment presque unanime des peuples modernes. J'ajouterai que les justiciables le considèrent tous comme la sauvegarde la plus précieuse de leurs droits. Plusieurs textes du Code de procédure en effet autorisent les parties à renoncer à l'appel. Eh bien! qu'arrive-t-il? c'est que la plupart des justiciables, même parmi ceux qui abhorrent le plus la chicane, bien loin de renoncer à l'appel quand il va de plein droit, ont généralement soin de se réserver la faculté d'appel (lorsque la loi la leur refuse), en élevant le chiffre de la demande principale, ou au moyen d'une demande accessoire en dommages-intérêts, suffisamment élevée pour atteindre le taux où le Code défend de prononcer en dernier ressort.

L'objection tirée de ce que rien ne permet de reconnaître le bien jugé des affaires ne suffit pas, je crois, pour interdire aux parties de tenter une seconde épreuve et de reprendre leur cause devant d'autres juges. Si rien ne permet de reconnaître la bonne justice, on peut espérer cependant de la rencontrer plutôt devant des juges éclairés que devant des juges ignorants. Or, il ne faut pas se dissimuler, et c'est là l'opinion générale, qu'un tribunal de première instance réunit plus de lumières qu'un simple juge de paix, et qu'une cour d'appel présente plus de garanties de savoir qu'un tribunal d'arrondissement. Si cette hiérarchie dans le savoir n'était pas l'accompagnement de la hiérarchie de juridiction, il faudrait s'en prendre, non à l'institution, mais au pouvoir qui nomme. Nier les lumières supérieures des cours, ce serait commettre une injustice flagrante vis-à-vis de ces grands corps de justice dont les arrêts sont justement respectés dans la jurisprudence. Je n'ai pas ici à nommer certaines cours dont le nom seul réveille une idée de haute capacité. Je ferai remarquer seulement que si on refusait aux cours d'appel une supériorité de savoir, il faudrait bientôt refuser aussi cette supériorité à la cour de cassation elle-même. Si rien ne fournit la preuve du bien jugé dans les arrêts de cours impériales, qui la fournira dans les arrêts de la cour suprême, et pourtant on ne propose pas d'enlever aux justiciables le recours à l'autorité de cette cour régulatrice[1].

---

[1] « J'ai entendu soutenir, disait M. Bourguignon dans son ouvrage

Sans doute la certitude du bien jugé ne se reconnaît à aucuns signes ; mais cette certitude elle-même existe-t-elle ? La vérité de la chose jugée n'est-elle pas une simple présomption, une probabilité plus ou moins grande ? *Res judicata pro veritate habetur* [1]. Il faut donc se contenter de simples probabilités. Or, où je trouve les plus fortes présomptions du *bien jugé* des affaires, c'est dans un débat plus complet, soutenu par des avocats plus capables et vidé par des magistrats plus éclairés. Les probabilités comme la certitude sont assurément le fruit de la science, et dans l'espèce c'est la science du droit qui les fournit. L'autorité de la chose jugée dans les esprits repose, non sur l'idée du hasard ou du plus ou moins grand nombre de votants, mais sur celle du savoir et de l'expérience des juges. Dire que la certitude ou plutôt la probabilité du bien jugé ne se reconnaît à aucuns signes, c'est nier en même temps l'efficacité de la science du droit, c'est lui contester même le caractère et l'autorité de la science.

Quant à l'assertion que l'Etat lui-même n'a aucun intérêt à l'existence de l'appel, je pourrais invoquer l'intérêt fiscal. Mais on ajoute qu'il lui importe peu que l'objet

« sur la magistrature en France, que la cour de cassation, organisée « comme elle est, déconsidère la magistrature, parce que les cours « d'appel n'occupent dans la hiérarchie des tribunaux que le second « rang, au lieu d'occuper le premier, et que leurs arrêts inspirent aux jus- « ticiables moins de confiance et de respect, par cela seul qu'ils peuvent « être déférés à une cour supérieure...... La magistrature serait bien « plus déconsidérée s'il n'existait aucun moyen légal de faire réformer les « erreurs qui échappent aux tribunaux ; ou si, pour faire réparer ces « erreurs, il fallait s'adresser au conseil d'État ou à toute autre autorité « étrangère à la magistrature. » (Bourguignon, *De la Magistrature en France, considérée dans ce qu'elle fut et dans ce qu'elle devrait être,* 3e part., ch. 5, p. 186.)

[1] Voyez là-dessus Toullier, *Droit civil français*, t. X, nos 65 et suiv.

en litige appartienne à l'une plutôt qu'à l'autre des parties
qui se le disputent; que le seul intérêt de l'Etat c'est que les
procès soient promptement finis. Ici je sens que ce n'est
plus seulement la science du droit qui est attaquée, car
c'est la nécessité de la justice même qui est révoquée en
doute. Oui, il importe à l'Etat que telle partie, plutôt que
son adversaire, obtienne l'objet qui lui est contesté; car
rien n'importe plus à l'Etat que le respect de la propriété,
que le maintien du droit de chacun. *Suum cuique!* Voilà ce
que l'Etat doit vouloir avant tout, voilà à quoi il ne doit
pas être indifférent [1]! S'il ne devait avoir en vue qu'une
prompte fin donnée aux contestations, l'aveugle hasard
suffirait; il faudrait revenir aux combats judiciaires et
aux *ordalies* qui fournissaient à nos pères cette certitude
du bien jugé qu'heureusement personne n'exige plus de
nos tribunaux modernes. S'il importait par-dessus tout
que les citoyens ne perdissent point leur temps aux plaidoiries, s'il était nécessaire avant tout de les renvoyer à
de plus utiles travaux qu'à défendre leur honneur, leur
état civil, leur famille, leur patrimoine; le cadi qui sépare
hâtivement les plaideurs en Turquie serait la suprême
réalisation du progrès.

Je m'étonne donc que pour obtenir une certitude judiciaire impossible, que pour accorder à la chose jugée
un caractère de vérité qui ne peut être jamais qu'une
fiction, on propose de revenir à la justice primitive.

Cette autorité absolue qu'on demande pour l'opinion du
juge me semble despotique; et pour moi je ne vois aucun

---

[1]   Nil injustitiâ miserœ est infestiùs urbi.
        Funditus hæc muros evertit, et ipsa domos.

        (Verinus, apud Ayrault, *Sententiœ aliquot quibus
        benè judicandi studium judicibus commendatur.*)

inconvénient à ce que la justice soit mise à nu, à ce qu'il n'y ait ni illusions, ni enchantement. La faillibilité humaine manifestée de plus en plus dans les décisions judiciaires, le caractère aléatoire de la justice, ne doivent-ils pas au contraire être proclamés plus que jamais pour écarter les citoyens des sirtes et des récifs du palais ?

Quant à la déconsidération prétendue de la justice et de la magistrature, cette raison nouvelle me touche encore moins. A quelle époque la magistrature a-t-elle été plus respectée qu'au temps des parlements, où cinq ou six degrés de juridiction éprouvaient une affaire et lui faisaient subir souvent plusieurs fortunes contraires ? Sans doute la magistrature inférieure serait déconsidérée si toutes ses sentences étaient brisées par le juge supérieur ; mais cette déconsidération même serait alors un bienfait en forçant le magistrat, exposé à ces perpétuels démentis, de mieux juger ou de descendre d'un siége qu'il serait incapable d'occuper. En réalité, très-peu d'appels amènent une nouvelle décision. La majorité des jugements rendus en premier ressort sont confirmés par les juges supérieurs : beaucoup par les mêmes motifs. Bien loin d'être déconsidéré par quelques décisions infirmées, le juge n'est-il pas rehaussé au contraire par la majorité de ses jugements maintenus ? Son infaillibilité est rendue en quelque sorte plus certaine lorsque son avis est corroboré par l'opinion d'hommes plus élevés. Aussi les magistrats sérieux, loin d'être froissés par l'appel interjeté de leurs jugements, ne s'inquiètent point du sort ultérieur des affaires, ou s'ils s'en préoccupent, c'est plutôt dans un but de science et de curiosité.

Je reviens au travail de M. Bérenger.

Après l'exposé de ses doutes sur l'utilité des appels, il examine en ces termes l'objection suivante :

« 1° Après avoir parcouru le premier degré, les affaires, peut-on dire, arrivent mieux instruites devant le second tribunal, qui est ainsi mieux en position d'asseoir un jugement équitable. »

Je me hâte de reconnaître avec l'auteur dont je discute l'opinion, que cette objection s'appliquerait également à toutes les affaires jugées souverainement en premier ressort, et qu'il serait juste d'admettre pour toutes, deux degrés de juridiction. Mais M. Bérenger ajoute :

« Il est d'ailleurs une chose qui est de nature à frapper tous les esprits, c'est la multitude des cas pour lesquels la loi n'établit qu'un seul degré, comparés au petit nombre de ceux pour lesquels l'appel est admis : ainsi, sur près de 260,000 affaires portées devant nos tribunaux civils et de commerce, nos tribunaux du second degré ne sont saisis que d'environ 10,000 appels. Comment alors résister à la force de cet argument : Si une seule juridiction suffit au jugement de près de 250,000 affaires, pourquoi ne suffirait-elle pas également à celui de 10,000 ? »

Je réponds à ceci par une distinction : Sur les 260,000 affaires en question, beaucoup sont jugées en dernier ressort, mais celles susceptibles d'appel, forment un nombre bien supérieur à 10,000. Si dans les autres affaires susceptibles d'appel, les parties n'ont pas tenté une seconde fois la fortune judiciaire, c'est qu'elles auront été arrêtées par l'une de ces considérations : l'affaire n'avait qu'un intérêt minime, ou le jugement intervenu serait évidemment confirmé. Je conclus de là que les 260,000 affaires sont bien différentes entre elles, et quant à leur importance, et quant à leur issue probable. Si 250,000 procès ont été peu importants ou n'ont soulevé que des questions faciles, est-ce une raison pour sacrifier la justice et les droits des justiciables dans 10,000 affaires graves et douteuses? Si 250,000 jugements ont été acceptés par les parties, est-ce une raison pour leur interdire de remettre en question des solutions plus incertaines ou plus délicates? Voulez-vous refuser l'appel à un plaideur qui, perdant son procès, entend peut-être tout le barreau s'étonner de la décision qui le ruine?

C'est que, quoi qu'on en ait dit au nom de la philosophie, l'importance des affaires et la valeur des objets en litige sont une chose de grande considération quand il s'agit d'arriver à l'application. Sans doute, il est fâcheux de succomber sans recours dans une affaire minime; mais le dernier ressort serait une rigueur impitoyable quand il s'agit de l'honneur d'un homme, de sa fortune entière, de ses intérêts les plus chers. Bien différente est la cause où l'on plaide pour un mur mitoyen, où l'on revendique une parcelle de terre, un sillon peut-être, où l'on allègue un vice rédhibitoire, et celle où il s'agit de l'état des personnes, de la validité d'un mariage, de droits successoraux, etc. Que l'on interdise l'appel, pour le bien de la paix et pour en finir, à celui qui soutient une mince contestation, mais qu'on laisse protester contre le jugement qui, en validant tel testament, a peut-être dépouillé une famille.

Que m'importe donc que 10,000 affaires seulement soient suivies d'appel, si elles touchent aux intérêts les plus graves, aux questions les plus douteuses! fussent-elles moins nombreuses encore, je maintiendrais pour elles les deux degrés de juridiction. Sur ces 10,000 affaires, il n'y en a peut-être pas 200 qui touchent à l'état des personnes, et cependant, pour celles-là, on assemble des audiences solennelles. Refuseriez-vous l'appel à ces causes pour lesquelles on déploie un si grand apparat ?

Si l'importance de certaines causes semble justifier pour elles la faculté de l'appel, l'auteur que nous citons répond que « les causes jugées en dernier ressort... ne présentent pas pour la plupart des questions moins ardues que les autres, et que si leur valeur est moindre, elles ont le plus souvent, dans leur rapport avec ceux qu'elles concernent, une importance égale; car le citoyen pauvre, dont mille francs sont toute la fortune, a un intérêt tout aussi puissant à être bien jugé, que l'homme riche dont le patrimoine en litige a une valeur centuple[1] ».

Je réplique que ce sont là les raisons mêmes qui avaient porté les auteurs du droit canonique à admettre l'appel même dans les plus petites causes, et que si on a pu fixer un taux limitatif, c'est qu'en résultat et dans la pratique, on arrive à maintenir la faculté d'appel dans les affaires où une question scabreuse et véritablement importante se trouve engagée. Un avocat ferait preuve d'inexpérience, si en formulant la demande d'un homme exposé à être ruiné, il ne lui réservait pas par quelque moyen la ressource de la faculté d'appeler. J'ajouterai que le déplacement d'un mince patrimoine n'a pas pour le crédit public les mêmes conséquences que la perturbation d'une grande fortune, et qu'enfin on a dû interdire l'appel dans toutes les causes où les frais eussent dépassé le capital.

---

[1] Sur cette difficulté et sur la distinction généralement admise dans l'ordre judiciaire des peuples modernes, entre les causes jugées en premier ressort et celles en dernier ressort, voyez l'*Exposé des motifs de la loi de procédure civile de Genève*, p. 287. Sur toute la matière de l'appel, conférez le titre XXIII de cette loi, intitulé : « de l'Appel à la cour de justice civile. »

Reste une dernière objection, « l'impossibilité où seraient les parties de faire réparer l'erreur des premiers
juges, si la voie de l'appel leur était interdite ».

M. Bérenger y répond d'abord en disant : « Si vous
admettez la possibilité de l'erreur, pourquoi priver les
parties intéressées dans les 250,000 causes jugées souverainement, des moyens de la faire réparer, et pourquoi
n'accordez-vous ce privilége qu'aux personnes intéressées
dans les 10,000 causes pour lesquelles la voie de l'appel
est exclusivement réservée ? »

Je réplique : Ne faisons pas de confusion. Si 250,000
causes n'ont pas été suivies en appel, il ne faut pas dire
pour cela que toutes étaient en dernier ressort : si 10,000
appels seulement ont été interjetés, il n'en faut pas conclure qu'il n'y a eu que 10,000 causes susceptibles d'appel.
Au contraire, l'appel est une faculté générale, mais dont
on n'use que dans certaines affaires.

Les chiffres ainsi rétablis, j'ajoute : Si dans une infinité
de causes où l'appel était possible, l'erreur n'était pas
suffisamment évidente pour porter à user du second degré,
j'ai droit d'en conclure que dans toutes les causes inférieures, l'erreur était rarement importante. Le fait même
de 10,000 appels seulement sur 260,000 causes justifie
les 250,000 autres causes de tout soupçon d'erreur grave.

M. Bérenger emploie un autre argument : « Si l'erreur
est en fait, on aura, pour tous les cas prévus par la législation, la voie de la requête civile ; si elle est en droit,
c'est-à-dire s'il y a violation de quelque loi, la cour de
cassation y pourvoirait. »

Je réplique encore : Vous me donnez la voie de requête
civile pour faire redresser l'erreur de fait, dans les cas
prévus par la législation. Mais hors ces cas prévus, com-

ment ferai-je redresser cette erreur? D'ailleurs cette requête civile est une procédure inusitée et périlleuse;
pourquoi pousser les justiciables à s'en servir, au lieu de
l'appel? C'est d'ailleurs une triste ressource qu'une voie
de recours dont on ne peut user qu'à condition d'avoir
exécuté le jugement même dont on se plaint. (Art. 497
C. Pr.)

Pour l'erreur de droit, la voie de cassation n'est pas
moins embarrassée. On sait que pour les petites causes, à
raison de ses grands frais, et pour la Corse et les départements lointains, à cause des distances, elle est presque
un déni de justice [1]. L'appel est certes moins ruineux pour
les justiciables. D'ailleurs pour économiser sur les cours
d'appel, on arriverait infailliblement à la nécessité
d'augmenter le personnel de la cour de cassation.

Enfin, ni la requête civile, ni le pourvoi en cassation
n'ont les mêmes effets que l'appel, puisque l'appel seul
permet une révision complète, une appréciation nouvelle
et du fait et du droit.

Dernier argument : L'Etat, dit M. Bérenger, n'a pas
reconnu cette nécessité des deux degrés de juridiction
pour lui-même, il s'en est affranchi dans beaucoup de
cas, notamment en matière de droits d'enregistrement.
Pour ces sortes d'affaires, il s'est seulement réservé la
voie du recours en cassation.

Je réplique une dernière fois : L'Etat qui nomme les

_____

[1] [Il est vrai que la cour de cassation pourrait fonctionner au centre de
la France aussi bien qu'à Paris. Mais tendre à remplacer l'appel par la
voie de cassation, ne serait-ce pas altérer le rôle constitutif de ce corps
suprême, qui, suivant M. Bérenger lui-même, « est moins une juridiction
qu'un tribunal de doctrine, qu'une sorte d'institution scientifique dont la
mission constante est de rendre à la loi son véritable caractère »? (_Notice
sur Carnot_, lue à l'Académie des sciences morales et politiques.)

juges aurait mauvaise grâce à appeler de leurs sentences. Ensuite, n'argumentons pas des affaires du fisc, car le fisc a des allures exceptionnelles. Enfin l'Etat use en beaucoup de matières de la faculté d'appel; car précisément les parties contendantes qui se servent surtout de cette faculté, sont en général, l'Etat lui-même, les départements et les communes [1]. Ce sont ces corps puissants qui soutiennent les luttes les plus acharnées et qui traînent d'ordinaire leurs adversaires devant toutes les juridictions. Si vous voulez diminuer le nombre des appels, interdisez-leur d'abord d'en donner l'exemple aux particuliers.

---

[1] Il est rare qu'une commune condamnée n'aille pas en appel. Ces personnes morales ne redoutent point, comme les personnes privées, les frais et les dangers de la lutte.

CHAPITRE XXVI.

———

J'ai discuté longtemps la question de l'opportunité de
l'appel, et je vais encore ajouter quelques mots. Cette
question est, en effet, une des plus importantes de celles
qui seront soulevées dans ce travail au nom des idées
philosophiques. Mais tous les réformateurs n'ont pas eu
la même sagesse d'esprit que l'académicien savant dont
nous avons cru devoir discuter les arguments. M. Bérenger terminait ainsi l'examen de cette question, dont il
avait « indiqué les difficultés sans prétendre les résoudre » :

« Je viens de soulever une question grave, qui touche
à beaucoup d'intérêts, et qui, si elle pouvait être discutée
autrement que d'une manière scientifique, serait de nature à rencontrer de nombreuses oppositions et à éveiller
de vives susceptibilités. Sa solution, je le reconnais, doit
être l'œuvre du temps ; car, dans l'état actuel des mœurs,
la nécessité des deux degrés de juridiction, la faculté de
l'appel, sont des doctrines qui, de la part des peuples modernes, peuvent être considérées comme des articles de

foi sociale; ils sont pour eux une sorte de religion. Lors donc qu'elles n'auraient pour base qu'un préjugé ancien, il y aurait peu de prudence à réformer cet ordre de choses avant qu'un tel préjugé fût dissipé, ou tout au moins considérablement affaibli. En attendant, c'est à la science à éclairer la question, et on reconnaîtra que, si elle peut être agitée quelque part sans inconvénient, c'est sans nul doute dans son sanctuaire. »

A la révolution de février, beaucoup d'attaques ont été dirigées contre le droit d'appel, non plus au nom de la science, mais à celui des idées démocratiques. Une infinité d'écrivains ont réclamé, comme une réforme urgente, la suppression des cours d'appel, dont la supériorité hiérarchique froisse les idées égalitaires [1]. Les cours d'appel ont paru constituer une aristocratie judiciaire, et si l'on avait écouté certaines tendances, on n'eût guère laissé subsister que les juges de paix, rendus électifs, et la cour de cassation. Un tribunal au chef-lieu du département eût seul représenté les degrés intermédiaires. Les juges de paix, quoique héritiers des anciens juges de villages, étaient sauvés par la date de leur création; la cour de cassation semblait nécessaire pour maintenir une centralisation puissante. Mais les cours d'appel sont les héritières des anciens parlements, sur les fauteuils desquels elles siègent pour la plupart. Placées dans les capitales des anciennes provinces, entourées, par l'empire et la monarchie royale, d'un certain éclat, il n'en fallait pas davantage pour soulever contre elles certaines animadversions.

---

[1] Sur la nécessité d'une hiérarchie dans l'ordre judiciaire, conférez Fritot, *Science du publiciste*, t. XI, p. 488 et suiv., et surtout Bentham, *De l'Organisation judiciaire*, ch. 26, § 6, « des Juges d'appel ».

Pour nous, nous n'hésiterions pas à nous faire le défenseur des cours d'appel; rien en elles ne nous semble menacer une sage égalité. Nous les croyons utiles pour maintenir l'esprit de corps dans la magistrature, pour exercer une influence sur les nombreux tribunaux éparpillés sur le territoire, pour empêcher des jurisprudences locales multipliées à l'infini[1]. A nos yeux, elles réunissent en faisceaux puissants la magistrature de nos tribunaux, et ceux qui proposent de les supprimer ne seraient peut-être point fâchés d'avilir encore le pouvoir judiciaire.

Un jeune écrivain, M. Ferdinand Jacques, qui en 1848, dans la Revue de droit français et étranger, s'est occupé de l'*organisation démocratique de l'ordre judiciaire,* n'a pas hésité à proposer la suppression immédiate de l'appel comme un de ces progrès qui, préparés par la révolution de 1789, devaient être effectués par celle de 1848. Je ne puis ici discuter ses raisons, dont les meilleures ont déjà été examinées plus haut; je me borne à lui emprunter ce passage :

« Tout juge averti que ses décisions sont définitives, écoutera avec une scrupuleuse attention, pèsera les moindres circonstances et les fera entrer dans la balance. Il ne comptera plus, en un mot, sur un autre juge placé au-dessus de lui, uniquement occupé à réformer ses er-

---

[1] Dans un article sur l'*Organisation judiciaire,* M. Chassan fait remarquer que l'excès d'indépendance des tribunaux les uns à l'égard des autres enfante une déplorable anarchie. Le système de l'égalité entre les juges du premier et du deuxième degré, établi par le décret des 16-24 août 1790, en a fourni la triste expérience. S'il satisfaisait l'égalité républicaine, il ne répondait guère au but de toute organisation judiciaire, qui est d'obtenir la confiance des justiciables. (Voyez *Gaz. des tribunaux* du 13 mai 1848.) — Bentham développe également ce principe qu'on ne doit jamais réunir dans une même main une juridiction immédiate et une juridiction d'appel.

reurs ou ses négligences. Un travail est toujours mieux fait lorsqu'on ne compte pas sur la collaboration d'un autre pour le compléter. Enfin, une responsabilité, bien que morale, s'affaiblit en se divisant. »

Ce sont les arguments de Charles Comte contre la pluralité des juges; je les crois mal appliqués à la pluralité des degrés de juridiction. Non, le droit d'appel n'excite pas les juges à un triste sommeil. Si M. Jacques avait été mieux familiarisé avec ce qui se passe journellement dans nos tribunaux, il aurait vu au contraire les jugements, susceptibles d'être frappés d'appel, médités avec plus de soin, motivés d'une manière plus solide et plus réfléchie; il aurait vu l'instruction de l'affaire dirigée avec plus de précaution. La crainte de l'appel maintient les juges dans un respect profond de la légalité; elle les porte assurément à une justice plus exacte. Dans toutes les affaires courantes, trop minimes, trop peu complexes pour franchir le premier degré de juridiction, le président motive en quelques mots recueillis par le greffier, la décision que les juges ont prise sur-le-champ, sans difficulté, sans hésitation. Mais dans les affaires capitales ou seulement d'une appréciation délicate, quand un appel menace la décision plus péniblement arrêtée par les juges, tout président jaloux de son devoir prépare dans le silence de son cabinet, ou assisté de ses collègues en chambre du conseil, un jugement aussi fortement motivé que possible. Cette précaution, dont il entoure l'œuvre du tribunal, n'est pas seulement excitée par l'amour-propre ni prise en vue de l'honneur du corps : elle est elle-même le meilleur moyen d'arrêter les parties en les empêchant de prolonger la lutte. Que de plaideurs qui se proposaient à l'avance, dans le cas de perte de leur procès, d'intenter un appel, et qui ont renoncé à leur détermination en pesant les motifs irréfutables d'un jugement habilement rédigé !

On a fait contre l'appel un dernier argument tiré du petit nombre de jugements réformés, et on a demandé à quoi bon faire subir aux parties les lenteurs et les frais de deux degrés de juridiction. Eh bien ! à mes yeux, la confirmation de la plupart des jugements attaqués est la meilleure justification du droit d'appel. Elle prouve, d'une manière irréfragable, aux justiciables la sûreté des conséquences à laquelle conduit la science du droit, elle atteste que la magistrature commet peu d'erreurs. Supprimez au contraire l'appel, et bientôt vous entendrez de toutes parts de vagues accusations d'impéritie et de partialité. La justice, comme la vérité, ne fait que gagner à être discutée. Bien loin d'accepter la suppression de l'appel par cela que peu de jugements sont réformés, je voudrais voir tous les jugements motivés sur des raisons assez incontestables pour qu'ils soient tous confirmés. Les cours d'appel n'auraient-elles pour seule mission que de reviser une dernière fois les décisions douteuses, que leur rôle serait encore infiniment précieux. La vérité de la chose jugée arriverait par là aussi près de la certitude qu'il est possible. Lors même que l'appel ne servirait pas à sauver, de temps à autre, des droits sacrés compromis par une involontaire injustice, j'aimerais à le voir apporter une nouvelle sanction à l'autorité de la chose jugée. Arrivé où il en est de nos jours, l'appel me semble quelque chose de semblable à ces *preuves* arithmétiques, à ces opérations inverses auxquelles les calculateurs soumettent, pour plus de sûreté, leurs premières opérations, lorsqu'ils craignent qu'une erreur ne leur soit échappée.

Les moyens d'arriver à cette précision désirable dans

les opérations de la justice, à cet accord presque constant
entre les juges d'appel et ceux de première instance, à
cette non-contrariété de décisions, ne peuvent être de-
mandés qu'à la science [1]. C'est évidemment en remplissant

---

[1] [En pratique, un des moyens les plus puissants pour arriver à cette
identité de décisions, entre le premier et le dernier ressort, serait de
veiller rigoureusement à ce que les avoués instruisissent les affaires à fond
avant le jugement de première instance. Trop souvent les affaires changent
de face en appel, parce que de nouvelles preuves, de nouveaux moyens
sont découverts et produits par l'appelant. Or, cette transformation du
litige peut entraîner une transformation dans la décision. Il n'est pas facile
d'empêcher ces modifications dans l'état de la question lorsqu'elles ne sont
pas le fruit de la négligence. Bentham avait proposé, comme premier et
plus efficace moyen de réduire le nombre des appels, l'établissement de
cette maxime : *Que le tribunal d'appel ne pourra recevoir, comme base de
sa décision, d'autres documents que ceux qui auront été soumis au tribunal
dont on appelle.* Mais cette règle, séduisante au premier aperçu, ferait
souvent courir de sérieux périls au bon droit, car *le droit accroît en plaidant.* De nouvelles réflexions, un plus mûr examen de la question peuvent
faire sentir la nécessité de s'armer de documents inconnus ou jugés inutiles au premier abord. D'ailleurs le jugement attaqué est lui-même un
nouveau document introduit dans la cause, et la réfutation nécessite des
armes nouvelles. Dès que l'affaire est remise en question, on ne peut s'abstenir de la revoir sous toutes ses faces. Une autre cause de transformation vient de ce que la cause est étudiée par un nouvel avocat et un nouvel
avoué. Le vieux principe *in appellationibus non deducta deduci, non probata probari possunt,* doit donc être maintenu.

Mais en fait, comme la majorité des affaires ne reposent que sur un
petit nombre de moyens et de documents, l'instruction ne sera pas sensi-
blement modifiée en appel si elle a été soigneusement faite en première
instance.

Sous ce rapport, l'art. 443 du Code de procédure, calqué sur l'ordonnance de 1667, est vicieux, en ce qu'il permet l'appel à celui qui a fait
défaut et qui n'a pas usé de l'opposition. L'ordonnance de Villers-Coterets,
de 1539, avait appliqué au contraire la règle romaine *contumax non ap-
pellat,* et la cour de cassation, qu'on n'écouta pas, avait, dans ses *Observations sur le projet de Code de procédure,* proposé d'y revenir. La loi de
Genève, elle, y est revenue. Avec l'article 443, la partie défaillante qui
appelle au lieu de former opposition échappe au premier degré de juridiction pour commencer l'instruction de l'affaire en appel, et anéantit ainsi
la garantie d'une discussion successive devant deux tribunaux différents,
comme le remarque Bellot dans son *Exposé des motifs* de la loi de Genève.

Nous le répétons, l'identité d'instruction devant le premier et le dernier
ressort sera le plus puissant moyen d'arriver à l'identité de décision,
et cette coïncidence habituelle dans les deux décisions sera à son tour une
cause précieuse de diminution dans le nombre des appels.]

les siéges inférieurs de magistrats éclairés et d'un sens parfaitement droit qu'on multipliera les jugements irréformables. C'est en plaçant dans les siéges supérieurs des
conseillers longtemps exercés à juger dans le premier
degré de juridiction qu'on arrivera à l'harmonie de jurisprudence entre les tribunaux d'appel et ceux qui y res-
sortissent. La conséquence de cette unité d'idées et de
doctrine, fruit d'une science positive, sera naturellement
de diminuer le nombre des appels, et d'atténuer dans la
même proportion les inconvénients dont on se plaint.
Quand les parties sauront que la chance d'une décision
nouvelle est presque réduite à zéro, elles seront peu ten-
tées de prolonger une lutte à peu près sans issue. C'est
alors seulement qu'on pourra songer à diminuer les cours
d'appel et à restreindre le nombre des conseillers dans
celles qui seraient conservées [1].

Mais la liberté de l'appel me semble devoir rester longtemps encore une des nécessités comme l'une des garanties
de la justice. L'exercice de cette faculté pourra diminuer
partout où les lumières et la science des magistrats seront
plus incontestées, partout où, par une légitime conséquence de ce premier progrès, le nombre des jugements
réformés ira en diminuant, et où, à la vue du peu de
chances de succès qui lui reste, le plaideur vaincu dans
la lutte, sera, avant d'interjeter son appel, forcé de répéter lui-même :

L'issue en est douteuse et le péril certain ! [2]

---

[1] On n'en prend pas la marche, puisque la loi du 30 juin 1843 a augmenté encore de six conseillers le personnel de la cour de Paris. — Voir
sur ce point les excellentes observations de M. Wolowski, *Revue de législation*, t. XVII, p. 500.

[2] Corneille, *Cinna*, acte 1er, scène 1re.

CHAPITRE XXVII.

DE L'INAMOVIBILITÉ ET DE L'ÉLECTION DES JUGES.—DES CONDITIONS
ET DES RÈGLES POUR L'AVANCEMENT.—DU CONCOURS.

—

« Les juges doivent réunir trois qualités principales :
« l'instruction, l'intégrité et l'indépendance. Aucun sys-
« tème ne garantit l'indépendance d'une manière abso-
« lue ; mais l'inamovibilité, malgré ses inconvénients,
« est ce qui l'assure le mieux dans tous les systèmes de
« nomination [1]. » Sans l'indépendance en effet rien n'assure l'impartialité du juge, rien ne garantit que la procédure sera mise en œuvre avec une parfaite loyauté.

L'inamovibilité, dans l'acception complète de ce mot,
c'est l'irrévocabilité absolue du juge, excepté pour cause
de crime de droit commun, jugé régulièrement par les
juges compétents. Selon les principes de notre ancien
droit public et aux termes de la célèbre ordonnance du
21 octobre 1467, elle n'avait de limite que la *forfaiture*.

---

[1] *Mémoires de l'Acad. des sciences mor. et polit.*, t. III, p. 477.

Je n'entends point peser ici le fort et le faible du principe de l'inamovibilité judiciaire ; mais ce principe me semble devoir triompher de toute discussion. Sans invoquer ici l'histoire pour justifier cette antique garantie de la magistrature française [1], sans citer les hommes éminents qui l'ont défendue [2], sans invoquer les nombreuses autorités qui se pressent à l'appui, je me bornerai à déclarer qu'à mon point de vue, c'est-à-dire à celui d'une justice impartiale, exacte et peu coûteuse, elle vaut à elle seule plus que des articles de loi [3].

Mais je sens que je n'ai pas le droit de trancher ici d'un mot une pareille question, et que je ne puis ainsi rendre un jugement sans motifs ; qu'il me soit donc permis d'appeler ici à mon aide ces paroles éloquentes :

« Lorsque le pouvoir, chargé d'instituer le juge au nom de la société, appelle un citoyen à cette fonction éminente, il lui dit : Organe de la loi, soyez impassible comme elle ! toutes les passions frémiront autour de vous, qu'elles ne troublent jamais votre âme ! Si mes propres erreurs, si les influences qui m'assiégent et dont il est si malaisé de se garantir entièrement, m'arrachent des commandements injustes, désobéissez à ces commandements, résistez à mes séductions, résistez à mes menaces. Quand vous monterez au tribunal, qu'au fond de votre cœur il ne reste ni

---

[1] Voyez la déclaration de Louis XI, du 21 octobre 1467, l'un des plus précieux monuments de notre législation ; celle de Louis XIV, de 1648 ; la charte de 1814, art. 58 ; la charte de 1830, art. 49, et le beau préambule de l'ordonnance de Louis XVIII, du 15 février 1815.

[2] MM. Dupin, de Montalembert, Villemain, Hello. En 1790, l'inamovibilité succomba sous les attaques de Duport, d'André, Rœderer et Buzot. En 1830, MM. Salverte et Mauguin se déclarèrent contre elle.

[3] L'inamovibilité existe dans la république des Etats-Unis comme dans l'Angleterre monarchique.

une crainte, ni une espérance. Soyez impassible comme
la loi !

« Le citoyen répond : Je ne suis qu'un homme, et ce
que vous me demandez est au-dessus de l'humanité. Vous
êtes trop fort et je suis trop faible. Je succomberai dans
cette lutte inégale. Vous méconnaîtrez les motifs de la
résistance que vous me prescrivez aujourd'hui, et vous
la punirez. Je ne puis m'élever au-dessus de moi-même,
si vous ne me protégez à la fois et contre moi et contre
vous. Secourez donc ma faiblesse, affranchissez-moi de
la crainte et de l'espérance, promettez-moi que je ne
descendrai pas du tribunal, à moins que je ne sois convaincu d'avoir trahi les devoirs que vous m'imposez.

« Le pouvoir hésite : c'est la nature du pouvoir de se
dessaisir lentement de sa volonté. Eclairé enfin par l'expérience sur ses véritables intérêts, subjugué par la force
toujours croissante des choses, il dit au juge : Vous serez
inamovible [1] ! »

_____

[1] Royer-Collard. — Voyez aussi Ch. Comte, *Considérations sur le pouvoir judiciaire*, p. 37, 38.
   [Sur l'inamovibilité, on peut encore consulter Machiavel, *Première
Décade sur Tite-Live*; Bodin, *De la République*, liv. IV, ch. 4; Loyseau,
Des Offices, liv. I, ch. 3; Henrion de Pansey, *De l'Autorité judiciaire*,
ch. 9, Inamovibilité des juges; Bentham, *De l'Organisation judiciaire*,
ch. 17, de l'Amovibilité des juges, et ch. 18, Continuité du salaire en cas
de destitution; Dupin, *Discours sur l'inamovibilité des juges*, à la fin du
t. II de son recueil des *Lois concernant l'organisation judiciaire*; d'Eyraud,
De l'Administration de la justice et de l'ordre judiciaire, ch. 27, de l'A-
movibilité, de la forfaiture; Boncenne, *Théorie de la procédure*, Introduction, ch. 7, p. 120; Laferrière, *Histoire du droit français*, t. II, p. 165;
Sclopis, *Della Autorità giudiciaria*, p. 107 et suiv.; Louis Raynal, *De
l'Inamovibilité*. A l'occasion du décret du gouvernement provisoire, du
17 avril 1848, où le principe de l'inamovibilité fut violé, M. Hello publia dans la *Revue de législation et de jurisprudence* un travail intitulé :
*De l'Inamovibilité des juges dans ses rapports avec le gouvernement répu-
blicain*.
   M. Sauzet a donné dans les *Mémoires de l'Académie de Lyon*, classe des
lettres, vol. de 1855, des *Considérations sur les retraites forcées de la magistrature*.]

II. L'élection de la magistrature est une de ces idées séduisantes qui trouvent encore des partisans, mais qu'on est en définitive forcé de proclamer impraticables. Sans doute il serait désirable de faire juger les justiciables par des hommes de leur choix, et de bannir des rangs de la magistrature certains intrus que les influences politiques y font quelquefois pénétrer ; mais tout bien considéré, l'élection populaire ne peut amener de bons choix ; elle serait inconciliable avec l'inamovibilité, aussi nécessaire cependant vis-à-vis des électeurs que vis-à-vis du pouvoir. Les conditions d'éligibilité et d'électorat, indispensables pour assurer le savoir et la capacité des juges élus, se-raient si difficiles à régler, que l'élection comme mode de recruter la magistrature, est un système peut-être accep-table en théorie, mais impossible à mettre en pratique, au moins en France. Nous ne nous y arrêterons donc pas.

La seule application de l'élection qui pourrait être pro-posée et qui se recommanderait par certains avantages, aurait lieu, non pas pour recruter la magistrature, mais pour le choix de ses chefs. Il eût été peut-être possible en effet, comme le disait M. Jacques, dans son *Organisation de l'ordre judiciaire* que nous avons déjà citée, de faire nommer les conseillers de cassation par le corps entier de la magistrature [1], et surtout de faire élire les présidents par les tribunaux qu'ils dirigent.

Mais nous ne voudrions jamais que les magistrats élus le fussent seulement pour un temps, car s'ils étaient sou-

---

[1] Mais on objecterait que pour la cour de cassation il serait difficile que les électeurs, c'est-à-dire chacun des magistrats de la France entière, connussent assez le mérite relatif des divers candidats pour procéder à l'élection avec une suffisante connaissance de cause.

mis à des réélections, leur indépendance serait brisée.
Les chances des réélections auraient ce résultat inévitable
de faire de la magistrature la position la plus incertaine
et la plus précaire, et d'en écarter à jamais les hommes
qui auraient consacré leur jeunesse aux longues et fastidieuses études du droit [1].

III. Est-ce à dire parce que la magistrature est inamovible et que le choix de ses membres est remis aux mains
du pouvoir, que tout soit pour le mieux? Nous ne le pensons pas, mais nous croyons les réformes difficiles à exécuter législativement parlant. Le mal vient des chefs de
corps chargés de proposer les choix, souvent aussi des
bureaux du ministère.

« Présentation pour présentation, celles des compa-
gnies seraient sans contredit plus respectables que celles
des premiers présidents et des procureurs généraux, lesquels ne présentent jamais que leurs créatures, ou les
candidats qui paraissent les plus disposés à l'obéissance
envers le ministère, et il n'est pas douteux qu'alors la

---

[1] [On se rappelle que la magistrature fut élective pendant la Révolution.
Lemontey publia en 1790 un *Avis à un citoyen qui doit concourir à l'élection des juges*. Cette pièce, où l'on trouve de bonnes réflexions sur le
choix des magistrats, a été réimprimée à la fin du tome Ier de ses Œuvres.
« C'est, disait-il, un préjugé assez commun, dans les classes peu instruites de
la société, de croire qu'un honnête homme est toujours un bon juge. Hélas!
l'expérience prouve trop bien que c'est celui dont on se joue le plus impu-
nément et qu'on entoure de plus d'erreurs et de préventions... Ne cher-
chez pas à vous rassurer par la considération que les juges ne sont élus que
pour six années, car l'opinion publique rendra inamovibles vos magistrats
temporaires... Nul homme délicat ne se présentera pour remplacer un
juge vivant...»—Sur l'élection des juges, voyez Bentham, *De l'Organisation judiciaire*, ch. 8 et ch. 9, des Élections périodiques pour les juges,
avec un intervalle d'exclusion. Raisons contre ce mode.]

magistrature acquerrait bientôt des hommes dignes de l'illustrer [1]. »

Je ne puis vraiment m'empêcher de protester, avec tous les hommes doués du sentiment de la justice, contre les passe-droits qui ont lieu dans l'ordre judiciaire, plus fréquemment que dans les autres corps de fonctionnaires. Je déplore avec le barreau, avec les justiciables, avec le pays tout entier, de voir, sur tant de siéges de nos tribunaux de province, végéter des magistrats respectables par leur savoir, leur expérience, leur intégrité, et qui ont été oubliés dans les fonctions obscures et peu rétribuées où ils ont blanchi au service du pays, par cela seul qu'ils n'ont pas sollicité. Je déplore la défaveur dont ils ont été victimes et qui a donné à des sujets médiocres et souvent nouveaux dans la magistrature, un avancement refusé à des hommes plus méritants. Parmi les réformes que j'examine ici, je ne trouverais donc urgent que de tracer des conditions à l'avancement dans la magistrature.

M. Chretien de Poly, vice-président du tribunal de la Seine, disait déjà en 1829, dans une réclamation présentée au ministre de la justice : « Le roi n'a pas cru compromettre sa prérogative, en provoquant lui-même une loi qui attribue à l'ancienneté les deux tiers des emplois

[1] M. Bérenger, *De la Justice criminelle en France.* Conférez *De la Liberté considérée dans ses rapports avec les institutions judiciaires,* par le premier président de la cour d'Ajaccio, liv. VII, Réformes à faire, ch. 6, Présentation des candidats confiée aux tribunaux. — Bourguignon, *De la Magistrature,* p. 114.

« D'après la législation belge, les conseils provinciaux ont droit de présentation pour les principales places de la magistrature assise. Ce système fonctionne en Belgique depuis 1832, et avec grand avantage. » (M. Raudot.)

de l'armée, et qui pose des règles dont ils n'est plus permis de s'écarter, même pour le tour de faveur......

« L'ancienneté n'est-elle pas aussi quelque chose dans les corps de magistrature, dont l'entrée n'est ouverte qu'à ceux qui en ont acquis le droit par des études longues et fatigantes, et où l'on parcourt une carrière si laborieuse?

« La magistrature serait-elle la seule carrière où les bons et loyaux services ne donneraient pas de droits? »

Quoiqu'il ne soit plus question du projet de loi présenté en 1850, pour tracer des règles à l'admission et à l'avancement, je ne puis omettre dans ce chapitre, écrit au point de vue de la science et en dehors des contingences politiques, de rappeler les données excellentes que renferme le rapport de M. de Crouseilhes, déposé devant l'assemblée législative en mai 1850. La mission de la critique philosophique est en effet de rechercher ce qui serait le plus sage, de songer non à ce qui est, mais à ce qui devrait être, et de rassembler les matériaux des bonnes lois.

IV. On a proposé comme moyen de recruter la magistrature d'une manière réellement scientifique, la mise au concours des places vacantes. J'avoue que je me sentirais beaucoup de faible pour ce mode essentiellement libéral et infiniment préférable à l'élection. La nécessité de subir un concours écarterait assurément les esprits paresseux, les médiocrités qui assiègent le ministère de la justice. Mais s'il était une garantie sous le rapport de la science acquise par le travail, assurément il ne suffirait pas sous le rapport de la tenue extérieure, de la dignité personnelle et par-dessus tout de la sûreté de jugement qu'il importe tant de rencontrer chez les magistrats. Un obstacle enfin à l'adoption de cette mesure, se trouverait dans la durée des concours qui devient nécessairement très-prolongée, dès qu'il y a à la fois une quantité d'épreuves suffisante et un certain nombre de concurrents. On sait quelle difficulté on avait pour abréger la longueur des concours pour les chaires des facultés de droit, quels déplacements coûteux ces épreuves causaient, et aux juges et aux candidats, lorsque ce mode de nomination était habituellement usité.

Quoi qu'il en soit, l'introduction de ce procédé pour recruter la magistrature est une idée qui n'aurait pas dû être abandonnée. Je n'ai point à m'occuper ici de la question de savoir comment on pourrait diriger de telles épreuves, ni rechercher si elles donneraient accès seulement dans les degrés inférieurs de l'ordre judiciaire, sauf à se combiner ensuite avec un système d'avancement[1]. M. Ferdinand Jacques, dans l'article de la *Revue française et étrangère* déjà cité plus haut, a traité d'une manière développée cette question du concours appliqué à la nomination des magistrats ; je renvoie à son travail. Seulement, si le concours devait passer dans nos

---

[1] [Suivant une brochure récemment publiée par M. le chevalier Cantalupo, conseiller à la cour suprême de Naples, sur les statistiques judiciaires du royaume des Deux-Siciles, toutes les places de la magistrature napolitaine, au nombre d'environ 830, sont, depuis l'année 1833, données au concours. Les épreuves durent cinq jours et roulent sur tous les systèmes législatifs qui ont été ou qui sont encore en vigueur dans le royaume, sur leur interprétation et leur application aux cas pratiques.

Il y a en outre des conditions d'avancement. Ainsi, nul ne peut siéger dans une grande cour criminelle s'il n'a passé par les grades inférieurs, s'il n'a été membre d'un tribunal d'arrondissement, juge d'instruction ou *avocat illustre*. Nul ne peut être membre d'un tribunal s'il n'a été juge suppléant, auditeur ou *élève de jurisprudence*. Il faut de trois à cinq ans pour parcourir chaque degré.]

mœurs judiciaires, je ne voudrais point, comme l'auteur que je cite, le placer constamment à Paris : car ce serait fermer la magistrature à la plupart des membres des barreaux de province, et créer une inégalité trop favorable aux candidats parisiens.

CHAPITRE XXVIII.

DE L'ASSISTANCE JUDICIAIRE.

—

J'ai, dans les chapitres précédents, fait la guerre aux
choses qui vicient chez nous l'administration de la justice,
et j'ai recherché les moyens de corriger de fâcheux abus.
Il me reste à examiner si la justice, quelque imparfaite
qu'elle soit, est au moins abordable pour tous les citoyens,
et à dire un mot de l'assistance judiciaire.

Cette question, résolue par la loi du 22 janvier 1851 [1],
n'est pas aussi nouvelle qu'on le croit généralement.

L'institution de l'avocat des pauvres, organisée en
Piémont et citée souvent comme modèle, se rattache à
des institutions déjà fort anciennes.

Parmi les œuvres de bienfaisance créées de toutes
parts au moyen âge par des esprits voués au culte de la
charité, on trouve souvent, en fouillant notre propre his-

[1] En décembre 1852, le ministère de la justice a fait demander aux
parquets et aux bureaux d'assistance judiciaire leur avis sur les résultats
de cette loi dans la pratique, si elle a produit tout le bien qu'on en atten-
dait, et quelles questions, quelles difficultés elle soulève.

toire, la défense des pauvres et des opprimés. Les légen-
daires et les hagiographes n'ont pu trouver pour le bien-
heureux Yves de Kaermartin, si célèbre depuis comme
patron du barreau et des gens de justice[1], de titre plus
glorieux que celui d'*avocat des pauvres*. L'exemple même
de ce personnage propagea chez nos ancêtres l'idée de la
défense gratuite des indigents, et l'avocat des pauvres du
Piémont n'a peut-être pas d'autre origine[2]. Quoi qu'il en
soit, des fondations nombreuses garantissaient autrefois,
dans le midi de la France, des défenseurs gratuits à ceux
que l'absence de ressources privait de recourir à la justice.
Même de nos jours, à Nîmes, un office d'avocat destiné
aux pauvres, et fondé au xv° siècle par la charité d'un
simple particulier, subsiste et rend d'utiles services,
quoique les ressources de cette fondation aient été notablement réduites par l'action du temps et des événements[3].

Henri IV aussi avait songé à faire de la défense gra-
truite une institution publique. Un arrêt du conseil du
6 mars 1610 contenait le germe de cette institution.
Mais le roi mourut deux mois après, et la mesure n'eut
pas de suites[4].

---

[1] Yves, seigneur de Kaermartin et official de Rennes, vivait dans la
deuxième moitié du xiiie siècle.

[2] Il a été créé en 1477 par un statut d'Amédée VIII, duc de Savoie.

[3] Dans les États pontificaux, un certain nombre de congrégations se
sont formées dans un but analogue : un avocat consistorial défend les
pauvres au criminel.

[4] Aufrerius, commentateur du *Stylus parlamenti*, avait eu soin de dire
au chapitre des avocats, que les avocats sont tenus de plaider gratuitement
pour les pauvres, en vertu du principe de charité : *Tenentur gratis advo-
cari lege divina*, et il ajoutait : « Advocatus recusans patrocinari pro pau-
pere peccat mortaliter quum scit talem pauperem impotentem ad solven-
dum et incurrere notabile damnum ex defectu advocati si requisitus eum
non adjuvat gratis : secùs, si leve damnum, quia tunc est veniale.

Au xviiie siècle, dans la Lorraine, le roi de Pologne Stanislas, créa, par une déclaration du 20 juillet 1750, une *chambre de consultation* à Nancy, composée de quatre avocats chargés d'assister et de défendre gratuitement les personnes tombées dans l'indigence. Les jurisconsultes attachés à cette chambre recevaient des honoraires fondés par ce prince [1].

A la même époque, les avocats de Paris s'assemblaient tous les mercredis dans leur bibliothèque, placée alors à l'archevêché, pour donner des consultations gratuites : noble usage que le barreau de nos jours s'est fait gloire de continuer.

L'institution de l'avocat des pauvres dans le Piémont et dans les autres pays de l'Europe, qui de près ou de loin ont imité son exemple, a fourni à M. Dubeux le sujet d'un ouvrage sur cette partie de la législation charitable [2].

M. Dubeux proposait d'organiser l'avocat des pauvres dans chaque ressort de nos cours d'appel, et d'en faire une véritable magistrature aux frais de l'Etat, semblable à celle qui existe en Piémont. J'aurais hésité à partager cet avis, que la loi du 22 janvier 1851 a repoussé. En effet, cette magistrature piémontaise, suivant l'opinion de personnes qui l'ont vue fonctionner de près, promet plus dans la théorie qu'elle ne tient dans la pratique. Son importance en Piémont vient de ce que, outre la

---

[1] Voyez Denisart, vo *Consultation.*

[2] *Etudes sur l'institution de l'avocat des pauvres et sur les moyens de défense des indigents dans les procès criminels, en France, en Sardaigne et dans les principaux États de l'Europe,* par M. Dubeux, alors substitut à Versailles; Paris, 1847. — Voyez aussi Dorigny, *De l'Assistance judiciaire et des Immunités accordées aux indigents;* Paris, 1851, in-8o. — Dès 1788, Boucher d'Argis le fils avait abordé ces questions, principalement au point de vue criminel, dans sa *Bienfaisance de l'ordre judiciaire.*

défense proprement dite des indigents, on a conféré à l'avocat des pauvres des attributions qu'on ne peut songer à lui donner en France. Aussi les affaires confiées à ce fonctionnaire présentent-elles un regrettable arriéré.

L'avocat des pauvres en Piémont doit s'occuper, au criminel, directement ou indirectement, de la défense de tous les accusés riches ou pauvres; au civil, il est le défenseur des établissements de bienfaisance.

Chez nous, tout cela ne réclame point une magistrature nouvelle. Les intérêts des établissements de bienfaisance doivent continuer à être défendus comme ceux des autres personnes morales, et la défense des accusés ne réclame que bien peu d'améliorations.

Nous ne considérons donc l'utilité de l'avocat des pauvres qu'au point de vue des intérêts civils des particuliers indigents.

Or, pour cela, une magistrature spéciale était évidemment inutile, dangereuse même.

Inutile, parce qu'il est peut-être sans exemple qu'un avocat ou un avoué ait refusé ses soins gratuits à un malheureux, et aussi parce que les pauvres ont, par une sorte de compensation à leur misère, le bonheur de n'avoir que bien rarement des procès.

Dangereuse, parce que ce serait troubler l'égalité de la défense, que de mettre du côté du pauvre un magistrat, tandis que la partie adverse ne serait défendue que par un simple avocat[1].

---

[1] Voyez le mémoire de M. Vivien sur la *Défense des indigents dans les procès civils et criminels*, publié avec les observations de MM. Cousin, Dupin, de Beaumont et Giraud, dans le *Compte rendu des travaux de l'Académie des sciences mor. et polit.*, de M. Ch. Vergé, t. XII, p. 446.

S'il eût été dangereux pour l'égalité de la justice, de donner à la partie indigente un défenseur revêtu d'un caractère différent de celui de son adversaire, à plus forte raison fallait-il repousser l'idée d'un tribunal spécial pour juger les malheureux.

Je dois discuter ici cette idée d'une justice à part pour les indigents, parce qu'elle a fait la base de la plupart des projets de justice gratuite qu'on a vus dans les journaux, et que l'un des premiers services de la philosophie du droit doit être de réfuter les idées fausses en matière de législation, surtout lorsque ces idées ont un certain cours dans les esprits. Il ne suffit pas en effet de critiquer les mauvaises lois, il faut montrer le danger d'idées imprudentes que l'on a voulu suggérer au législateur.

Je citerai donc ici, à titre d'exemple, le passage suivant d'un article intitulé : *Plan de justice gratuite, par un ouvrier*, publié en 1850 par un journal monarchiste, l'auteur m'ayant paru le plus éclairé de tous ces réformateurs. On verra combien son plan est pourtant défectueux :

« Il serait nécessaire d'établir dans les quatre-vingt-six chefs-lieux de la France, le siége départemental de la justice gratuite : il y aurait deux sessions par an, sous la présidence du maire; le secrétaire de la mairie remplirait les fonctions de greffier; le conseil serait composé du préfet, du maire, de l'administrateur du bureau de bienfaisance et d'un conseiller municipal de cantons ruraux tiré au sort..... — Les places d'avocat des pauvres seraient mises au concours et pour cinq ans; quatre-vingt-six étudiants en droit, classés par ordre de mérite, siégeraient dans les quatre-vingt-six villes où sont les préfets; ils toucheraient 2,400 francs d'appointements... »

Je n'ai pas besoin de faire remarquer tout ce que ce système a d'impraticable, quelle triste justice serait celle qui serait rendue par des gens étrangers à la connaissance des lois, et quelle faible défense serait celle d'étudiants en droit, c'est-à-dire de jeunes gens novices et non formés aux affaires. Les pauvres seraient les premiers sacrifiés, car on n'interdirait pas sans doute à la partie adverse de faire présenter sa cause par un avocat exercé.

Et puis ne serait-ce pas un privilége excessif conféré au pauvre, que d'attirer son adversaire devant un tribunal extraordinaire, d'évoquer sa cause devant des juges ignorant les premiers principes du droit, c'est-à-dire de la justice, et égarés par les fausses lueurs d'une prétendue équité? Ne serait-ce pas rétablir en faveur d'une classe de la société une sorte de droit de *committimus*, cet exorbitant privilége si souvent reproché aux anciennes aristocraties?

La composition d'un tel tribunal serait d'ailleurs une injure à la magistrature, qui s'en trouverait complétement exclue. On sait enfin à quels résultats conduisirent les tribunaux arbitraux expérimentés pendant la révolution.

Non, le principe que nul ne peut être distrait de ses juges naturels doit rester inviolable, et les pauvres comme les riches doivent être jugés par la même juridiction, avec les mêmes lois, les mêmes formalités. Bentham a bien montré le danger des tribunaux extraordinaires et le vice des compétences exceptionnelles.

Il faut donc mettre à l'écart toutes ces théories qui ont germé dans des esprits peu préparés à discuter ces matières. Mais l'émission même de ces systèmes bizarres, de ces plaintes, doit exciter l'attention des hommes compétents.

Si l'indigent en effet a rarement besoin de frapper à la porte de nos tribunaux, il est une notable partie des jus- ticiables qui, sans être dans l'indigence, se trouvent arrê- tés dans l'exercice de leurs droits par l'excessive élévation du prix de la justice. Le cultivateur, l'artisan, le petit propriétaire, ne peuvent aborder la barre des tribunaux, ni recourir au ministère forcé, obligatoire des officiers publics, sans s'exposer à une ruine plus ou moins com- plète.

C'est pour cette catégorie nombreuse et intéressante qu'il y a beaucoup à améliorer. Pour elle, l'avocat des pauvres serait établi en vain, car l'homme qui travaille rougirait d'invoquer l'humiliant privilége de la misère.

Il faut bien le reconnaître, parmi les justiciables, il est une infinité de personnes qui, possédant un petit patri- moine, des instruments de travail, une industrie honora- ble, n'auraient aucun droit à l'assistance judiciaire, et qui cependant sont obligés de renoncer à défendre les droits les plus légitimes, à cause du prix que coûte au- jourd'hui l'accès des tribunaux.

C'est cette portion de la société qui bien plus que la classe absolument indigente, a droit de dire que la justice n'est pas abordable pour tous, et pourtant c'est elle sur- tout qui est le plus exposée aux contestations, à raison de son travail et de son commerce.

On peut affirmer que parmi ceux qui se décident à plaider, il y en a un tiers pour lesquels les frais et surtout les salaires des gens de loi, sont une charge presque impossible à supporter.

N'oublions point que l'on n'est pas toujours maître d'évi- ter un procès, que le plus souvent la détresse se trouve du côté du défendeur, et que bien des gens forcés de se

22

défendre, aimeront mieux subir les dures conditions de l'usurier ou du prêteur sur gages, que de solliciter l'aumône de l'assistance judiciaire, et d'ébranler ainsi leur crédit par l'aveu d'une gêne cachée.

Ces misères-là sont certainement plus intéressantes que l'indigence absolue, fruit habituel de la paresse et de l'imprévoyance. C'est en leur nom que je maintiens dans ce volume le chapitre de l'assistance judiciaire, que la loi du 22 janvier 1851 n'a pas rendu superflu, car notre droit sera toujours imparfait tant qu'il consacrera l'exagération actuelle des frais de justice.

LIVRE III.

LIVRE III.

—

DE LA FORMALITÉ JUDICIAIRE,
DES ACTIONS ET DU SYSTÈME DES PREUVES.

———

CHAPITRE PREMIER.

CE QUE C'EST QUE FORMALITÉ.

—

Avant d'aborder ce qui concerne l'instruction judiciaire et de passer en revue la série des actes dont l'accomplissement successif et graduel constitue la *procédure*, c'est-à-dire la *marche* d'un *procès*, jetons un coup d'œil sur la forme générale que revêtent les actes juridiques, soit qu'isolés, ils soient passés pour servir de preuve et de constatation à un droit actuellement non contesté, soit que liés ensemble et subordonnés les uns aux autres, ils fassent partie du développement d'une action et que, dressés dans un but contentieux, ils composent les *pièces* d'une instance. Voyons quels sont les caractères essentiels des contrats, les marques extérieures qui permettent de reconnaître s'ils ont été *passés en bonne forme*, et s'ils doivent inspirer le respect. Voyons à quelles solennités et à quelles apparences extrinsèques un jugement devra son autorité. A cette recherche se rattache intimement l'ordre des actions judiciaires et la théorie des preuves, ainsi que les principes en matière de nullités, déchéances et forclusions.

Au point de vue juridique, cette partie essentielle des lois *judiciaires*, ou *adjectives*, comprend les règles de la rédaction des contrats, le style de la procédure et la *dresse* [1] des actes de toute nature. C'est la théorie du notariat et du travail des greffes, et l'ensemble de connaissances indispensable à l'avoué et au praticien. Si je ne craignais de forger un nouveau mot, j'appellerais cette partie de la jurisprudence le droit *instrumentaire*. Son étude dans le passé, inséparable de la paléographie et de l'art de vérifier les dates, constitue la *diplomatique*. On n'attend pas de moi que dans les limites de ce volume, je l'étudie sous ces diverses faces, qui ont donné lieu à de si vastes et si nombreux travaux. Mon dessein est seulement d'indiquer ici les points d'attache de toutes ces ramifications secondaires, et en m'appliquant à une seule branche, de la considérer philosophiquement.

Le devoir de la philosophie en cette matière n'est pas

---

[1] Je me sers du mot *dresse,* d'après l'autorité et l'exemple de MM. Berriat-Saint-Prix et Carré.

de présenter seulement des définitions et des classifications, mais surtout de démontrer la légitimité et la sagesse des formalités, et leur nécessité pour l'établissement et la conservation du bon droit, et pour assurer, soit actuellement, soit dans l'avenir, le discernement du juste et de l'injuste.

Sous ce point, je laisse la parole à Pierre Ayrault, qui, dès le xvi⁰ siècle, traita le droit pénal d'une manière rationnelle et dont les raisons peuvent être invoquées en matière civile aussi bien qu'en matière criminelle. « En « justice, dit-il, la formalité y est si nécessaire, qu'on n'y « sçauroit se desvoyer tant soit peu : y laisser et obmettre « la moindre forme et solemnité requise, que tout l'acte « ne vînt incontinent à perdre le nom et surnom de jus- « tice... La raison est, parce que justice n'est quasi pro- « prement autre chose que formalité et cérémonie. C'est « donc comme d'une monnoye publique, tant que l'image « et la forme du prince y est, elle s'appelle monnoye, « dont l'auctorité et le crédit vaut plus que l'or : ostez « l'image, ce n'est désormais qu'une masse et rien de « plus; ainsi est-il de la justice, qui en ostera l'ordre [1]. »

La formalité est donc le moule où se modèlent les actes de justice, la marque qui en constate le titre et la valeur. Elle est moins rigoureuse en matière civile qu'en matière criminelle, parce que entre particuliers il doit régner une confiance réciproque, et qu'on doit s'attacher de bonne foi à la commune intention des parties plutôt qu'à l'accomplissement rigoureux des solennités.

Un auteur peu connu, Frain du Tremblay, a défini et

Ayrault, *L'Ordre, formalité et instruction judiciaire*, p. 3.

justifié ainsi les formalités judiciaires : « On confond ordinairement les termes de procédure et de formalité ; ce
sont choses néanmoins très-différentes. Les procédures
sont proprement tous les actes nécessaires pour l'instruction d'un procès, soit civil soit criminel ; et les formalitez
sont les clauses et dispositions qui composent la forme
des actes, soit devant les notaires, soit en jugement[1].
Mais cependant nous nous servirons indifféremment de
l'un et de l'autre, parce que je vois que les autres ne les
ont pas distinguez.

« Entre les procédures et les formalitez, les unes sont
absolument nécessaires, et les autres ne le sont pas. Le
deffaut des unes vitie l'instruction d'un procès et celui des
autres ne la vitie pas...

« Il est constant que tout seroit incertain parmi les
hommes, si chaque espèce de contracts n'avoient leurs
formalitez, si chaque action en justice ne s'exerçoit par
certaines formules et avec certain stile propres ; et il faut
que les particuliers se soumettent à ces formalitez, soit
qu'ils contractent, soit qu'ils agissent en justice, puisqu'autrement on ne pourroit pas savoir ce qu'ils vou-
droient faire. Il le faut encore afin que les choses soient
uniformes entre les citoyens, puisque sans cela il seroit

---

[1] « Le plus ou le moins de copies d'un dossier décide du juste et de
l'injuste, et cela dépend aussi quelquefois de la couleur de la robe que
les juges auront mise. » (Belime, *Philosophie du droit*, t. Ier, p. 16.)
« Ce sont de pures formalitez que les juges ne rendent la justice
qu'avec certains habits, en certains lieux, en certains jours et à certaines
heures. On ne méprisera jamais ces formalitez que par un esprit de désordre et d'injustice. » (*Essais sur l'idée du parfait magistrat*, p. 382.)
[Il y a des abus jusque dans les costumes. Ainsi, dans certains arrondissements, des juges de paix qui n'ont aucune espèce de grade, placent
sur leur robe la chausse de licencié qu'ils n'ont pas le droit de porter, et
dont plusieurs ne connaissent même pas la signification. Le parquet devrait avoir l'œil sur tous ces détails.]

comme impossible de réduire le droit humain à certaines règles et à certaines maximes, c'est-à-dire d'en faire un art, et les juges seroient les maîtres de juger comme il leur plairoit : ce qui feroit une effroyable confusion.

« A la vérité, nous ne sommes pas nous autres si scrupuleusement attachez aux formules, que l'omission d'une syllabe dans la forme emporte la perte du fonds ; mais nous les suivons autant que le bon ordre le demande : et comme cet ordre veut qu'il ne se fasse rien que selon certaines règles et avec certaines cérémonies, l'amour de l'ordre nous assujettit à ces règles et à ces cérémonies...

« Mais enfin, l'exercice de la justice ne se peut faire sans formalitez, puisque la vérité qui est la matière sur laquelle travaille le juge, ne se découvre que par le moyen de ces formalitez ou procédures....

« Les grands esprits ne voyant pas d'abord toute la nécessité des formalitez et des procédures, se portent facilement à les mépriser ; mais pour peu qu'ils les considèrent et y fassent de réflexion, ils reconnoissent qu'il n'est pas non plus possible que la justice ou la société civile se passe de procédures et de formalitez, que de l'usage de la parole. Il n'y a point de convention si simple entre les hommes qui n'ait ses clauses et ses conditions, de question si nuë qui n'ait besoin de quelques éclaircissements.

« .... Antoine Loisel remarque dans la vie de Pierre Pithou,..... qu'il prenoit garde jusqu'aux plus petites formalitez : *car* (ajoute l'auteur) *il a toujours fait un grand état des formules.*

« C'est une maxime certaine que le droit naît du fait, et que par conséquent il n'est pas possible que le juge fasse justice si le fait n'est pas parfaitement éclairci : or

toutes les procédures tendent à cet éclaircissement. C'est
dans cette vuë que les loix les ont ordonnées, et il y en a
qui sont d'une nécessité si absoluë que sans elles le fait
d'aucun procès ne sauroit être suffisamment connu pour
faire la matière de la décision des juges[1].

. . . .

« Il faut encore demeurer d'accord que c'est la délica-
tesse de la religion des juges, laquelle a donné lieu à la
multiplication des procédures, et que plus une nation a
eu le zèle d'une justice exacte, plus aussi ses loix ont établi de procédures et de formalitez pour mettre les faits
dans une grande lumière et dans une parfaite évidence,
afin de mieux connoître le droit qui en doit faire la décision ».

[1] *Essais sur l'idée du parfait magistrat,* ch. 28, des Procédures et
formalitez.

CHAPITRE II.

DES ACTIONS.

—

Nous avons déjà dit que le Code de procédure civile était loin de contenir tout l'ensemble des lois *judiciaires* ou *adjectives*. Exagérant le principe que la loi commande et ne disserte pas[1], qu'elle est un précepte et non une doctrine, les rédacteurs du Code n'ont, en général, donné place dans leur œuvre qu'à des dispositions purement réglementaires, laissant en dehors des points fort importants, abandonnés jusqu'ici aux controverses des commentateurs.

La matière des actions, par exemple, forme une des théories les plus graves du droit, et ce qui est singulier, le législateur n'a pris nulle part la peine de la traiter. Dans le Code de procédure, il est souvent question d'actions réelles ou personnelles, d'actions mixtes, d'actions immobilières, d'actions en garantie, de possessoire et de

[1] *Leges non decet esse disputantes, sed jubentes.* Bacon.

pétitoire, sans que les termes aient été définis, en sorte que pour avoir l'intelligence du code des formes judiciaires, il faut qu'un justiciable ait suivi un cours de droit, ou plutôt, qu'il ait passé une partie de sa vie dans l'officine des gens de loi. Les rédacteurs du Code de procédure civile sont évidemment tombés dans l'erreur de ceux qui trouvaient « qu'il ne fallait parler dans le Code civil ni des « obligations en général, ni des divers contrats en parti- « culier, parce que Domat et Pothier avaient tout dit sur « ces matières ; comme si Domat et Pothier eussent été « des législateurs dont les décisions eussent lié les juges « et les citoyens! » Aussi, lors de la rédaction du Code de procédure, la cour de cassation, dont nous venons d'emprunter les expressions, réclama-t-elle afin que les principes généraux sur lesquels repose la pratique judiciaire, et qui sont abandonnés aux opinions des auteurs, fussent posés et déterminés d'une manière précise, en tête même du Code. Le code judiciaire « n'a-t-il que des « formes à indiquer, et nulle base à établir ? Suffit-il que « le Code civil existe, pour que le Code de procédure ne « soit plus qu'une longue série de formes qui conduisent « à l'issue d'un procès ? Il nous a été impossible de nous « décider pour l'affirmative », disaient les magistrats de la cour suprême dans leurs *Observations* préliminaires sur le projet du Code de procédure civile[1]. Leurs réclamations ne furent point écoutées, les législateurs de 1806 imitèrent sur ce point le silence de l'ancienne ordonnance, et la matière des actions resta livrée aux disputes de l'école et de la doctrine, comme aux incertitudes de la jurisprudence.

---

[1] Publiées dans Sirey, t. IX, p. 1re.

Dans l'état de société, la loi n'ouvre au redressement des griefs que les voies de droit qu'elle autorise et établit. Nul ne pouvant se faire justice à soi-même, les voies de fait ne sont exceptionnellement permises que dans le cas de légitime défense[1], et dans ceux où le droit de rétention est admis.

Les voies de droit à l'aide desquelles l'on poursuit ou l'on défend ses droits sont les actions et les exceptions[2]. À la voie de droit, *via juris*, est opposée la voie de fait, *via facti*. La définition de l'action ou voie de droit a été l'objet de controverses : chaque auteur a proposé la sienne ; nous avons celle des Instituts, empruntée par Justinien au jurisconsulte Celsus, et qui n'est ni exacte ni complète ; nous avons encore celle de Vinnius, celle de Pothier, celle d'Heineccius : MM. Rauter et Zachariæ nous ont aussi fourni chacun la leur ; le choix entre ces

---

[1] [« ... Dans l'état extra-social, l'homme défend ses droits par sa *puissance individuelle*. Il est son propre juge, et la force qu'il oppose à la violation du droit ne connaît pour bornes que la nécessité et la convenance du moyen mis en œuvre. Il est évident que dans un tel état, en présence du jugement passionné que chacun porte dans sa propre cause et de la distribution inégale des forces morales et physiques, l'*injuste* ne l'emporterait que trop souvent sur le *juste*.... La *sécurité des droits*... ne peut exister que si le *discernement et la force nécessaires pour l'appréciation et la récupération du droit, marchent de pair avec lui.* »]

« Si l'*État* doit être envisagé comme une association sous un pouvoir commun pour procurer la *sécurité des droits*, celle-ci ne peut dériver que du *pouvoir ;* aussi, le citoyen qui se trouve soumis à ce dernier n'est-il plus autorisé à juger de son droit d'après son *sens individuel*, ni à le faire prévaloir de *pouvoir privé ;* il n'y a d'exception que pour les cas où l'État ne se révèle point comme institution protectrice de l'individu ; aussi admet-il la *défense légitime*, si le droit attaqué est exposé à une destruction infaillible, à moins que d'être garanti par la *force individuelle*. » *(Observations sur le principe fondamental de la législation en matière de procédure civile,* publiées par M. Haimerl, sur des notes de feu Wagner, dans les *Archiv für die civilistische praxis,* t. XVIII, et traduites par M. Wolowski dans la *Revue de la législation,* t. III, p. 30.)

[2] Zachariæ, *Cours de droit civil français,* t. V, n° 745.

diverses définitions nous entraînerait en dehors de notre sujet [1].

On appelle également action, non-seulement la voie de droit pour exercer une réclamation, mais encore la faculté d'employer cette voie, le droit ou la faculté de réclamer.

L'action tend naturellement à opérer un changement dans la position respective des parties. L'étymologie même de tous les mots techniques, *action, voie* de droit et de fait, *redressement* des griefs, *procès, procédure,* révèle cette idée de mouvement qui s'attache à la *marche* des réclamations, à l'*exercice* du droit, à sa *récupération* [2].

Le droit qui n'est encore qu'en expectative, ne peut être l'objet d'une *action,* mais seulement d'un acte *conservatoire (réserves, protestations).* Le droit qui n'est pas né, qui n'est qu'en expectative, ne saurait *être mis en action;* on ne peut pour lui employer la *voie* de droit.

L'intérêt est le *mobile* et la *mesure* des actions; point d'intérêt, point d'action.

Si un droit est susceptible d'être *poursuivi* par plusieurs actions purement alternatives, et dont le but est par conséquent le même, le demandeur doit opter, à moins que ces différentes actions n'aient été données par la loi comme moyens subsidiaires, et ici se présentent diverses théories relatives au concours et au cumul des actions, théories

---

[1] Suivant le jurisconsulte anglo-normand Littleton, « action n'est auter chose que loyal demand de sen droit ».

[2] Ces actes conservatoires n'ont qu'une valeur telle quelle; ils ne constatent souvent qu'une prétention. *Protestatio contrà naturam actus non valet.* Par exemple, des réserves faites en exécutant un jugement ne peuvent valoir contre cette exécution même.

que le législateur n'a point formulées, et qui sont livrées aux discussions des légistes, qui disputent sur le cas où la *conversion des actions* cesse d'être permise, et sur la valeur des maximes : *electa una via non datur regressus ad alteram*, et *le criminel tient le civil en état*.

Le droit d'exercer l'action est attaché à la personne (*jus personnalissimum*), en ce sens que la *demande* ne peut être intentée par un mandataire de manière à ce que celui-ci figure en titre dans le procès : de là la maxime : *Nul en France, si ce n'est le roi, ne plaide par procureur*.

La *demande* est l'exercice actuel du droit d'action. L'état de la demande actuellement *portée* en justice s'appelle *instance*[1].

Les éléments constitutifs d'une demande sont : 1° le fondement juridique, c'est-à-dire le principe de droit qui confère l'action (*fundamentum agendi, propositio major*); 2° le fait qui donne lieu à l'application de ce principe (*propositio minor*) ; 3° les conclusions, c'est-à-dire l'énonciation des prétentions du demandeur (*petitum, conclusum*)[2].

A la proposition majeure de la demande, se rapporte le droit civil et les lois *substantives;* à la mineure, les questions de fait et les lois *adjectives*, particulièrement la théorie des preuves.

Le fond de la demande en droit et en fait peut être repoussé par des moyens de défense directe ; la demande en la forme peut être repoussée par les exceptions, fins de non-recevoir et fins de non-procéder.

---

[1] Rauter, *Cours de procéd. civile française*, nos 50 et 54.
[2] Zachariæ, *Cours de droit civil français*, n° 746.

Voilà une série de principes que nos lois supposent, mais qui ne sont codifiées nulle part, et dont la consécration dans notre droit ne se révèle que par des textes éparpillés dans le Code civil et dans le Code de procédure.

La cour de cassation, dans un projet annexé aux observations que nous avons déjà citées, formulait ces théories en articles de loi positive, et elle en faisait le préambule du Code de procédure.

« Toute action, disait-elle dans l'art. 4 de ce projet, « se considère sous quatre points de vue différents :

« 1° Quelle est sa nature ?

« 2° Quels sont les objets qu'elle embrasse ?

« 3° Qui peut et contre qui peut-on l'exercer ?

« 4° Devant quel tribunal doit-on ou peut-on l'exer- « cer ? »

Pour répondre à cette division, le projet définissait dans les articles suivants, les actions mobilières et immobilières, réelles et personnelles, et en conséquence du principe posé dans l'art. 2279 du Code civil, « qu'en fait de meubles possession vaut titre », on disposait dans l'art. 9 que les objets mobiliers suivent la personne obligée à les livrer, et qu'ainsi les actions réelles mobilières ne sont distinguées des actions personnelles que dans les cas spécifiés par la loi, ce qui tranchait les discussions théoriques relatives à la confusion des actions réelles mobilières avec les actions personnelles. Dans les art. 18 et suivants, on reconnaissait l'existence des actions mixtes et on les spécifiait, contrairement au projet du Code de procédure rédigé par Thouret, et où on lisait : « La distinction des actions mixtes est abrogée[1]. »

---

[1] *Projet de Code de procédure,* par Thouret, tit. II, art. 6.

Ces diverses théories, relatives aux actions, ont une grande importance en matière de compétence, pour la détermination du tribunal qui doit être saisi : aussi le silence de nos lois sur ce point a-t-il donné lieu à diverses questions dans la pratique, et contribue-t-il à rendre le Code de procédure au-dessus de la portée des personnes étrangères aux affaires. Cette lacune dans l'ensemble de nos codes, ne pouvait être passée sous silence dans cette revue philosophique et critique du droit judiciaire.

CHAPITRE III.

DES PREUVES.

—

Nous avons vu dans le chapitre précédent que toute demande suppose un point de droit et un point de fait.

Au point de droit correspond la loi qui, lorsqu'elle est écrite, n'a point besoin d'être prouvée.

Le point de fait, au contraire, nécessite une preuve destinée à démontrer la vérité des faits allégués.

« Si les parties sont d'accord sur le fait, il reste seulement à savoir quelle loi doit être appliquée, et comment elle doit être appliquée.

« Dans le cas contraire, il faut, avant de s'occuper du droit, tâcher d'établir l'existence du fait, c'est-à-dire chercher les preuves. [1] »

Le point de droit n'est pas l'objet d'une preuve, sa discussion est l'objet d'un appel à la science du juge *(jura noscit curia)*. Mais lorsque la loi s'en rapporte aux usages,

---

[1] Boncenne, introduction, p. 165.

lorsque la loi n'est pas écrite, *le point de droit devient point de fait* [1]. Cependant, en général, la théorie des preuves n'a pas pour objet la preuve du droit [2]; celle-ci appartient à la théorie de l'interprétation des lois.

Si, dans le débat du point de droit, on s'adresse à la science préexistante du juge, le fait au contraire doit être absolument établi; car, en thèse générale et sauf les exceptions admises par la raison ou la loi, le juge ne doit point juger d'après son expérience personnelle ni d'après la notoriété. *Secundum allegata et probata judex judicare debet* [3].

La preuve est le moyen d'établir l'existence du fait allégué [4].

L'évidence, vérité prouvée d'elle-même, dispense de toute preuve ultérieure, et le juge ne peut exiger ni admettre de preuves lorsqu'il s'agit de faits légalement constants.

---

[1] Rauter, no 126.

[2] Conférez Vinnius, *Questiones selectæ* : An solæ questiones facti sint objectum probationis.

[3] [C'est la doctrine de S. Thomas d'Aquin : « Cum judicium ad judices spectet non secundum privatam sed publicam potestatem, oportet eos judicare non secundum veritatem quam ipsi ut personæ privatæ noverunt, sed secundum quod ipsis ut personis publicis per leges, per testes, per instrumenta, et per allegata et probata res innotuit. » (*Summa*, II, 2, quæst. 66, art. 2.) — M. Sclopis, *Della Autorità judiciaria*, p. 103, discute « secondo quali prove debba il giudice proferire sentenza ».]

[4] [Romagnosi définit la preuve « Soccorsi somministrati esternamente per eseguire il procedimento col quale la mente nostra tenta di ottenere la cognizione certa di un fatto ». *(Introduzione al diritto pubblico universale.)* Ambrosoli établit ainsi sa définition : « La prova in giurisprudenza è un fatto proprio di alcuno dei contendenti, o di un terzo riconosciuto come provante dalla legge, offerto da chi vuol realizzare un diritto al giudice, onde, cavando dall' analogia del fatto coll' ente controverso la certezza dell' esistenza del diritto, accordi la realizzazione del medesimo. » *(Introduzione alla giurisprudenza filosofica, p. 241.)* C'est passablement métaphysique.]

Mais tout fait douteux, incertain et contesté, a besoin, dans les débats judiciaires, d'être prouvé. C'est par la preuve que le juge arrive à la connaissance de la vérité[1]. Sous ce rapport, la preuve est le moyen de recherche de la vérité des faits au point de vue juridique.

La théorie de la preuve en général est un des plus vastes sujets qui puissent s'ouvrir devant l'esprit humain ; la philosophie tout entière y serait comprise puisqu'elle-même a pour objet la découverte de la vérité. Les seules questions de la certitude, de la probabilité, des raisons de croire, de la conviction seraient l'objet d'une immense étude. Elles ne peuvent rentrer dans le cadre de ce mémoire. Déjà d'ailleurs la *recherche de la vérité des faits dans les débats judiciaires* a été l'objet de travaux spéciaux[2] que nous n'avons pas à analyser ici.

Les droits ont par eux-mêmes une existence indépendante de leur preuve ; mais un droit qui ne peut pas être prouvé est aux yeux de la justice comme s'il n'existait pas. La loi n'a pu sans danger abandonner à l'arbitraire du juge le choix des preuves et la question de leur suffisance ; elle a dû établir des règles qui peuvent beaucoup pour diminuer le nombre des procès, et que la philosophie du droit a mission de contrôler et de perfectionner.

Le droit existant indépendamment de sa preuve, la matière des preuves appartient à la catégorie des lois *adjectives*. Cependant le législateur français a placé ce qu'il dit des preuves dans le Code civil, qui est le recueil

---

[1] « Au juge, de son office, appartient à enquérir la vérité. » *(Grand Coutumier de France,* liv. IV, ch. 1er.)

[2] Voyez le rapport de M. le comte Portalis sur le concours relatif à cette question, *Mémoires de l'Acad. des sciences morales,* t. III, p. 455. Conférez aussi le traité de Phillips, intitulé *les Lois de l'évidence.*

des lois *substantives*. Cela ne tient pas à un système bien arrêté, mais à une imitation de Pothier et de Domat qui, traitant spécialement des obligations, avaient accessoirement examiné comment on les constate. Au reste, dans le Code civil, on n'envisage les preuves qu'*in abstracto* et en dehors de toute instance, et on a réservé pour le Code de procédure ce qui concerne la production des preuves et leur emploi dans les litiges. Notre Code de procédure est en effet simplement un code du contentieux, et le législateur n'a nullement songé à y faire entrer autre chose que l'ordre des débats. Nous l'avons déjà dit, ce code n'est pas le corps complet des lois de forme au civil. Cependant M. Bonnier croit que « la place naturelle des preuves était au Code de procédure, sauf, du moins, les cas spéciaux où les règles sur la preuve sont le complément indispensale des règles du fond, ainsi que cela arrive en matière de filiation dans le système de nos lois. En matière criminelle, ajoute M. Bonnier, là où le législateur était dégagé de pareilles préoccupations, il est revenu à l'ordre rationnel. Le Code pénal ne fait que classer les actes punis par la loi : tout ce qui concerne les preuves, comme tout ce qui concerne le mode de procéder, est renvoyé au Code d'instruction criminelle [1] ».

Bentham, qui a le premier formulé la distinction des lois en substantives et en adjectives, a aussi, dans le traité spécial qu'il a consacré aux preuves judiciaires, soumis ces moyens de rechercher la vérité à des classifications nombreuses que nous ne pouvons passer ici toutes en revue. On peut contester l'utilité de la plupart de ces

---

[1] M. Bonnier, *Traité des preuves*, n° 3.

classifications, mais l'une d'elles cependant a une grande importance; c'est la distinction des preuves en preuves *préconstituées* et en preuves *casuelles*. Elle répand beaucoup de clarté sur la matière des preuves. La preuve préconstituée est une sorte de monument établi pour faire foi dans l'avenir d'un fait ou d'une convention, c'est une précaution afin que la mémoire en soit ferme et stable à toujours; c'est une mesure prise pour qu'aucun doute ne naisse, par la suite des temps, sur la réalité de son existence; c'est un témoignage historique et invariable pour faire foi du passé : elle n'acquiert toutes ses qualités que lorsque sa date est fixée d'une manière indubitable et qu'elle a été établie d'une manière aussi inaltérable que possible. La preuve littérale ou par écrit est la principale ou la meilleure des preuves préconstituées, pourvu que la date en ait été rendue certaine par un enregistrement ou par la mort de son auteur, et elle acquiert toute sa perfection lorsqu'elle a été créée d'une manière publique ou au moins contradictoire.

La preuve *casuelle*, au contraire, ne prenant son origine que *ex post facto* et seulement pour le service des parties intéressées, et pour vider un différend déjà né, est beaucoup moins digne de confiance; car elle est soumise à tous les défauts de la mémoire des hommes, à toutes les influences du temps, des lieux, des événements et aux chances d'altération qui naissent de la passion des plaideurs. La preuve testimoniale est la principale des preuves casuelles.

La supériorité des preuves préconstituées n'est contestée par personne. Un seul point peut donner lieu à controverse. L'usage de ces preuves doit-il rester facultatif, ou bien peut-il être imposé aux parties? Depuis trois siècles, c'est à ce dernier système que s'est attachée la législation française, et nous croyons qu'en cela elle a marché dans la voie du progrès, et donné un bon exemple aux peuples chez lesquels la preuve testimoniale a gardé tout son empire.

Nul doute à nos yeux que le législateur n'ait le droit de circonscrire l'étendue des preuves, d'indiquer celles qu'il regarde comme admissibles et celles dont il ne faut user qu'avec réserve, et il nous semble avoir fait un utile usage de son droit quand il a réservé toutes ses préférences pour la preuve littérale. En effet, la preuve préconstituée se distingue entre toutes par sa permanence et sa sûreté : c'est celle qui mène le plus sûrement à la vérité. Comme l'a remarqué Bentham, sa plus grande utilité n'est pas de terminer les procès, c'est de les prévenir ; elle a pour ainsi dire une force antilitigieuse. « Par cela seul que ces preuves existent, elles maintiennent, sans frais et sans procès, ces droits et ces obligations à l'abri de toutes les attaques qui n'auraient pas manqué d'avoir lieu si on n'avait pas eu moyen de donner à la preuve un caractère de perpétuité... Les juges obtiennent, par ce moyen, une sûreté complète dans leur décision et une marche rapide et sûre, au lieu des incertitudes et des tâtonnements auxquels ils seraient réduits si cette espèce de preuve leur manquait ; et de plus, leurs fonctions sont bien allégées ; car, en d'autres termes, le nombre des contestations qui seraient portées devant eux est bien diminué, par la tendance antilitigieuse de ces preuves, par leur effet presque insensible, mais continuel, pour maintenir les droits à l'abri du doute et de la chicane [1]. »

---

[1] Bentham, *Traité des preuves judiciaires,* liv. IV, ch. 1er.

Le législateur doit donc tendre à assurer à ce genre de preuve la préférence pour la solution des litiges déjà nés, mais de plus il doit s'efforcer de la multiplier, afin de prévenir les procès. C'est ce qu'il a fait lorsqu'il a limité l'usage de la preuve par témoins en matière de conventions, et surtout lorsqu'il a créé l'*état civil*. Il pourrait ouvrir aux citoyens une nouvelle source de preuves de cette espèce en perfectionnant le cadastre, l'enregistrement et les registres d'hypothèques, en organisant les registres de toutes les administrations publiques de manière à leur assurer une authenticité et une sincérité historique irrécusables [1].

Créer des preuves littérales c'est non-seulement diminuer de plus en plus l'usage de la preuve par témoins, si hasardeuse et exposée à tant d'altérations, mais c'est encore faire disparaître de l'instruction des affaires une foule d'incidents longs, dispendieux et souvent compromettants pour le bon droit.

Mais la preuve préconstituée ne peut suffire. Quelle que soit la tendance du législateur à la favoriser, quels que soient ses efforts pour multiplier les monuments destinés à faire foi du passé dans l'avenir, on ne peut par elle conserver la mémoire que de faits patents, publics, ostensibles. La preuve testimoniale elle-même ne saurait prouver des faits obscurs ou cachés. La loi doit donc admettre des preuves spéciales.

La preuve orale comprend, en dehors de la preuve testimoniale proprement dite, un moyen particulièrement

[1] Conférez Bentham, *Traité des preuves judiciaires*, liv. IV, ch. 4, des Offices publics sous le rapport des preuves qu'ils peuvent fournir.

propre à établir les faits passés sans témoins : c'est l'aveu.
« L'aveu est la meilleure des preuves quand on peut
l'obtenir. Fût-il même mensonger, ce qui arrivera rarement, la condamnation qui s'ensuivrait ne serait point
injuste, d'après la maxime *volenti non fit injuria*. On
peut d'ailleurs le regarder comme le moyen de tous le
moins suspect pour arriver à la vérité : *probatio proba-
tissima*, disaient les anciens jurisconsultes[1] ».

C'est aussi le sentiment de Bentham, qui proclamait
*l'interrogatoire le meilleur moyen pour l'extraction de la
vérité*. Toutefois il n'entendait pas parler de l'interrogatoire
tel qu'il est actuellement réglé par le Code de procédure,
mais seulement de la comparution des parties devant le
juge, où l'aveu peut souvent se produire.

Le principe de l'indivisibilité de l'aveu judiciaire a été
l'objet de critiques. On a trouvé qu'en le posant d'une
manière absolue, le Code civil l'avait exagéré, et qu'il
était allé plus loin que le droit romain. En effet, Voët,
Henrys, Zoëzius, restreignaient ce principe par des exceptions. M. Belime regarde même la règle de l'indivisibilité
de l'aveu « comme une de ces règles qu'il vaudrait mieux
« supprimer, en s'en rapportant, sur ce point, au simple
« bon sens du juge[2] ».

Quelques jurisconsultes refusent à l'aveu le caractère
de preuve proprement dite, attendu qu'en général il dispense de toute preuve.

Un moyen peut-être plus vicieux encore que la preuve
testimoniale, c'est le serment, que l'on ne peut guère

---

[1] Belime, *Philosophie du droit*, t. II, p. 664.

[2] Belime, *ibid.*, p. 664.

ranger au nombre des preuves. On agite la question de savoir si l'on devrait lui restituer le caractère religieux qu'il a perdu. Les législateurs de Genève l'ont pensé, et la réception du serment est devant les tribunaux de cette république accompagnée d'imprécations. M. Belime est du même avis. « Au lieu, dit-il, de glisser le nom de Dieu dans quelque formule inaperçue, il faudrait qu'un certain appareil extérieur vînt rappeler la sainteté du serment à l'homme qui va le prêter pour gagner sa cause. Je voudrais qu'un jour fût fixé, que la cité fût avertie, qu'une certaine pompe fût déployée, et qu'au milieu du silence de la foule, les magistrats lui fissent prononcer la formule du serment, en lui rappelant que la vengeance de Dieu et le mépris des hommes poursuivent les parjures[1]. »

M. Bonnier pense au contraire, qu'un tel cérémonial ne diminuerait pas les parjures, mais ne ferait que les rendre plus scandaleux, en les faisant ressortir davantage.

Pour mon compte, le serment me semble plutôt un moyen de dénouer les procès que de découvrir la vérité, d'arriver à un jugement plutôt qu'à la justice. Sous ce rapport, et lorsqu'il est déféré à un homme de mauvaise foi, il ne vaut pas mieux que les ordalies, le duel, et les autres moyens de décision employés aux époques de barbarie. Comme le dit très-bien M. Belime, la force probante du serment décisoire « gît moins dans la véracité de celui qui le prête que dans le fait de l'autre plaideur, qui, en le déférant, a consenti à succomber dans sa prétention s'il était prêté. Une fois le serment accompli, il serait

---

[1] Belime, *Philosophie du droit*, p. 672.

inutile d'en examiner la sincérité ou la fausseté. La condition est réalisée, le défendeur doit être absous[1] ».

Je crois donc que dans l'intérêt de la vérité judiciaire et de la morale, l'usage du serment devrait être restreint. « Le serment, quoique placé sous la triple garantie de « l'empire naturel de la vérité, de la crainte du mépris public et de la puissance du lien religieux, ne peut jamais produire une certitude complète[2]. » *Les parjures sont sûrs d'acquérir*, disait la loi des Lombards.

C'est un moyen extrême[3] de décider les causes lorsque les preuves font absolument défaut, et je ne donnerais pas aux parties toute liberté de recourir à ce pacte[4].

Nous avons dit qu'en général ce n'est que sur le droit que l'on peut s'adresser à la science personnelle du juge, et que la connaissance qu'il peut avoir du fait ne saurait être un moyen de décision, parce qu'il ne doit tenir compte que des renseignements produits à l'audience. Mais on ne doit entendre par là que la connaissance personnelle qu'il a pu acquérir en dehors de ses fonctions et des formes légales. Car, si, comme juge, il peut s'éclairer par un examen visuel, ce moyen sera le meilleur de tous, pourvu que cet examen soit public et au su des deux parties, en sorte qu'elles puissent discuter et contredire. Dans la procédure des visites de lieux, le législateur

---

[1] Belime, *Philosophie du droit*, p. 674.

[2] *Mém. de l'Acad. des sciences mor. et polit.*, rapport précité, t. III, p. 463.

[3] Maximum remedium expediendarum litium in usum venit jurisjurandi religio... *L. I, ff. de jurejurando.*

[4] Voyez un article de M. Berriat-Saint-Prix, intitulé *Réflexions et Recherches sur le serment judiciaire*, dans la *Revue de législation et de jurisprudence*, t. VIII, p. 244.

accorde donc au juge un moyen de voir par lui-même.
Différents des autres moyens de rechercher la vérité, la
descente et le transport des juges ont pour objet, non
point des faits accomplis dans le passé, mais un état de
choses actuellement existant. C'est un excellent procédé
pour s'assurer de la vérité, laquelle, selon Domat, *n'est
autre chose que ce qui est*[1] *:* par lui le juge se met en contact avec la réalité :

> Segnius irritant animos demissa per aurem
> Quam quæ sunt oculis subjecta fidelibus.

Si le juge était en état d'apprécier par lui-même tous
les faits apparents, s'il pouvait connaître la valeur des
biens, leur qualité, leur nature, la visite de lieux suffirait
à tous les cas. Mais souvent l'appréciation des faits exige
des connaissances ou des opérations spéciales, et alors il
faut recourir à des experts. Connaissances spéciales, on
les demandera à un médecin, à un vétérinaire, à un chi-
miste, à un architecte, à un mécanicien, à un cultivateur,
suivant la différence des circonstances. Opérations spéciales, le juge ne peut se charger d'effectuer lui-même
des opérations d'arpentage, de toisé, de nivellement, de
comptabilité, de vérification de travaux ou de marchandises. L'expertise est donc nécessaire ; malheureusement
elle entraîne le salaire des experts, et elle n'est pour le
juge que le complément de son expérience personnelle ;
c'est un renseignement de seconde main. Aussi Bentham
la range-t-il parmi les preuves inférieures. C'est une

---

[1] Domat, *Lois civiles*, liv. III, tit. 6, des Preuves et présomptions. —
« Quid veritas? Ipse Deus », disait un glossateur.

preuve par rapport. La visite de lieux par le juge est une preuve réelle, immédiate ; la visite par l'expert est encore une preuve réelle, mais c'est une preuve réelle transmise.

Pour résumer, les preuves ou les moyens de conviction que le législateur doit entourer de toute sa faveur, à cause des chances plus grandes qu'elles présentent d'arriver à la vérité et des garanties qu'elles offrent par conséquent au bon droit, sont : 1° la preuve littérale préconstituée ; 2° l'aveu ; 3° la preuve réelle directe, ou l'examen matériel par le juge (visite de lieux, etc.). L'emploi de la preuve testimoniale et du serment doit être restreint et évité autant que possible. J'en dirai autant de la preuve par *commune renommée*, preuve de seconde main, vague et pleine de préventions, de préjugés, et que les anciens docteurs appelaient avec raison *piscatio anguillarum*. « Ouï-dire va par ville, disait le vieux Loisel, « et en un muid de cuider n'y a point plein poing de « savoir[1]. »

Au reste, parmi ces divers ordres de preuves, il est évident que toutes ne sauraient être indistinctement admises dans toutes les contestations, et qu'elles doivent être nécessairement appropriées à la nature du litige et de son objet. Ainsi, la descente sur les lieux sera une bonne voie d'information en matière d'actions possessoires, de déplacement de bornes, d'usurpation de terre, haies, fossés, etc., de servitudes, de mitoyenneté. L'emploi de la preuve testimoniale pourra servir à éclairer aussi en matière possessoire, dans les procès de servitudes, et dans les litiges où il s'agit de dol ou de fraude. La loi doit

---

[1] *Institutes coutumières*, liv. V, tit. 5, n° 2.

beaucoup laisser à la raison et à l'empire des circonstances pour le choix des preuves. Mais elle a le droit cependant de tracer des règles pour leur emploi, de circonscrire l'étendue de celles qui lui paraissent périlleuses. C'est ainsi qu'elle prescrit l'expertise dans quelques cas, par exemple lorsqu'une vente est attaquée pour lésion, et en matière d'enregistrement, pour constater la valeur d'immeubles sujets à un droit proportionnel. C'est ainsi encore qu'elle prohibe l'usage de la preuve testimoniale dans les contestations qui ont pour objet une valeur de plus de 150 fr., et qu'elle n'autorise la preuve par commune renommée, que dans des cas tout à fait exceptionnels. Enfin c'est à la loi de préciser la manière de les recueillir et de les produire, et de caractériser les fins de non-recevoir qui doivent ou peuvent faire obstacle à leur admission.

Les mêmes preuves doivent-elles être employées dans tous les degrés de juridiction et dans les divers ordres de compétence? On doit évidemment distinguer. Ainsi, la preuve préconstituée étant généralement impossible en matière criminelle, la preuve testimoniale s'y trouve forcément admise, et il n'y avait pas les mêmes raisons de proscrire les témoignages en matière commerciale qu'en matière civile. Mais nous croyons peu logique la différence de formes qui existe dans les enquêtes, selon que le procès est sommaire ou ordinaire, selon qu'elles ont lieu devant un juge de paix, ou devant un tribunal d'arrondissement.

De même la théorie des preuves légales, barbare en matière criminelle, sera admissible en matière civile.

Il nous reste une dernière remarque à faire, c'est que non-seulement les articles relatifs aux preuves et aux présomptions, sont divisés entre le Code de procédure et le

Code civil, mais qu'encore ces deux codes réunis ne renferment pas une théorie complète de la preuve. Le Code civil n'a en effet envisagé cette matière qu'au titre des contrats, calqué sur le traité de Pothier, et ce n'est que dans leurs applications aux conventions que ses principes ont été formulés. Dans toutes les autres questions de fait, le silence de la loi oblige à discuter par analogie, et l'absence des règles ouvre la porte aux controverses des auteurs[1].

---

[1] [M. Delpech a publié dans le Recueil de l'Académie de législation de Toulouse, t. III, p. 23, un mémoire intitulé *Notions et Observations générales sur la théorie des preuves*, dans lequel il expose, avec des aperçus neufs et intéressants, le besoin d'une réforme dans le système des preuves des conventions.]

CHAPITRE IV.

—

Les preuves préconstituées ne sont pas nécessairement l'œuvre d'un officier public. En matière de conventions privées, il faut en général laisser les parties libres de stipuler comme elles l'entendent, et d'attester leurs intentions par leur seule signature. L'entremise du notaire ne doit être obligatoire que pour certains contrats d'une nature spéciale et d'une importance plus grande, tels que les donations et les contrats de mariage. Encore l'institution du notariat n'est-elle point essentielle; elle n'existe, du moins telle que nous la comprenons, ni en Angleterre, ni en Autriche : les Romains ne la connaissaient pas [1]. En Espagne et en Russie, ce sont les greffiers qui donnent

---

[1] [Une histoire du notariat dans les divers pays de l'Europe serait un livre curieux. M. Nepveu a donné dans les *Nederlandsche Jaarbooken* de M. Den Tex (Annales hollandaises de droit et de législation, vol. de 1843), des Observations sur l'introduction et le développement de l'institution des notaires dans les Pays-Bas.]

l'authenticité aux contrats. Chez nous aussi le notariat a été longtemps exercé par les scribes des tribunaux ; Loiseau atteste que les greffiers avaient petit à petit pris possession d'expédier arrière du juge les actes de juridiction gracieuse, la présence d'un départiteur n'étant pas nécessaire en l'absence de contestation. De là, sous Louis XIV, les notaires du Châtelet et les *greffiers des conventions.* De là aussi l'autorité quasi-judiciaire des actes authentiques. M. Bonnier, dans son Traité des preuves, montre très-bien comment le notariat, se développant à côté du tabellionage, n'était à l'origine, qu'une branche du pouvoir judiciaire, que l'exercice de la juridiction gracieuse. Nous croyons que la séparation des deux juridictions gracieuse et contentieuse, opérée chez nous dès le xvie siècle, vaut mieux que la confusion des deux pouvoirs, et que ce n'est pas au juge à recevoir les conventions, comme cela a lieu en Autriche et en Orient. Mais nous pensons aussi que si le notariat est utile, il ne faut point, comme en Prusse, obliger à passer devant notaire tout acte de transmission de propriété immobilière, ni exiger, comme en Sardaigne, l'intervention du notaire dans tous les actes de quelque importance. J'encouragerais au contraire la rédaction des actes sous seing, en assurant de plus en plus à ces actes rédigés par les parties, les deux avantages principaux des actes notariés, à savoir, la certitude de la date et l'exécution parée, au moyen du perfectionnement de l'enregistrement et de la formalité du dépôt, qui élève au rang d'acte authentique et dispense de la vérification d'écritures les actes sous signature privée. Il importe en effet que les particuliers ne soient pas contraints de payer à un notaire une rédaction lorsqu'ils peuvent l'opérer eux-mêmes : il importe qu'aucun obstacle pécuniaire ne

s'oppose à la multiplication des preuves littérales. Un notaire peut rendre aux parties des services très-distincts :
1° la rédaction, que les parties doivent en général être
libres d'opérer elles-mêmes ; 2° la conservation du titre,
qui s'opère par le dépôt au nombre des minutes, et qui
était l'office des anciens gardes-notes ; 3° la vérification,
c'est-à-dire le contrôle de la sincérité de la pièce, et
l'apposition de la formule exécutoire, sorte de poinçon ou
de cachet de garantie apposé par le notaire en tant qu'officier public. Quant à la fixation de la date, l'enregistrement peut l'opérer en échange du droit fiscal que prélève
l'Etat[1]. La date peut encore être déterminée jusqu'à un
certain point, par un moyen indirect, c'est-à-dire par
l'émission du papier timbré, au fur et à mesure de la
consommation, ce papier portant un millésime comme la
monnaie. Il est évident que l'emploi d'une espèce de pa-

---

[1] [MM. Rigaud et Championnière, dans leur *Traité des droits d'enregistrement* (t. Ier, p. 20), remarquent que l'impôt établi sur les mutations est
juste, comme étant le prix des avantages de la propriété ; mais que le
droit sur les contrats « a pour résultat nécessaire de multiplier les actes sous
seing privé, qui sont incontestablement la source la plus féconde des
procès... Le droit établi sur les actes infecte même les actes notariés :
sans présenter l'avantage d'en assurer la date, avantage qu'y trouvent les
actes sous seing privé, il frappe leurs dispositions d'une perception parfois
excessive ; pour arriver au droit le moins élevé, on s'éloigne de la véritable
nature du contrat... et le but des parties n'est point complétement rempli.
De là des obscurités, des clauses qui ne retracent ni la vérité des faits, ni
la volonté des contractants, des appels à leur mémoire dans l'exécution,
des refus de se souvenir et des procès où le bon droit succombe. »
Montesquieu a donné ce titre : « D'une mauvaise sorte d'impôt » au
chapitre où il traite du droit « établi dans quelques États sur les diverses
clauses des contrats civils ». C'est le chapitre 9 du livre XIII de l'*Esprit
des lois.* « L'expérience, ajoute-t-il, a fait voir qu'un impôt sur le papier
sur lequel le contrat doit s'écrire vaudroit beaucoup mieux. »
Ce sont surtout les droits proportionnels qui portent à déguiser les
contrats et à imaginer d'imprudents stratagèmes ; le droit fixe, au contraire, est utile aux parties contractantes en donnant une date certaine à
l'acte enregistré.

pier timbré qui n'aurait pu être en usage que depuis 1850, par exemple, prouvera l'antidate d'un contrat daté de 1849. Il est vrai que celui qui aurait une pensée de fraude, peut réserver du papier de l'année précédente; mais, outre que ce serait une difficulté de plus, surtout si l'on voulait antidater de plusieurs années, l'emploi de ce papier éviterait du moins les dates faites par avance [1].

Les personnages mythologiques dont on décore le papier timbré depuis cinquante ans ne sont d'aucune utilité aux justiciables. Ce papier devrait porter, comme la monnaie, l'effigie ou les insignes du souverain, avec la date de son émission [2], et on pourrait le débarrasser de son caractère purement fiscal en imprimant sur sa marge la notice des lois relatives à l'acte qu'il s'agit de dresser, afin d'en faciliter la rédaction et d'éviter aux contractants des oublis et des nullités irréparables. Ce papier formule est usité en Angleterre et a été adopté dans plusieurs autres États. Alors il faut, il est vrai, un papier spécial pour chaque espèce de contrat; mais en revanche, les parties ne peuvent prétexter l'ignorance de la loi, puisque sa substance est relatée dans le papier même dont elles font usage.

Certaines formalités dont on entoure l'authenticité des actes sont parfaitement illusoires, et l'on devrait les rendre sérieuses ou les faire disparaître, si l'on tenait à débarrasser la législation de fictions contraires à la logique et à la vérité. On comprend que je parle du notaire

---

[1] Sur l'usage du papier timbré comme preuve de la date, voyez le Traité des preuves de Bentham, t. Ier, p. 412.

[2] La date du timbre est mise depuis l'année 1846 dans le filigrane du papier, mais souvent elle est illisible; et d'ailleurs, l'administration vend encore en 1856, par exemple, du papier au millésime de 1855.

en second et des deux témoins exigés. Les témoins qui assistent les notaires sont une superfétation, puisque en général on ne leur donne point connaissance des actes qu'on leur fait signer, et ils n'ajoutent aucune sûreté aux contrats [1]. — Sous un certain rapport, les diplômes et les chartes du moyen âge étaient entourés de garanties plus sérieuses, puisqu'on poussait la précaution jusqu'à choisir pour témoins des enfants auxquels leur jeunesse promettait une longue survivance, et dont la mémoire plus fraîche faisait espérer un durable souvenir.

Les formes dont les contrats sont revêtus doivent en effet atteindre le plus haut degré de solennité et de vérité possible, et les formalités surannées ne peuvent que diminuer leur autorité. Ils tiennent lieu de loi aux parties contractantes, et lorsqu'ils sont revêtus de la formule exécutoire, ils participent à la souveraineté de la loi. Leur style même devrait imiter celui des lois, être concis et sans cautèle, clair et divisé par articles [2]. Sous ce rapport,

---

[1] [Voyez plus haut la note au bas de la page 192, et lisez dans le t. XVII, p. 372, de la *Revue de législation et de jurisprudence*, les justes critiques dirigées par M. Wolowski contre la loi du 24 juin 1843, sur la forme des actes notariés. Conférez également sur cette loi un article de M. Fœlix dans le *Kristische Zeitschrift* de M. Mittermaier, t. XVI. Nous ne pouvons non plus passer sous silence la réflexion suivante de M. Massabiau : « Peut-être est-il à regretter que le concours de l'autorité judiciaire ne soit plus nécessaire pour donner la force exécutoire au moins aux actes qui intéressent les personnes illettrées ou qui ne parlent point français. D'une part, la facilité qu'il y a pour elles de se tromper ou d'être trompées, et de l'autre les inconvénients et les abus qui peuvent résulter de leur ignorance nous font désirer qu'à leur égard les actes notariés ne soient authentiques et exécutoires qu'après qu'il leur en aura été donné lecture et explication par le juge de paix, qui fera mention sur la minute de l'accomplissement de cette formalité... Il faudrait au moins adopter une mesure équivalente. » (*Manuel du procureur du roi*, t. III, n° 3369).

[2] [Dans un *Discours sur les vices du langage judiciaire*, publié en 1809 dans le *Magasin encyclopédique* de Millin, et réimprimé en 18.. dans le *Journal des avoués*, M. Berriat-Saint-Prix a fait la guerre à ces actes ré-

la rédaction notariale laisse beaucoup encore à désirer, et il y a grandement à faire pour la débarrasser des redondances et des obscurités traditionnelles[1]. Il importe que les juges et les justiciables puissent reconnaître à des signes certains des actes qui sont réputés l'expression de la vérité même, et ces solennités doivent surtout caractériser les jugements afin de commander le respect et l'obéissance.

digés en une seule phrase, souvent longüe de plusieurs pages, aux constructions vicieuses et aux inversions forcées, dont on trouve des exemples jusque dans des modèles imprimés. Mais il nous semble trop rigoureux lorsqu'il condamne des expressions techniques, des formes tautologiques ou assonantes, telles que *part et portion, plein et entier effet, mandons et ordonnons,* que M. Chassan a groupées d'une manière curieuse dans son *Essai sur la symbolique du droit,* p. 30 et 342.

Sterne, dans la scène du contrat de mariage, au début de son roman de *Tristram Shandy,* s'est moqué de l'accumulation de mots insignifiants, au lieu d'une seule expression ferme et précise, et de la répétition de synonymes, qui constituent le style judiciaire en Angleterre, et qui rendent illisibles les lois et les contrats.

[1] [C'est principalement en matière d'inventaires, partages et liquidations qu'il règne d'énormes abus. Les notaires, dans la confection de ces actes, semblent s'étudier à être d'une prolixité fâcheuse. L'incompréhensible longueur de ces documents atteste que trop souvent on s'efforce de multiplier les vacations et les rôles. Bientôt il faudra sans doute tracer des règles pour poser des limites à la rédaction d'un inventaire, où aujourd'hui, sous prétexte d'analyse, on s'évertue à copier presque en entier le contenu de titres dont l'existence devrait seule être constatée, où l'on dresse et relate des comptes que personne ne réclame, où l'on suppute en interminables récapitulations les dettes et les créances ; tandis qu'un inventaire bien fait ne devrait être qu'un catalogue net et lucide, qu'un répertoire matériel et succinct de ce qui est trouvé, afin de prévenir les détournements.

Malgré la blâmable longueur de l'ancienne procédure, les actes de partage étaient autrefois d'une simplicité et d'une clarté parfaites. Quant aux liquidations, le notariat moderne se glorifie d'avoir inventé les formules de cette inintelligible comptabilité. Les tribunaux qui sont appelés à homologuer les liquidations doivent exercer une exacte surveillance sur ces actes, où l'on enfle, complique et embrouille les choses, jusqu'à ce qu'on ait fait un volume. Les frais de certaines liquidations deviennent la plus lourde charge des successions. J'en ai vu une où le notaire rédacteur, appelé à expliquer son œuvre à l'avocat et à l'avoué, qui n'y avaient rien compris, fut obligé en fin de compte de convenir qu'il ne s'y reconnaissait pas lui-même.

La formule exécutoire est d'une haute utilité pour conférer aux actes authentiques et aux contrats le caractère
public, c'est une sorte d'empreinte qui leur donne pour
ainsi dire un cours forcé, comme l'effigie imprimée sur la
monnaie.

L'application d'un sceau et la signature de l'officier
public servent à garantir que la formule n'a pas été abusivement apposée. Malheureusement, la formalité de la
signature n'est pas de nature aujourd'hui à beaucoup frapper les yeux, puisque les gens de justice ont pris l'habitude de signer « précisément comme il convient pour
qu'on ne puisse pas deviner qui a signé [1]. » Cette observation peut sembler minutieuse; mais l'abus est poussé si
loin, qu'il est permis d'émettre le désir de voir une disposition impérative et accompagnée d'une sanction pénale, forcer les greffiers, les notaires et les employés de
l'enregistrement à écrire lisiblement leur signature. On
ne peut traiter trop sérieusement la forme des « contracts
qui asseurent les pactions des humains [2] », et la solennité, même extérieure des jugements, qui, comme le
dit un jurisconsulte anglais, sont la voix même de la
loi, *the voice of the law.*

---

[1] M. Nicias Gaillard, *Traité des copies de pièces*, p. 6.

[2] Lebrun de la Rochette, *Le Procès civil et criminel*, p. 6.
[Sur le style judiciaire et la rédaction des jugements, voyez plus loin,
liv. IV, la note en tête du chapitre 16.

CHAPITRE V.

Debet aliquid esse litium finis : il ne faut pas que les procès soient éternels. Tel est le vrai fondement de l'autorité de la chose jugée, qui repose sur l'intérêt public. Autorité, fille de la nécessité, qui est si grande qu'il faut l'accorder même aux jugements injustes, et qui est telle qu'elle fait présumer vrai même ce qui est faux. *Res judicata pro veritate habetur* [1]. Présomption impérieuse, qui choque sans doute le besoin inné de la justice inscrit au cœur de tout homme, mais sans laquelle la société ne saurait subsister. Loi qu'il faut respecter, parce qu'une injustice privée ne peut entrer en balance avec l'intérêt public et général, parce que les lois seraient anéanties si les jugements n'avaient aucune force et si chaque parti-

---

[1] L. 207. ff. de regulis juris. (D. 50, 17, 207.)

culier pouvait les rescinder. Maxime irrécusable que So-
crate proclama d'une manière sublime en refusant de se
soustraire à l'inique sentence qui le condamnait à boire la
ciguë; vérité que Platon a développée dans son *Crito*, et
que Cicéron a formulée à son tour dans ces paroles : *Sta-
tus Reipublicæ maximè judicatis rebus continetur.*

Cependant, comme le remarque Toullier, « cette pré-
« somption, quelque respectable que soit le fondement
« sur lequel elle est établie, ne peut changer la nature
« des choses. Ce qui est juste et vrai en soi-même de-
« meure juste et vrai. L'opinion publique réforme les
« jugements iniques et note les juges qui les ont rendus[1] ».
Les mauvais jugements énervent donc l'autorité de la
chose jugée, comme les mauvaises lois déconsidèrent et
ébranlent les pouvoirs qui les imposent. Sous ce rapport,
l'erreur ou l'injustice dans les décisions judiciaires ne
préjudicient pas seulement aux particuliers qui en sont
victimes, elles sapent un des fondements mêmes de l'ordre,
et lorsqu'elles deviennent fréquentes, elles sont une cause
de dissolution sociale[2]. Ce n'est donc pas inutilement que
l'on a traité de l'influence d'une bonne justice sur la stabilité des Etats, et Cicéron a pu raisonnablement attribuer
la guerre italique à la terreur des mauvais jugements :
propter judiciorum metum excitatum.

Si comme particulier chacun de nous doit professer un
« respect dévotieux pour l'autorité de la chose jugée, que
l'expérience et le bon ordre ont érigée en loi[3] » ; si comme
citoyen il faut respecter les jugements à l'égal des lois,

---

[1] Toullier, le *Droit civil français*, t. X, nᵒ 69.

[2] « Iniqua nunquam regna perpetuò manent. » *Senec.*

[3] Boncenne, introduction, p. 442.

comme philosophe on pourrait désirer une base plus satisfaisante pour l'autorité de la chose jugée.

Nous aurions voulu trouver cette base dans le contrat
judiciaire et dans cette maxime : *In judiciis quasi con-
trahimus;* mais le contrat judiciaire n'est pas libre pour
les deux parties; il est forcé pour le défendeur. L'action
impose au défendeur l'obligation de répondre à la demande; elle impose aux deux parties l'obligation de se
conformer au jugement à intervenir; mais ces deux obligations ne se fondent sur le consentement que du côté du
demandeur. Le contrat judiciaire n'est qu'une fiction;
aussi l'autorité de la chose jugée comporte-t-elle l'appel,
voie de réformation à laquelle les véritables contrats
ne sont pas soumis. Ce ne serait donc que du côté du
demandeur que l'autorité de la chose jugée pourrait être
basée sur le consentement, et encore la liberté de ce consentement est-elle altérée, puisque le choix des juges lui
est imposé par l'État[1]. Il faut donc revenir à l'utilité publique, à la nécessité sociale, et reconnaître que l'autorité
de la chose jugée repose sur la même base que l'autorité
des gouvernements, c'est-à-dire sur le besoin de la paix.
*Interest reipublicæ ut etiam injustis et ambitiosis decretis
pareatur, propter rerum judicatarum auctoritatem :
prætor jus dicit etiam cum iniquè decernit* [2].

Respect des princes et des magistrats, respect de la loi
et des décisions judiciaires; tous reposent à la fois sur le
danger du désordre et de l'anarchie. *Vis in populo abesto.*

---

[1] Sur le droit accordé aux parties de choisir leurs juges, voyez l'*Esprit
des lois,* liv. XI, ch. 18.

[2] Conf. L. 55, § 2, ad Sc. Trebellian, ff. 36, 1. — L. 2 de justitia, ff.
— « Partout où il n'y a pas sentence, il y a combat. » (J. de Maistre,
Du Pape, liv. II, ch. 1er.)

Mais le respect est un sentiment qui s'inspire plus qu'il ne se commande; comme son opposé, le mépris, il naît d'ordinaire involontairement, en arrière des inspirations de la raison ou de l'intérêt[1].

Qu'aux yeux du jurisconsulte la chose jugée ait un effet si grand qu'elle puisse *de non jure facere jus, de non ente ens*, qu'elle soit une présomption établie par la loi, il est néanmoins du devoir du législateur de tout faire pour que les décisions judiciaires soient aussi conformes que possible *à la raison, à la justice et à la vérité*[2]. Organisation des tribunaux, choix des magistrats, ordre et formalités de la procédure, tout doit tendre à rendre la justice auguste et sainte[3].

Mais si les décisions judiciaires doivent être reçues comme des oracles[4], la philosophie doit cependant reconnaître toute leur incertitude, et on ne peut s'empêcher de songer que dans la multitude des jugements rendus par

[1] [« Pour que les décisions judiciaires approchent le plus possible de la vérité et de la justice, il faut avoir des juges d'un caractère éprouvé et d'une capacité certaine. » (*Académie des sciences morales et politiques*, t. III, p. 473.)

La confiance que les plaideurs ont dans une sentence trouve son origine dans la persuasion que les juges sont doués à la fois de la capacité et de la volonté nécessaires pour ne rendre que des décisions fondées sur le pur terrain du juste. (Voyez M. Sclopis, *Della Autorità giudiciaria*, p. 102, et un article de M. Mittermaier dans les *Archiv für civilistische praxis*, 1838.)

[2] *Fiat justitia, ne pereat mundus!*

[3] [Dans les sociétés primitives et où l'ordre social repose sur la théocratie, les décisions judiciaires ont un caractère religieux qui leur donne une autorité irréfragable. L'arrêt du juge est une affaire de foi, une chose d'ordre spirituel, il n'y a pas de discussion; mais quand la chose jugée cesse d'être l'oracle de la divinité, l'infaillibilité s'évanouit et bien des gens s'entêtent à avoir raison, même après condamnation. La vérité de la chose jugée n'est plus que l'opinion de la majorité.

[4] M. Bourguignon, *De la Magistrature en France*, p. 61.

nos tribunaux, il ne se passe sans doute point de jour où
la bonne cause ne succombe un certain nombre de fois.
Le législateur ne peut néanmoins arriver à détruire entièrement des imperfections qui naissent de l'humanité; il
peut seulement les diminuer[1]; et, quelque progrès que
l'on puisse réaliser, le spectacle de cette partie des misères de l'homme pourra toujours faire répéter cette ex-
clamation de l'avocat général Servan : « O justice humaine! que de choses il vous manque pour être juste![2] »

« Combien, dans tous les temps, ne s'est-on pas plaint
de l'incertitude des jugements? disait Toullier; combien
de questions diversement jugées dans la même cour, selon
l'absence ou la présence de tels ou tels juges, selon
qu'elles se trouvaient portées dans telle ou telle chambre,
selon les temps, selon les lieux, selon la qualité des personnes! De là le proverbe qui range les jugements au
nombre des chances d'un hasard aveugle : *Alea judiciorum*[3]. »

Le hasard! Pascal voulut le soumettre aux lois de la
géométrie, et l'on vit naître le calcul des probabilités.
Un magistrat toulousain, Fermat, aida son ami Pascal
dans cette invention, sans se douter qu'un jour l'analyse
des hasards serait appliquée à l'appréciation des jugements.
Condorcet entra le premier dans cette voie hardie avec
son *Essai sur l'application de l'analyse à la probabilité
des décisions rendues à la pluralité des voix*, où, entre

[1] La résignation chrétienne trouve seule une compensation à cette im-
puissance des choses humaines dans cette promesse de la souveraine justice : « Beati qui esuriunt et sitiunt justitiam : quoniam ipsi consola-
buntur. »

[2] Servan, *OEuvres choisies*, t. II, p. 402.

[3] Toullier, t. X., n° 65.

autres choses, il entreprit de faire voir qu'un géomètre
peut arriver à déterminer en toute exactitude la vraisemblance de la justesse des décisions des tribunaux, tant
en matière civile qu'en matière criminelle, ne doutant
pas que lorsque la statistique aurait réuni assez d'observations, on pourrait faire parler à ses équations traduites
en nombre précis, le langage de la législation, de la jurisprudence et des affaires[1]. De nos jours, M. Poisson
reprit l'idée de Condorcet, qui depuis avait été suivie par
Laplace, d'appliquer la science mathématique des hasards
aux événements de l'ordre moral. La publication des
*Comptes généraux de la justice civile et criminelle en
France*, qui fut commencée en 1825, sous le ministère
éminent de M. de Peyronnet, lui sembla une occasion
propice par les éléments qu'elle lui fournissait. Il publia
en 1837 ses *Recherches sur la probabilité des jugements
en matière criminelle et en matière civile*, ouvrage considérable par l'originalité des vues, la hardiesse des inductions et la sublimité de l'analyse, mais qui souleva des
réclamations énergiques. M. Poisson commençait « par
« déclarer que la théorie analytique des hasards dans ses
« applications à l'estime de la justesse probable des déci-
« sions des tribunaux, se propose de déterminer, non
« pas la vraisemblance des erreurs de ces décisions,
« mais ce qu'il appelle leur opportunité[2] ». Presque toujours sur le terrain des décisions au criminel, il crut
pouvoir calculer les événements divers que produit la
volonté humaine. M. Charles Dupin nia la légitimité de

---

[1] Voltaire, à l'occasion de l'affaire du comte de Morangiès, écrivit un
Essai sur les probabilités en fait de justice.

[2] M. Gouraud, *Histoire du calcul des probabilités,* p. 130.

ces calculs, et les philosophes, M. Cousin en tête, protestèrent, « au nom des droits sacrés de la liberté humaine,
« contre la prétention affichée par les géomètres de cal-
« culer le retour des événements de l'ordre moral[1] ». Un
savant belge, M. Quetelet, continue cependant ces délicates et brûlantes études; mais, appliquées qu'elles sont
par lui à la statistique et à la probabilité du crime et de
la vertu, elles n'ont plus qu'un rapport lointain avec notre
sujet. En matière civile, on a tenté aussi des créer des
assurances contre les procès : on sait que la combinaison
des assurances repose sur le calcul des probabilités[2]. Mais
gardons-nous de confondre la simple constance des actions
humaines avec une aveugle fatalité, et répétons avec
Royer-Collard : « La science géométrique de l'univers
« diffère de la science morale de l'homme : celle-ci a
« d'autres principes plus mystérieux et plus compliqués,
« devant lesquels la géométrie s'arrête[3]. »

[1] M. Gouraud, *Histoire du calcul des probabilités*, p. 136.

[2] La *Mutualité judiciaire* « société mutuelle d'assurance pour le re-
couvrement des créances et contre la perte des frais de justice » est une
entreprise de recouvrements plutôt qu'une assurance contre les risques
judiciaires.

[3] Royer-Collard, *Discours de réception à l'Académie française.*

CHAPITRE VI.

DES NULLITÉS [1].

—

La nécessité des formes judiciaires ne peut être révoquée en doute ; cependant, comme les choses même les plus nécessaires, la procédure a ses inconvénients. L'obligation de suivre les formes établies par la loi doit être égale pour les deux parties, chacun des adversaires ayant droit aux mêmes garanties. Mais cette égalité dans le débat, évidemment commandée par le sentiment naturel de la justice, peut, dans certains cas, tourner contre le bon droit qu'elle avait pour but de protéger et de faire connaître. L'omission d'une formalité essentielle, la négligence à profiter d'un délai peuvent entraîner des conséquences désastreuses, dont le juge ne pourrait relever, sans violer la loi de l'égalité entre les contendants. Malheureusement aussi, l'inexpérience et le défaut d'attention se

---

[1] Observations sur les nullités dans les actes de procédure, par M. Berriat-Saint-Prix, *Mém. de l'Acad. des sciences morales et polit.*, t. IV.

trouveront fréquemment du côté du plaideur de bonne
foi, moins habile et moins calculateur que celui qui a
l'esprit de chicane. A la vérité, un procès ressemble en
cela à une partie de jeu, où le joueur le plus attentif et le
plus exercé profite légitimement des fautes de son adversaire. Quelquefois donc *la forme emporte le fond* [1]. C'est
pour mettre à l'abri de ces dangers que l'usage d'abord,
puis la loi ensuite, ont imposé aux contendants l'obligation de confier leurs intérêts à des officiers spéciaux versés
dans les formes judiciaires. Cependant, le plaideur n'est
pas encore entièrement sauvegardé, car il peut voir son
droit sacrifié par l'oubli, l'impéritie ou la connivence de
son mandataire; et quoique notre loi moderne, bannis-
sant à juste titre la déplorable maxime : *A mal exploiter,
point de garant* [2], ait rendu les officiers ministériels res-
ponsables des nullités et des fautes qu'ils commettent dans
l'exercice de leurs fonctions, il est cependant des causes
où le préjudice de certaines nullités est d'une nature telle,
qu'il ne saurait être racheté par toute la fortune de celui
qui les a faites. L'argent serait impuissant pour réparer la
perte de certains procès. La procédure peut donc quelquefois avoir des résultats funestes pour celui même qu'elle
devait sauver. Un tel état de choses a dû nécessairement
attirer l'attention et faire proposer toutes sortes de moyens
pour y remédier. L'emploi de formules sacramentelles,
qui paraissent utiles au premier abord pour fournir un
guide assuré au plaideur, serait évidemment un remède
pire que le mal, puisque pour en assurer l'exécution, il

---

[1] Et bien souvent, par cautèle subtile,
Tort bien mené rend bon droit inutile.
(CLÉMENT MAROT. *L'Enfer*).

[2] On disait aussi : *A mal exploiter, bien ecrire.*

faudrait recourir à la maxime *qui cadit à syllaba cadit à toto*, principe qui mènerait aux résultats les plus contraires à la raison. A ce système de modèles rigoureux, on en oppose un qui pèche par un excès tout contraire. Au lieu d'une sorte de servitude, il consacrerait une liberté sans limites. Les nullités ne seraient plus que comminatoires. La loi s'en rapporterait pour les prononcer, à l'équité, et comme l'on dit, à la sagesse du juge. On subordonnerait sans réserve à son appréciation celle des irrégularités de forme. Ce second système séduit au premier coup d'œil; mais il faut reconnaître qu'il serait presque aussi dangereux au civil qu'au criminel, où la sûreté des accusés nécessite une très-grande rigueur dans le maintien des nullités. Il est en effet souvent fort difficile de reconnaître la véritable équité dans l'application d'un droit presque entièrement positif, tel que celui de la procédure; et si l'on réfléchit à ce penchant fâcheux de l'homme à étendre son pouvoir, on aperçoit bientôt les inconvénients d'un pareil système[1]. L'intérêt social veut qu'en pareille matière, le juge soit dirigé par des règles, afin que les solutions ne soient point abandonnées à l'arbitraire ou aux fausses lueurs d'une trompeuse équité. L'expérience qu'en firent quelquefois nos pères, donna lieu à ce vieil adage : *Dieu nous garde de l'équité du parlement !*

Est-ce à dire que l'on ne pourra, entre la rigueur du droit et les périls de l'équité, trouver une doctrine prudente et sage ? N'y a-t-il aucun milieu entre ces deux systèmes si opposés ? Nous allons en examiner deux autres. Voici d'abord le système de l'ordonnance de 1667, conti-

---

[1] M. Berriat-Saint-Prix, mémoire précité, p. 554.

nué par le Code de procédure. Il consiste à déterminer
dans la loi d'une manière nette et précise quelles seront
les nullités, et d'imposer au juge l'obligation de ne reconnaître que celles-là, mais aussi de les reconnaître
toutes. Il est tout entier dans ces deux principes : 1° *Le
juge ne peut créer une nullité sans excès de pouvoir ;*
2° *Aucune des nullités et déchéances prononcées par la
loi n'est comminatoire.* C'est la condamnation du système
de l'appréciation par le juge et de l'équité absolue. Mais
l'inflexibilité et l'absolutisme de la loi ne sont pas moins
périlleux que l'arbitraire et l'absolutisme du juge, et leurs
conséquences sont souvent plus dures. Aussi, pour tempé-
rer ce système et l'empêcher de retomber dans les inconvénients de celui des prescriptions sacramentelles, le législateur a-t-il dû réduire avec soin les nullités à l'inobservation des formalités les plus importantes. Avec ce
tempérament, ce système est bien préférable aux deux
autres. Il a cependant l'inconvénient grave de ramener,
dans des cas très-regrettables, l'application du fâcheux
adage *la forme emporte le fond*, et de forcer le juge
à annuler des actes pour une inobservation de formes très-
grave en thèse générale, mais insignifiante dans un certain nombre de cas particuliers. Comme la loi n'a pu pré-
voir toutes les circonstances, et qu'elle a dû statuer d'a-
près les cas les plus ordinaires, *ex eo quod plerumque fit,*
il arrive que ses dispositions protectrices conduisent par
exception à la violation flagrante, palpable, évidente du
bon droit. En supposant ces exceptions extrêmement rares,
l'existence de ces atteintes même accidentelles portées à
la justice est très-affligeante. Quelque éloignées que l'on
suppose ces perturbations du système, elles doivent fixer
au plus haut point l'attention du philosophe. Il ne faudrait

point qu'aucun plaideur pût dire comme le Misanthrope de Molière :

> On publie en tous lieux l'équité de ma cause ;
> Sur la foi de mon droit mon âme se repose :
> Cependant je me vois trompé par le succès,
> J'ai pour moi la justice et je perds mon procès ![1]

Aussi le législateur de 1806 a-t-il voulu diminuer les inconvénients de cette théorie, en considérant comme moins importantes beaucoup de formes que le législateur de 1667 avait considérées comme essentielles ; et en comparant les deux lois, M. Berriat-Saint-Prix a calculé que la loi ancienne avait attaché la peine de nullité à la onzième partie des dispositions qui lui sont communes avec le Code de procédure, tandis que celui-ci ne l'a attachée qu'à la dix-neuvième partie. Cependant l'adage *la forme emporte le fond* a conservé encore sa vérité dans plus d'un cas : certaines nullités peuvent avoir des conséquences désastreuses, par exemple la nullité d'un exploit d'appel si elle n'est découverte qu'après l'expiration du délai, et la nullité de l'enquête qui ne peut plus être recommencée quand cette procédure a été manquée par la faute de la partie, de son avoué ou de son huissier : conséquence exagérée de l'antipathie, sage d'ailleurs, de la loi française pour la preuve testimoniale. La peine des nullités devient donc extrêmement dure lorsqu'elle arrive à la fin d'une longue et coûteuse procédure, ou lorsqu'elle entraîne des déchéances ; c'est dans ces cas-là que, par une faute tout à fait involontaire, un malheureux peut se

---

[1] Acte V, scène 1re.

trouver dépouillé de tous ses droits sans aucune espèce de ressource.

Le système actuel n'est donc pas entièrement satisfaisant, et il est permis de chercher mieux. Sans abandonner la procédure à une équité sans règle et sans guide, on doit désirer de voir pénétrer la justice naturelle au milieu des formes judiciaires. L'équité ne doit pas en être absolument repoussée [1]; car nous avons vu qu'il ne faut pas regarder la procédure tout entière comme une création du droit arbitraire, et que sous ses dispositions positives on retrouve des principes du droit pur de la raison. Sous l'ordonnance de 1667, le parlement de Toulouse introduisit un tempérament et ne prononçait la nullité qu'autant que le vice de forme avait occasionné un préjudice à celui qui s'en prévalait. C'est un quatrième système que résume la maxime *nullité sans grief n'opère rien*, maxime dont Rodier démontra l'illégalité en présence des dispositions contraires de l'ordonnance, mais qui, du point de vue philosophique, mérite une légitime attention [2]. Le code napolitain a de nos jours mis en vigueur ce quatrième système, selon lequel : 1° le juge n'est astreint à annuler les actes que pour un petit nombre d'irrégularités capitales ; 2° il peut modifier l'effet des

---

[1] [On lit les vers suivants dans les *Entretiens critiques, philosophiques et historiques sur les procès*, de Joseph de Boileau (Paris, an XII) :

Sans doute, il est des formes nécessaires,
Et les anéantir seroit tout renverser;
Mais aussi, sur ce point, se montrer trop sévère,
C'est aider la chicane et la favoriser.
Dans un juste milieu l'équité se rencontre;
Croyez-en, magistrats, ce qu'elle vous démontre,
Rejetez, balayez toutes ces nullités
. . . .
Qui *tendent* seulement au retard de l'affaire.

[2] [Sur cette maxime et son utilité, voyez Selves, *Tableau des désordres dans l'administration de la justice*, p. 75. — Selves avait été avocat au parlement de Toulouse.

moins importantes ; 3° il est autorisé à en valider indirectement quelques-unes lorsqu'elles n'ont pas occasionné
de préjudice. M. Berriat-Saint-Prix croit ce système ainsi
tempéré préférable à notre système rigoureux. Cette
théorie se rapproche de celle de Bentham, qui n'admet
pas de nullités proprement dites, mais qui substitue le
principe de suspicion à celui de nullité; en sorte que
toute négligence d'une formalité requise par la loi, faisant supposer la mauvaise foi, soumettrait la partie à
fournir une preuve qui détruise la suspicion légitime.
Pour mon compte, je réunirais volontiers les deux principes et je permettrais au juge de ne point annuler, si,
d'une part, la partie qui se prévaut de la nullité n'en a
éprouvé aucun préjudice et si, d'un autre, la partie qui a
commis l'irrégularité démontre son défaut d'intention. Je
regarderais si, dans le fait de l'auteur de la nullité, il y a
eu dol ou simple faute. Je transporterais ainsi à l'annulation des actes de procédure quelques-uns des principes
qui régissent l'annulation des contrats. Je ne voudrais
point qu'un plaideur pût invoquer une nullité qui ne lui a
fait aucun tort, afin de profiter d'une maladresse ou d'un
oubli de son adversaire : il ne faut pas que celui qui se
prévaut d'un vice de procédure en tire une occasion de
lucre, ni que l'on puisse dire de lui *certat de lucro cap-
tando.* — *Certare de damno vitando*, son droit ne saurait
aller au delà sans faire disparaître la loyauté du débat
judiciaire. L'obligation de prouver rigoureusement sa
bonne foi resterait d'ailleurs un motif suffisant d'observer
attentivement les formes commandées par la loi.

LIVRE IV.

LIVRE IV.

DE L'INSTRUCTION JUDICIAIRE ET DE LA RÉVISION DU CODE DE PROCÉDURE.

---o+o---

CHAPITRE PREMIER.

DES JUSTICES DE PAIX.

Pour améliorer la procédure devant les justices de paix, il n'y a guère de précédents à chercher dans les systèmes étrangers de procédure. En effet, si la justice de paix, créée seulement en 1790, a eu bientôt jeté de profondes racines dans notre pays, les nations voisines, en imitant nos lois, ne nous ont pas toutes emprunté cette juridiction d'exception, supprimée notamment par les auteurs de la

loi de procédure de Genève [1]. On sait que les juges de paix
d'Angleterre n'ont que le nom de commun avec les nôtres,
quoique, suivant la remarque de M. Rauter, le nom si bizarre de juge de paix soit la traduction littérale de *judge
of peace*, dénomination qui s'explique historiquement et

---

[1] [Dans le Code de procédure hollandais, les règles relatives à la manière de procéder devant le juge de canton (« bijzondere bepalingen be-
trekkelijk de wijze van procederen voor den Kangton-regter ») forment le
titre second du premier livre (art. 97 à 125). Le premier titre, en 96 articles, est consacré à l'exposition de règles générales sur la rédaction des
exploits et des sentences, sur la récusation des juges, la garantie, etc.,
règles communes aux tribunaux des divers degrés. C'est un titre préliminaire semblable à celui que la cour de cassation demandait pour le début
du code français.
  En Piémont, les juges de paix existent sous le nom de *juges de mandement*. Le système des juges de mandement est fort ancien dans ce pays.
Sous l'empire des constitutions sardes, leur nomination dans les pays
inféodés appartenait aux seigneurs; ils ne restaient en exercice que pour
trois ans, mais ils pouvaient être confirmés. Chez nous aussi, les justices de
paix ont à peu près remplacé les justices seigneuriales. C'est par un édit
du 27 septembre 1822 que des judicatures, calquées sur l'organisation
judiciaire française, ont été introduites dans les Etats du roi de Sardaigne. Les tribunaux de première instance, créés par ce même édit, s'ap-
pelèrent d'abord tribunaux de préfecture; ils prirent en 1848 le nom de
tribunaux de *première cognition*, et sont aujourd'hui désignés par le nouveau code sous le titre de *tribunaux provinciaux*. Les siéges sont beaucoup
plus multipliés qu'ils ne le sont aujourd'hui en France.
  Le Code de procédure civile, récemment promulgué en Sardaigne, est
précédé d'un titre préliminaire sur *la compétence et le mode de la déterminer*. Les premiers articles, relatifs à la compétence des juges de mandement, reproduisent à peu près les dispositions de la loi française du
25 mai 1838. Le livre 1er est intitulé : *De la Procédure devant les juges de
mandement*. Aux termes des art. 45 et 46, la citation devant ces juges
peut être faite verbalement par l'huissier, c'est-à-dire au moyen de la
remise au défendeur d'un simple billet sur papier libre, où l'objet de la
demande est libellé. Ce système élémentaire est en vigueur depuis fort
longtemps, et on s'en trouve très-bien dans les campagnes pour les contestations minimes. En vertu de l'art. 92, les témoins peuvent comparaître
sans citation ou sur citation verbale. L'art. 56 autorise le juge à ordonner
la comparution personnelle des parties. En 1828, M. Bottin Desylles, dans
un écrit déjà cité, demandait que le code français fût rendu explicite sur
ces deux points, nettement tranchés par ces art. 56 et 92. La procédure
est d'ailleurs à peu près la même que celle du code français; seulement,
les articles sont beaucoup plus développés et prévoient un grand nombre
de questions qui chez nous ne sont expliquées que par les commentateurs.

est d'accord avec les attributions que ces juges ont chez les Anglais [1], où la justice de paix est exercée par les membres influents de la noblesse.

Au reste, la procédure actuelle en justice de paix soulève peu de critiques : elle est simple, rapide et ne comporte point de frais excessifs. Les auteurs du Code l'ont prise tout entière dans les dispositions de la loi du 26 octobre 1790 « dont plus de quinze ans d'expérience avaient justifié la sagesse [2] », et que de légers changements ont encore améliorée. Les législateurs de 1790 paraissent avoir eux-mêmes emprunté l'idée de cette procédure, la plus sommaire de toutes, à celle qui était en usage à Paris, devant l'auditeur du Châtelet.

Thouret avait espéré qu'elle serait en quelque sorte imperceptible [3] ; mais, il faut le dire, les 47 articles du Code qui la renfermaient d'abord tout entière, ont été augmentés des 22 articles de la loi du 25 mai 1838, qui en plusieurs points s'occupe autant de procédure que de compétence. Enfin ces articles qu'on avait voulu faire si simples, ont soulevé tant de questions, qu'aujourd'hui le nombre et le volume des commentaires sur la procédure devant les justices de paix dépasse peut-être déjà tout ce qu'on avait écrit sur l'ancienne procédure tout entière.

Quoi qu'il en soit, si les juges de paix étaient bien choisis, s'ils étaient toujours à la hauteur de leur mission et attentifs à surveiller les praticiens qui pullulent autour de leur tribunal et qui l'ont infesté des procédés de la chi-

---

[1] Rauter, *Cours de procéd.*, p. 182.

[2] Carré, *Lois de la procédure civile.*

[3] *Exposé des motifs et du plan de la procédure en justice de paix*, fait à l'assemblée constituante en 1790.

cane [1], le titre du Code que nous examinons pourrait
passer pour parfait. Nous ne citerons ici qu'un seul des
moyens employés par les défenseurs de justices de paix
pour exploiter les justiciables. Dans les cantons ruraux, il
n'y a pas d'avocats, mais seulement deux ou trois praticiens qui exercent le métier de défenseurs, et qui, semblables à ces officiers d'autrefois stygmatisés si rudement
par Loiseau, sont « contraints pour en vivre de prolonger
les procès, et rançonner les plaideurs [2] ». Or, voici comment nos deux adversaires s'entendent pour arrondir mu-
tuellement leurs profits. Le défendeur demande un renvoi
que le demandeur se garde bien de lui refuser, parce que
lui-même le sollicitera à la cause suivante, et, si le juge
n'y veille, on sollicite ainsi deux, trois remises successives, afin de demander au client un nouveau salaire par chacune des audiences.

Est-ce à dire que les juges de paix devraient s'abstenir
d'accorder des renvois? Non, car souvent cela donne le
temps à la vérité de se faire mieux jour et conduit plus
d'une fois à terminer l'affaire par un arrangement. Je
regrette même la rigueur de l'art. 33, qui force le défendeur dont le garant n'a point été mis en cause à la première comparution, à former séparément sa demande en
garantie, ce qui fait naître deux actions, faute de laisser
au juge le pouvoir d'accorder un second délai. Mais je

---

[1] [« En général, les praticiens qui plaident devant les justices de paix
n'offrent pas plus de garanties sous le rapport du savoir que sous celui de
la moralité : au lieu d'éclairer le juge, ils ne peuvent que l'égarer s'il ne
se tient pas en garde contre leurs chicanes et leurs ruses. » (M. de Vatimesnil, article sur les justices de paix, dans la *Gazette des Tribunaux* du
12 avril 1852.)

[2] Loyseau, *De l'Abus des justices de village,* p. 14.

voudrais que le greffier n'eût aucun intérêt à voir multiplier ces renvois ; pour cela, il suffirait d'édicter que ces
jugements, étrangers à la décision du fond, seraient tous
délivrés sans frais [1]. Celui qui est obligé de subir des délais est déjà assez malheureux pour que ces délais ne
soient pas encore pour lui une source de dépense. J'ajouterai une dernière précaution ; de peur que ces remises ne
fussent une faveur accordée aux défenseurs, j'exigerais
que ces moindres jugements portassent avec eux leurs
motifs.

Enfin, si le Code de procédure subissait une révision
complète, il n'est pas besoin de dire que les art. 16 et 20,
modifiés par la loi du 25 mai 1838, devraient subir une
rédaction nouvelle, afin de restituer au code son unité et
d'offrir aux justiciables une loi unique comprenant inté-
gralement toute la procédure [2], sans exceptions ni abroga-
tions, dans une seule série d'articles. Cette observation,

---

[1] [Selves, dans son *Tableau des désordres dans l'administration de la justice*, publié en 1812, a signalé les abus de quelques greffes au paragraphe intitulé : « Excès dans les procédures des justices de paix. »
Un usage regrettable s'est introduit dans beaucoup de justices de paix,
à Paris notamment : les greffiers retiennent, même après le jugement prononcé, les originaux de citation, sous prétexte de rédiger les portions du
jugement autres que les motifs et le dispositif. Ces originaux, disent les
greffiers, leur tiennent lieu des qualités signifiées devant les tribunaux ordinaires. Au greffe du tribunal de commerce de Paris, on retient de même
cette pièce essentielle du dossier du demandeur. Quelques juges de paix
obligent aussi les huissiers à leur adresser directement l'original de l'exploit
avant l'audience. Il en résulte souvent un grave embarras pour les justiciables ; la partie privée de son exploit ne peut plus le soumettre à ses
conseils ni le consulter elle-même, et en cas d'appel, l'inconvénient devient
encore plus sérieux. (Conf. *Journal de procédure*, t. XIX, n° 5293.)

[2] [Le Code de procédure aurait dû également présenter un titre spécial
pour la procédure de la cour de cassation, qui est restée en dehors de la
codification. La même lacune existe aussi dans le nouveau code piémontais.
Le code hollandais est plus complet, car il contient un titre : « Van de
wijze van procederen in cassatie », où la procédure à suivre en cassation
est tracée en trente-deux articles (398 à 429).

faite ici une fois pour toutes, s'appliquera, bien entendu, aux autres parties du code qui seraient modifiées par de nouvelles lois[1].

---

[1] [« L'institution des juges de paix a reçu une très-grande importance dans plusieurs Etats. Dans la Prusse rhénane, elle a été substituée aux tribunaux de première instance en matière d'expropriation forcée... Dans la Hesse rhénane, les tribunaux sont aussi substitués, pour les expropriations forcées, aux tribunaux ordinaires... Dans le royaume des Pays Bas, les ventes judiciaires de biens immeubles appartenant, en tout ou en partie, à des mineurs ou à des interdits, ou concernant soit des successions acceptées sous bénéfice d'inventaire, soit des successions vacantes, soit enfin des masses administrées par des syndics, ont lieu par le ministère d'un notaire et par-devant le juge de paix... Ce magistrat (s'il découvre quelque chose de préjudiciable) doit faire surseoir à la vente et adresser un rapport au tribunal, qui est alors appelé à statuer. » (Piogey, *De l'Influence des lois de procédure civile sur le crédit foncier en France*, p. 93 et suiv.)

CHAPITRE II.

—

Un esprit éminent dont nous avons combattu plus haut l'opinion sur l'utilité du droit d'appel, M. Berenger, s'exprimait ainsi dans un mémoire déjà cité :

« C'est en simplifiant : 1° la forme des procédures; 2° la législation générale ; 3° le mode d'administration de la justice, qu'on peut espérer de parvenir à diminuer pour les citoyens, les occasions de plaider, et qu'on peut leur faciliter les moyens d'obtenir une justice plus prompte.

« ....

« Nous tenons particulièrement des Romains une distinction qui, pour l'exercice de la plupart des actions réelles, a trouvé place dans notre code, sans cependant y conserver la même précision, et qui consiste à séparer constamment ce que les légistes appellent le *possessoire* et le *pétitoire*.

« Par l'effet de cette distinction, on est obligé de parcourir les divers degrés de juridiction, pour faire décider quelle sera celle des parties qui possédera l'objet du litige, pendant la poursuite du procès principal, c'est-à-dire pendant l'instance qui aura lieu, pour faire juger à qui, en définitive, appartiendra la propriété. Ce mode de procéder nécessite deux procès pour le même objet. De là, se sont élevés des doutes sur l'utilité de cette double action. On se demande si elle n'est pas pour nous l'effet d'un vieux préjugé ; s'il ne serait pas plus simple de laisser la possession à celui qui jouit, et de plaider sur-le-champ au principal. On réduirait ainsi le litige à un seul procès, et on éviterait une multitude de formalités qui, sur ce point comme sur beaucoup d'autres, ne sont réellement profitables qu'aux agents judiciaires ; et comme quelques mesures conservatoires seraient jugées utiles, soit pour empêcher que l'état de choses ne fût changé ou modifié, soit pour autoriser en certains cas la continuation du nouvel œuvre, soit dans les circonstances très-rares où la propriété elle-même ne reposerait avec certitude sur la tête de personne, il y serait pourvu par des dispositions simples et d'une exécution facile, qui seraient confiées au juge du pétitoire.

« La ligne qui sépare les deux actions, possessoire et pétitoire, est parfois si imperceptible, qu'il serait très-souvent difficile au magistrat le plus exercé de la discerner ; de là, tant d'erreurs sur la compétence, erreurs qui, au lieu des deux procès dont nous nous plaignions tout à l'heure, en exigent habituellement un troisième, celui devenu nécessaire pour fixer la juridiction. »

A ces objections on peut répondre par deux ordres de considérations, les unes tirées du droit lui-même, les autres du fait.

En droit, si la défense de cumuler le pétitoire avec le

possessoire est une affaire de forme, la distinction même des actions réelles en possessoires et pétitoires touche au fond du droit lui-même. Quelques jurisconsultes ont même critiqué la présence du titre qui nous occupe au milieu du Code de procédure. La distinction de la possession et de la propriété est un principe du droit civil, et sous ce rapport, la procédure, en distinguant deux sortes d'actions réelles, est calquée sur le droit civil lui-même.

Dira-t-on que cette distinction est une superfluité et une complication inutile? Proposerait-on d'effacer tous les principes relatifs à la possession, ce droit qui, suivant les jurisconsultes anglais, vaut les neuf dixièmes de la propriété? Evidemment non. Si donc on considère la possession, non point comme un simple fait dénué d'effets légaux, mais comme un véritable droit, ayant les caractères du *jus in re*, il faudra pour la garantie de ce droit, pour sa mise en exercice, une action spéciale, l'action possessoire.

La possession, outre son importance quant au fond du droit, a sur la procédure elle-même un effet immense. C'est elle qui décide le rôle respectif que joueront les parties dans le drame judiciaire, qui indique lequel remplira le rôle de demandeur, lequel au contraire restera sur la défensive. Rien n'est souvent plus décisif pour le résultat du procès. Le fardeau de la preuve incombe à celui qui ne possède pas. Le possesseur au contraire est retranché dans sa possession. Or, déterminer qui doit prouver, qui doit ouvrir l'attaque, c'est véritablement préjuger le procès, alors que les deux parties n'ont que des preuves incomplètes de leurs allégations. Cela explique l'intérêt capital des actions possessoires, comme préliminaires des actions pétitoires, puisqu'elles ont pour résultat de déterminer quelle partie devra prendre le fardeau de

la preuve, relativement à la question de propriété, si elle
se soulève après celle de possession.

On comprend donc qu'entre deux parties également dé-
nuées de preuves sur le pétitoire, celle-là succombera qui
n'a pas la possession, puisqu'elle sera forcément demanderesse. « *Is qui agit non possidet* », disent les Institutes [1].
C'est un des plus signalés bienfaits de la possession, qu'elle
dispense de l'obligation de prouver. Et notre vieux droit
disait en un brocard pittoresquement énergique :

> Qui possidet et contendit,
> Deum tentat et offendit.

Aussi, ne va-t-on pas, je crois, jusqu'à proposer entièrement la suppression des actions possessoires. Mais on
propose de laisser provisoirement la possession à celui qui
jouit, sauf à autoriser certaines mesures par le juge du
pétitoire. Laisser la possession à celui qui jouit et plaider
sur-le-champ au principal : cette proposition est-elle toujours possible ? N'est-elle pas au contraire en opposition
avec les raisons que nous venons d'énumérer ? *Spoliatus
antè omnia restituendus*, disait le droit canonique, dans
l'intérêt de la tranquillité publique et de la sûreté due à la
propriété. Les actions possessoires en effet ne sont pas
utiles seulement pour la décision des litiges qui pourraient
s'élever sur la propriété, elles ont de plus une utilité véritablement politique. C'était pour vider les questions de
possession, qui sans cela eussent infailliblement été autant
d'occasions de violence, que le droit romain avait imaginé
les *interdits*. Si les interdits avaient le tort d'être d'étroites

---

[1] § 2. *Instit.* De Action.

formules, *formæ atque conceptiones verborum*, c'était la conséquence générale du système rigoureusement formaliste de la procédure romaine. Mais nos actions possessoires, telles que le droit du xiii⁰ siècle les organisa pour mettre fin aux guerres privées, n'ont pas cet inconvénient[1]. Et de notre temps, comme à toute autre époque, elles nous paraissent nécessaires, car sans elles, les particuliers auraient trop souvent la tentation de se faire justice à eux-mêmes.

C'est ce besoin de la paix publique qui justifie la jurisprudence où la cour de cassation décide que pour exercer la réintégrande, il n'est pas besoin de la possession annale exigée par l'art. 23 du Code de procédure [2].

Sans supprimer absolument l'action possessoire, c'est-à-dire la mise en mouvement du droit de possession lui-même, veut-on seulement abroger cette défense écrite dans l'art. 25 du Code de procédure, de cumuler le possessoire avec le pétitoire? Sur ce terrain la question devient une question de procédure. Nous avouons même que la cumulation du possessoire et du pétitoire n'est pas sans exemple dans l'histoire du droit, et que cette cumulation

---

[1] On sait que nous n'avons plus d'actions possessoires correspondantes à l'interdit *adipiscendæ possessionis;* notre complainte et nos autres actions possessoires correspondent seulement aux interdits *recuperandæ et retinendæ possessionis.*

[2] Sur cette inobservation de l'art. 23 en matière de réintégrande, voyez Henrion de Pansey, *Compét. des juges de paix*, ch. 52; Boitard, *Leçons de procéd.*, t. 2, n⁰ 123, et surtout Chauveau sur Carré, t. Iᵉʳ, n⁰ 107 bis, qui discute cette grave question et indique les autorités pour et contre. La loi de Genève dispense formellement de la possession annale dans le cas de dépossession par violence (art. 264, § 42). L'exposé des motifs, p. 224, montre d'une manière parfaitement nette le vice de notre art. 23 et la nécessité de la maxime *Spoliatus...* nécessité presque aussi impérieuse dans les campagnes qu'au temps où les établissements de S. Louis réglèrent la réintégrande.

était souvent ordonnée par le parlement de Douai, nonobstant les dispositions formelles de l'art. 5 du titre 18
de l'ordonnance de 1667, non enregistrée par ce parlement[1]. La loi de Genève l'admet encore dans certains
cas (art. 266).

Mais la cumulation du possessoire avec le pétitoire en-
lèverait aux actions possessoires les avantages que nous
faisions ressortir tout à l'heure. Si quelques preuves permettaient de trancher le pétitoire, à quoi servirait alors
le possessoire ?

La grande utilité des actions possessoires est toujours
celle-ci : amener sur le terrain de la possession, où l'on
peut plus facilement trouver des preuves que sur celui de
la propriété.

Les arguments invoqués contre la distinction du possessoire et du pétitoire, sont en résumé ceux-ci : 1° cette
distinction multiplie les procès et fait naître deux actions
au lieu d'une ; 2° la ligne de démarcation est souvent in-
saisissable et fait naître un troisième procès sur la compétence ; 3° les questions possessoires sont trop délicates
pour les juges de paix.

Nous venons de présenter des considérations tirées
du droit. Nous allons répondre à ces arguments par d'autres considérations tirées des faits tels qu'ils se passent
ordinairement.

1° Il est peu fréquent que l'action possessoire soit suivie
de l'action pétitoire. En fait, on n'agit ordinairement au
possessoire que lorsqu'il y a absence de titres suffisamment
explicites. On ne discute guère possessoirement pour un

---

[1] Voyez le Répert. de Merlin, v⁰ˢ *Pétitoire*, § III, et *Complainte au
parlement de Flandres.*

immeuble tout entier, mais plutôt pour l'accessoire d'un immeuble, un fossé, une haie, la position des bornes. La propriété de ces dépendances des fonds de terre est rarement précisée par les titres. Il faut, le plus souvent, pour juger les affaires, que le juge se transporte sur les lieux ; il y a donc intérêt à en faire l'objet d'une action particulière, intérêt à ce que cette action possessoire soit séparée du pétitoire et reste placée dans le domaine du juge local, du juge de paix. Je l'ai fait remarquer en traitant des moyens de diminuer le nombre des procès, le législateur couperait court à la plupart de ces actions possessoires au moyen d'un bornage général des terres et du perfectionnement du cadastre.

2° Quant au nombre des procès de compétence, naissant de la difficulté de bien distinguer le possessoire du pétitoire, il est en fait peu considérable[1].

3° Il est bien vrai que les actions possessoires sont souvent au-dessus des connaissances des juges de paix. On eût sous ce rapport mieux fait de les confier aux tribunaux de première instance. Mais il importait de rendre ces procès peu coûteux, et pour cela il fallait en confier la décision à des juges placés près du lieu du litige, la visite de ces lieux étant d'ordinaire le moyen le plus précieux d'instruction en ces matières. L'argument tiré de l'insuffisance des juges de paix peut d'ailleurs recevoir une autre réponse ; car il cesserait d'avoir de la valeur, si, comme nous l'avons énergiquement demandé dans l'un

---

[1] On trouve dans la préface du *Traité du droit de possession et des actions possessoires*, par M. Belime, professeur à la faculté de droit de Dijon (1842, in-8°), une réfutation de l'opinion émise par M. Bérenger (de la Drôme). Conférez aussi le Dictionnaire général de Dalloz, v° *Actions possess.*, le Répertoire du Journal du palais, *eod. verbo*, et les *Études historiques sur les actions possessoires* de M. Esquirou de Parieu.

des premiers chapitres de ce mémoire, les fonctions de juge de paix étaient réservées à des hommes à la hauteur de toutes les parties de leur mission [1].

[1] Sur toute cette matière, conférez la loi de procédure de Genève, tit. 19, *Du possessoire et du pétitoire en matière d'immeubles*, avec l'exposé des motifs. Cette loi a maintenu l'ancienne maxime qui défend de cumuler le possessoire et le pétitoire; mais elle permet une dérogation à cette règle si le fonds du droit est évident et le fait de la possession obscur et incertain. L'art. 266 est en effet ainsi conçu :

« Le possessoire et le pétitoire ne seront point cumulés; ils seront ins-
« truits et jugés l'un après l'autre, à moins que le pétitoire ne fût de
« nature à être vidé plus promptement ou aussi promptement que le pos-
« sessoire. »

C'est là une disposition analogue aux usages du parlement de Flandre, dont nous parlions plus haut.

Le Code de procédure du royaume des Deux-Siciles reproduit presque exactement en cette matière les dispositions de notre code.

CHAPITRE III.

DE LA CONCILIATION [1].

—

Voici l'une des formalités les plus critiquées de notre procédure actuelle, et cette formalité est une innovation ajoutée à l'ancienne procédure.

Ce n'est pas cependant, qu'avant l'institution de la conciliation telle que nous la connaissons maintenant, il n'y ait eu quelques essais particuliers pour arrêter les procès. A Strasbourg, notamment, des magistrats spéciaux, appelés *consuls*, connaissaient des contestations des bourgeois et tentaient de les arranger [2]. A Lille, cinq magistrats municipaux étaient connus sous le nom *d'apaiseurs :* ils étaient nommés par les curés des quatre plus anciennes paroisses de la ville. Il existait aussi des *apaiseurs* ou *pacificateurs* à Valenciennes, mais ils étaient nommés par

---

[1] Conférez loi de Genève, tit. 1er, art. 5 et 6.

[2] Denisart, vo *Consuls*, no 4. Ces consuls, nommés par le sénat de Strasbourg, n'étaient point des juges de commerce.—[Tulden, *De Causis corruptorum judiciorum*, p. 140, disait aussi : « Nec est juri nostro incognita *vox pacisci suadentis Præsidis.*»

le Magistrat[1]. Dans tous ces pays du nord qui avoisinaient les Pays-Bas, on retrouvait des institutions semblables. C'est à la Hollande qu'appartenaient les *faiseurs de paix*, pour lesquels Voltaire enthousiasma les utopistes du XVIIIe siècle[2], et sur lesquels l'assemblée nationale prit modèle en établissant notre procédure actuelle de conciliation. Dès 1780, le duc de Rohan-Chabot avait tenté de l'organiser dans ses terres de Bretagne[3]. Au reste, longtemps avant Voltaire, Guillaume Penn avait émis l'idée philanthropique d'une magistrature destinée à prévenir les procès et à les terminer à l'amiable.

Mais tous ces précédents étaient isolés et d'ailleurs étaient fournis plutôt par des provinces récemment conquises, que par la France proprement dite. La mission de concilier les affaires était abandonnée au barreau, alors dans toute sa splendeur, et qui revendiquait comme une de ses plus nobles prérogatives, d'arrêter les différends en s'en faisant le premier juge. Les avocats de l'ancien barreau se faisaient un titre de gloire d'éviter à leurs clients les discussions judiciaires et de les en dissuader[4]. Grotius,

---

[1] Denisart, v° *Apaiseurs*.

[2] Nous ne citons pas ici la lettre sarcastique de Voltaire, parce qu'elle a été souvent reproduite. Pétion, dans ses *Loix ramenées à un ordre simple;* Boncenne, dans sa *Théorie de la procédure*, t. Ier, p. 293; M. Seligman, *Réformes dont notre procédure civile est susceptible,* en ont donné le passage le plus mordant.

[3] [On vit paraître en 1784 l'*Ami de la conciliation*, in-8°, pamphlet qui résume toutes les idées du temps, et où l'arbitrage et les tribunaux de famille sont surtout célébrés avec enthousiasme. En 1783, Pétion, dans ses *Lois civiles et l'administration de la justice ramenées à un ordre simple*, etc., parla des juges de paix et vanta la procédure de conciliation.

[4] Un poëte du temps, Poisson, faisant l'éloge d'un avocat, écrivait ces vers :

Il leur prouve, bien loin de les faire combattre,
Qu'un procès qu'on évite en sauve souvent quatre.

Litem parit lis, noxa item noxam.

parlant du devoir de l'avocat, voulait qu'il plaidât la cause devant sa propre conscience, et qu'il la jugeât en quelque sorte en présence de ce tribunal intime.

.........Ipse dic causam tibi,
Litemque durus arbiter prejudica[1].

Les idées de conciliation forcée devinrent tellement en crédit à la fin du XVIIIe siècle, que la constituante s'empressa de soumettre à la conciliation toutes espèces de causes, et d'interdire la présence des gens de justice à ce préliminaire obligé de toute instance[2]. Je n'ai pas ici à faire la critique détaillée de la loi du 24 août 1790, ses vices sont depuis longtemps connus. Ils furent tels, que lorsqu'on soumit le plan du Code de procédure, en 1806, aux cours d'appel, elles demandèrent la suppression du préliminaire de conciliation[3], qui fut qualifié de vaine formalité. Certaine juridiction imaginée aux plus mauvais jours de la révolution, sous le titre de *Tribunal de famille*, avait déjà disparu avec les constitutions éphémères de ce temps[4]. Mais la conciliation, notablement améliorée, a été maintenue dans le Code de procédure.

Depuis ce maintien, l'utilité de la conciliation a été révoquée en doute par presque tous les écrivains qui se sont

---

[1] *Grotii Epigramm. De Officio advocati.*

[2] [En Norwége, on a établi récemment des tribunaux de conciliation appelés cours paroissiales; mais on ne peut s'y faire représenter que par des personnes étrangères à la justice. (Article de M. L. Enault sur le *Système judiciaire de la Norwége*, dans la *Gazette des Tribunaux* du 12 février 1856.)

[3] Locré, t. II, p. 106-113.

[4] Bentham a supérieurement démontré le danger et les vices inévitables de ces tribunaux de famille (*De l'Organisation judiciaire*, ch. 23). On trouve l'histoire des tribunaux de famille et de l'arbitrage forcé dans Benncnne, introduction, ch. 12.

occupés de l'examen critique de nos lois de procédure. Un publiciste hollandais, Meijer, dont l'ouvrage parut dans le pays même de ces *faiseurs de paix* tant vantés, s'éleva avec force contre cette institution; il va presque jusqu'à dire que le préliminaire obligé de la conciliation est un attentat aux droits du plaideur et à la raison[1].

Bentham, de son côté, commençait son chapitre des bureaux de conciliation par ces paroles : « Rien de plus louable que le but, rien de moins efficace ou même de plus contraire au but que le moyen. » Selon lui, « qui dit *accommodement*, dit en d'autres termes, *déni partiel de justice* », et il ajoute : « Moi demandeur, on m'engage à céder une partie de ce qui était mon droit : je fais un sacrifice qui tourne au profit d'un homme plus égoïste que moi..... Dans le système de conciliation, il s'établit une sorte d'enchère où chacun marchande de son côté, mais où tout l'avantage est au plus tenace, au plus avide..... Un juge qui aurait une partialité secrète pour le défendeur, a beau jeu, dans ce système, pour lui donner un demi-gain de cause sous ce prétexte de conciliation. » Aux yeux de ce philosophe, ce n'est que sous de mauvaises lois que le législateur doit tendre à décourager ceux qui ont des droits à réclamer, en rendant difficile l'accès de la justice. « Dans un mauvais système de procédure, continue-t-il, avec une marche lente, des frais énormes, une justice douteuse, il est évident qu'un accommodement, mauvais en lui-même, peut être relativement bon ; mieux vaut sauver une partie de son droit que de l'exposer tout entier, ou de ne le recouvrer qu'après avoir consommé une

[1] Meijer, *Esprit et origine des institutions judiciaires de l'Europe*, t. IV, p. 365, et t. V, p. 563.

portion de sa vie dans les tribulations et les angoisses qui assaillent le malheureux plaideur à chaque pas de sa carrière ; mais pour obvier à ce mal, le devoir du législateur est de corriger la procédure, et non de chercher des expédients pour s'en passer. Ce qu'il doit à ses sujets, ce n'est pas une demi-justice, c'est la justice dans sa plénitude[1] ».

En 1816, la république de Genève, aussitôt qu'elle fut rendue à son indépendance, avait aboli l'essai forcé de la conciliation, et peu d'années avant la publication de l'ouvrage de Meijer, le professeur Bellot, dans l'exposé des motifs de la loi de procédure génevoise, traitait avec un singulier mépris « cet essai forcé de conciliation, aussi insignifiant qu'onéreux des lois françaises[2] ». La conciliation obligatoire fut donc rayée des lois de Genève, et fit place à « *l'essai libre et gratuit* des anciennes institutions judiciaires » de cette république.

« Cet essai, dit l'exposé des motifs, est de deux espèces :

« 1° Les auditeurs dans leurs arrondissements, et les maires dans leurs communes, sont chargés de concilier les parties qui se présentent volontairement devant eux sans citation et sans frais. Il n'y a rien d'écrit si la conciliation n'est opérée ;

« 2° La cause introduite au tribunal de première instance, parvenue même au tribunal supérieur, tout espoir de conciliation n'est pas perdu. Nous exigeons, si elle paraît de nature à être conciliée, que le tribunal commette dans ce but un de ses membres *avant ou après les plaidoiries.*

[1] *De l'Organisation judiciaire*, ch. 22, des Bureaux de conciliation.
[2] *Loi de procéd. de Genève*, 2e éd., p. 26.

« Tantôt la qualité des parties plaidantes, les liens qui les unissent, les circonstances de la cause, exigent que la conciliation soit tentée avant toute discussion publique. La publicité seule rendrait un arrangement impossible.

« Tantôt, au contraire, la tentative d'une conciliation échouerait avant les débats. Une exaspération réciproque écarte jusqu'à l'idée d'un accommodement. Il faut que tout le feu des parties soit jeté dans une plaidoirie contradictoire pour les rendre accessibles à des paroles de conciliation.

« Le juge se pliera à ces positions diverses, il saisira le moment opportun.

« Tout en sanctionnant de plus fort le principe que l'essai préalable de conciliation est purement facultatif, la loi nouvelle établit une exception : « Aucune demande, « porte l'art. 5, entre époux ou entre ascendants et « descendants, ne sera formée devant un tribunal, sans « l'autorisation du président, qui ne l'accordera qu'après « avoir cherché à concilier les parties. »

Chez nous aussi, par un retour des choses d'ici-bas, à l'enthousiasme pour la tentative conciliatoire, avait succédé la déconsidération la plus prononcée, et les concessions accordées en 1806 aux réclamations des cours d'appel n'ont point désarmé les critiques. Dans son *Traité des lois de la compétence*, Carré pesait déjà les avantages et les inconvénients de ce préliminaire, et en se prononçant pour son maintien, il proposait de l'améliorer encore. Après lui, Boncenne, dans sa *Théorie de la procédure civile*, combattit pour la suppression de cette formalité[1]. Boitard,

---

[1] Boncenne a longuement traité, à la fin du ch. 12 de son introduction, la conciliation au point de vue historique et au point de vue philosophique; c'est une des plus remarquables parties de son livre.

dans ses leçons, ne s'en montra pas moins l'adversaire. Enfin, je crois que si les *Comptes rendus de la justice civile* n'avaient pas été publiés, l'essai conciliatoire serait universellement réputé une vaine superfétation.

Mais aujourd'hui, en présence des résultats attestés par des chiffres, il me semble qu'une opinion moins radicale doit triompher. La conciliation, au lieu de disparaître, peut être améliorée. Sous ce rapport, je me range du côté des auteurs qui ont écrit au point de vue de la pratique, et notamment à l'opinion de Carré[1] et de M. Berriat-Saint-Prix, qui croient cette institution utile et bienfaisante.

Loin de penser avec Meijer et Bentham, que l'essai de conciliation forcée soit un attentat aux droits du plaideur, nous la regardons plutôt comme un bienfait, pourvu toutefois qu'elle soit tentée avec une sage mesure. « C'est un saint devoir pour le législateur, lisons-nous dans un cours de procédure, d'interposer son autorité, afin de prévenir tous les fâcheux résultats qui viennent à la suite des procès[2]. La passion des plaideurs qui ne sont pas tout à fait égarés se calme d'ordinaire en face d'un magistrat probe, éclairé, jouissant de la considération que ses qualités lui méritent. S'il existe en France des juges de paix qui répondent rarement au vœu de la loi, il en est d'autres qui manquent rarement son but ; il ne faut pas imputer à une institution les défauts des hommes chargés de la faire fructifier. Les statistiques judiciaires les plus récentes prouvent que les juges de paix concilient, terme moyen, les deux cinquièmes des affaires soumises au bureau de conciliation. Sur cinq fois, réussir

[1] Carré, *Lois de la procéd. civ.*, édit. Chauveau, t. Ier, p. 208.
[2] Delzers, *Cours de procédure civile et criminelle* (Paris, 1843), p. 164.

deux à rétablir la paix et la concorde entre les plaideurs, certes ce n'est pas un résultat à dédaigner; il prouve que la tentative obligée de la conciliation est bonne en elle-même; que, dans l'intérêt de la société, elle doit être fécondée, fortifiée. »

Depuis la publication des lignes que nous venons de citer (1843), les statistiques ont constaté que la proportion des affaires conciliées était beaucoup plus considérable : elle s'élève à plus de moitié; car à côté de la conciliation forcée, établie par les art. 48 et suivants du Code de procédure, il y a une autre conciliation qui précède les instances en justice de paix. Celle-là se fait sur simple avertissement du juge et sans citation : on doit son introduction à la loi du 25 mai 1838, art. 17[1]. Or, en 1848, les juges de paix ont délivré 2,296,000 avertissements; ils ont concilié 715,000 affaires, et 281,000 seulement n'ont pu être conciliées[2]. Un tel résultat justifie sans doute l'utilité des diverses espèces de conciliation aujourd'hui usitées.

Sur ces deux sortes de conciliation, j'emprunte au rapport qui précède la statistique judiciaire pour 1847 les détails suivants :

« Souvent les parties se présentent spontanément devant le juge de paix comme conciliateur; d'autres fois, elles doivent être appelées (art. 48 et suiv. C. Proc.).

« Dans ce dernier cas, les juges de paix entendent les

---

[1] Depuis la rédaction de ce mémoire, cette seconde espèce de conciliation préalable aux procès en justice de paix est devenue obligatoire et a été réglementée par la loi du 2 mai 1855, modifiant l'art. 17 de la loi du 20 mai 1838.

[2] *Compte général de l'administration de la justice civile* pendant 1848, *Moniteur* du 10 novembre 1850.

parties en audience publique; tandis que dans le premier, c'est en dehors de l'audience qu'ils essaient de les concilier.

« *Conciliation en dehors de l'audience.* D'après la loi du 25 mai 1838, les juges de paix peuvent interdire aux huissiers de donner aucune assignation, hors le cas d'urgence, sans leur autorisation, afin qu'ils puissent, s'ils le jugent convenable, appeler préalablement les parties devant eux, à l'aide de billets d'avertissement délivrés sans frais, et essayer de les concilier en dehors de l'audience.

« Les 2,847 juges de paix ont délivré 2,312,165 billets d'avertissement en 1847, soit 812 chacun, en moyenne. Ils en avaient délivré 116,590 de moins en 1846.

« Tous les billets d'avertissement délivrés n'ont pas amené la comparution des parties; la moitié à peine a eu ce résultat; car, 1,005,322 affaires seulement ont été portées en conciliation devant les juges de paix en dehors de l'audience. Après avoir entendu les parties, ces magistrats ont réussi à concilier 733,284 différends, près des trois quarts (73 sur 100). En 1846, les juges de paix avaient arrangé 74 sur 100 des affaires qui leur étaient ainsi soumises, en même nombre à peu près qu'en 1847.

« *Conciliation à l'audience.* Aux termes des art. 48 et suivants du Code de procédure civile, certaines affaires de la compétence des tribunaux civils de première instance ne peuvent être portées devant eux qu'après avoir été soumises au préliminaire de conciliation devant les juges de paix; et les parties sont obligées, sous peine d'amende, de répondre à la citation qui les appelle à l'audience de ce magistrat.

« Le nombre des affaires ainsi assujetties au préliminaire de conciliation, a été de 64,593, en 1847; c'est
377 de plus qu'en 1846. Les défendeurs n'ont pas obéi à
la citation dans 11,341 affaires, un sixième environ. Ils
ont comparu dans 53,252; et les juges de paix, après
avoir entendu les explications des deux parties, ont
réussi à concilier 24,806 affaires, ou 47 sur 100 de
celles dans lesquelles demandeurs et défendeurs s'étaient
présentés[1]. »

Je sais qu'on peut élever beaucoup de doutes sur la
parfaite exactitude de ces chiffres; mais ils valent au
moins comme approximation, malgré la légèreté avec
laquelle les statistiques particulières sont dressées dans
beaucoup de parquets. Or, on ne peut nier que l'utilité
des deux modes de conciliation à l'audience, précédant
l'assignation devant les tribunaux civils, et en dehors de
l'audience, précédant la citation en justice de paix, ne
soit démontrée suffisamment par ces documents, et que
ces tentatives préliminaires ne contribuent puissamment
à diminuer le nombre des procès.

Telles sont les raisons que l'expérience fournit en faveur du maintien du préliminaire forcé de conciliation :
elles réfutent les arguments dirigés contre ce préliminaire
par ceux qui le prétendent inutile. Les adversaires de
cette formalité se divisent en effet en trois classes : ceux
qui argumentent de son inutilité, ceux qui objectent ses
imperfections et ses inconvénients, enfin ceux qui vont

---

[1] *Compte général de l'administration de la justice civile* pendant 1847,
rapport, p. xxxii. Depuis 1848, les statistiques de la justice civile donnent
tous les ans de nouvelles preuves de l'efficacité de la conciliation par les
juges de paix. Le nombre des procès a notablement diminué sous l'action
mieux réglée des magistrats conciliateurs.

jusqu'à soutenir qu'il est contraire aux principes mêmes
de la justice. Bentham, nous l'avons vu, est de ces derniers, et avant de nous occuper des imperfections actuelles
de la conciliation, nous devons repousser les arguments
trop absolus de ce philosophe. Sa théorie paraît juste au
premier abord, mais elle échoue sur le terrain de la pratique. Il semble supposer en effet que la conciliation est
forcée, tandis qu'il n'y a d'obligatoire qu'un rapproche-
ment entre les parties. Il reproche en outre à la conciliation d'être un encouragement à la mauvaise foi, parce
qu'elle provoque la partie qui a le bon droit, à en sacrifier une partie. A ce point de vue, il la condamne comme
une atteinte à la justice. Mais avec ce système, il faudrait
rayer la transaction du nombre des conventions licites; et
Bentham est obligé d'admettre lui-même la conciliation,
lorsque au lieu d'être opérée devant un magistrat, c'est un
ami commun des parties qui sert de pacificateur. Je ne
prétends pas refaire ici la philosophie de la transaction;
M. Troplong en a supérieurement exposé les principes,
mais j'ajouterai une dernière réflexion pour combattre
Bentham. La partie qui transige et qui sacrifie une portion
de son droit pour le bien de la paix, n'achète pas seulement sa tranquillité et n'évite pas seulement des faux frais
qui équivaudraient à ce qu'elle abandonne, mais encore
elle achète en quelque sorte le droit d'avoir une justice à
peu près rendue comme elle l'entend, et de stipuler ses
intérêts. Elle est maîtresse des termes du contrat, plus
qu'elle ne l'aurait été de ceux du jugement. Il est rare en
effet que la partie gagnante réussisse complétement dans
toutes ses prétentions. Bentham fait sa thèse d'une manière
trop absolue en supposant que le bon droit est toujours
d'un seul côté, et qu'il n'y a que de la mauvaise foi de

l'autre. Souvent, dans les procès, les deux parties ont
toutes deux un peu tort, et quelquefois même elles sont
l'une et l'autre d'une parfaite bonne foi. En présence de
questions de droit ou de faits douteux, la conciliation est
donc une excellente chose. Si les parties considéraient
l'avantage de faire elles-mêmes leur paix, et de convenir
de la manière de terminer leur différend, au lieu de se
jeter dans l'inconnu en recourant à l'arbitrage des juges,
beaucoup préféreraient une transaction aux dispositions
toujours imprévues d'un jugement. La chaleur seule qui
se mêle aux contestations empêche d'apercevoir cet intérêt,
et j'applaudis aux formalités qui permettent de faire entendre le langage de la raison, au milieu des conseils de
l'obstination et de l'amour-propre. Souvent, la partie la
plus convaincue de son bon droit, est fâchée, après la
perte de son procès, d'avoir résisté à des propositions
d'arrangement. On regrette souvent une transaction manquée, on ne regrette presque jamais un accommodement raisonnable. Le proverbe italien *e meglio un magro
accordo che una grossa sentenza*, est la meilleure réfutation de la captieuse argumentation de Bentham. La raison
publique, manifestée de tous les temps par l'aversion pour
les procès, vaut mieux que sa philosophie. Sous ce rapport, j'applaudis fort à ces jugements convenus entre les
parties, et connus au palais sous le nom de *jugements
placités* ou d'*expédient*. Si les stricts principes du droit y
sont quelquefois blessés, je ne me montrerais pas aussi
sévère à leur égard que M. Troplong. Dans la pratique,
ils rendent les plus utiles services et calment de fâcheux
ressentiments[1]. Je suis de l'avis de Domat, qui classe la

---

[1] « La paix que rompent les procès ne se rétablit jamais si bien, quand

transaction au premier rang des moyens de terminer les différends, et qui met l'esprit de conciliation au nombre des vertus. Elle dépend du désintéressement, et Bentham ne pouvait la comprendre, lui qui fait reposer le droit sur la base de l'égoïsme.

J'arrive à un autre reproche qu'on fait à la conciliation forcée établie par les art. 48 et suivants du Code de procédure, savoir : que les frais de cette tentative viennent 's'ajouter aux autres frais de procédure, lorsque les parties ne se concilient pas; mais ceci ne tient pas à l'essence de l'institution, et n'est qu'une question d'amélioration.

M. Chardon, président du tribunal d'Auxerre, dans sa brochure publiée en 1837, sur les *Réformes faciles et désirables dans la procédure*, que nous avons déjà citée, après avoir fait à la tentative conciliatoire le reproche d'être toujours dispendieuse et rarement utile, a cherché les moyens de corriger ce défaut. Il voulait « n'exiger du demandeur dans les causes entre parties capables de transiger, autre chose qu'une attestation du juge de paix, qu'inutilement il a appelé le défendeur, ou que celui-ci ayant déféré à son mandement, les parties n'ont pas pu se concilier. Que si l'on veut une citation à l'audience, ce que je déplorerais, ajoute notre auteur, au moins on se borne à une attestation du juge de paix, sans prescrire de *procès-verbal*. Ce mot fatal glissé dans l'art. 54, probablement sans en pressentir les conséquences, est devenu une source abondante de produit pour les greffiers. Ce procès-verbal, dans lequel la de-

---

ils finissent par des sentences ou par des arrêts, comme quand ils se terminent par les voies d'accommodement, qui sont toujours plus douces que les autres. » *Essais sur l'idée du parfait magistrat*, p. 118.

mande est copiée tout entière, avec accompagnement du verbiage des défenseurs officieux, est ensuite *grossoyé*, et devient, pour n'être presque jamais lu, une des pièces les plus pesantes du procès. C'est ainsi qu'une institution, louable dans son principe, est devenue funeste dans son exécution ».

Ces reproches sont graves : mais les remèdes proposés sont-ils parfaitement applicables?

On voit que M. Chardon proposait une conciliation sur simple lettre, et toute semblable à celle que les juges de paix essayent maintenant avant de juger les affaires de leur compétence. Cette conciliation facultative est venue réaliser ses vœux peu de temps après l'apparition de son travail, puisqu'elle fut formellement établie par l'art. 17 de la loi du 25 mai 1838. Mais il faut se garder de la confondre avec le préliminaire de conciliation exigé par les art. 48 et suivants du Code de procédure. Ce préliminaire a lieu seulement pour les causes dont le juge de paix ne connaît pas, et qui doivent être soumises aux tribunaux civils. La conciliation en dehors de l'audience, au contraire, est particulièrement établie pour concilier les affaires dont le juge de paix serait saisi. Nous avons donc, depuis la loi de 1838, deux conciliations bien différentes, l'une pour les tribunaux de paix, l'autre pour les tribunaux d'arrondissement[1].

Cette distinction bien comprise, convient-il, comme semble le dire M. Chardon, de remplacer les formalités de la conciliation à l'audience, telles qu'elles sont réglées

---

[1] On voit que tout ceci a été écrit avant la loi du 2 mai 1855. — Conférez une dissertation *sur l'essai de conciliation*, par M. Maire, dans le *Journal de procédure*, t. XX, p. 367.

par le titre Ier du livre II du Code de procédure, par la simple conciliation établie par l'art. 17 de la loi de 1838, en dehors de l'audience? Prenons la question dans ses détails.

La procédure établie par le titre Ier du livre II pour la conciliation, consiste en une citation donnée par un huissier, et dans un procès-verbal dressé par le juge et le greffier. Souvent encore, il s'y joint un pouvoir donné pour représenter les parties (art. 53). Tout cela, ce sont des frais, et M. Chardon ajoute : « S'il y a un huissier, un « exploit, les esprits s'aigrissent ; des défenseurs, qui « s'appellent officieux, et ne sont rien moins, s'emparent « des parties. » Ne conviendrait-il pas de remplacer l'exploit par une lettre du juge, et de changer par conséquent l'art. 52?

Je conviens que le mot seul d'exploit s'accorde mal avec celui de conciliation ; mais en fait, l'arrivée d'une lettre du juge de paix blesse, il faut le dire, presque autant les habitants de nos campagnes. Et si la partie appelée ne comparaît pas, qui constatera qu'elle a reçu l'avertissement? Il faut cependant que cela soit constaté, à moins de supprimer l'amende établie par l'art. 56, contre les non-comparants, et de modifier profondément le caractère obligatoire du préliminaire de conciliation. Comment d'ailleurs une lettre du juge de paix interromprait-elle la prescription et ferait-elle courir les intérêts, effet accordé à la citation en conciliation par l'art. 57, et qu'il est utile de conserver? Sous tous ces rapports, il est difficile de supprimer la citation.

J'arrive au procès-verbal, et je reconnais qu'il y a là une notable amélioration à apporter. Dès que les parties comparaissent, le Code de procédure exige ce procès-

verbal, soit qu'elles s'arrangent, soit qu'elles ne se concilient pas. C'est là un tort, et lorsque les parties ne se
soucient pas d'arrêter l'affaire, l'expectative de ce procès-
verbal peut même devenir une cause de non-comparution[1].
Il devrait n'y avoir de procès-verbal qu'en cas de conciliation, parce qu'alors il faut bien constater l'arrangement,
et ne pas laisser les parties recourir à un autre qu'au juge
de paix pour en rédiger les termes. Mais lorsque les parties refusent de s'entendre, pourquoi exiger ce procès-
verbal grossoyé, comme le dit M. Chardon? Cela coûte
des frais à pure perte, puisque en cas de non-conciliation,
le juge de paix doit constater purement et simplement que
les parties n'ont pu se concilier, et s'abstenir de toute
autre énonciation. Il serait donc beaucoup plus simple et
moins coûteux, de constater la non-conciliation en marge
de la citation, comme l'art. 58 le prescrit pour la non-
comparution. La citation aurait alors une nouvelle utilité.

Conservant donc presque en entier la teneur actuelle du
titre qui nous occupe, je ne ferais de changements qu'aux
art. 54 et 58 qu'on pourrait modifier comme il suit :
l'art. 54 porte :

« 54. Lors de la comparution, le demandeur pourra
« expliquer, même augmenter sa demande et le défendeur
« former celles qu'il jugera convenables : le procès-ver-

---

[1] [La comparution en conciliation doit-elle être publique? C'est une
question débattue. Ordinairement le juge de paix entend les pourparlers
des parties dans son cabinet, et le résultat seul est livré à la publicité.
« Rien de plus contraire au succès de la médiation du conciliateur que la
publicité des débats, auxquels la modération et la réserve ne président pas
toujours. » (Bergier, *Du dernier État des justices de paix au* 30 *floréal
an* x.) — En matière de justice de paix, le législateur, en édictant des
textes trop peu explicites, a exagéré souvent ces paroles que l'on citait
déjà à l'assemblée nationale lors de la fondation des justices de paix :
Mitte sapientem et nil dicas.

« bal qui en sera dressé contiendra les conditions de l'ar-
« rangement, s'il y en a. » Je maintiendrais ces mots;
mais je supprimerais ceux-ci : « *Dans le cas contraire,*
« *il fera sommairement mention que les parties n'ont pu*
« *s'accorder.* »

L'art. 58 commence ainsi : « En cas de non-comparu-
« tion de l'une des parties, il en sera fait mention, etc. »
Pour être en harmonie avec le nouvel art. 54, sa rédaction deviendrait : « En cas de non-comparution ou de
« *non-conciliation*, il en sera fait mention, etc. »

Telles sont les seules modifications que je proposerais
au titre Ier.

Il me reste à dire un mot de son application et de certains abus qui viennent du trop grand zèle déployé par
quelques juges de paix. Quelques-uns de ces magistrats
poussent le désir d'éteindre les procès tellement au delà
des limites, qu'on pourrait presque dire qu'ils concilient
les plaideurs de force. On cite des exemples de parties qui,
confiantes dans un bon droit évident, ont cependant été
condamnées par le juge de paix, par cela seul qu'elles n'a-
vaient pas voulu donner une prime à la mauvaise foi de
leur adversaire[1]. J'ai entendu nommer un juge assez peu
éclairé pour dire à une partie qui venait de succomber,
que la présence d'un avoué pour l'assister avait été la
seule cause de la perte de son procès. Si l'on s'obstine à
confier la mission de conciliateur à des hommes parfois
inhabiles[2], il est grand temps au moins de leur rappeler

---

[1] [M. Pannier, à la page 9 de sa brochure sur les *Vices de l'administration de la justice*, raconte une curieuse histoire à ce sujet.

[2] [« Avez-vous jamais trouvé de conciliateurs plus adroits et moins
minutieux, d'arbitres plus prompts et plus sûrs que les jurisconsultes
accoutumés à manier un grand nombre d'affaires? La lenteur de la jus-

une circulaire du 5 brumaire an v, dirigée contre ces pacificateurs à tout prix [1].

« Il y a une limite que le juge conciliateur ne doit point dépasser, disait Bellot dans son exposé des motifs de la loi de Genève. Qu'il se garde, dans la ferveur de son zèle, de pousser ses instances jusqu'à l'importunité ; d'arracher à l'ignorance, à la timidité, à la crainte de passer pour dur et processif, le sacrifice de droits évidents ; de se prévaloir des aveux échappés dans l'abandon de l'entretien ; qu'il se garde de menacer jamais de son autorité de juge : la conciliation ne serait plus qu'un piége ; elle n'offrirait plus qu'un nouvel appât à la chicane.

« Alors la perspective d'obtenir, par une conciliation, une partie tout au moins de ce qu'un jugement aurait rejeté, ferait hasarder plus d'une demande qui, sans cet espoir, n'aurait jamais été introduite. La conciliation deviendrait une affaire de calcul et de spéculation de la part de quelques plaideurs. Le juge conciliateur donnerait lieu, par son zèle même et contre son intention, à des demandes sans légitime fondement ; il contribuerait, à son insu, à accroître le nombre des procès [2]. »

C'est de crainte que le juge ne se trouve porté, par un mécontentement personnel, à condamner la partie qui aurait repoussé les propositions d'accommodement, que je n'ai point proposé au nombre des améliorations à intro-

---

tice, qui laisse dépérir les propriétés incertaines, qui use le temps et la fortune du négociant, de l'artiste et du laboureur, est un fléau dont vous ne trouverez le remède que dans l'habileté des juges. Ainsi, n'en choisissez que parmi les hommes très-exercés dans la science des affaires...»
(Lemontey; *Avis à un citoyen qui doit concourir à l'élection des juges*, 1790, Œuvres, t. Ier.)

[1] On trouve cette circulaire dans Boncenne, introduction, p. 299.

[2] *Loi sur la procédure civile du canton de Genève*, p. 28.

duire dans nos lois, la médiation, officielle pendant l'instance, des juges qui sont saisis de l'action. Cette médiation établie à Genève, l'est aussi en Hollande par l'art. 19 du Code, ainsi conçu : « Le tribunal pourra, dans tous « les cas et en tout état de cause, ordonner aux parties « de comparaître en personne devant lui ou devant un ou « plusieurs juges commis, à l'effet de se concilier[1]. » Je dois dire toutefois que cette disposition, critiquée par Boncenne, compte Carré parmi ses partisans.

En Pologne, les fonctions de conciliateur ne sont pas confiées à un juge, de crainte que les attributions judiciaires ne soient un obstacle apporté à la conciliation dans l'esprit des plaideurs. Les fonctions conciliatrices et judiciaires ne sont pas confondues sur la même tête. C'est un nouvel exemple en faveur de mon opinion[2].

---

[1] Voyez sur ce point le travail déjà cité de M. Bérenger, *Mémoires de l'Académie des sciences mor. et polit.*, t. Ier, p. 482.

[2] [Dans le royaume de Naples, l'office de conciliateur ne rentre pas dans les fonctions judiciaires, c'est une dépendance du pouvoir municipal. La loi organique du pouvoir judiciaire napolitain du 29 mai 1847, a établi dans chaque commune la juridiction des conciliateurs, sur laquelle on peut consulter l'*Autoritá giudiciaria* de M. Sclopis, p. 170.

CHAPITRE IV.

DES AJOURNEMENTS[1].

I. L'ajournement est la base de l'action et du jugement, c'est la pièce la plus nécessaire de toute procédure. Aussi son utilité n'a-t-elle jamais été contestée, et le titre qui en trace les conditions et les formes est-il l'un des plus parfaits du code qui nous occupe.

Nous n'avons pas à faire l'historique d'un acte aussi essentiel[2]. Il nous suffit de rappeler que de tous les actes exigés par les lois de forme, c'est lui surtout qui trouve sa raison d'être dans le droit naturel lui-même. *Citatio quoad defensionem est juris naturalis*, disait Rebuffe, *quia fit ut is cujus interest se defendat*[3]. « Adjournement « est la loi de la nature et des gens », ajoutait le vieil Ayrault[4]. C'est en effet un principe sacré, commun au

---

[1] Conférez Loi de Genève, tit. III, *des Exploïts ou actes d'huissiers*, etc.

[2] Boncenne (*Théorie de la procéd.*, t. II, p. 64), a donné cet historiuue.

[3] Rebuffe, *De Citat. præfat.*, nos 22 et 25.

[4] Ayrault, *l'Ordre, formalité et instruction judiciaire*, p. 8.

droit civil et au droit criminel, que nul ne peut être jugé s'il n'a été appelé et averti de se défendre[1].

Toute la théorie de l'ajournement repose en effet sur ces deux principes fondamentaux que nous avons dû développer avant tous autres :

1° Nul, dans l'état social, ne peut se rendre justice par soi-même et doit l'obtenir de l'autorité du juge ;

2° Nul ne peut être condamné s'il n'a pu se défendre, d'où la conséquence nécessaire qu'il doit être averti de l'action judiciaire que l'on forme contre lui, garantie indispensable du droit de défense que l'on trouve dans l'*ajournement*[2].

II. Après les développements donnés dans notre première partie, nous n'avons plus à insister sur les questions théoriques et philosophiques relatives à l'appel du défendeur devant la justice. Nous abordons immédiatement les critiques de détail que peut soulever le titre II du livre II du Code de procédure.

On s'est plaint de la rigueur avec laquelle les législateurs de 1806 avaient multiplié les nullités et les exceptions qui en résultent, et on a notamment blâmé la peine de nullité prononcée contre toute inobservation des dispositions de l'art. 61. Pour nous, nous ne voyons guère d'inconvénient à une sévérité sans laquelle les huissiers seraient peut-être arrivés à ne plus faire que des exploits informes. D'ailleurs les nullités d'exploit, grâce à cette menace, sont peu fréquentes, et lorsqu'elles se ren-

---

[1] « Nisi audiantur partes, inter partes judicari quid potest. » S. Bernardus, *De Consid.*, liv. I, ch. 10.
Qui statuit aliquid parte inauditâ alterâ
Æquum licet statuerit, haud æquus fuit.
SENEC.

[2] Carré, *Lois de la procéd.*, t. Ier, p. 277.

contrent, les parties en tirent rarement avantage, excepté peut-être dans des affaires à part. L'annulation d'un exploit est un fait exceptionnel dans la pratique actuelle.

On en peut dire autant de la peine de nullité édictée par l'art. 70.

Les réformateurs de la procédure civile à Genève n'ont eu garde de supprimer ces nullités protectrices. L'art. 50 de la loi en vigueur dans ce canton en a même ajouté une nouvelle, en exigeant, *à peine de nullité* , la mention du *jour et de l'heure de la comparution*. « Pour les exploits d'ajournement, dit l'auteur de l'exposé des motifs, nous avons rétabli la nécessité d'indiquer le jour et l'heure de la comparution (art. 50). Nous avons banni cette forme énigmatique de citation *à huitaine* ou *dans le délai de la loi*, encore pratiquée devant nos tribunaux, d'après laquelle les parties ignorent le jour où leur cause paraîtra en justice. »

Pour nous, nous applaudissons à la proscription d'un protocole qui force une personne assignée de recourir à un homme de loi pour se faire expliquer l'assignation qu'elle a reçue. Mais pour exclure ces formules énigmatiques, je n'irais pas jusqu'à employer la voie de nullité, car la nullité retombe sur le plaideur, et c'est l'huissier seul qui est coupable. Ce serait l'huissier lui-même qui devrait être directement responsable et non sa partie. Je maintiens donc ici ce que j'ai dit précédemment des nullités en général, et de la maxime *Nullité sans grief n'a point lieu*.

Enfin, puisque le Code de procédure n'a pas, comme la loi de Genève, un titre spécial pour les formalités des exploits en général, nous placerons aussi, à propos des ajournements, une remarque qui paraîtra peut-être minutieuse, mais qui a son importance à cause de l'excès où est arrivé l'abus que nous voulons signaler. Beaucoup d'huissiers et d'avoués écrivent ou font écrire les copies destinées aux défendeurs d'une manière si négligée que la plupart de ces exploits sont totalement illisibles pour les habitants des campagnes et pour toutes les personnes peu exercées. C'est encore mettre les justiciables dans la nécessité de recourir à un tiers pour déchiffrer ces exploits dérisoires, où souvent la majorité des mots sont estropiés ou incomplets. Sans doute il n'est pas besoin d'un article de loi pour forcer les officiers ministériels à écrire correctement et à collationner leurs copies, il suffit pour cela de la surveillance de la magistrature. Mais si les présidents et le ministère public n'y veillent [1], si les juges taxateurs ne rejettent pas impitoyablement de la taxe ces copies informes [2], l'abus sera bientôt plus grand qu'au temps où Molière définissait un exploit :

> Un papier griffonné d'une telle façon
> Qu'il faudrait pour le lire être pis qu'un démon [3].

Je ne suis pas le premier à protester contre cet abus qu'il semblerait vraiment impossible de déraciner.

---

[1] [A l'audience de la cour de Douai, du jeudi 29 décembre 1853, un huissier de Lille a été condamné à 25 fr. d'amende pour avoir signifié une copie de jugement illisible. La cour siégeait en audience civile, et l'incident s'est élevé sur les réquisitions de M. Blondel, avocat général.—Voyez aussi les arrêts cités par M. Achille Morin, *De la Discipline judiciaire*, t. Ier, p. 229.

[2] [« Il est vraiment fâcheux de ne pas pouvoir lire les exploits des huissiers, ce qui arrive très-souvent. Il y en a qui écrivent si mal, qu'eux-mêmes ne peuvent lire leurs actes. Je sais qu'il existe une loi qui leur ordonne d'écrire lisiblement; mais cette loi ne reçoit pas son exécution par la faiblesse des juges taxateurs. » *Vices de l'administration de la justice*, 1825 (par M. Pannier, juge à Lisieux).

[3] Le *Misanthrope*, acte IV, scène 4.

L'illisibilité et l'inexactitude ordinaires des copies ont été l'objet des plaintes de nos anciens auteurs, de l'abbé de Saint-Pierre notamment, et, de nos jours, elles ont excité les justes réclamations de Boncenne [1]. Les circulaires du ministre de la justice, du 18 mars 1824 et du 15 avril 1840, provoquées par des plaintes réitérées, ont été bientôt oubliées. M. Nicias Gaillard, lorsqu'il était premier avocat général à Poitiers, n'a pas cru non plus cette observation indigne de sa plume, et, dans une brochure intéressante, il a montré les divers dangers d'une pareille pratique. On ne lit point volontiers, remarque-t-il, ce qu'on ne peut lire sans fatigue : or quel n'est pas le désavantage du plaideur dont il faut aller chercher les moyens dans de rebutants griffonnages ! « Peut-être, ajoute avec vérité M. Gaillard, ces copies *indéchiffrables* sont-elles coupables de la perte de plus d'un bon procès [2]. » Déjà le président de Lamoignon avait été frappé de ce danger, et il voulait une disposition expresse à ce sujet dans l'ordonnance de 1667.

L'art. 73, par suite de la facilité des communications plus grande à notre époque qu'au temps où il fut rédigé, a soulevé un autre ordre de réclamations, dont avaient été particulièrement saisis les membres de la commission nommée le 25 août 1849, pour réviser certaines parties

---

[1] *Théorie de la procéd.*, t. II, p. 154.

[2] M. Nicias Gaillard, *Traité des copies de pièces*, ou Commentaire du décret du 29 août 1813, préface. On trouve dans cette monographie d'utiles critiques de quelques-unes de nos usages judiciaires.

Dans cette revue des abus, dont quelques-uns sont déjà bien vieux et qui sont si difficiles à extirper, je suis heureux de constater qu'un mal, dont il est souvent question dans nos anciens auteurs et qui constituait la fraude la plus coupable, a disparu de nos jours : je veux parler des copies d'exploit *soufflées* par l'huissier chargé de les remettre. Nous en parlerons à propos du défaut et de l'opposition, dans le ch. 16.

du Code de procédure. Voici les termes du rapport de
M. Odilon Barrot sur les travaux de cette commission :
« Il serait bon de réviser d'autres dispositions du Code de
procédure qui semblent peu en rapport avec les besoins
actuels de la société. Je citerai notamment les longs délais d'ajournement fixés pour les personnes qui habitent
nos colonies ou les pays étrangers. La fréquence et la rapidité des moyens de communication permettent d'abréger ces délais. »

Il est évident, en effet, que les délais actuels de l'art. 73
pourraient, sans inconvénient, être réduits de moitié pour
tous les cas, et même plus encore quand il s'agit de la
Corse, de l'Angleterre et des États limitrophes de la
France.

CHAPITRE V.

—

Bien déterminer et surtout limiter l'action ou l'intervention des officiers ministériels, est l'un des objets les plus dignes de l'attention du législateur à la recherche d'une bonne loi judiciaire. Les observations suivantes auront donc leur utilité.

Le Code de procédure, plus favorable en cela aux gens d'affaires que l'ordonnance de 1667, rend obligatoire le ministère des avoués dans toutes les contestations qui doivent être décidées par les tribunaux d'arrondissement[1]. On peut se demander si l'obligation de constituer

---

[1] Ordonn. civile (1667), tit. XVII, art. 6 : « Les parties *pourront plaider* sans assistance d'avocats ni de procureurs en toutes matières sommaires, si ce n'est en nos cours de parlement..... et autres cours, aux requêtes de notre hôtel et du palais, et aux siéges présidiaux. »

Sur ces mots, *pourront plaider,* Jousse, commentateur de l'ordonnance, note ceci : « L'ordonnance de Blois, art. 153, ne permettoit pas seulement aux parties de plaider elles-mêmes leur cause dans les matières sommaires; mais elle le leur enjoignoit et ne leur permettoit pas de se servir du ministère des avocats ni des procureurs. Cela s'observe encore aujourd'hui dans les siéges de police, lorsqu'il s'agit d'affaires de manufactures. » *Nouveau Commentaire sur l'ordonn. civ. de* 1667, t. Ier, p. 203. (Paris, Debure, 1767, in-12.)

« Il faut dire cela à la louange de nos anciennes lois françaises : elles ont stipulé avec les gens d'affaires avec la méfiance que l'on garde à des ennemis. » (Montesquieu, *Esprit des lois,* liv. XI, ch. 18.)

un avoué dans les petites causes n'est pas une charge
imposée à pure perte aux justiciables? En effet, il est
un grand nombre de litiges où l'avoué n'a aucun rôle à
jouer, aucune procédure à dresser, et où il ne rend à la
partie d'autre service que de lui fournir un domicile d'é-
lection, et un répondant vis-à-vis du greffier et du fisc.
Est-il juste d'obliger les justiciables à faire les frais d'un
avoué dans ces procès minimes où toutes les écritures
consistent dans l'exploit d'ajournement et dans des conclusions que rédige presque toujours l'avocat chargé d'exposer la cause?

On peut objecter que la dignité de l'avocat ne lui permet pas de laisser son client élire domicile chez lui, et de
s'abaisser ainsi au rôle de mandataire. On a été jusqu'à
ajouter que la dignité même des juges exige que les parties ne puissent faire présenter leur défense qu'assistés
d'un officier garant du respect dû à la justice.

A l'argument tiré de la dignité de l'avocat, on répond
aisément en disant que le barreau, chargé exclusivement
de plaider les affaires commerciales devant la justice
consulaire, là où il n'y a pas d'agréés, au Havre, par
exemple, et même devant les tribunaux civils jugeant
commercialement dans les arrondissements qui n'ont pas
de tribunaux de commerce, se passe parfaitement de l'a-
voué et n'en souffre aucun avilissement.

A l'argument tiré du respect dû à la justice, on répond
encore mieux qu'on ne peut supposer l'avoué nécessaire
pour garantir ce respect quand la partie est représentée
par un avocat. Que l'on oblige le justiciable qui vient
plaider en personne à faire rédiger ses conclusions par un
avoué dans l'intérêt même de sa défense, c'est une salutaire précaution; que l'on exige l'assistance de l'avoué,

pendant ses explications personnelles, pour modérer la
passion de l'intérêt privé et assurer la dignité de l'audience, rien de mieux encore. Mais ces précautions deviennent tout à fait inutiles quand la défense n'arrive au
tribunal que par la bouche d'un avocat. L'avocat ne plaide-
t-il pas seul dans les causes correctionnelles et devant la
justice souveraine du jury !

Les réformateurs du Code de procédure ne perdront
donc point de vue que dans un nombre considérable de
causes la constitution d'avoué ne sert absolument à rien
pour l'administration de la justice, et que l'on oblige cependant la partie qui succombe à payer deux avoués, le
sien et celui de son adversaire, quoique ni l'un ni l'autre
n'aient eu à faire aucun travail.

A Genève, la constitution de procureur, avant que
ceux-ci fussent supprimés, ou d'avocat, depuis que les
procureurs ont été jugés superflus, n'est obligatoire que
dans les causes où une instruction préalable aux plaidoiries aura été ordonnée (art. 73 C. de Genève).

Dans toutes les autres causes, on n'exige même pas de
constitution d'avocat.

Lorsque cette constitution devient obligatoire, elle se
fait simplement sur la feuille d'audience (même art. 73).

Ceci nous amène à discuter une opinion émise par
M. Chardon [1].

« Suivant l'art. 76, dit cet estimable auteur, l'avoué
qui s'est constitué judiciairement doit réitérer par acte
sa constitution dans le jour : et pourquoi cet acte sura-
bondant ? Il est connu de l'avoué du demandeur, cela
suffit pour lier l'instance. »

[1] *Réformes désirables et faciles dans la procédure*, p. 6.

Nous ne croyons pas que cet acte, qui d'ailleurs coûte bien peu aux justiciables, soit purement superflu. Comme l'ont remarqué tous les commentateurs de l'art. 76, cette disposition a une utilité réelle : du moment où la constitution d'avoué est obligatoire, il faut que l'avoué du demandeur ait dans son dossier la preuve de la constitution de son adversaire ; sans cela on pourrait nier ensuite cette constitution et, prétendant qu'on a fait défaut, tenter une opposition. Sans cette preuve, le demandeur serait obligé de faire lever le jugement ; et c'est à bon droit, selon nous, que l'art. 76 *in fine* met les frais d'un pareil jugement à la charge de l'avoué qui n'a pas réitéré sa constitution dans le jour.

On sait d'ailleurs que cette constitution « n'en est pas moins valable, quoique non réitérée dans le jour. Cette réitération ou l'expédition du jugement qui en tient lieu, n'ont pour but que d'en constater l'existence et d'en laisser trace aux pièces du procès [1] ».

---

[1] Chauveau sur Carré, *Lois de la procédure civile*, art. 76 (n° 388), et les autorités qu'il cite.

[Le ministère obligatoire de l'avoué pour les enchères et les surenchères dans les ventes judiciaires, prescrit par les art. 705 et 739, est encore une superfétation coûteuse que l'on devrait supprimer, ainsi que nous l'expliquerons plus loin, dans notre chapitre XXV.

M. Seligman a écrit un excellent chapitre contre l'assistance forcée de l'avoué, et l'obligation de constituer, dans ses *Réformes dont notre procédure civile est susceptible*, p. 126 et suiv., et aussi p. 48 et 96. M. Edouard Regnard, *De l'Organisat. judiciaire et de la procédure civile*, p. 57, soutient au contraire ce qui existe.

CHAPITRE VI.

DE LA DISTINCTION DES AFFAIRES EN SOMMAIRES ET ORDINAIRES [1].

—

Le plus grand vice qu'on puisse reprocher au Code de procédure, c'est la distinction des causes en affaires sommaires et en affaires ordinaires. Il ne fallait point présenter d'abord comme type de la procédure usuelle, celle qui est la plus surchargée de formes et d'incidents. En reléguant la procédure sommaire dans un chapitre éloigné, en appelant *ordinaire* celle qui devrait être la plus rare, le Code a servilement suivi l'ordonnance de 1667, sur le terrain même où elle était devenue le plus arriérée. Pour nous, nous intervertirons cet ordre suranné, et nous amènerons l'examen du titre XXIV à la place qu'il aurait dû occuper. En effet, les procédures qui devraient vraiment être *ordinaires*, ce sont les procédures sommaires. Et ce que l'on appelle procédure *ordinaire* ne devrait être qu'une exception.

[1] Conférez ordonnance de 1667, tit. XVII.

J'ose dire qu'en restant au point où l'on était en 1667, les rédacteurs du Code de procédure se sont montrés moins progressifs que les réformateurs chargés par Colbert et Séguier de rédiger *l'ordonnance civile*. Ceux-ci, en effet, donnèrent à la procédure sommaire une importance inconnue jusque-là, et c'était certes un grand progrès de la part de magistrats accoutumés aux procédures par écrit, et qui tiraient de ces procédures des *épices* considérables [1]. Depuis deux siècles, la préférence de plus en plus grande pour la forme abrégée et économique des matières sommaires, est devenue la loi de l'avenir. Les rédacteurs du Code de 1806 n'ont pas obéi à cette louable tendance ; ils ont cru faire un pas suffisant en mettant un terme aux coûteuses procédures par appointements, mais cela n'était pas assez. C'est donc la défectuosité la plus radicale du système actuel. C'est à la procédure sommaire qu'appartient désormais le succès ; c'est à assurer son triomphe que doivent maintenant tendre les réformes. Je constate avec satisfaction que toutes les fois qu'ayant à mettre en action une loi nouvelle, nos législateurs modernes indiquent la procédure à suivre, ils terminent par cette disposition devenue de style : *La cause sera jugée comme en matière sommaire*.

A Genève, les réformateurs du Code de procédure n'ont eu garde de maintenir cette vieille distinction, et il faut voir, dans l'exposé des motifs de la loi de 1819, qui est aujourd'hui le code en vigueur, l'excellente critique

---

[1] C'est peut-être même à cause du revenu que procuraient aux conseillers de l'ancien régime les *appointements à mettre et à écrire,* que le mot *appointement,* d'abord terme de procédure, est devenu synonyme de traitement, de rétribution.

des dispositions de notre loi française. En voici quelques
passages : « Je signalerai, sur l'objet qui nous occupe,
disait le professeur Bellot, deux erreurs également capitales, qu'on retrouve dans toutes les lois et dans tous
les traités de procédure.

« La première erreur est la prétention de ranger,
quant au mode de l'instruction, toutes les causes,
nonobstant leur infinie variété, sous deux classes, l'une
des causes *ordinaires*, l'autre des causes *sommaires*,
d'après certains caractères, tirés tantôt de leur nature,
tantôt de leur valeur pécuniaire, tantôt enfin de la circonstance d'être jugées en premier ou dernier ressort[1].

« Mais, lit-on plus loin, la complication d'une cause
dépend-elle de la somme réclamée ? Celle-ci ne peut-
elle pas être excessive sans que la cause offre pour cela
de difficulté sérieuse? Et au contraire, les faits les plus
embrouillés, les questions de droit les plus abstruses
ne peuvent-elles pas s'élever sur les intérêts les plus
faibles en apparence[2] ? »

Après avoir repoussé comme base de la distinction le
chiffre du litige, M. Bellot ajoutait :

« La distinction des causes tirée de la circonstance
d'être jugées en premier ou en dernier ressort, offre les
mêmes vices que la précédente, puisque cette circonstance
elle-même est réglée sur la valeur pécuniaire.

« Mais l'inconséquence de la distinction est ici plus
rappante encore. On procède avec mesure et réserve,
on multiplie les précautions dans les causes où la voie de

---

[1] Loi de Genève, *Exposé des motifs du titre IV*, p. 52.
[2] *Ibid.*, p. 53.

l'appel est ouverte ; et dans toutes celles où ce recours est fermé, on précipite tout, on diminue, on supprime les garanties contre les chances d'un mauvais jugement.

« La seconde erreur que nous nous sommes proposé de relever, est celle d'avoir considéré constamment comme *ordinaires* les causes moins simples, et comme *non ordinaires* les causes les plus simples; d'avoir adopté comme règle la marche d'instruction nécessaire aux premières, et par exception, la marche établie pour les secondes.

« Aussi le Code de procédure, après avoir tracé, dans les 23 premiers titres du livre II, la marche compliquée qu'il faut suivre dans les causes qu'il appelle *ordinaires*, indique dans les titres XXIV et XXV les exceptions qui simplifient cette marche pour les matières sommaires et de commerce.

« Le parti inverse eût été seul raisonnable, soit parce qu'il est plus naturel de remonter du simple au complexe que de descendre du complexe au simple ; soit parce que, les affaires que ce Code répute *sommaires* ou *non ordinaires* excédant au moins dans le rapport de trois à un celles auxquelles il réserve la dénomination *d'ordinaires*, il convenait mieux d'adopter comme règle la marche applicable au plus grand nombre de cas, que celle qui ne l'était qu'au plus petit nombre.

« On se tromperait si l'on ne voyait là qu'un simple défaut de méthode. En plaçant en tête la marche compliquée, en la présentant pour la règle, il est hors de doute qu'on en a rendu l'emploi beaucoup plus fréquent qu'il ne l'eût été dans un système opposé, où l'exception serait devenue la règle, et la règle l'exception. Or, cela n'a pu avoir lieu sans de graves inconvénients pour les parties, à raison de l'augmentation des frais et des délais qu'elles ont eus à supporter[1]. »

Les raisons qui ont fait proscrire à Genève la distinction des affaires en ordinaires ou sommaires, s'appliquent parfaitement en France[2], et ici il ne faut pas alléguer que la loi d'un petit Etat ne saurait être adoptée pour un grand. Dirait-on qu'une affaire instruite sommairement est exposée à être moins bien jugée? Il faudrait, s'il en était ainsi, proscrire entièrement la procédure sommaire. Or, c'est avec ses formalités simples qu'on juge de graves intérêts, qu'on décide même de la fortune et de l'honneur d'un homme, de l'avenir d'une famille, puisque c'est sommairement qu'on juge tous les appels des juges de paix (Proc., art. 404), les demandes pures personnelles, *à quelque somme qu'elles puissent monter,* dès qu'il y a titre non contesté *(id.),* les demandes en élargissement (Pr., 805); les destitutions de tuteur (C., 449., Proc. 884); les contestations relatives aux partages (Civ., 823), et que toutes les causes, même les plus graves, peuvent devenir sommaires, si elles paraissent *requérir célérité* (art. 404, Pr.). C'est avec cette simple procédure qu'on met un commerçant en faillite, qu'on statue sur sa liberté; c'est avec elle que depuis deux siècles, les juges consulaires vident les affaires commerciales les plus délicates;

---

[1] Bellot, *Exposé des motifs de la loi de procédure de Genève,* p. 54 et 55.

[2] [Les affaires au-dessous de 1,500 fr. de principal ou de 60 fr. de revenu, que nos tribunaux de première instance jugent en dernier ressort, sont sommaires d'après la loi de 1838. Si l'on entoure ainsi de moins de formalités celles qui sont jugées sans appel, on regarde donc la procédure sommaire comme aussi sûre que l'autre, puisqu'on l'applique précisément aux affaires qui n'ont point la garantie des deux degrés de juridiction.

c'est avec elle que sont jugées ces grandes causes maritimes où des sommes énormes se trouvent en litige. Et cette procédure, contre laquelle personne n'a réclamé, cette procédure, qui, au contraire, assure aux tribunaux de commerce, par sa simplicité et sa célérité, la faveur populaire dont ils jouissent, ne suffirait pas pour les causes où elle n'est pas encore employée !

Il est donc temps d'intervertir les rôles, de faire de la procédure sommaire le type habituel de toutes les procédures, et de reléguer la procédure *ordinaire* d'aujourd'hui dans un chapitre à part (comme on a fait pour les instructions par écrit), chapitre auquel on n'aurait recours que dans des affaires rares et exceptionnelles. Nous présentons donc hardiment l'adoption générale de la procédure sommaire, comme le point de départ de tout bon système, de toute théorie simple et facile. Nous verrons dans les chapitres suivants ce qu'il faudrait faire pour y ramener aisément le système aujourd'hui en vigueur, quelles simplifications son adoption apporterait, et nous déclarons que c'est surtout en sa faveur, et en vue de la rendre possible, que nous avons combattu, dans la première partie de ce mémoire, la vénalité des offices.

Déjà en 1783, l'auteur d'un commentaire peu connu sur l'ordonnance de 1667, Dumont, entrevoyait la suppression de la procédure ordinaire et l'adoption générale de la procédure sommaire comme un perfectionnement désirable. « Ce qui se fait, dit-il, dans les matières sommaires, donne le plan d'une procédure plus simple, plus courte, moins compliquée, moins coûteuse que celle qui se tient à grands frais, et avec des longueurs infinies dans les autres affaires..... Comment parvenir à un but si désirable et si désiré ? Il ne faut pas payer

au volume, il faut augmenter les droits de l'officier qui
gagnera sa cause, à proportion de la diligence et du
peu de procédures, et vous verrez bientôt que ceux qui
ont trouvé moyen d'éterniser les procès, trouveront
celui de les abréger [1]. » Au moins, dans l'état actuel
des choses et en attendant mieux, ne faudrait-il pas se
hâter, par des termes plus explicites, de faire disparaître
l'équivoque qui naît de cette expression employée dans
certains articles : *sera jugée sommairement?* Ce serait
faire respecter la tendance du législateur que d'anéantir
à jamais la doctrine et la prétention d'après lesquelles on
arrive à distinguer *les jugements sommaires* d'avec *l'ins-*
truction sommaire; en sorte que là où le Code ordonne
de *juger sommairement,* les avoués peuvent néanmoins
faire encore la procédure au grand complet, et réclamer
tous les frais qui en sont la conséquence !

---

[1] *Nouveau Comment. sur l'ordonn. de 1667,* p. 172 et 173.

[M. Seligman , dans son mémoire sur les *Réformes dont notre procédure*
civile est susceptible, p. 142, est encore ici de notre avis. Il pense aussi
qu'il faut supprimer la procédure dite ordinaire, et réduire les formes à la
procédure sommaire, *toute parlée,* comme dit Boncenne : procéder, en un
mot, selon l'expression des *Statuts de Casalis,* « simpliciter, de plano
atque sine strepitu judicii. »

CHAPITRE VII.

MISE AU RÔLE, DISTRIBUTION, CLASSEMENT ET APPEL DES CAUSES.

———

Dans l'état actuel de nos lois, la partie qui a remis aux mains de son avoué son exploit d'ajournement, ignore complétement ce que devient sa cause jusqu'au jour du jugement. Si elle veut surveiller la marche de l'affaire ou se rendre compte seulement de la procédure, elle ouvrira en vain le Code qui semble fait pour offrir aux justiciables le tableau complet de toutes les phases d'une instance ; elle n'y trouvera point l'indication des formalités qui s'accomplissent dans le fond des greffes ou des études. La série de ces formalités n'est pas établie tout entière dans le Code de procédure, plusieurs des anneaux de la chaîne échappent au plaideur. Sans doute, il n'est pas nécessaire que tous les citoyens puissent se croire à même de conduire une procédure ; car rien n'est plus fâcheux dans le monde que ces plaideurs qui veulent eux-mêmes se diriger au milieu des affaires qu'ils ignorent ; car rien n'est plus entêté et plus processif que ces gens qui n'ont du droit que l'insuffisante connaissance résultant de la lecture non-scientifique des codes. Mais pourtant la marche d'une affaire devrait, dans ses plus petits détails, être mise à la portée de tous [1]. Or, je constate qu'avec notre Code actuel, il est une infinité de nos licenciés en droit au sortir des facultés, plus d'un de nos jeunes magistrats mêmes, qui ne se rendent pas bien compte de la manière dont les affaires sont amenées à l'audience et auxquels, sous ce rapport, un praticien ignorant enseignerait beaucoup de choses en matière de *placets*, de *mise au rôle*, de *conférence*, et de *position de qualités*.

C'est dans le règlement du 30 mars 1808 que les règles relatives à ces formalités de l'instance ont été reléguées avec une infinité de dispositions étrangères à la procédure. Les rédacteurs du Code, qui dans les art. 88 et suivants s'occupaient de choses assez en dehors de la marche d'une action et des formalités judiciaires, crurent inutile de placer dans leur œuvre la manière dont les avoués devaient conclure, et d'indiquer le rang dans lequel les affaires seraient inscrites. Les rédacteurs de la loi de Genève ont été moins dédaigneux, et ils ont placé

---

[1] [Tout ce qui peut faire pénétrer la lumière et la publicité dans le dédale des lois et éclairer les citoyens sur la marche de leurs propres affaires, constitue un progrès que le législateur doit avoir à cœur de réaliser. Il faut mettre à la portée de tous des connaissances qui sont presque un privilége de caste. Le mauvais ordre de nos lois de procédure contribue puissamment à soutenir l'influence des praticiens; l'enchevêtrement des textes, en les rendant inintelligibles, fait de leur application une sorte de secret, de leur entente routinière une espèce de science occulte, et ce mystère sert merveilleusement à tenir les justiciables dans la dépendance des gens de loi. La méthode et la clarté dans les codes peuvent seules mettre un terme à cette servitude.

dans leur nouveau Code un titre IV, intitulé : De l'Introduction des *causes en justice* [1].

En présence de cette lacune du Code, nous devons nécessairement examiner, comme une annexe indispensable, ces articles du décret du 30 mars 1808, relatifs
à la procédure. Ce sont les art. 18 à 39, 54 à 74, formant les sections 3 et 4 des deux premiers titres de ce
décret.

L'ensemble des formalités qui y sont tracées sont celles-
ci : l'avoué doit la veille de l'audience où l'on se présentera, d'après les délais de l'ajournement, faire inscrire
la cause au rôle (art. 19 et 55) ; au jour dit, les causes
nouvelles doivent être appelées dans l'ordre du rôle par
un huissier, qui le plus souvent est remplacé par le greffier d'audience. Ce premier appel a pour but de vérifier
si l'avoué du défendeur s'est constitué et de déblayer les
rôles de toutes les causes où le défendeur fait défaut.

Les affaires urgentes viennent sans tour de rôle sur ordonnance. On annonce, à l'aide d'affiches prescrites par
l'art. 67, l'ordre des causes qui restent au rôle et qui
doivent être plaidées prochainement. Le rang étant fixé,
les affaires sont appelées de nouveau à l'audience pour
poser qualités, c'est-à-dire pour forcer les avoués à
prendre des conclusions et à rendre la cause contradictoire. Cela fait, le jour où chaque affaire sera plaidée est
indéfiniment éloigné.

---

[1] Immédiatement après ce titre, on trouve dans la loi de Genève le
titre V, intitulé : *Des Exceptions à proposer d'entrée de cause*. Ce sont nos
exceptions *liminaires,* ou *à limine litis;* déclinatoire sur incompétence,
ratione personæ; exception de caution *judicatum solvi,* et la mise en
cause des garants, matières que le code français n'a point placées dans
l'ordre naturel où elles se présentent, mais a rejetées dans un titre beaucoup plus éloigné.

Mais il y a beaucoup d'abus : chaque tribunal modifie plus ou moins ces dispositions par certains usages tolérés aux gens de loi.

Par exemple, de l'habitude de poser qualités quelquefois plusieurs mois avant la discussion de l'affaire, il résulte que les conclusions prises à la position des qualités sont souvent provisoires de part et d'autre, et surtout que la faculté de faire défaut est un moyen de défense dont la partie se trouvera privée. Mon avoué peut conclure pour moi au 1er avril, lors de la position de qualités, car au 1er avril je suis en mesure de me défendre; j'ai un avocat qui plaidera ma cause, moi-même je serai dans la possibilité de comparaître et de surveiller ma défense. Mais si, par suite des délais qui s'écouleront jusqu'à la plaidoirie, j'ai été obligé d'entreprendre un long voyage, si l'avocat auquel j'avais particulièrement confiance est tombé malade, si par toute autre raison ma position est changée, il pourra importer à ma défense d'user de la ressource d'un défaut, et cependant ma cause ayant été engagée contradictoirement au 1er avril, je puis me trouver condamné sans avoir été entendu, car je serai privé du droit d'opposition.

L'usage de la position de qualités faite trop à l'avance a donc son péril. Nous devions ici noter ce résultat sur lequel nous reviendrons plus tard.

L'encombrement des rôles des tribunaux a encore cette conséquence fâcheuse, que le jour où une affaire sera discutée reste toujours incertain, ce qui multiplie, pour les parties désireuses d'assister aux débats, des voyages et une perte de temps qui s'ajoutent aux autres faux frais. Par suite de cet encombrement, l'art. 66 du décret qui nous occupe en ce moment et qui veut que les demandes urgentes n'entraînent qu'une seule remise à jour fixe, est généralement inobservé.

Il serait très-désirable que toutes les affaires urgentes ou non-urgentes eussent un jour fixé pour leur solution ; que tout renvoi fût motivé ; qu'à la position des qualités le renvoi eût lieu à jour fixe, qui ne pourrait dépasser quinzaine ; qu'une sanction fût édictée pour assurer l'observation de cet ordre. La fixation d'un jour déterminé existe déjà pour le grand criminel, pour les enquêtes, pour les affaires correctionnelles et de commerce ; ce serait un grand service rendu aux justiciables de donner enfin à l'expédition des affaires civiles une régularité si précieuse.

M. Bonjean, dans son Traité des actions chez les Romains, a signalé en ces termes un autre vice résultant de la manière dont les causes sont généralement distribuées :

« Le rôle est arrangé de telle façon que la même affaire ne peut être appelée que de huit jours en huit jours. Ainsi quand un procès est de nature à occuper plusieurs audiences, la discussion se trouve morcelée : par exemple, le demandeur plaide le 1er du mois ; le défendeur répond le 8 ; le demandeur réplique le 15 ; le défendeur dit son dernier mot le 22 ; enfin le ministère public donne ses conclusions le 29. Ce n'est pas tout : l'empêchement d'un juge ou d'un avocat, à l'un de ces jours indiqués, porte bien souvent à quinze jours, trois semaines et un mois l'intervalle qui sépare l'une de l'autre les diverses parties de la discussion. Cela se voit tous les jours au tribunal de la Seine et à la cour de Paris. Cependant le cours de la justice ne peut être pour cela interrompu, et il faut bien que pendant toutes ces remises sans fin, le tribunal expé-

die les affaires courantes... Or, peut-on raisonnablement
espérer que les magistrats posséderont une mémoire assez
localisée pour retenir et comparer les éléments d'une discussion ainsi morcelée et disséminée à de longs inter-
valles; quand d'ailleurs la préoccupation d'un grand
nombre d'autres affaires, qui se croisent et se heurtent
dans l'esprit du juge, vient chaque jour effacer les
traces qu'ont pu laisser dans ses souvenirs les arguments
produits de part et d'autre par les avocats des parties [1]? »

Le désordre, dont se plaint M. Bonjean n'existe pas
seulement à Paris, il est aussi grand dans les départements et les suites en sont souvent très-fâcheuses. Il y a
donc lieu d'appeler l'attention sur ce point : ces détails
influent assez sur l'administration d'une bonne justice
pour que le législateur ne dédaigne pas de s'en occuper,
et les règles en cette matière devraient être à la fois codifiées et affermies par une sanction.

Je ne terminerai pas l'examen de ce décret sans rappeler les infractions nombreuses qui rendent la plupart de
ses articles une lettre morte. Ainsi l'art. 55 sur la mise
des causes au rôle est violé dans chaque affaire par le rétablissement des *placets*, formellement prohibés par la loi
du 21 ventôse an VII, en ces termes : « L'usage des placets
« pour appeler les causes est *interdit;* ils ne pourront
« l'être que sur les rôles et dans l'ordre du placement. »
Et cependant l'usage des placets est redevenu général,
non-seulement au tribunal de la Seine, où les avoués les
font payer 4 ou 6 francs, selon que l'affaire est sommaire
ou ordinaire, avec les conclusions jointes, mais encore

---

[1] *Traité des actions, ou Exposition historique de l'organisation judiciaire
et de la procédure civile chez les Romains,* 2e édit., p. 242.

dans les tribunaux de province, où ils constituent pour le greffier un source de bénéfices aussi élevés qu'illégaux. Tant est grande la difficulté d'empêcher un abus de renaître !

L'appel prescrit par l'art. 59 donne lieu, pour les huissiers audienciers, à la perception d'un droit de 25 cent. par cause, dont nous signalerions l'inutilité, s'il n'était pas juste de rétribuer ainsi l'assistance de ces officiers aux audiences. Mais dans beaucoup de greffes, l'esprit fiscal des greffiers et une regrettable tolérance ont introduit l'usage de certains bulletins d'appel de cause qui, bien que payés par les parties quelques centimes seulement, font par leur nombre un beau revenu au greffier, revenu aussi illégal que celui des placets.

Au greffe de Paris, il existe une tolérance de cette sorte, encore plus lucrative, je veux parler des bulletins d'audience que le greffier délivre à chaque avoué pour l'avertir que telle cause, dans laquelle il est constitué, vient tel jour, à telle chambre. Les avoués sont ainsi dispensés de prendre note de leurs causes remises et renvoyées, et de marquer ces renvois sur la couverture de leurs dossiers comme le font tout simplement leurs confrères de province. Mais c'est le greffier qui en bénéficie, et les avoués font payer ces avertissements aux justiciables, malgré la défense formelle de l'art. 70 du tarif, qui avait prévu cet abus en disant :

« Les avoués seront tenus de se présenter au jour in-
« diqué par les jugements *préparatoires* ou de *remises*,
« sans qu'il soit besoin d'*aucune sommation*[1]. »

___

[1] [La mode de ces bulletins abusifs se propage maintenant dans les tribunaux des départements. Bulletins de distribution, bulletins d'appel

Dans un grand nombre de tribunaux, les affiches prescrites par l'art. 67 du décret du 30 mars 1808, sont complétement hors d'usage. A leur place, le greffier fournit
aux avoués des listes de causes en ordre d'être jugées,
ce qui est plus commode sans doute; mais ces listes ne
sont pas gratuites, et le greffier tire de chaque avoué et
de chaque avocat un abonnement qui s'ajoute aux autres
petits bénéfices tolérés.

Je n'en finirais pas si je voulais énumérer tous les moyens
détournés que le génie fiscal des officiers de justice imagine ainsi chaque jour, pour tirer de chacun des plaideurs

de cause, bulletins de remise de cause , il y en a de toutes les couleurs;
il n'est guère de dossier qui n'en contienne une demi-douzaine. Au pied
de ces bulletins le greffier place sa signature et l'indication du coût,
comme si c'était un acte de procédure. Les avoués ne s'en plaignent pas,
car ce sont les parties qui payent, et dans les états de frais, l'avoué fait
un article séparé pour le coût de chaque bulletin. Or, les avoués, en matière ordinaire, ont un droit de 10 c. par chacun des articles de leur état
de frais. Conséquence curieuse : le greffier fait payer à l'avoué 10 centimes, et l'avoué, pour recouvrer ses 10 centimes, prend à son tour également 2 sous. Total : 20 centimes.

Sans doute ces sommes sont d'une importance bien minime pour chaque
plaideur; mais, répétées plusieurs milliers de fois par an, elles sont un
riche bénéfice pour le greffier, et, au point de vue de la légalité, ce n'est
pas le plus ou moins d'importance du préjudice qui change la gravité de
l'infraction.

Le Code de procédure a aboli la *présentation,* formalité de l'ancienne
procédure, qui devait son origine à un édit bursal; l'Etat a renoncé au
revenu que rapportaient les *greffes des présentations,* créés pour la perception du droit prélevé sur chaque partie lors de l'accomplissement de cette
formalité fiscale, et voilà que les tribunaux tolèrent à leurs greffiers l'établissement d'une redevance à leur profit singulier. Je comprends les impôts au profit de l'Etat, mais non ceux au profit des officiers de justice.
Or, les greffiers réalisent un bénéfice de cent pour cent sur ces petits carrés
de papier, parfaitement inutiles pour la solution des litiges.

Autre anomalie : les placets et ces bulletins sont si bien prohibés par le
tarif, que ce sont les seules pièces du dossier qui soient sur papier *non
timbré.* Les cédules de présentation étaient timbrées. Comment le fisc to-
lère-t-il l'*indication du coût* et la signature du greffier sur ces feuillets de
papier libre?

Deux lignes de circulaire émanée de la chancellerie suffiraient pour
réformer tout cela.

tout ce qu'il est possible d'en tirer. J'ai voulu seulement montrer par quelles ressources on parvient à faire produire aux offices des sommes si considérables. Les tribunaux tolèrent ces abus, parce qu'il ne s'agit que d'une faible somme pour chaque partie, mais cela n'en déconsidère pas moins la justice. C'est là qu'on pourrait appliquer ces réformes aisées, dont j'ai parlé dans l'un des premiers chapitres de ce mémoire, sous le titre de réformes par circulaires. Il suffirait en effet au ministre et aux procureurs généraux, d'élever la voix pour faire disparaître ces désordres.

Un dernier mot sur le décret réglementaire du 30 mars 1808. L'art. 70 de ce décret prescrit aux avoués de signifier, dans les causes portées aux affiches, leurs conclusions trois jours au moins avant l'audience, et cet article est en beaucoup d'endroits tombé en désuétude. Les habiles du palais préfèrent déposer leurs conclusions à l'audience même, afin de ne point faire connaître trop d'avance leurs moyens à l'adversaire, et de s'aider de la surprise pour arriver au gain de leur cause. Cette tactique est devenue générale, au grand détriment de la bonne administration de la justice; car, de part et d'autre, les défenseurs ne peuvent qu'imparfaitement réfuter ces arguments présentés à l'improviste. Nous reviendrons sur ces vices dans un prochain chapitre.

Enfin, signalons le regrettable oubli où est tombé l'art. 36 du règlement qui nous occupe[1], quant aux délais

---

[1] Cet article est ainsi conçu : « Le greffier portera, sur la feuille d'audience du jour, les minutes de chaque jugement aussitôt qu'il sera rendu ; il fera mention en marge des noms des juges et du procureur général ou de son substitut qui y auront assisté.

« Celui qui aura présidé *vérifiera cette feuille à l'issu de l'audience*, ou

qu'il indique, délais qui avaient pour but d'empêcher toute éventualité d'altération dans les jugements. Ce sujet se représentera aussi plus tard dans un autre chapitre de ce mémoire, où nous aurons occasion de le développer plus à fond.

---

dans les vingt-quatre heures, et signera, ainsi que le greffier, chaque mi-nute de jugement et les mentions faites en marge. »

CHAPITRE VIII.

DE LA SUPPRESSION DES REQUÊTES DE DÉFENSE.

De la poussière et des abus du greffe, passons dans les études d'avoué, et voyons comment s'y fait l'instruction des affaires. Cherchons si toutes les pièces dont on va enfler ce dossier sont bien utiles pour le succès de la cause et pour éclairer la justice, si dans toutes ces formalités beaucoup ne sont pas purement frustratoires. Et d'abord occupons-nous de ce cahier grossoyé par un clerc de dernier ordre, et qu'on appelle écritures ou requête de défenses.

Ce cahier qui deviendra l'une des plus lourdes pièces du dossier, ne sera pourtant pas lu, ni par les avoués, ni par les avocats, ni par les juges. Sa seule utilité sera de procurer au fisc une certaine consommation de papier timbré, et à l'avoué un droit considérable pour une rédaction qu'il a confiée souvent au moins exercé de ses clercs. Au temps où le Code de procédure fut élaboré,

ces requêtes étaient encore de quelque usage : dans beaucoup de barreaux de province les avocats les rédigeaient
eux-mêmes ou en surveillaient du moins la rédaction, et
chacunes des parties cherchait à y trouver les moyens de
son adversaire, pour se mettre en mesure de les combattre. M. Berriat-Saint-Prix indiquait même dans son Cours
de procédure les règles pour les bien composer[1]. Mais cet
usage a disparu, et je doute même que dans aucun tribunal de France il soit resté des avoués assez candides
pour faire de ces défenses une pièce sérieuse du dossier.
A Paris, notamment, c'est un principe admis depuis
longtemps, que les requêtes de défense sont réputées
non avenues, qu'il est inutile même de les joindre au
dossier, ou plutôt de les rédiger avant le jugement, et les
gens du palais en sont si bien convenus, que si un avoué
ou un avocat s'avisait d'invoquer les défenses de son
adversaire, pour tirer avantage des sottises qui y sont
grossoyées d'ordinaire, il serait conspué par toute la corporation.

---

[1] [Dans son écrit sur les *Vices de l'administration de la justice*, publié
en 1825, M. Pannier se plaignait que certains avocats abusaient de la
longueur des défenses « pour pressurer leurs clients... en élevant incident
sur incident, en allongeant frauduleusement les écrits, au risque de
passer pour des hommes sans goût et sans méthode, et encore en faisant
successivement plusieurs cahiers de motifs de conclusions, dans lesquels
on trouve une répétition fastidieuse des mêmes moyens.

« Qui croirait, ajoutait l'honorable magistrat, qui croirait que ces
avocats, véritables fléaux des plaideurs, entrevoient quelquefois, en agissant ainsi, l'intérêt des avoués, qui en revanche leur procurent des
causes? Ce commerce honteux se remarque dans certains tribunaux de province » (p. 18). L'auteur stigmatise encore, à la page 32, ces « lourds
cahiers d'écrits qui ressassent les faits, les amplifient, les expliquent de
différentes manières, présentent des inductions bonnes ou mauvaises, des
argumentations de toute espèce, d'où le bon sens paraît être banni ».

Voyez aussi là-dessus le discours de Bucquet, couronné par l'Académie
de Châlons, sur les *Moyens de rendre la justice avec le plus de célérité et le
moins de frais possibles*, p. 79.

Aussi, depuis longtemps, la suppression de ces pièces, plus compromettantes qu'utiles, est-elle réclamée par tous les auteurs compétents. « C'est dans la manière de faire ces défenses que consiste un des plus grands abus qu'on reproche aux avoués, dit un professeur de la faculté de Paris; ces requêtes sont faites, pour la plupart du temps, pour grossir les émoluments. Dans le dossier d'une affaire....., j'ai rencontré un mémoire signifié en première instance, dans lequel il n'y avait pas moins de 120 rôles. A propos d'une action hypothécaire, on citait des passages de la Politique d'Aristote et du prophète Jérémie : il arriva ce qui devrait arriver toujours, le mémoire de 120 rôles fut réduit à 20.... . Il serait fort à désirer que l'usage de ces requêtes fût supprimé et remplacé par un droit fixe [1] ».

L'habitude d'augmenter le volume de ces défenses après le jugement de l'affaire, au moyen d'un ou de plusieurs cahiers qui servaient dans toutes les causes, était une des friponneries les plus reprochées aux anciens procureurs. Cet abus, aussi général que scandaleux, fixa l'attention des rédacteurs du Code, qui crurent y avoir mis un terme en édictant l'art. 104, et en prescrivant aux avoués de déclarer au bas des originaux et des copies le nombre de rôles : mais hélas, dans beaucoup de tribunaux la précaution a été vaine. « Il faut convenir, » dit M. Chauveau, dans ses notes sur Carré, « qu'elle est trop souvent inefficace, en ce qui regarde les requêtes en défenses, puisqu'il existe dans quelques tribunaux un usage coupable. On convient de ne signifier, dans le cours du procès, que

---

[1] Delzers, *Cours de procédure civile et criminelle*, p. 259.

l'acte de communication de la requête, acte qui seul doit être daté et enregistré. L'original et la copie ne se font qu'après le jugement, et lorsqu'il faut faire taxer ; les copies mêmes sont portées en taxe sans avoir été faites. De cette manière, les avoués se ménagent réciproquement la faculté de donner à leur requête une longueur excessive ou modérée, suivant que les circonstances l'exigent pour leurs intérêts. C'est aux magistrats à réprimer un abus aussi blâmable, qui décrédite la procédure, et fait tort à la justice[1]. »

« Cet abus fut signalé dans l'exposé des motifs, par l'orateur du gouvernement, Treilhard » , dit encore M. Delzers..... « Treilhard, ancien avocat au Châtelet de Paris, très-versé dans les usages de ce tribunal, avait assurément la persuasion que l'abus dont il parlait tomberait devant le Code de procédure. Son attente ne s'est pas réalisée ; c'est un usage fréquent, devant le tribunal de la Seine, de faire signifier, au lieu d'une défense complète autorisée par l'art. 77, un simple acte de conclusions, dont l'original, portant au dos l'exploit de notification par l'huissier, dûment enregistré, est écrit de manière que l'on puisse après coup y adapter un mémoire dont les conclusions sont la partie finale ; il arrive même souvent que le mémoire grossoyé est fait et attaché aux conclusions signifiées en première instance, lorsque l'affaire a été définitivement jugée en appel. Il serait utile de mettre une barrière insurmontable à cet abus ; elle sera dans l'observation de cet article (l'art. 104), si on généra-

---

[1] Chauveau sur Carré, *Lois de la procédure civile*, t. Ier, p. 551 et 552, n° 467, *in fine*.

lise sa disposition. Elle a été portée dans ce sens ; si elle est si mal observée, tout le tort en est aux membres des tribunaux chargés de faire la liquidation des dépens ; leur incurie à cet égard mérite un juste blâme.... [1] »

Je ne puis citer toutes les plaintes qui se sont élevées sur ce point : ceux qui voudraient s'arrêter sur ce triste tableau, trouveront de nouveaux détails dans la Théorie de la procédure civile de Boncenne, et dans les belles leçons de Boitard [2].

Il n'est donc pas de réforme plus désirable que la suppression de ces inutiles écritures, et en les supprimant, je ne les convertirais nullement en un droit fixe, comme le proposait M. Delzers dans un passage que je citais plus haut. Pourquoi en effet payer l'avoué, pour une besogne reconnue inutile ?

Il faut s'étonner que la question de la suppression des requêtes ou cahiers de défenses n'ait pas figuré dans le rapport de M. Odilon Barrot, au nombre des objets dont la commission nommée en août 1849, pour la réforme

---

[1] Delzers, *Cours de procédure*, p. 299.

[2] [« C'est à l'homme d'affaires lui-même qu'il faut demander à quoi sert ce prologue dialogué, écrit sur timbre, qui s'établit d'étude à étude, préalablement à l'examen sérieux de l'audience ; si ces défenses, cotées à la ligne et à la syllabe, défendent bien en effet, et où vont ces sommations, ces avenirs et tous ces cartels notifiés à grands frais. La plupart de ces actes, enfouis dans le dossier, n'en sortent qu'à l'heure solennelle, où ils prennent rang dans les *états*, et leur valeur se mesure tout entière à l'estimation des tarifs. Les *qui vive* répétés, quand c'est *le maître qui veille*, sont toujours quelque peu frustratoires. Devant la justice de paix, où l'instruction est commise à la garde des parties, on peut s'en remettre sans danger à leur sollicitude ; que si une stratégie aussi savante était nécessaire à la manifestation de la vérité et à la garde du droit, ce serait à tort qu'on en aurait affranchi les tribunaux d'exception, car il n'y a pas d'inconvénient qui puisse balancer celui de l'erreur et des surprises. » (M. B. Grenier, *Des Justices de paix, examen des objections fondamentales contre l'extension de leur compétence*, dans la *Revue de législation*, t. III, p. 331.

de la procédure, aurait eu à s'occuper. Cette abstention était-elle motivée par une considération fiscale? Aurait-on craint d'abaisser la consommation du papier timbré? ou bien, au contraire, aurait-on redouté de toucher aux profits des avoués? Je ne sais; mais là pourtant se trouve la première de toutes les réformes, si l'on veut soulager réellement les justiciables.

La suppression de ces requêtes entraînerait en même temps celle de la distinction des affaires en sommaires et ordinaires, distinction fâcheuse et injustifiable, comme nous l'avons montré plus haut, et qui ne repose guère que sur l'existence de ces requêtes.

Mais en supprimant les défenses, en ramenant toutes les affaires à la procédure sommaire, nous voudrions qu'on prît cependant quelques précautions contre une instruction trop incomplète ou trop hâtée. Car, il faut le dire ici, la seule utilité des défenses dans l'état actuel des habitudes judiciaires, c'est de maintenir certains délais pour l'instruction de la cause et pour sa mise en état.

Il faudrait, dans toutes les affaires dont l'urgence n'aurait pas été déclarée par ordonnance du président, rendre obligatoire la signification préalable des conclusions. Ce ne serait pas trop d'accorder quinzaine au défendeur pour se mettre en mesure de faire cette signification, et, dans la plupart des affaires, les conclusions motivées du défendeur devraient être signifiées au demandeur aussi quinze jours à l'avance. Ces deux délais feraient en tout un mois, depuis la mise au rôle jusqu'au jugement, pour mettre la cause en état, et on ne peut trouver cet intervalle trop long. Il est réellement utile aux deux parties pour préparer leurs moyens, et il importe à une bonne justice que le demandeur lui-même sache quelle réponse lui sera faite. La mise en avant, par le défendeur, de certains arguments peut obliger le demandeur à préparer ses preuves, à réunir des titres qu'il n'avait pas jugés utiles lors de l'ajournement. Les conclusions prises d'audience et à l'improviste sont une pratique déloyale qu'on doit bannir autant que possible de nos tribunaux.

La distinction des affaires en sommaires et ordinaires étant supprimée, les requêtes de défense disparaîtraient d'une part, et de l'autre on étendrait aux affaires sommaires le bénéfice de délais et d'une mise en état dont aucune cause ne doit être privée. Il n'y aurait plus que deux classes d'affaires : celles qui, venant à leur tour de rôle, seraient soumises à cette signification préalable des conclusions motivées du défendeur, et celles qui, venant sur ordonnance ou mandement du président, n'entraîneraient aucun délai. Dans ces dernières, l'égalité judiciaire ne serait pas troublée pour cela ; car d'ordinaire c'est le demandeur qui présente la requête pour venir d'urgence, et alors il n'a point à se plaindre si les moyens de son adversaire ne lui sont présentés qu'au jour de la plaidoirie.

J'ai ici à examiner si en outre il ne conviendrait pas d'autoriser les tribunaux à ordonner, dans certaines affaires épineuses et compliquées, préalablement aux plaidoiries, toutes écritures et moyens d'instruction qui leur paraîtraient nécessaires. La loi de Genève a prévu ce cas dans son titre VI, intitulé *Instruction préalable à la plaidoirie*. Mais en ce point elle n'est pas à l'abri des critiques, ni exempte de contradictions. D'abord elle défend dans son art. 71 cette instruction préalable devant le tribunal de commerce, et par là elle semble reconnaître qu'elle n'est pas d'une utilité évidente, car une cause commerciale peut être aussi embrouillée qu'une cause civile. Ensuite son système de *défenses*, *répliques* et *dupliques*, ressemble énormément à l'interminable série des *avertissements*, *contredits* et *salvations* des procédures par *appointement* de l'ancien régime. Enfin, ce système force les parties à se présenter plusieurs fois devant le tribunal pour faire ordonner chacune de ces écritures. Je sais que cela oblige le tribunal à surveiller lui-même la procédure et à prévenir l'excès des délais; je conviens aussi que cette entremise continuelle du tribunal empêche d'abuser de ces écritures, et qu'on n'arrive peut-être jamais jusqu'à la duplique. Mais s'il en est ainsi dans un petit État, ne pourrait-on pas craindre de grands abus dans nos nombreux tribunaux, si déplorablement tolérants, et d'ailleurs cette multiplicité de jugements préparatoires n'augmenterait-elle pas l'arriéré ?

Je ne proposerais donc point l'adoption du système génevois. La signification des conclusions préalables me paraîtrait en tenir parfaitement lieu. Mais pourtant, dans certains cas, on pourrait peut-être laisser les tribunaux libres d'ordonner aux parties de présenter des écritures précises et brèves, où tous les faits, par exemple, seraient réciproquement reconnus ou déniés d'une manière catégorique. Je trouve en effet dans ce titre de la loi de Genève que je viens de critiquer, un article remarquable et dont la disposition paraît avoir tous les avantages du jury civil sans en avoir les inconvénients et les dangers. Cet article est ainsi conçu :

« 78. Dans les écritures ci-dessus, les faits seront « posés en tête, sans mélange de moyens. La partie qui « se prévaudra desdits faits, sera tenue de les articuler

« avec précision, et celle à laquelle ils seront opposés,
« de les reconnaître ou dénier catégoriquement. Le si-
« lence et toute réponse évasive pourront être pris pour
« un aveu desdits faits. »

Voici en quels termes M. Bellot, dans l'exposé des mo-
sifs, expliquait le but et la portée de cet article :

« Cette institution (celle du jury), au civil, n'étant ni
dans nos mœurs, ni dans nos lois, nous avons cherché
à la suppléer.....

« Nous exigeons ici que dans les écritures dont se
compose l'instruction préalable, une première partie,
suivant nous la principale, soit exclusivement réservée
à l'exposition et à l'éclaircissement des faits, que celui
qui s'en prévaut les articule avec précision ; que celui
à qui on les oppose soit tenu de s'expliquer catégoriquement. Nous ne lui permettons ni silence, ni réponse
évasive.

« Ainsi, d'entrée, l'avocat et le juge savent à quoi s'en
tenir, leur tâche se simplifie. Autant de faits d'accord,
autant de points élagués de la discussion, autant de
données pour assurer la marche de celle-ci. L'attention,
moins partagée, se concentre tout entière sur le véritable
objet du litige et en accélère la solution.

« Que de procès ont dû leur origine et leur prolongation à cet art des praticiens d'embrouiller les faits, de
se réserver la faculté de les reconnaître ou de les dénier,
d'éluder jusqu'à la fin toute explication, toute réponse
positive ! »

En résumé, voici donc ce qui nous semblerait désirable : 1° suppression des requêtes actuelles de défense ;
2° obligation de signifier ses conclusions à l'avance dans
dans toutes les causes, excepté dans celles déclarées ur-

gentes. Mais quelque ingénieux que paraisse en théorie l'art. 71 de la loi de Genève, ce ne serait qu'avec beaucoup d'hésitation que je proposerais l'adoption d'une disposition analogue.

CHAPITRE IX.

La restriction apportée dans nos lois de procédure au droit naturel de se défendre soi-même, ne peut être l'objet d'aucune critique, et elle a pour elle la consécration des siècles. Dès l'époque de S. Louis, on lit en effet dans les Assises de Jérusalem ce passage qui est la meilleure explication théorique du point qui fixe en ce moment notre attention. « L'on ne plaidera jà si bien pour soi come « pour autrui ; car vehement ire desvoye sens d'home, « plustôt et plus souvent en sa propre querelle [1]...»

La prohibition imposée aux parties par l'art. 86, de charger de leur défense les magistrats, excepté les juges suppléants, est moins ancienne, quoique non moins utile. Elle a été insérée dans le code parce que dans les premières années qui ont suivi la réorganisation de la magis-

---

[1] *Assises de Jérusalem*, ch. IX. — « Refrena motum animi ab ira... Quelibet extinctos injuria suscitat ignes... vultu læto moderatè, sit humilis et curialis... » (*Stilus parlamenti*, de modo et gestu quem habere debet advocatus curiæ parlamenti.)

trature, plusieurs membres des tribunaux inférieurs
avaient cru pouvoir plaider devant les tribunaux voisins
de leur siége, estimant sans doute que cet usage, admis
avant la révolution, n'avait rien de contraire aux principes
de la nouvelle organisation judiciaire. La disposition de
l'art. 86 ne peut être trop approuvée, et, si j'en parle
ici, c'est pour faire remarquer que sur ce point comme
sur bien d'autres, les institutions judiciaires de la France
sont préférables à celles de l'Angleterre, où il est permis
aux avocats du roi, à l'attorney général et au solliciteur
général, qui exercent une partie des fonctions de notre
ministère public, de prêter l'appui de leur talent, comme
avocats, aux simples particuliers lorsqu'il s'agit de causes
où leur caractère public n'est point intéressé [1].

Nous n'avons donc à faire aucune critique sur le texte
des articles du titre V du Code de procédure. Nous pourrions remarquer tout au plus que les derniers articles de
ce titre, à partir de l'art. 88, ont un caractère pénal qui
les fait cadrer assez mal dans un code de lois de forme.

Mais puisque nous nous occupons dans ce mémoire autant des abus que des défauts du texte, nous ne devons
point passer sous silence une critique que M. Chauveau
a faite dans son édition des Lois de la procédure civile de
Carré. M. Chauveau, examinant si les tribunaux peuvent,
sans excès de pouvoir, régler la durée des plaidoiries, ou
juger, sans plaidoirie, sur simples conclusions, s'élève
contre l'usage où sont certains présidents d'ôter la parole
trop promptement aux avocats. « Le président, dit-il,
peut être doué d'une intelligence supérieure, et la

---

[1] Blackstone, t. IV, p. 43, et les notes de Christian.

cause sera *entendue* pour lui, lorsque quelques-uns de
sés collègues n'auront pas compris même le point de
fait. Il est du devoir des juges de résister à l'entraîne-
ment de celui qui les préside ; le développement des
plaidoiries ne doit donc être arrêté qu'autant que tous
ceux qui doivent juger sont complétement éclairés sur
le fait et sur le droit[1]. » Nous nous associons à la remarque de M. Chauveau ; mais, il faut le dire, un abus
de cette espèce n'a d'autre remède que la critique exercée par l'opinion publique. Car il ne faudrait pas pour réformer un excès assez rare, restreindre le pouvoir discré-
tionnaire des magistrats, sans lequel il serait impossible de
maintenir l'ordre dans l'audience. J'ai vu un tribunal
forcé à son grand regret de passer outre au jugement
d'affaires où l'avocat de l'une des parties s'était refusé à
plaider en invoquant personnellement des motifs d'excuse
inadmissibles. Mais il est inouï qu'un tribunal ait refusé
une remise à un avocat malade ou légitimement empêché.
Quant aux avocats qui cherchent des prétextes pour obtenir des renvois abusifs en invoquant faussement des raisons personnelles pour ne point plaider, c'est aux parties
à se reprocher d'avoir imprudemment choisi de tels défenseurs. Les tribunaux ne peuvent être livrés à la discrétion de certains membres du barreau[2].

Au reste, il serait injuste de savoir mauvais gré aux
avocats si quelquefois ils prolongent avec excès leurs

[1] Chauveau sur Carré, n° 418 *bis*, t. Ier, p. 516.

[2] [« Qu'importe à une partie que son défenseur adverse soit très-occupé ?
Est-ce une raison pour retarder le jugement de son affaire ? — Tout
dépend des juges ; les défenseurs *sont bientôt au pas* lorsqu'ils sont bien
persuadés que chaque affaire est expédiée à son tour, et qu'une seule
remise peut être obtenue. » (Joseph de Boileau, *Entretien sur les procès*,
p. 38.)

plaidoiries, alors que le peu de capacité de quelques juges
doit leur faire craindre que tous les moyens de la cause
n'aient pas été suffisamment compris. Le mal n'aurait pas
lieu si le pouvoir prenait soin de choisir des magistrats
savants, ayant, comme dit Coquille, « la lumière de l'entendement bien nette et le cœur bien droit ». Il ne faut
pas mettre sur le compte de la loi ce qui n'est que la suite
des imperfections des hommes.

Si l'on tenait absolument à épargner le temps des juges,
il y aurait place à d'autres économies. Combien de détails
en effet absorbent mal à propos le temps que les magistrats emploieraient plus utilement à l'étude des questions
de droit que le procès peut soulever ! « N'est-ce pas, dit
M. Bonjean, une chose vraiment déplorable, de voir
chaque jour les diverses chambres du tribunal de la Seine
perdre une partie si considérable du temps des audiences à
cette formalité insignifiante désignée au palais sous le nom
d'*appel des placets !* Un simple greffier ne suffirait-il pas,
et de reste, à l'expédition d'une telle besogne, sauf à en
référer au juge quand il se présenterait quelque difficulté
grave ! [1] »

[1] M. Bonjean, *Traité des actions... chez les Romains,* p. 45.

CHAPITRE X.

DES DÉLIBÉRÉS, RAPPORTS ET INSTRUCTIONS PAR ÉCRIT.

—

Les instructions par écrit sont presque tombées en désuétude. Elles occasionnent aux magistrats un surcroît de
travail qui éloigne les tribunaux d'ordonner ce mode de
procédure. Peut-être même, à cause du peu d'emploi des
instructions écrites et des frais considérables qu'elles entraînent, pensera-t-on que le temps est venu de faire
disparaître entièrement du code le titre relatif à cette
série de formalités, suppression qui a été plusieurs fois
proposée [1].

Nous ne partagerions point un tel avis : les instructions
par écrit sont encore utiles dans certains cas. Si les tribunaux de première instance en font rarement usage, plu-

---

[1] Barnouvin, *De la Justice gratuite*, br. in-8º, p. 44. (1848.)
[L'instruction par écrit ne se retrouve plus dans les dispositions du nouveau code piémontais, et cette suppression est d'autant plus grave, qu'auparavant la procédure piémontaise était à peu près exclusivement écrite,
et que les actes de défense appelés *compursa* étaient faits d'une manière
sérieuse.

sieurs cours d'appel, celles mêmes dont les arrêts ont le
plus d'autorité dans la jurisprudence, se servent avanta-
geusement de l'instruction écrite dans les affaires em-
brouillées. D'un autre côté, la faculté de mettre une affaire en délibéré et de la juger sur le rapport de l'un des
juges, est quelquefois un moyen pour les tribunaux d'assurer l'expédition des affaires. On a vu en effet des présidents se trouver obligés de menacer les avocats et les
avoués de mettre des affaires en rapport, l'exécution de
cette mesure pouvant seule contraindre les gens de loi
à se tenir prêts et à profiter des audiences. Car l'arriéré
de quelques tribunaux n'a souvent d'autre cause que la
mauvaise volonté des agents judiciaires.

Mais s'il convient de conserver dans notre code comme
mesure exceptionnelle la procédure par écrit, je ne suis
nullement le partisan de cette accumulation de formalités
qui rappelle jusqu'à un certain point l'ancienne procédure
par appointements, objet des plaintes des commentateurs
de l'ordonnance de 1667 [1]. Je m'associe donc complète-
ment aux reproches dirigés par M. Chardon contre les
art. 96 et suivants du Code de procédure. Puisque, en
fait, les tribunaux réduisent d'ordinaire les instructions par
écrit à un simple délibéré, sans ce luxe d'inventaires de
production, d'actes de dépôt et de communication, et de
formalités ruineuses autorisées par le code, je partagerais
encore volontiers l'opinion de M. Chardon lorsqu'il dit :
On peut donc avec sécurité supprimer toute cette instruction en ordonnant : 1° que sur la mise en délibéré,
le tribunal pourra nommer un rapporteur; 2° que lors-

---

[1] Voyez notamment Bornier, *Conférences des ordonnances,* sur l'art. 12,
tit. XI de l'ordonn. civile.

qu'il l'aura jugé convenable, chacune des parties pourra
signifier une requête ; 3° que toutes les pièces produites
seront respectivement communiquées sur simple récépissé, énonçant seulement le nombre de pièces cotées
et paraphées, sans autres détails...[1].

Ce sont à peu près les mêmes réformes qu'on a déjà
réalisées à Genève. Seulement la nouvelle loi de ce canton a été plus loin : en conservant l'instruction par écrit,
elle abolit le rapport, chaque juge doit lire lui-même
toutes les pièces. On peut voir dans l'exposé des motifs
de Bellot les raisons fort séduisantes de cette innovation.
Mais je crois, avec nos auteurs français, que ce mode
serait impraticable devant des tribunaux nombreux comme
nos cours d'appel : car quel temps il faudrait pour que le
dossier passât entre les mains de chaque magistrat ! Nous
remarquerons aussi qu'une pensée assez semblable s'était
déjà présentée à l'esprit des rédacteurs d'une très-ancienne ordonnance, celle de 1453, dont l'art. 114 portait que l'inventaire de production serait lu par un conseiller autre que le rapporteur [2]. D'ailleurs, sans rapport
fait à l'audience, le principe salutaire de la publicité des
débats se trouverait mis de côté dans les instructions
écrites [3].

Mais j'arrive à une objection qu'on élèvera peut-être,
à savoir que la conservation de l'instruction écrite ne
s'accorde pas avec le système que je préconise et qui consiste à soumettre toutes les affaires à la procédure sommaire. Il est vrai que l'art. 10 du titre XVII de l'ordon-

[1] Chardon, *Réformes désirables*, etc., p. 6.
[2] Delzers, *Cours de procédure civile*, p. 306, à la note.
[3] Sur la publicité du rapport, voyez Boitard, *Leçons*, t. Ier, n° 303.

nance de 1667 défendait d'ordonner l'instruction par
écrit dans les affaires sommaires; mais c'était à cause des
grands frais qu'elle entraînait. Sous le code actuel, la défense n'est pas reproduite. MM. Boncenne et Chauveau
enseignent que le délibéré sur rapport peut avoir lieu
dans les affaires sommaires [1]. Or, l'instruction dont nous
réclamons la conservation ne diffère guère de celle du
délibéré : c'est une instruction assez semblable à celle
que la loi du 27 ventôse an IX prescrit en matière d'enregistrement, sauf que dans ces dernières affaires, dites
affaires de bureau, les plaidoiries sont interdites. J'ajouterai enfin que la loi de Genève, qui conserve l'instruction sur rapport, n'admet que la seule procédure sommaire.

---

[1] Boncenne, *Théorie de la procéd. civ.*, t. II, p. 321; Chauveau sur
Carré, t. Ier, p. 538 et 539, n° 448.

CHAPITRE XI.

DES JUGEMENTS ET DE LA MANIÈRE DE DÉLIBÉRER
ET DE VOTER [1].

[Art. 116 et 117. C. Procéd.]

———

On a justement reproché au titre VII du Code de procédure consacré aux jugements, la multiplicité et le désordre des dispositions qu'il renferme. C'est pourquoi nous diviserons en plusieurs chapitres nos observations sur ce titre, et qui sont relatives : 1° à la nécessité de prévenir les jugements de partage ; 2° à la condamnation aux dépens ; 3° à la rédaction des qualités par les avoués ; 4° aux abus qui existent dans la rédaction des jugements eux-mêmes, dans la manière de les recueillir et de les soumettre à la signature.

Nous rejetterons dans ceux de nos chapitres que nous consacrerons aux procédures à fin de preuve, ce qui con-

---

[1] Conférez Frain du Tremblay, *Essais sur l'idée du parfait magistrat*, ch. 12 : Que le parfait magistrat opine selon ce qu'il croit le plus juste quand il serait assuré d'être seul de son avis.

cerne la comparution des parties, dont s'occupe en passant
l'art. 119.

Mais à l'occasion de l'art. 116 et de l'art. 117, relatifs
à la manière de délibérer et de voter, nous nous arrêterons pour rappeler ce que présente d'ingénieux sur ce
point la loi de Genève, qui fait de la délibération et du
vote deux opérations successives [1].

Nous rappellerons aussi l'usage fort louable des anciens
parlements relativement au nombre de voix nécessaire
pour constituer la majorité dans ces nombreux corps de
magistrature. Rodier nous atteste en effet que devant les
parlements l'arrêt ne se formait qu'à la majorité de deux
voix.— « François Ier changea cet ordre par son ordonnance
de 1539, art. 126, et voulut qu'une seule voix suffit pour
ôter le partage. Cependant Henri III, par sa déclaration
de 1549 sur cette ordonnance, remit les choses dans
l'ordre ancien[2] », qui fut maintenu jusqu'en 1789. Certes
cette méthode était plus conforme aux idées d'une justice
exacte et réfléchie. L'autorité attribuée à une voix de
majorité dans un tribunal de trois ou de cinq juges, diminue à mesure que le nombre des juges augmente ; elle
est pour ainsi dire réduite à rien lorsque la délibération
s'établit dans un corps nombreux. Il n'est guère dans la
nature des choses qu'un plaideur se considère comme
légitimement condamné, lorsqu'un arrêt émané de neuf,

---

[1] [Le code vaudois de 1825 renfermait un article ainsi conçu : « 322. Le
tribunal délibère en deux tours. — Le premier tour n'est que consultatif.
A l'ouverture de ce tour, le président se borne à lire les conclusions des
parties, et après que tous les membres ont donné leur opinion, il donne la
sienne. — Le second tour est délibératif et produit le jugement. Le président ne vote pas dans ce tour ; mais, s'il y a partage d'opinions, il a la
voix prépondérante. » Un nouveau code a été mis en vigueur dans le canton de Vaud le 1er juillet 1847.

[2] *Essais sur l'idée du parfait magistrat*, p. 168.

de onze ou treize juges, n'a été rendu qu'à la majorité d'une voix.

Le règlement de 1808, art. 55, contient une disposition bien nécessaire pour assurer l'indépendance du délibéré, celle qui oblige le président à opiner le dernier[1]. Malheureusement, comme cette règle n'a point de sanction possible, elle est violée dans quelques tribunaux, dans ceux précisément où son observation aurait le plus d'utilité, puisque c'est la mollesse ou la timidité des juges qui les empêche de rappeler le président à l'ordre du délibéré. L'habitude où l'on est de réserver l'avancement pour les présidents qui exercent le plus d'influence sur leurs collègues, paraît être la cause de cet abus qui n'est sans doute pas général, et qu'une simple mercuriale ferait assurément disparaître dans les ressorts où il tend à s'établir. La règle que je rappelle ici n'est pas indigne d'attention; elle est l'une des plus anciennement tracées à la magistrature, le règlement de 1808 l'a puisée dans les anciennes ordonnances, notamment dans celle de 1463, et elle avait certes assez d'importance pour devoir faire partie du texte même du Code de procédure. Frain du Tremblay expose ainsi les sages motifs qui l'ont fait établir : « Il est même défendu aux présidents de dire aucune chose qui pût faire apercevoir leur sentiment

---

[1] [C'est ce que les auteurs du Code de procédure sarde ont sagement exécuté. L'art. 200 de ce code dispose en effet, § 2 : « Les juges opineront, en commençant par le moins ancien par ordre de nomination, et continuant ainsi des uns aux autres ; celui qui préside le tribunal sera le dernier à voter. — 201. Des règles spéciales pour la votation feront l'objet d'un règlement. » Ces règlements, élaborés sans contrôle législatif par les commis de ministère, ont une foule d'inconvénients, dont le moindre est de briser l'unité de la codification, de déranger l'harmonie de l'œuvre du législateur et d'augmenter la dissémination des lois. Il est vrai que le règlement publié à Turin le 24 décembre 1854 contient de bonnes dispositions sur la manière de voter.

avant que tous les conseillers présents au jugement du
procez aient dit leur avis : de peur que le poids de l'autorité d'un président ou le préjugé de ses lumières ne
les induisist à opiner autrement qu'ils ne l'auroient pré-
médité pendant la visitation du procez et au préjudice
de leurs lumières particulières [1] ».

Je dois parler encore ici d'une question déjà touchée
dans un des chapitres de ce Mémoire : le vote secret est-
il préférable au vote public? La publicité des délibérations
a eu ses partisans, et je vois en sa faveur, j'en conviens,
de séduisantes raisons. Parmi les défenseurs du vote public, je ne puis omettre de citer Boncenne, qui, regret-
tant cette manière d'opiner introduite momentanément
dans les mauvais jours de la révolution, disait : « Il faut
prendre les bonnes idées où elles se trouvent, sans considérer le temps ou l'entourage de leur origine. Les opinions à haute voix semblent tenir aux principes du gouvernement représentatif. Les affaires doivent en général
être mieux étudiées, mieux écoutées, mieux jugées
qu'elles ne le sont avec le vote secret [2]. » Mais, quelle que
soit l'autorité du nom de Boncenne, il faut malheureusement reléguer cette doctrine au nombre des réformes
difficilement praticables. Sans nier les avantages du vote
public, il faut reconnaître que la masse des inconvénients
dépasserait très-probablement celle de ces avantages.
Lorsque l'on examine la question sur le terrain de la pure
théorie, avec les arguments abstraits de la seule raison,
la doctrine du vote public semble plus philosophique;
mais lorsque l'on redescend dans les régions moins hautes

---

[1] *Essais sur l'idée du parfait magistrat*, p. 159.
[2] Tome II, p. 398.

de la pratique, pour mettre cette doctrine aux prises avec les faiblesses de l'humanité, on aperçoit tout ce qu'elle aurait de périlleux. Le courage civil est une vertu trop difficile et trop peu commune pour qu'elle puisse être demandée à tous les juges. Mettre le public dans la confidence de l'opinion intime de chaque magistrat, ce serait exposer ceux-ci à toutes les suites de la passion des parties, ce serait leur faire un ennemi de chaque plaideur mécontent. Les membres d'un tribunal seraient moins à l'aise que le juge de paix qui juge seul ; car le juge de paix délibère sans avoir besoin de confier au public le fond de sa pensée, puisqu'il n'a pas à discuter l'affaire avec des collègues. Un juge ne peut avoir trop de liberté lorsqu'il délibère, il faut que rien ne puisse influencer les plateaux de la balance où il pèse les prétentions respectives des parties. Si le vote était public, il faudrait donc au moins que la délibération fût secrète. On pourrait proposer, il est vrai, un système mitoyen consistant à indiquer le nombre de voix de majorité. Mais indiquerait-on quels juges ont voté pour ou contre? Je sais ce qu'il y a de faux, philosophiquement parlant, à exiger d'un magistrat qu'il paraisse avoir été d'un avis contraire au sien; qu'il surmonte ses répugnances pour signer un jugement par lui combattu; qu'il s'expose au ressentiment d'une partie dont peut-être la cause lui semblait excellente. Mais c'est la loi des majorités. On pourrait encore, pour diminuer la fiction, proposer d'insérer dans la sentence cette déclaration : *le tribunal, la cour a été* ou *n'a pas été unanime ;* dans ce cas, il resterait à savoir si l'autorité de la chose jugée n'en serait pas considérablement diminuée. En résumé, le secret du délibéré et celui des votes me paraissent constituer, ainsi que l'inamovibilité, l'un des meilleurs moyens de laisser au juge sa liberté entière et de préserver son impartialité, et ce secret me semble en même temps utile pour assurer aux décisions judiciaires une autorité suffisante. En fin de compte, on peut dire qu'autant la publicité du débat et de l'audience donne de garanties au bon droit et à l'exercice du droit de défense, autant le secret du délibéré et même du vote est protecteur de l'indépendance du juge. Publicité de l'audience, débat oral, secret du conseil, ce sont trois antiques garanties de la justice française [1].

[1] Conférez l'ordonnance de Charles VII (1463), art. 10, et celle de Charles IX à Fontainebleau (1560).

[M. Pannier, juge à Lisieux, dans sa brochure publiée sous le titre de *Vices de l'administration de la justice*, a présenté de justes observations relativement aux délibérations des tribunaux et des cours. Il terminait ainsi le paragraphe qu'il a consacré à ce sujet : « Je signale encore comme un abus grave de laisser les membres du parquet dans la chambre du conseil pendant les délibérations, parce que la présence de ces messieurs influence souvent les juges faibles, peu instruits... de sorte que le ministère public, après avoir rempli sa mission à l'audience, veut encore suivre les juges dans le lieu où ils se retirent pour se recueillir et discuter entre eux, et cela dans la vue de soutenir les raisons qu'il a données à l'audience... Il serait même bon d'interdire absolument la chambre du conseil aux membres du parquet, parce qu'il en existe qui, pour se faire une réputation d'hommes habiles, cherchent à connaître l'opinion des juges, pour ensuite conclure dans le même sens, c'est-à-dire adopter les bonnes raisons comme les erreurs....»

Ceci a été écrit en 1825, et il est vrai que le secret du délibéré se trouve violé par la présence du ministère public. On ne peut sans embarras faire sortir un collègue, et souvent cependant on aimerait à ne pas faire connaître son opinion. Le ministère public est partie jointe au débat, et il devrait s'abstenir rigoureusement de se mêler au délibéré. Son entrée à la chambre du conseil alarme la partie contre laquelle il a conclu, et il est toujours bon de ménager la susceptibilité des justiciables. « La posizione in che per la qualità del suo oficio trovasi il pubblico ministero, induce la necessità che sia pienamente distinto e separato dal corpo del magistrato giudiziario. L'uno devendo essere il promotore ed il sollecitatore, l'altro il giudice delle istanze..... » (Sclopis, *Della Autorità giudiciaria*, p. 94.)

Le règlement du 24 décembre 1854, pour l'exécution du Code de procédure sarde, contient à ce sujet une disposition expresse : « 97. Le ministère public n'assistera pas à la votation des jugements. — Le greffier n'aura accès dans la chambre où les juges délibèrent, que lorsqu'il y sera appelé. » Conférez Chauveau sur Carré, t. 1er, quest. 488 *bis*.

CHAPITRE XII.

DE LA NÉCESSITÉ DE PRÉVENIR LES JUGEMENTS DE PARTAGE.

[Art. 118.]

───

L'art. 118 a tracé la manière de vider les jugements de partage [1]. Mais on peut s'étonner qu'au lieu de mettre un terme à l'incertitude de la jurisprudence et à la singulière variété des procédés employés autrefois pour vider les partages, les rédacteurs du code n'aient pas détruit la source du mal lui-même. Il était facile, en effet, de prévenir à peu près la possibilité d'un partage, en statuant que les tribunaux seraient toujours composés en nombre impair.

Si le partage est quelquefois possible avec des juges en nombre impair, par exemple lorsque dans un tribunal de trois juges il se forme trois opinions distinctes, il faut néanmoins reconnaître que les partages ne naissent d'ordinaire que dans les tribunaux composés en nombre pair. Avec cinq juges, un partage serait une chose inouïe, puisqu'il faudrait pour cela la formation de cinq opinions

---

[1] Sur l'origine de l'art. 117, pour le cas où il se forme trois opinions inégales en nombre, voyez Bodin, *De la République*, l. III, ch. 4; saincte ordonnance de Loys XII.

également fermes et dont aucune ne voudrait céder à l'autre.

Les partages, au contraire, naissent assez souvent dans les tribunaux où les juges siégent au nombre de quatre, et cette espèce de conflit entre les membres d'un même tribunal a un triple inconvénient : 1° il fait perdre un temps précieux et rend le procès plus coûteux; 2° il déconsidère, jusqu'à un certain point, la justice; 3° il peut livrer la décision des questions les plus douteuses, non pas à une personne exercée à juger, mais à un avocat sans expérience, quelquefois même à un simple avoué non gradué.

Si l'on considère que les partages ne naissent d'ordinaire que dans les affaires les plus épineuses et les plus graves, on comprendra quelle perte de temps ce sera pour un tribunal peut-être déjà encombré d'affaires, que d'être forcé de recommencer de longues plaidoiries. Le procès devient aussi plus onéreux pour les parties, même pour la partie gagnante, car les honoraires de l'avocat se trouvent élevés à proportion de ce surcroît de peine.

Je dis en outre que le partage déconsidère jusqu'à un certain point la justice [1]. En effet, toutes les objections faites de ce point de vue contre l'institution de l'appel et les deux degrés de juridiction se reproduisent ici, mais beaucoup plus fortes. La déclaration du partage lève jusqu'à un certain point le voile qui doit couvrir les délibérations, et le public se trouve quelquefois placé dans de singulières confidences ou, au moins, il se livre à des suppositions hasardées. Comme l'affaire doit être de nou-

---

[1] [Selves, dans sa diatribe *la Mort aux procès,* a intitulé un des paragraphes : Moyen pour éviter le scandale des partages.

veau discutée, il arrive souvent que les lumières apportées par de secondes plaidoiries, plus soignées que les
premières, jettent sur la difficulté un nouveau jour et
modifient les opinions des juges. « Aussi, dit M. Chauveau
dans ses additions sur Carré, n'est-il pas rare que le jugement rendu après partage, le soit à l'unanimité ou à
une grande majorité. » Mais on voit quelquefois plus
fort encore : assez récemment, dans un tribunal voisin
de Paris, la décision d'une affaire fort grave ayant été
arrêtée par un partage, il arriva que le magistrat départiteur se trouva, en fin de compte, tout seul de son avis.
Or c'était à la loi elle-même qu'il devait l'espèce de mys-
tification dont il fut victime.

Cette révision de l'affaire par suite d'une seconde plaidoirie est peut-être le seul avantage du partage [1]; mais je
lui oppose le troisième des inconvénients que j'énumérais
plus haut, à savoir que la décision de ces questions douteuses peut se trouver livrée à un départiteur malhabile.
Sans doute dans les tribunaux nombreux on appellera
toujours un juge en titre, et dans les tribunaux d'arrondissement composés seulement de quatre juges (nous
avons dit que ceux-là étaient plus exposés à des partages
que ceux de trois seulement), on appellera un suppléant;
mais, outre que ce suppléant sera parfois un très-jeune
magistrat, peu expérimenté, l'art. 118 du Code autorise à
faire vider le partage, à défaut de suppléant, par un avocat et, à défaut d'avocat, par un avoué, tous appelés
selon l'ordre du tableau. Or, qu'arrivera-t-il? Prendra-

---

[1] Sous l'ancien droit, Ferrière disait dans son *Dictionnaire de droit et
de pratique*, vº Partage : « Lorsque dans une affaire les voix sont parta-
gées, comme la matière est pleinement discutée, bien des gens ont plus
de confiance aux jugements intervenus sur partage qu'aux autres. »

t-on le plus ancien avocat présent à l'audience, comme lorsqu'il s'agit simplement de composer le tribunal dans une affaire courante, ou bien au contraire devra-t-on faire avertir le plus ancien selon l'ordre du tableau? L'usage du parlement et du châtelet favorise la première solution, combattue avec raison, ce nous semble, par M. Chauveau, et peu conforme au texte de l'art. 118. Mais, sans entrer dans l'examen de cette question, voyez les dangers [1]. L'avocat présent à l'audience sera peut-être un jeune homme peu exercé aux affaires, peut-être même n'y aura-t-il que des avoués : j'en conviens, aussi adopté-je la dernière solution. Mais, avec cette manière de voir, les inconvénients ne sont pas moindres. L'avocat le plus ancien selon l'ordre du tableau, n'y tiendra souvent qu'un rang honoraire ; ce sera probablement un avocat retiré depuis longtemps du palais et mis par les années hors d'état de bien juger. Admettons même que ses infirmités fournissent l'occasion de le supposer empêché. Supposez-vous aussi des empêchements à cet avocat inscrit à la première colonne du tableau, mais pour lequel cette inscription n'est qu'un titre honorifique dans le monde, et qui peut-être n'a jamais plaidé ni consulté dans aucune affaire? S'il en était ainsi, l'art. 118 ne serait applicable que par une continuité de fictions.

Il faut donc conclure que l'art. 118 n'est pas irréprochable ; que si l'on admet, pour vider des partages, d'autres personnes que les juges titulaires ou suppléants, il faudrait restreindre la faculté d'appeler des avocats,

---

[1] Sur toutes les questions qui naissent de la bizarrerie ordinaire aux partages, voyez le commentaire de MM. Chauveau et Carré sur l'art. 118 (t. Ier, p. 579 et suiv.). L'ancienne jurisprudence en matière de partage est résumée dans Denisart, *Collection de décisions nouvelles,* vo Opinion.

et ne laisser le droit de vider les partages qu'au bâtonnier et aux membres du conseil de l'ordre.

Il vaudrait donc mieux prévenir les partages en imposant aux tribunaux l'obligation de siéger en nombre impair. Sur ce point encore, le législateur de Genève a pris une heureuse initiative. En prescrivant aux juges de ne siéger qu'au nombre de trois ou de cinq en première instance, il a « rendu inutiles ces expédients divers, plus « ou moins vicieux, imaginés pour lever le partage de « juges siégeant en nombre pair ». Comme le remarquait M. Bellot, « le nombre impair est bon au civil, tandis « qu'au criminel le nombre pair est préférable, parce « que la faveur pour l'accusé fournit une règle sûre pour « lever le partage [1] ».

---

[1] [Le nouveau Code de procédure pour les Etats du roi de Sardaigne prévient aussi l'inconvénient des partages par les articles dont voici le texte : « 197. La votation se fait en secret, avec l'intervention des seuls votants, *qui doivent être en nombre impair.*

« 198. Ne pourront concourir à la votation que les juges qui auront assisté à toutes les audiences où la cause a été discutée dès la dernière inscription au rôle. — Lorsque les juges présents à l'audience seront en nombre pair, le moins ancien d'entre eux devra s'abstenir de voter.

« 189. Ce qui est prescrit par les deux articles précédents sera observé à peine de nullité. »

CHAPITRE XIII.

DE LA CONDAMNATION AUX DÉPENS ET DE LEUR LIQUIDATION.

[Art. 130.]

—

Je n'examinerai point si la condamnation aux dépens a un caractère pénal, ou si, au contraire, elle n'est que la consécration du principe d'équité, qui exige que la partie dont le bon droit a été proclamé ne souffre aucun préjudice des mauvaises contestations de son adversaire [1].

[1] [Le droit naturel veut que les dépens soient à la charge de celui qui perd. Cependant, le conseil d'Etat se refuse à appliquer un principe si équitable lorsque c'est l'administration qui succombe. La loi du 15 janvier 1849 l'avait fait rentrer dans le droit commun; mais elle a été abrogée par le règlement du 25 janvier 1852. « Quoi! s'écrie M. de Vatimesnil, une administration intente un procès injuste à un citoyen; celui-ci est obligé de charger de la défense un avocat au conseil et de faire des déboursés qu'entraînent des actes de procédure indispensables; il obtient gain de cause, et cependant les frais restent à sa charge! Un tel système ne saurait résister à la discussion... » (*Gazette des Tribunaux* du 29 décembre 1853.)

Diod. Tulden, professeur à Louvain, dans son Traité de *Causis corruptorum judiciorum et remediis,* publié à Cologne en 1624, avait intitulé le 15e chapitre de son IVe livre : *Temeritatem litigatoris jactura et onere sumptuum litis rigidè esse compescendam : reprehensa plerumque hâc in parte lentitudine.* — « Quand l'art nouveau de la procédure multiplia et éternisa les procès; lorsque la science d'éluder les demandes les plus

C'est là une question suffisamment débattue dans les ouvrages de MM. Boncenne et Boitard[1].

Je veux seulement rechercher si le Code de procédure a amélioré en cette matière les dispositions de l'ordonnance civile, et s'il est lui-même à l'abri de toute critique.

L'art. 1er du titre XXXI de l'ordonnance portait que le juge condamnerait aux dépens, *en vertu de la présente ordonnance*, et les commentateurs enseignaient que la condamnation avait lieu par la seule force de la loi, que les dépens étaient dus *ipso jure*, que le juge devait y condamner d'office, sans conclusions de la partie gagnante[2]. Il semble que l'art. 130, en statuant en ces termes : « Toute partie qui succombera SERA condamnée aux dépens », a voulu confirmer le principe ancien, et plusieurs des commentateurs du code, MM. Carré et Thomine-Desmasures notamment, assurent qu'il en est de même aujourd'hui. Mais le législateur de 1806, en auto-

---

justes se fut raffinée; quand un plaideur sut fuir, uniquement pour se faire suivre; lorsque la demande fut ruineuse et la défense tranquille; que les raisons se perdirent dans des volumes de paroles et d'écrits; que tout fut plein de suppôts de justice, qui ne devoient point rendre la justice; que la mauvaise foi trouva des conseils là où elle ne trouva pas des appuis, il fallut bien arrêter les plaideurs par la crainte des dépens. Ils durent les payer pour la décision et pour les moyens qu'ils avoient employés pour l'éluder. Charles le Bel fit là-dessus (en 1324) une ordonnance générale. » (Montesquieu, *Esprit des lois*, liv. XXVIII, ch. 35.)

Bucquet, dans son curieux *Discours sur les moyens de rendre la justice*, p. 91, présente quelques objections contre le principe de la condamnation aux dépens : il rappelle qu'un des usages d'Artois était que les deux parties plaidantes payassent par moitié les épices et le coût du jugement, et qu'à Harlem, en Hollande, on ne condamnait aux dépens que lorsque la sentence était unanime.

[1] Boncenne, *Théorie de la procédure*, t. II, p. 535 et 560 ; Boitard, *Leçons*, t.er, p. 520.

[2] *Conférences de Bornier*, t. Ier, p. 267.

risant les juges à compenser les dépens, a apporté une innovation qui a rendu cette opinion très-douteuse, et les autorités les plus graves, MM. Boncenne, Boitard et Chauveau, soutiennent que le juge ne peut d'office, sans conclusions formelles de la partie, prononcer la condamnation aux dépens.

L'art. 480, n° 4, déclare en effet qu'un jugement peut être attaqué par la voie de la requête civile, s'il a été adjugé plus qu'il n'a été demandé.

Mais ce principe général, que le juge ne peut statuer *ultrà petita*, n'en devrait pas moins fléchir devant cet autre principe de souveraine équité, que celui qui a triomphé d'une demande ou d'une résistance injuste doit se trouver indemne, et ce principe nous paraît si favorable qu'à notre avis l'application devrait en être ordonnée *de plano* par la loi.

Nous savons que dans la pratique, l'obscurité de l'art. 130 n'a pas d'inconvénient devant les tribunaux, parce qu'il est inouï qu'un avoué ait négligé de réclamer ses dépens; mais dans les juridictions où les parties se présentent elles-mêmes, l'inconvénient est considérable. Tous les jours, devant les justices de paix et les tribunaux de commerce, on voit des justiciables qui expliquent eux-mêmes leur affaire, ignorant l'art de formuler des conclusions régulières, et la nécessité de demander contre leur adversaire une condamnation aux dépens. Les juges sont obligés, par la force des choses et le besoin de la justice, ou de questionner la partie triomphante sur le point de savoir si elle réclame ses dépens, ou, plus simplement, de violer l'art. 480 et de statuer *ultrà petita*, en les accordant d'office. Sous ce rapport donc, le Code de procédure est inférieur à l'ordonnance civile, et au droit romain qui disait : *Omnis litigator victus debet impensas* [1].

Mais l'art. 131 est un progrès, car il autorise la compensation des dépens dans un certain nombre d'espèces, où, malgré l'interdiction formelle de l'ordonnance de 1667, l'ancienne jurisprudence s'était cependant accordée à admettre la compensation.

Cette introduction du nouveau principe de la compensation a fait naître plus d'une question, et on s'est demandé, dans le cas où le jugement aurait omis de prononcer sur les dépens, si la partie qui a gagné sa cause pourrait contraindre son adversaire à les payer [2]. L'affirmative n'était pas douteuse sous l'empire de l'ordonnance : la négative, au contraire, prévaut sous le code ; parce qu'on peut supposer que le juge, en gardant le silence, a entendu opérer la compensation.

Le système du code en cette matière est donc mal coordonné, et ne satisfait pas assez à ce principe naturel que la partie qui a raison ne doit avoir aucuns frais à supporter.

J'en conclus qu'il serait désirable de trouver écrites dans la loi ces trois conséquences ou modifications du principe que nous rappelons :

1° La condamnation aux dépens a lieu *de plano, ipso jure* contre la partie qui succombe, ce n'est pas statuer *ultrà petita* que de la prononcer d'office ;

2° La compensation des dépens est cependant permise aux juges dans les cas prévus par la loi ;

---

[1] L. I. Cod. de fructibus et litium expensis.

[2] Voyez sur cette question Chauveau sur Carré, t. Ier, n° 556, p. 659.

3° Tout jugement doit statuer sur les dépens.

Pour assurer à ce principe une application complète, il faudrait encore dire que dans les causes où la mauvaise foi de la partie perdante est évidente, celle qui gagne sa cause doit non-seulement être à l'abri des dépens passés en taxe, mais encore pouvoir récupérer ses faux frais et les honoraires de son avocat, au moyen d'une demande en dommages-intérêts. Sans cela, avec la cause la plus juste et tout en triomphant devant les tribunaux, une partie n'est pas indemne et reste jusqu'à un certain point victime de la chicane. Or, dans les habitudes actuelles de nos tribunaux, une demande en dommages-intérêts, tendant seulement au remboursement des frais non taxés de la défense, n'a guère de chance d'être accueillie, parce que nos lois n'en font point un cas formel.

Sous ce rapport, la loi de Genève fournit encore avec notre Code de procédure des points de comparaison fort intéressants. Je n'hésiterai même pas à proclamer que le titre X de cette loi, intitulé *Des dépens*, contient des dispositions excellentes, et qu'en outre le législateur, en substituant aux articles si incomplets de notre code un titre spécial et un système bien coordonné en matière de dépens, a réalisé un véritable progrès.

Voici les principales dispositions de la loi de Genève sur ce point :

« Art. 114. Tout jugement, *même sur incident,* con-« damnera aux dépens la partie qui succombera. »

Cette disposition, relative aux incidents, juste en principe, devrait souffrir quelques exceptions, et il conviendrait de laisser aux juges la faculté qu'ils ont maintenant de réserver les dépens jusqu'à la condamnation principale.

« Art. 115. S'il y a plusieurs parties condamnées, les
« dépens se partageront entre elles, par tête ou à raison
« de leur intérêt dans la contestation. »

Notre code ne prévoit pas ce cas, que les tribunaux
vident par l'application des principes généraux du droit
civil.

« Art. 116. Lorsque plusieurs parties seront condam-
« nées pour cause de violence, de fraude ou d'obligation
« solidaire, les dépens seront adjugés contre elles avec
« solidarité. »

Ici encore notre code est muet, et ce silence a fait
naître des questions.

« Art. 117. Si les parties succombent respectivement
« sur quelques chefs, les dépens seront compensés ou
« supportés entre elles dans la proportion que le juge
« arbitrera.

« Art. 118. Les juges pourront toujours compenser les
« dépens entre époux, ascendants et descendants, frères
« et sœurs, alliés aux mêmes degrés et *associés*. »

La compensation entre associés n'est pas prévue par
le code français.

« Art. 119. Les tuteurs, curateurs et autres admi-
« nistrateurs qui, dans une cause, ont compromis les in-
« térêts de leur administration, pourront être condam-
« nés aux dépens personnellement et sans répétition.
« — 121.... § 2. Les honoraires des avocats n'entreront
« point dans les dépens; ils seront pris en considération
« lorsqu'il y aura lieu d'adjuger les dommages-intérêts. »

Les autres dispositions de la loi genevoise contiennent
les règles relatives à la taxe et à la liquidation des dépens,
règles dont nous aurons plus tard l'occasion de montrer

la sagesse. On peut voir dans l'exposé des motifs la critique piquante que Bellot y fait des faiblesses étranges du
législateur français pour les officiers de justice, alors
même qu'il s'agit de réprimer leurs prétentions les plus
excessives. Nous reviendrons sur ce point dans notre
examen général du tarif.

Quant à présent, nous avons à faire un dernier reproche au Code de procédure sur cette matière des dépens, l'une des plus importantes, quant au résultat, pour
les justiciables.

Comme si le législateur avait cherché à éparpiller dans
les diverses parties de son œuvre les dispositions relatives
aux dépens, c'est au livre de l'exécution des jugements
qu'il faut aller chercher le titre consacré à la *liquidation
des dépens et frais*. Et encore ce titre renferme-t-il la
plus singulière inconséquence qu'on puisse voir. L'art. 543
dispose en effet : « La liquidation des dépens et frais sera
faite en matière sommaire par le jugement qui les adju-
gera. » Ainsi c'est dans les causes où la procédure est la
moins coûteuse que le législateur prend la peine de dire
que les frais seront liquidés dans le jugement. En matière
ordinaire, au contraire, c'est-à-dire lorsque les frais peuvent s'élever à un chiffre considérable, le législateur cesse
de s'en occuper [1]. Quelle logique !

---

[1] [L'art. 33 du titre XXXI de l'ordonnance de 1667 n'obligeait que les
juges subalternes à liquider les dépens dans leurs sentences; mais l'édit de
septembre 1769 prescrivit aux cours, bailliages et présidiaux de liquider les
dépens dans le jugement même pour un certain nombre de petites affaires.
L'édit d'août 1777 étendit cette règle à tous les jugements des présidiaux,
à l'exception des jugements sur la compétence. Ainsi, sous ce rapport,
l'édit de 1777 était supérieur au Code de procédure. De plus, en vertu
d'un arrêt du conseil du 28 août 1747, ces taxes ne pouvaient rester en
blanc sur les minutes des sentences, à peine de 500 livres d'amende et

La disposition de l'art. 543 et des art. 762 et 766 devrait être appliquée à toutes les affaires sans exception, et c'est encore un des points par lesquels la procédure sommaire est préférable à cette procédure si ridiculement appelée ordinaire, et dont nous avons demandé la suppression [1].

Une règle qu'il conviendrait d'ailleurs d'élever au rang de principe fondamental, c'est que tous les actes d'une procédure, quels qu'ils soient, porteraient la mention de leur coût. Cette salutaire précaution de l'indication du coût est le meilleur remède aux abus; il faudrait l'étendre des actes d'huissier [2] à tous les actes des avoués, des greffiers et même des notaires [3], et les jugements devraient toujours contenir le total de tous les frais. Ainsi on ne pourrait objecter que dans les affaires compliquées, le

---

d'interdiction. — Or, aujourd'hui, par suite d'un abus très-répandu, dans les jugements en matière sommaire et correctionnelle, où les dépens devraient être liquidés sur la minute, cette liquidation est fort souvent laissée en blanc jusqu'au moment où il plaît aux avoués de faire expédier le jugement. Certes, un pareil laisser-aller devrait être vigoureusement réprimé, tant contre les greffiers que contre les présidents qui apposent ainsi leur signature sur des minutes incomplètes. — Les avoués ne devraient avoir droit aux frais qu'autant que la liquidation en aurait été prononcée en audience publique.

[1] [Aussi applaudissons-nous à la prescription édictée par l'art. 219 du Code de procédure sarde, qui dispose : « Tout jugement qui condamne aux dépens en contiendra la liquidation. » Mais cette disposition eût été mieux placée dans l'énumération même de tous les points que les jugements devront contenir, énumération qui est l'objet de l'art. 205. — M. Rivoire, dans son projet d'*un Nouveau Tarif des frais et dépens*, propose aussi de faire insérer la liquidation des dépens dans tous les jugements, à peine de 25 fr. d'amende contre les avoués et contre le greffier.

[2] Code de procédure, art. 67.

[3] Il faudrait que tout acte notarié portât le décompte détaillé des frais et des honoraires payés au notaire. Ce compte devrait faire partie du corps même de l'acte, à peine d'amende. Tout contrat porterait ainsi avec lui la preuve de la loyauté de l'officier qui l'a reçu.

temps nécessaire pour la taxe s'oppose à la liquidation des
dépens dans le jugement même, puisque pour obtenir le
chiffre total des frais, on n'aurait guère à faire que l'addition des chiffres partiels portés au pied de chaque acte de
procédure. On devrait même prescrire aux avoués qui demandent la distraction des dépens, de joindre à leur affir-
mation le mémoire tout préparé des frais qu'ils déclarent
avoir avancés. Le principe de la publicité des jugements
devrait en un mot cesser d'être restreint à la solution de
la demande principale ; il faudrait l'étendre à tous les accessoires, y compris la fixation du coût de chaque procédure. Le vrai moyen de mettre un terme à d'incessants
scandales est de les arracher du mystère où ils s'abritent
maintenant.

Je trouve dans l'une des nombreuses brochures publiées de nos jours sur les réformes à apporter dans l'administration de la justice, une idée qui me paraît excellente en principe et qui ne serait pas impossible à mettre
en pratique. Elle consisterait à ouvrir l'état de frais dès le
début du procès, au lieu de le dresser lorsque tout est
fini. Cet état de frais formerait une pièce essentielle du
dossier, ce serait une comptabilité ouverte pour chacune
des parties et qu'elles devraient se communiquer respectivement, où le coût de chaque acte serait relevé au fur
et à mesure de son accomplissement. « Le plaideur pour-
« rait, à toute réquisition, connaître, *jour par jour,* la
« quotité des frais faits pour son compte ou contre lui,
« et serait ainsi à même d'arrêter une procédure désas-
« treuse et à laquelle il serait exposé si son entêtement
« n'était pas modéré naturellement par la connaissance
« des frais déjà existants. Toute taxe se ferait d'elle-
« même, toujours sincère, et l'importance des frais d'un

« procès, eût-il duré dix ans, pourrait être connue en
« quelques instants [1]. »

---

[1] *La Réforme administrative... établie à l'aide de l'immatriculation*,
par J. Hébert, notaire honoraire. Paris, 1849, p. 51. — [Déjà, en 1812,
J. B. Selves présentait la même idée; il disait : « J'indiquerais un autre
remède particulier pour les taxes des frais, et qui serait qu'à mesure que
les frais se font, l'état en fût annexé aux pièces et critiqué par la partie
adverse, comme elle critique les autres points du procès, et que les juges
fussent obligés de les juger, taxer et arrêter au même instant qu'ils font
le jugement. Tout serait fini en même temps, en connaissance de cause,
sans qu'il y eût encore à faire et à juger un nouveau procès pour les
frais. » (*Tableau des désordres dans l'administration de la justice et des
moyens d'y remédier*, p. 258.) Rien assurément ne satisferait davantage
les gens exacts qui aiment les bons comptes et les situations nettes.

CHAPITRE XIV.

DES QUALITÉS DANS LES JUGEMENTS.

—

Si les justiciables étrangers aux formes du palais, qui se plaignent déjà des imperfections de nos lois, pouvaient se douter que la rédaction des décisions d'où dépend leur fortune ou leur honneur, n'est souvent pas l'œuvre du juge; si ceux qui attaquent de temps à autre notre magistrature, savaient que certains présidents abandonnent le soin de rédiger les jugements aux officiers ministériels les plus intéressés à altérer la pensée du tribunal, combien leurs plaintes seraient-elles plus vives? Si tout le monde était averti que le Code de procédure lui-même confie aux avoués et aux greffiers la rédaction d'une partie importante des grosses exécutoires des jugements, combien notre système de procédure serait-il déconsidéré davantage?

Et cependant, il faut le proclamer, ces vices, ces abus existent, malgré les protestations des hommes compétents.

Le titre du code consacré aux jugements n'a semblé prendre aucune précaution pour assurer une authenticité sérieuse aux décisions des tribunaux. Il a livré l'œuvre de la justice à la possibilité de la fraude, à l'action certaine des ruses du palais. La partie qui a gagné doit veiller à assurer son triomphe, car la loi n'a point pris ce soin : la partie qui a perdu peut songer encore à ménager sa revanche au moyen du jugement même qui l'a condamnée. Les avoués ont instruit l'affaire, les avocats ont terminé leurs plaidoiries, le ministère public a donné ses conclusions, le tribunal a prononcé !... l'auditoire s'est retiré convaincu que l'opération judiciaire avait parcouru toutes ses phases. Vaine erreur ! La publicité des débats disparaît il est vrai ; mais dans l'ombre du greffe, les significations de papier timbré continuent, et le bon droit, reconnu et proclamé par les magistrats, court de nouveaux périls. Les parties avaient remis le sort de leur cause entre les mains des juges ; mais des mains des juges elle est passée par l'ordre de la loi entre des mains inconnues, et parfois infidèles !

Dès l'origine d'un tel système, on en signala les dangers ; dangers, il faut le dire, que l'action des gens de pratique, depuis un demi-siècle, n'a pas diminués. A ce système vicieux, contre lequel protestèrent en vain les cours d'appel de Bordeaux, de Colmar, de Dijon, de Grenoble, de Nancy, de Nîmes, d'Orléans, de Rennes, et le procureur général de Douai, est venue s'ajouter encore une infinité d'abus dont le tableau complet est impossible à faire, dont la variété ne peut être soupçonnée ; parce qu'ils varient, s'ajoutent ou se transforment de cour d'appel à cour d'appel, de tribunal à tribunal, de ressort à ressort, de greffe à greffe, et parce qu'ils sont d'ordinaire la continuation d'abus judiciaires tolérés sous les parlements et différents dans chaque province.

Parmi les auteurs, Toullier s'éleva le premier en France contre ce système, déjà dénoncé à Genève par le professeur Bellot, qui le fit disparaître dans la procédure réformée de cette république[1]. La voix de l'illustre commentateur du Code civil fut entendue par ceux du Code de procédure; et depuis 1822, époque de l'apparition du Xe vol. de Toullier, les ouvrages éminents des Carré, des Boncenne, des Boitard[2], des Chauveau, furent les puissants échos de cette accusation dirigée contre notre code judiciaire[3]. De son côté, M. Chardon, dans son opuscule sur les *Réformes désirables de la procédure*, a signalé l'origine surannée de ce qu'on appelle des qualités de jugement.

Pour asseoir sur une base philosophique la réforme du titre des jugements, il faudrait poser comme principe qu'après le prononcé du jugement, rien ne devrait plus être laissé à faire aux parties ni à leurs avoués. La prononciation publiquement faite à l'audience devrait être le terme absolu de toute instance. La mission du greffier devrait être réduite à une seule chose, appliquer la formule exécutoire aux grosses, et collationner les expéditions avec la minute. Il faudrait prendre à la lettre cette maxime des docteurs : *Sententia (judicialis pronunciatio) diffinit totam litem.*

---

[1] Toullier, t. X, p. 208 (sur la présomption qui résulte de la chose jugée). Conférez Bellot, *Exposé des motifs de la loi de Genève*, p. 105.

[2] Boncenne, t. II, p. 438; Boitard, t. Ier, 18e leçon. Voyez aussi Comte, *Considérations sur le pouvoir judiciaire*, p. 78.

[3] M. Delzers, *Cours de procédure civile*, p. 610, repousse ces reproches.

La rédaction des qualités, c'est-à-dire des points de fait et de droit, laissée aux avoués, est un péril immense pour les droits des justiciables. La signification faite par l'avoué rédacteur de ces qualités, à son adversaire, n'est qu'un palliatif illusoire, et dans la pratique, les qualités sont à peine contradictoires. Les parties en effet sont livrées sur ce point à la discrétion de leurs avoués : elles ignorent complétement ce que ceux-ci font entre eux. Dans ces points de fait et de droit, les avoués admettent souvent comme constants les faits les plus contestables, et une fois insérées dans le jugement, ces qualités ont la force d'aveux véritables. Pour que ces qualités ne fussent pas un piége, elles devraient être signifiées, non à l'avoué, mais à la partie elle-même.

En fait, la signification à l'avoué adverse est une précaution trop souvent illusoire. En droit, en supposant que le soin des intérêts de son client le porte à vérifier lui-même l'exactitude de la rédaction de l'avoué adverse, combien cette vérification présente-t-elle de vices? La partie d'abord, qui connaît toujours mieux les faits que son mandataire, n'est pas là pour l'aider dans ce contrôle, l'avocat qui a plaidé la cause n'y est pas non plus. Mais ce n'est pas tout. L'opposition dirigée par l'avoué de la partie condamnée contre les faits que l'avoué gagnant veut faire demeurer constants, cette opposition, dis-je, est suivie par l'avoué, arrière de l'avocat, devant le président qui vide le différend à la chambre du conseil, sans publicité, sans l'assistance de ses collègues, sans motiver sa décision. Or, le président aura naturellement quelque tendance à rejeter l'opposition, puisque l'admission de tels ou tels faits comme certains, doit corroborer le jugement qu'il a rendu, et le soustraire peut-être à une réfor-

mation. Aussi dans la pratique, l'opposition aux qualités
signifiées, n'est-elle souvent qu'un moyen dilatoire employé pour empêcher de signifier le jugement sur-le-champ.

Voilà les périls d'un pareil système. Est-ce à dire que
le vice tient à la rédaction des qualités par les avoués?
Doit-on invoquer l'exemple des jugements en matière
commerciale, où les qualités ne sont ni rédigées par les
parties, ni signifiées [1]?

Nous ne le croyons pas. La rédaction des points de fait
et de droit, abandonnée aux greffiers dans les justices de
paix et les tribunaux de commerce, est un mal encore
plus grand, puisque cette partie du jugement se trouve
établie sans contrôle, sans contestation possible, arrière
du juge, arrière des parties pour lesquelles la narration
des faits par un commis greffier inconnu, va devenir un
contrat judiciaire [2].

La rédaction des qualités, après le jugement, a un autre
inconvénient non moins grand, c'est d'arrêter l'expédition
des jugements. Dans la plupart des greffes, il est impossible d'obtenir une grosse à moins d'un délai de quinze

[1] [Avant le Code de procédure, dans les instances et procès par écrit, on
ne signifiait point de qualités; le greffier dressait lui-même le jugement en
entier. (Denisart, v° *Qualités*.)

[2] [Il ne faut pas perdre de vue qu'aux parties seules doit appartenir de
poser le fait et la question qui en découle. L'exposé ne peut faire partie
de la mission du juge; sans cela il pourrait passer sous silence une question ou la dénaturer. Justiciable, je dis au juge : Voici un fait, telle
difficulté naît, jugez-la! Le plaideur est un sphinx qui pose une énigme :
le juge doit la résoudre sans la modifier, ou, s'il la modifie, il faut que
la question originaire subsiste à côté de la question rectifiée par le juge
pour justifier cette rectification. Sous ce rapport, on a eu raison de laisser
aux avoués le soin de rédiger les points de fait et de droit; mais on a eu
tort de renvoyer cette rédaction après la sentence, ce qui rend faciles des
altérations dans l'exposé, inexactitudes qu'il serait impossible de calculer
par avance, alors que la sentence n'est pas encore connue, et que d'ailleurs la partie adverse serait à même de relever dans le débat.

jours[1]. Or, pour que la justice puisse être efficace, toute décision devrait pouvoir être exécutée dans la huitaine de la prononciation. A quoi bon autoriser les parties à assigner à bref jour, à plaider sur ordonnance, à obtenir un jugement en toute hâte, si ce jugement n'est terminé, enregistré et expédié que longtemps après que son exécution sera devenue impossible ?

Tous les éléments d'un jugement devraient être préparés à l'avance et soumis au débat contradictoire et public de l'audience. Les faits devraient être ainsi posés avant le jugement, et ce qu'on place aujourd'hui dans les grosses exécutoires sous la rubrique de *point de fait*, *point de droit*, devrait être l'œuvre du tribunal entier. Comprend-on un jugement qui ne précise ces points qu'après la décision rendue, quand il serait si utile, même pour la bonté de cette décision, de le faire auparavant ? Et à quoi servent ces ridicules et banales questions ? *Point de droit : Telle partie devait-elle succomber ? A qui convient-il d'adjuger les dépens ?* etc. [2].

Les véritables qualités du jugement, ce sont les conclusions prises par les parties, non pas des conclusions réduites à un dispositif inintelligible en l'absence des considérants qui le précédaient, mais les conclusions complètes, telles qu'elles ont été signifiées dans l'instruction de l'affaire. Je sais que le tarif défend de transcrire dans les jugements les considérants des conclusions ; mais c'est un nouveau danger. En vain dira-t-on que ces conclusions

---

[1] M. Ach. Morin, *De la Discipline judiciaire*, t. Ier, n° 100, signale l'abus du droit de *prompte* comme existant encore dans quelques greffes.

[2] Conférez, sur le ridicule de ces questions, Boitard, 18e leçon, *in fine*.

jointes au placet, doivent être conservées : elles ne le sont d'ordinaire que pendant un certain temps, et elles peuvent être altérées. On a voulu sans doute empêcher d'allonger les jugements, mais il valait mieux fixer des limites aux conclusions. Les *attendus* ou motifs des conclusions qui contiennent les moyens produits par les parties à l'appui de leurs prétentions, et discutés publiquement, renferment bien plus fidèlement que ces qualités actuelles de l'art. 142, l'exposé du litige, et les points de fait et de droit. C'est aux juges à viser ensuite eux-mêmes dans le jugement, les faits qui, de la discussion publique sont résultés constants.

Voici donc, en résumé, comment nous comprendrions la composition d'une grosse exécutoire, d'un jugement complet tel qu'il doit être remis aux parties :

1° La formule exécutoire ;

2° La date, les noms des juges[1] ;

(Le tout œuvre du greffier).

3° Les conclusions respectivement signifiées, avant l'audience, pour lesquelles quatre à six rôles seraient alloués à chaque partie. Ces conclusions étant celles du placet, contiendraient dans leurs *attendus*, l'équivalent des points de fait et de droit. En tête de ces conclusions se trouveraient en entier, les noms, prénoms, profession et domicile des parties, leurs *qualités* en un mot, afin que tout, jusqu'à ces détails mêmes, subisse l'épreuve du débat contradictoire et public, et reçoive l'examen et la sanction du juge ;

---

[1] Les noms des avocats qui ont plaidé devraient être insérés dans les jugements avec ceux des parties et des avoués. Cela n'est aujourd'hui d'usage que dans quelques tribunaux, mais il serait bon d'établir en cela une utile uniformité.

4° Le jugement lui-même, composé : 1° de ses motifs, 2° du dispositif, 3° de la liquidation des frais.

Une grosse serait donc formée de trois éléments, ajoutés l'un à l'autre dans cet ordre chronologique : 1° l'œuvre des avoués complétement terminée avant le délibéré et le prononcé du jugement ; 2° le jugement proprement dit, tel qu'il est sur la minute de l'audience ; 3° l'œuvre du greffier, simple attestation d'un fonctionnaire chargé de donner l'authenticité à l'expédition, et de la revêtir de la force exécutoire.

Quant à la date des actes de procédure, des requêtes signifiées, des avenirs donnés, que l'on consigne aujourd'hui dans la grosse, à titre de point de fait, c'est une superfétation. En admettant, comme nous le proposons, la suppression des requêtes de défense et de la procédure ordinaire, cette énumération serait abrégée d'autant. Mais de quelle utilité est dans un jugement, l'indication d'une sommation d'audience? Il faudrait, dans tout dossier civil, faire deux classes de pièces, et distinguer, comme c'est l'usage dans les dossiers criminels, les pièces de fond d'avec les pièces de forme, et on reléguerait parmi ces dernières, les avenirs, les sommations de communiquer qui ne servent à rien après la terminaison du procès, et qu'il est absurde de relater dans le jugement. Quant aux titres invoqués, aux pièces qui sont de l'essence de la procédure, telles que l'exploit introductif, il suffirait de les viser, afin d'indiquer les sources de l'argumentation et de la décision.

Il importe en effet qu'un jugement porte avec lui l'indication de ce qui a contribué à sa formation, des documents où les juges ont puisé pour l'élaborer. Les motifs, c'est-à-dire le résumé des considérations, des raisonnements qui ont déterminé les juges ne suffisent pas, il faut encore le visa des titres allégués, des articles de la loi appliquée, et des contrats qui sont la loi particulière des parties. Car l'œuvre du juge doit être entourée de tout ce qui peut contribuer à lui donner de l'autorité, et elle doit contenir les preuves de sa légitimité au fond, comme de sa régularité en la forme. Il est nécessaire que le jugement puisse se défendre contre les voies d'attaque et de recours, et que la partie gagnante n'ait pas dans les mains un instrument dénué de force. Or, avec le système en vigueur, les qualités rédigées par l'avoué peuvent vicier irrémédiablement l'œuvre du juge. Non-seulement, un héritier bénéficiaire, par exemple, peut se voir, par la mauvaise foi ou l'erreur d'un avoué, qualifié d'héritier pur et simple, mais encore on peut exposer un jugement à être rétracté par la voie de requête civile, en supprimant ou en ajoutant dans les qualités des chefs de conclusions, puisque la requête civile, rarement employée, il est vrai, est ouverte contre les décisions qui ont statué *ultrà petita,* ou qui n'ont pas statué exactement sur chacune des choses demandées. Dans l'état actuel de la législation, il est possible aux représentants des parties de rompre l'harmonie entre les qualités et le dispositif, et d'altérer ainsi, après coup, et sans qu'il y ait de la faute du juge, un jugement parfaitement valable dans le principe, puisqu'il avait statué sur toutes les demandes de chaque partie et uniquement sur ces demandes[1].

Le dispositif du jugement une fois arrêté, si l'on altère, par négligence ou par dol, l'exposé précis des faits invoqués par chaque partie, on fait courir à la décision le

---

[1] Boitard, *loco citato.*

risque d'un recours en cassation, pour mauvaise application de la loi. Car le juge applique la loi au fait, et il est clair que selon que tel ou tel fait sera prouvé, sera allégué ou ne le sera pas, la décision du point de droit devra varier. En sorte que « selon que tel fait aura été ou n'aura pas été relaté dans les qualités, le dispositif du jugement se trouvera vrai, ou, au contraire, se trouvera faux. L'application de la loi, qui a pu être juste, bonne, bien fondée de la part du tribunal, paraîtra cependant avoir été vicieuse et fausse, une fois qu'on établira sa relation avec les points de fait mal établis dans le jugement[1] ».

Ces dangers ne sont pas chimériques, et tous les jours ils se révèlent en appel et surtout en cassation, où ils sont aggravés encore par l'habitude que les avoués ont de réduire le dispositif de leurs conclusions à une formule banale.

Le barreau de la cour de cassation, frappé de cette insuffisance, a publié en mars 1851 et adressé aux avoués des observations sur la rédaction des qualités des jugements et arrêts, auxquelles nous emprunterons les détails suivants :

« L'article 87 du tarif, défendant d'insérer dans les qualités, les *motifs* des conclusions, et dans les points de fait et de droit, les *moyens* qui ont été produits par les parties, on se borne souvent à ne transcrire dans les qualités qu'un dispositif général de conclusions, à ne rappeler dans le fait les actes de procédure que par leur date et leur titre, et à ne poser ensuite le point de droit que dans des termes généraux et vagues.

« L'insuffisance et les inconvénients d'une pareille ré-

---

[1] Boitard, *loco citato*.

daction passent la plupart du temps inaperçus, car la partie qui a gagné son procès ne croit plus avoir besoin d'aucune précaution ; et celle qui l'a perdu pense généralement que ses moyens de défense sont assez garantis, dès qu'ils se trouvent consignés dans les actes de la procédure.

« Mais ces inconvénients se révèlent toutes les fois qu'il doit y avoir pourvoi en cassation, car devant la cour de cassation on ne peut discuter que sur les faits et les moyens rapportés dans la décision attaquée, et alors il arrive souvent que le pourvoi ne peut pas être formé, ou que, s'il est formé, il peut être rejeté par cela seul que le moyen qui l'aurait justifié ne se trouve pas suffisamment rappelé dans les qualités.

« Sous ce rapport, les observations suivantes, puisées dans un grand nombre d'affaires jugées par la cour de cassation, paraîtront sans doute utiles, dans l'intérêt d'une bonne justice.

« Par exemple, la partie assignée en paiement d'une dette, peut se défendre :

« Soit en demandant la nullité de l'exploit d'ajournement;

« Soit en déclinant la compétence du tribunal ;

· « Soit en se prétendant libérée par la prescription, la compensation, la novation, la remise de la dette, la chose jugée, etc. ;

« Soit en soutenant, par d'autres moyens, qu'elle n'a jamais été débitrice, ou qu'elle s'est libérée.

« On voit souvent les défendeurs conclure, dans tous ces cas indistinctement, à ce que le demandeur soit déclaré *non recevable, et subsidiairement, mal fondé.*

« Or, de semblables conclusions n'indiquent pas, dans leur *dispositif*, seul transcrit dans les qualités, quelle est la nullité ou l'exception spéciale opposée à titre de fin de

non-recevoir, ou quel est le moyen particulier de libéra-
tion que le défendeur a invoqué contre le demandeur ; et
si alors le point de droit se réduit à des termes généraux,
comme ceux-ci :

« La demande est-elle recevable ?

« La fin de non-recevoir opposée à la demande est-elle
fondée ? — il n'existe, pour la cour de cassation, aucune
certitude que telle nullité, telle exception ou tel moyen
du fond a véritablement été opposé, ou que la partie qui
l'avait annoncé dans le cours de la procédure, y a persisté
en définitive et l'a réellement proposé au juge, le jour
de l'audience.

« En pareille circonstance, le moyen de cassation est
ordinairement considéré comme non recevable par la
chambre des requêtes, sans que le demandeur en cassation
soit admis à invoquer et à produire ni les conclusions motivées, requêtes et autres actes signifiés par les avoués,
ni les mémoires ou consultations, qui auraient été signés
et distribués par les avocats.

« Pour éviter un si grand inconvénient et le préjudice
qui en résulte pour les parties, il est essentiel que chaque
exception et chaque moyen principal ou subsidiaire, soit
formulé dans un dispositif de conclusions *explicite* et
spécial, tendant, par exemple,

« A ce qu'il plaise au juge déclarer nul l'exploit d'a-
journement, faute de contenir la date, les noms, etc. ;

« Se déclarer incompétent, parce que...

« Déclarer la demande non recevable, par l'exception
de la chose jugée ;

« Déclarer la dette éteinte par la prescription, la compensation, etc. ; en conséquence, déclarer la demande
non recevable. »

« En appel aussi, il est d'usage, dans beaucoup de cours, de conclure, par précaution, dans toutes les affaires, *à ce que l'appel soit déclaré nul et non recevable, en tout cas mal fondé;* et comme ces termes généraux paraissent comprendre toutes les exceptions et tous les moyens possibles, on croit souvent superflu d'expliquer ou d'indiquer, d'une manière plus spéciale, les moyens que l'avocat est chargé de développer à l'audience.

« Mais de telles conclusions, précisément parce qu'elles sont trop générales, sont tout à fait insuffisantes pour constater l'existence réelle et l'emploi sérieux d'une exception spéciale ou d'un moyen de nullité, et le demandeur en cassation ne peut y puiser aucun secours à l'appui de son pourvoi, si les qualités ne relatent pas l'exception ou le moyen de nullité d'une manière plus précise et plus explicite, soit dans le point de fait, soit dans le point de droit.

« Pour bien faire, chaque moyen invoqué à l'appui d'un chef de demande, et chaque moyen ou exception proposés contre tout ou partie d'un chef de demande, devraient être triplement mentionnés dans les qualités :

« 1° Par un *dispositif spécial* de conclusions, mode dont l'utilité ne paraît pas encore suffisamment comprise ;

« 2° Dans le récit de la procédure ; car le tarif, qui défend de reproduire le développement des moyens de fait et de droit, ne s'oppose pas à ce que les qualités mentionnent et constatent que telle exception ou tel moyen ont été proposés dans tel but ou à telle phase de la procédure ;

« 3° Dans le point de droit ; car régulièrement il doit être posé une *question spéciale* pour chaque moyen invoqué pour ou contre la demande, de même que le jugement ou l'arrêt qui y statue, doit régulièrement contenir un motif spécial sur chaque chef de demande ou de défense présenté par un dispositif de conclusions. »

Tels sont les vices de la loi et ceux de la pratique, tels sont les remèdes applicables aux uns et aux autres [1]. Le barreau de la cour de cassation a indiqué ainsi un palliatif pour un seul des inconvénients. N'oublions pas qu'au point de vue juridique comme au point de vue philosophique, cette partie de la procédure devrait être réformée, et qu'il faudrait charger les juges de contrôler dans le débat ce qui aujourd'hui est abandonné à tort aux officiers ministériels.

---

[1] [M. Rivoire, dans son projet d'*un Nouveau Tarif,* propose aussi d'exiger la rédaction et le dépôt des qualités avant le jugement, et, à défaut de ce dépôt dans le délai fixé, de faire retirer la cause du rôle. En cas d'opposition, le président statuerait immédiatement après le prononcé du jugement. Les oppositions deviendraient rares, car les avoués ne les formeraient plus dans le seul but de se procurer un émolument, abus général aujourd'hui. Le président apprécierait l'exactitude de la rédaction « en pleine connaissance de cause, tandis qu'aujourd'hui, il arrive fréquemment qu'il n'est appelé à statuer sur ce point que longtemps après, quelquefois une ou deux années ». M. Rivoire voudrait aussi que les qualités visées par le président fussent transcrites, *ainsi que les conclusions,* sur la feuille d'audience, en tête des jugements. Il propose, en effet, comme nous l'avons fait dans l'un des chapitres précédents, de supprimer les grosses de défense pour les remplacer par des conclusions motivées, signifiées à l'avance *dans tous les procès,* et déposées en autant de copies qu'il y a de juges saisis de la cause. « Il importe, dit l'auteur, que les magistrats appelés à prononcer aient sous les yeux, soit avant, soit pendant les plaidoiries, une analyse abrégée de ces plaidoiries. »

CHAPITRE XV.

SI TOUS LES LITIGES DOIVENT ÊTRE L'OBJET A LA FOIS D'UNE QUESTION DE FAIT ET D'UNE QUESTION DE DROIT.

—

Un des avantages que les partisans du jury civil font valoir en sa faveur, serait d'isoler, dans l'examen de l'affaire, le fait du droit, afin que l'application de la loi ne puisse occuper le juge qu'après que le fait serait bien constaté et précisé. Nous avons vu que, tout en rejetant le jury civil, le législateur de Genève a voulu que les juges séparassent, dans leur délibération, le fait du droit, afin de ne s'occuper de l'un qu'après que l'autre aurait été bien fixé [1]. Une pareille innovation serait une révolu-

---

[1] C'était ce que proposait Thouret au sein de l'assemblée constituante pour repousser les arguments que Duport faisait valoir en faveur du jury civil. Voyez Boncenne, *Théorie de la procédure*, introduction, p. 237.

[Il paraît qu'autrefois, en Normandie, les moyens de fait et de droit ne pouvaient être cumulés dans les conclusions des parties, témoin ce passage d'un vieux traité de pratique : « Après que les parties ont escript en *Propos, Responce, Réplique, Duplique et deux Additions au plus* (si tant en veulent bailler), elles prennent leurs conclusions ou signatures en *faict* ou *en droit*, d'autant qu'en Normandie l'on ne plaide qu'à vne fin : de

tion dans la marche ordinaire des discussions judiciaires telles qu'elles ont lieu chez nous, puisque le fait et le droit ne sont jamais nettement séparés, ni dans les conclusions, ni dans les plaidoiries. Nous venons de voir aussi tout ce qu'a de peu sérieux la distinction des points de fait et de droit posés après coup dans les qualités postérieures au jugement. Un des premiers mérites de l'introduction de qualités rédigées non-seulement avant la décision, mais même avant le débat, serait d'amener la séparation du droit et du fait au milieu même de la discussion. Les points de fait et de droit ne se réduiraient plus alors à de vaines questions; l'ordre des plaidoiries, se trouvant déterminé jusqu'à un certain point à l'avance, prêterait moins aux artifices d'un plaidoyer habilement disposé, et ôterait à la chicane une partie des ressources qu'elle peut retirer de l'arrangement de ses moyens. Le bon droit pourrait sans doute faire luire aux yeux du juge un jour plus parfait. Mais si cet ordre était prescrit, si la position des questions était soumise au feu du débat oral, n'aurait-on pas à craindre d'interminables incidents sur leur régularité même?

On a proposé comme une simplification bonne à introduire dans notre procédure civile, la réduction « aux ques-

---

manière que l'on ne peut ensemble prendre conclusion de *faict* et de *droit*, ains faut nécessairement s'arrester à l'vn ou à l'autre, sauf toutesfois que, si par vne seule et mesme instance l'on dispute de plusieurs chefs ou articles de demande, l'on pourra sur aucuns articles prendre conclusions *en faict*, c'est-à-dire en preuue, et en aucuns autres articles prendre conclusions *en droit;* en quoy il est besoin de regarder de bien près, et en cela consiste la dextérité d'vn aduocat, lequel doit bien peser et considérer de près les faicts par luy mis en auant pour iuger s'ils sont pertinents ou non...» (*Stile et manière de procéder,* où sont contenuës les formes de toutes matières ciuiles et criminelles... par Maistre Iean La Biche, aduocat au bailliage et siége présidial d'Eureux. A Rouen, chez Iean Lamare, 1639.)

« tions de fait de certains litiges que la discussion inutile
« d'un point de droit complique, et aux questions de pur
« droit le grand nombre de procès dont la solution dépend
« uniquement de l'interprétation de la loi ». Il est évident
que cette simplification s'opérerait d'elle-même si l'on
prescrivait de dresser les qualités pendant l'instruction de
l'affaire, avant sa discussion à l'audience [1].

---

[1] Sur le point de savoir si les questions de fait et de droit que soulève
un procès ne devraient pas être l'objet d'une discussion et d'une solution
séparées, voyez la *Revue de législation*, t. Ier, p. 191, et *infrà* la note au
bas de la page 513.

CHAPITRE XVI.

DE LA RÉDACTION[1] DES MOTIFS ET DU DISPOSITIF DES JUGEMENTS, ET DE LEUR SIGNATURE.

───

Les critiques exposées tout à l'heure, frappent sur le texte de l'art. 142, c'est-à-dire sur l'œuvre même du lé-

───

[1] [L'art de bien rédiger un jugement, de le motiver d'une manière à la fois brève et complète, n'est pas universellement répandu. En Angleterre, les jugements ont la forme d'un discours ordinaire; le magistrat décide en exposant son avis (*sententia*) dans les termes d'une sorte de conversation, sans attendus ni dispositif formulés séparément. — En France, au contraire, le langage judiciaire, dans les jugements comme dans les conclusions et le libellé des exploits, affecte une formule syllogistique qui, bien que les jugements ne fussent pas motivés autrefois, rappelle par sa précision les procédés de la scolastique. Mais si l'arrangement des phrases, l'usage de certaines expressions consacrées sont les mêmes dans les conclusions et dans les décisions, cependant un jugement bien fait ne doit pas être rédigé comme le seraient des conclusions. L'avoué qui conclut et qui doit offrir aux juges souvent plusieurs raisons de décider, peut être plus prolixe que le magistrat qui prononce. — La syntaxe du langage judiciaire, la force et l'emploi particulier de chaque mot n'ont pas encore été nettement présentés. Il est curieux de comparer les anciens formulaires imprimés sous l'ordonnance de 1667, tels que le *Style universel* de Gauret, avec les formules données par Pigeau, et les formulaires de M. Chauveau et de M. Bioche. La force de l'habitude a fait conserver un grand nombre de phrases et de protocoles qui remontent à

gislateur. L'objet de ce chapitre, au contraire, est de dénoncer des abus qui ne résultent que de la seule pratique.

Nous traitions dans notre avant-dernier chapitre des parties accessoires qui, dans la grosse exécutoire, viennent s'ajouter au *dictum* du jugement[1]. Celui-ci a pour objet le jugement lui-même, et les devoirs du tribunal et du président.

Le plus grand progrès réalisé depuis un siècle en fait de procédure, c'est l'obligation de motiver les jugements[2]. Voyons d'abord comment cette obligation est remplie.

plusieurs siècles et qui ont survécu aux remaniements de la législation. A côté de règles uniformes pour tout le territoire, on reconnaît dans chaque province l'influence des vieux styles de procéder en vigueur dans les anciens ressorts. On a accommodé au nouveau code les rubriques sé- culaires et locales, en sorte qu'un exploit dressé dans certaines parties de la France présente une physionomie qui le distingue d'un exploit fait par un huissier de Paris. Chaque ressort de cour d'appel garde en cette ma- tière des usages particuliers ; la coutume et la tradition locale se com- binent avec la fantaisie individuelle de chaque rédacteur. Ici on motive les décisions par *attendus;* vingt lieues plus loin on procède par *considé- rants.* Telle cour d'appel use encore, dans le dispositif de ses arrêts, des expressions impératives et souveraines du parlement auquel elle a succédé, tandis que celle d'un ressort voisin continue les allures plus modestes et moins tranchantes du bailliage ou du conseil dont elle a pris la place.

[1] On trouve le mot *dictum* au lieu de celui de *dispositif* en plusieurs endroits de l'ordonnance de 1667. (Tit. XI, art. 15; tit. XXVI, art. 8.)

[2] [Nous avons esquissé dans l'un des premiers chapitres de ce travail, p. 63, les origines du principe que les jugements doivent être motivés. Aux noms de Spifame, de la Roche-Flavin et de Bacon, il faut ajouter celui de Tulden, qui, dans le ch. 24 du liv. IV de son traité *De Causis corruptorum judiciorum*, imprimé en 1624, discutait cette question : *An sententiæ rationem juris adjungi expediat?* et qui, après avoir résumé les arguments pour et contre, la résolvait énergiquement par l'affirmative. Gui-Pape atteste aussi (*Decisiones*, quest. 136, n° 12) que parfois certains arrêts contenaient l'indication des raisons qui avaient déterminé les juges, et il qualifie de *casus aureus* cette précieuse espèce de décision. Montholon, dans ses *Arrêts prononcés en robes rouges*, disait aussi : « Souvent après la prononciation d'iceux, messieurs les présidents qui les prononcent nous advertissent de ce que nous devons apprendre de l'arrest qui a été pro- noncé et quelle maxime a esté jugée, quelle question, quelle difficulté. » M. Sclopis (*Della Autorità giudiciaria*, p. 138) donne d'intéressants dé- tails sur la pragmatique napolitaine de 1774, qui pour la première fois

L'usage général est de donner les motifs publiquement, de les prononcer à l'audience avant le dispositif. L'autorité des auteurs atteste même que cette prononciation des motifs est nécessaire, à peine de nullité. Pourtant, dans quelques tribunaux de commerce, le peu d'aptitude de certains présidents leur fait violer cette règle salutaire[1]. La cour suprême a même eu quelque peine à réprimer un abus qui s'était introduit dans beaucoup de cours d'appel, de prononcer seulement le dispositif à l'audience, et de renvoyer la rédaction des motifs à la chambre du conseil[2]. C'était assez semblable à la pratique ancienne des tribunaux du Piémont, qui, au lieu de chercher des motifs pour s'en aider et arriver par eux à la décision, décidaient d'abord, sauf à découvrir plus tard les motifs à alléguer.

MM. Chauveau et Boncenne se sont aussi élevés contre cette manière paresseuse de motiver les arrêts : *Adoptant les motifs des premiers juges, confirme.* Ils ont démontré ses dangers, nous n'y reviendrons pas.

Mais je veux signaler l'abus monstrueux toléré dans certains tribunaux, de confier la rédaction des jugements aux avoués ou aux avocats des parties contendantes.

ordonna de motiver les jugements : « Questa insigne prammatica che anticipava tanta parte di que' mèglioramenti che il secolo nostro richiede, era frutto dei consigli di Bernardo Tanucci allora ministro dirigente le cose di Napoli. » En Piémont, une patente royale du 1er mars 1838 imposa aux magistrats suprêmes l'obligation de placer dans toutes leurs décisions l'exposition des motifs qui les ont dictées, et dans le même royaume tous les jugements sont aujourd'hui motivés en vertu de l'art. 205 du Code de procédure civile. — Conférez aussi sur l'historique de la rédaction des jugements les *Eléments de procédure civile* de M. Bonnier.

[1] Voyez Thomine-Desmasures, *Commentaires sur le Code de procédure civile*, in-4º, t. Ier, p. 268, et Chauveau sur Carré, t. Ier, p. 724, nº 595 *bis*.

[2] Chauveau, *ibid.*, p. 722, nº 595.

MM. Chauveau[1] et Poncet[2] ont protesté contre une pareille tolérance. « Cet usage, dit M. Chauveau, a de grands inconvénients, et exige, de la part du juge, le plus scrupuleux examen : on sent combien il serait facile de changer par la rédaction, l'intention du tribunal. »

M. Delzers entre dans quelques détails sur ces usages. Après avoir remarqué que l'ordonnance de 1667 paraît avoir servi de type à l'article 140 du Code de procédure, il remarque que cet article « n'impose pas aux présidents l'obligation de rédiger les jugements par écrit, avant de les prononcer ; il suppose que le jugement est prononcé oralement, de mémoire, et que le greffier l'écrit de même de mémoire, tel qu'il a été prononcé : cette manière de procéder n'est praticable que dans des affaires d'une extrême simplicité. Dans les affaires compliquées, les présidents rédigent leur jugement par écrit, et le remettent au greffier, qui le copie sur la feuille d'audience : dans les autres affaires, c'est-à-dire dans la très-majeure partie, il est d'usage, devant la cour d'appel de Paris et devant le tribunal civil de la Seine, que l'avoué de la partie qui a gagné son procès rédige le jugement ; cette première rédaction est soumise au président, qui l'accepte, la rejette ou la modifie, selon qu'il le juge convenable, et la remet au greffier pour la transcrire sur la feuille d'audience.

« A la cour royale de Montpellier,..... l'avocat qui avait gagné son procès rédigeait le jugement et le communiquait à l'avocat de la partie adverse ; si les deux avo-

---

[1] Chauveau sur Carré, t. Ier, p. 702, n° 589.

[2] Poncet, *Traité des jugements*, t. Ier, p. 230.

cats s'accordaient, ce qui avait lieu presque toujours, ils y apposaient leur *visa;* cette rédaction était soumise au président, qui l'approuvait, la rejetait ou la modifiait, comme il le jugeait convenable : si les deux avocats ne s'accordaient pas, le projet rédigé par l'avocat qui avait gagné était soumis au président, qui de même l'approuvait, le rejetait ou le modifiait, et remettait au greffier la rédaction qu'il avait arrêtée[1]. »

C'est, au reste, une conséquence de cette opinion accréditée, que les motifs des jugements n'appartiennent point au tribunal, mais sont l'œuvre propre du président, qu'en conséquence les juges n'ont rien à y voir : doctrine qui paraît conduire à ceci, que les juges pourraient juger sans motifs, ou que les motifs allégués ne seraient point nécessairement ceux qui ont basé leur conviction.

Tout cela nous paraît en contradiction formelle avec le

---

[1] M. Delzers, *Cours de procédure civile,* p. 564. — [V. aussi Selves, *Tableau des désordres dans l'administration de la justice,* p. 133. — Dans les Etats pontificaux, la prononciation des décisions du tribunal de la Rote est précédée de la *proposition de doutes,* formalité assez remarquable pour être signalée ici. C'est une précaution suprême que les magistrats de ce tribunal éminent prennent pour se garantir des méprises qui pourraient offusquer la rectitude de leur jugement. Quand la cour est disposée à se prononcer contre une partie, avant de publier sa sentence, qu'elle ne pourrait plus rétracter, les moyens de la décision sont communiqués, afin de savoir si quelque objection ne pourrait point modifier néanmoins l'opinion déjà conçue. Deluca, dans sa *Relatio curiæ romanæ forensis,* disc. XXXII, n° 52, donne sur ce sujet les détails suivants : « Partibus ita pandendo voto suorum assessorum seu consiliariorum per quamdam speciem benevoli officii, monendo eam partem contra quam tribunal præjudiciales sensus habet, priusquam ipsum ad actum irretractabilem sententiæ procedat, ad effectum ut agnoscendo quod rationes dubitandi contra eum in facto vel in jure non subsistant, possit denuo tribunal melius informare, atque sinistram opinionem jam conceptam tollere. » M. Sclopis, qui, en faisant connaître les institutions judiciaires d'Italie, a comblé une lacune laissée dans l'ouvrage de Meijer, signale cette curieuse procédure, qui, il est vrai, a l'inconvénient de prolonger le litige, de révéler à l'avance les opinions et de placer la partie trop en contact avec le juge.

salutaire principe de l'obligation de motiver les décisions
judiciaires. Et le bon sens dit que lorsque le législateur
a obligé les tribunaux à indiquer les motifs de leurs décisions, il a voulu que ces motifs indiqués fussent ceux-là
mêmes qui ont déterminé les juges. Si les juges peuvent
se décider sans aucun motif réfléchi, s'il suffit que le
président couvre la décision de ses collègues par des motifs
qu'il aura imaginés lui-même après la manifestation des
opinions de chacun, si on va même jusqu'à laisser les
avoués supposer au tribunal des motifs qui ne l'auraient
peut-être en rien décidé, à quoi bon alors motiver les
jugements?

Répétons-le donc, si l'on veut s'attacher sincèrement
à l'esprit et non à la lettre de la loi, les motifs doivent
être publiquement indiqués à l'audience, ils doivent être
le résumé de la délibération des juges, la manifestation de
leur opinion, et non l'œuvre isolée et adaptée après coup
du président ou des avoués.

C'est pourquoi j'applaudis à l'excellent usage suivi dans
tous les tribunaux où la justice est consciencieusement
exercée, et d'après lequel le président, lorsqu'une cause
est délicate, rédige lui-même le jugement, et ne le prononce qu'après l'avoir soumis à l'approbation de ses
collègues [1].

---

[1] [Le règlement du 24 décembre 1854, pour l'exécution du Code de
procédure civile de Sardaigne, contient les dispositions suivantes :

« 101. La votation terminée, le président formulera, selon l'avis de la
majorité, la partie dispositive du jugement. — Les motifs du jugement
seront rédigés par le président ou par un des juges par lui commis, pris
parmi ceux dont le vote aura été conforme au résultat de la votation.

« 102.... Les motifs seront lus et discutés en l'assistance de tous les
votants et approuvés par la majorité. Pour donner lecture des motifs et
les concorder, le président pourra convoquer les votants en la chambre
du conseil, dans les jours de la semaine qui ne sont pas destinés aux au-

Il eût même été désirable que tous les jugements fussent écrits de la main de l'un des magistrats, et non pas recueillis seulement de mémoire par le greffier qui tient la plume.

C'est une étrange chose en effet que le peu de soin avec lequel la loi a veillé à la conservation intégrale des décisions judiciaires. Elle a accumulé dans l'instruction qui prépare la sentence, les formalités et les complications; elle a rendu l'observation de ces précautions obligatoire, souvent à peine de nullité, et, arrivée à la sentence même, elle ne prend plus aucune mesure pour en constater exactement les termes. Les écritures abondent pour des formalités inutiles, et le jugement qui en était l'objet, le but, est prononcé de vive voix, et recueilli à la hâte par un scribe choisi, non par l'Etat, mais par le propriétaire d'un office de greffier. Ces quelques phrases, prononcées à demi-voix, en présence d'un barreau distrait et des avoués qui n'en peuvent fixer au plus que le sens princi-

---

diences publiques. Cette convocation sera obligatoire lorsque la discussion des motifs, dans les séances ordinaires, abrégerait le temps destiné aux audiences publiques.

« 103. On devra, dans les motifs des jugements, observer soigneusement la séparation des questions de fait de celles de droit qui naîtront du fait et de ses circonstances; et, pour rendre évidente la juste et recte application de la loi, les motifs énonceront les articles de la loi sur lesquels le jugement est fondé, ou textuellement ou par raison d'analogie; ils contiendront au besoin une mention succincte des principes généraux de droit qui auront influé sur la décision, sans cependant réfuter tous les arguments contraires. — On ne pourra invoquer l'autorité des docteurs ou des auteurs sur la matière. »

On lit aussi, dans l'art. 334 du Code de procédure vaudois de 1824, cette singulière disposition :

« La jurisprudence des arrêts est interdite. — Il est défendu aux parties de citer dans les écritures du procès et de produire les jugements rendus dans d'autres procès... Il est défendu aux juges de citer comme motifs, dans leurs sentences ou arrêts, les jugements rendus dans d'autres procès. »

pal, sont livrées à l'intelligence, à la mémoire et à la conscience du commis greffier. Il est vrai que le président signera la feuille d'audience, mais ce sera sans la lire, car la loi ne l'oblige point à cette lecture; elle l'oblige seulement à signer dans un certain délai, délai qui, il faut le dire, n'est pas observé. Comment au bout de plusieurs jours le président s'apercevrait-il donc d'une erreur, d'une altération?

Et pourtant les erreurs sont faciles. Serait-il étonnant qu'un greffier qui recueille successivement huit ou dix jugements, pût confondre le nom des parties, et mettre la partie gagnante à la place de la partie perdante? Comment s'en apercevra-t-on lorsque les jugements consistent seulement en quelques mots? Ces erreurs, lorsqu'elles arrivent, ne peuvent donc être rectifiées que sur l'observation des avoués, dans le mystère du greffe, lorsqu'il s'agit de régler les dépens ou de lever le jugement. Le président ratifie tout, couvre tout par sa signature, donnée à peu près aveuglément [1].

---

[1] [Un jour Dongois, greffier de la grand'chambre, neveu de Boileau, voulut par plaisanterie surprendre la vigilance du premier président Guillaume de Lamoignon, et lui faire signer l'*arrêt burlesque* que l'auteur du *Lutrin* avait imaginé pour se moquer d'une prétention ridicule de l'Université; mais Lamoignon ne signait rien au hasard, et apercevant la fraude, il dit en riant : « Voilà un tour de Despréaux. »

Sérieusement, il y aurait un livre à faire sur l'usage où sont les fonctionnaires de nos jours de signer un grand nombre de pièces sans en prendre connaissance. Nul ne devrait signer que les actes dont il est réellement l'auteur. Signer sans examen, c'est se mettre à la discrétion de subalternes sans responsabilité. Tout rédacteur d'acte devrait figurer en nom dans la pièce dont il est l'auteur; ce serait un grand progrès, surtout dans l'ordre administratif.

Les désordres qui existaient dans les greffes aux approches de la révolution, furent dénoncés dans un pamphlet intitulé : *Exposé des différents abus dans l'administration de la justice, moyens certains de les extirper jusque dans leurs plus profondes racines....* par A. P. J. B. Vivien, ci-

N'est-ce pas là un péril effrayant?

Comme il serait sans doute impossible de faire écrire tous les jugements sans exception, par le magistrat lui-même, sauf au greffier à transcrire ce modèle sur la feuille d'audience (ce qui d'ailleurs ne préviendrait que les erreurs et non les artifices de la mauvaise foi), je voudrais qu'aucun jugement ne fût signé sans être lu par le président, et que cette lecture fût constatée. Afin que l'article 138 du Code de procédure, trop élargi peut-être par les articles 36, 73 et 74 du décret du 30 mars 1808, ne soit plus constamment violé, ni la signature ajournée, l'article 149 ne suffit pas. On pourrait encore, au commencement de chaque audience, lire publiquement au tribunal les jugements de l'audience précédente, en présence du ministère public, comme on lit les procès-verbaux des assemblées délibérantes. A mesure de la lecture de chaque jugement, tous les juges qui y ont concouru le signeraient aussi. De pareilles précautions ne sont pas sans précédents. En matière correctionnelle, les jugements sont signés par tous les juges. Pourquoi une exception en matière civile? Dans les enquêtes, la déposition d'un témoin lui est lue avant qu'il y appose sa signature : pourquoi un président signerait-il les jugements sans lecture? Au grand criminel, le verdict du jury est écrit, lu et signé par le chef du jury, publiquement et sans remise; pourquoi prendrait-on moins de précautions au civil? Je le répète, lorsqu'un jugement a été prononcé à l'audience, tout devrait être à jamais fini, et aucune formalité ne devrait plus s'accomplir après que les parties,

devant de Goubert, greffier en chef de la cour des aides. Paris, Onfroy, 1790, 34 pages in-8°.

leurs défenseurs et le public ont quitté l'auditoire. Il ne devrait rester au greffier d'autre mission que d'expédier le jugement et d'y apposer la formule exécutoire[1].

[1] [Il est impossible de faire un tableau complet des abus qui se sont glissés dans les divers tribunaux. De temps à autre les pourvois en cassation révèlent certains usages blâmables particuliers à tel ou tel arrondissement. Ainsi, dernièrement, la cour de cassation s'étant fait apporter les minutes de jugements attaqués, l'apport de ces minutes a révélé qu'au greffe de Montbrison jamais les feuilles d'audience contenant les minutes des jugements rendus, ni ces minutes elles-mêmes, ne constatent la publicité des audiences; elles se bornent à cette mention : « *Audience du...* »

« De ceci est résulté un usage plus singulier encore : lorsque des expéditions des jugements sont réclamées, elles sont délivrées avec la constatation de l'accomplissement d'une formalité substantielle, celle de la publicité des audiences, que ne contiennent pas les minutes des jugements. Ces graves irrégularités ont attiré l'attention de la cour de cassation. » Voyez la *Gazette des Tribunaux* du 16 février 1855.

CHAPITRE XVII.

DES JUGEMENTS PAR DÉFAUT ET DES OPPOSITIONS.

[Art. 156 et 343.]

Nous abordons un titre du Code qui est encore fort susceptible de critiques. Le temps où les huissiers soufflaient les exploits est heureusement loin de nous, et de tous les abus de l'ancienne pratique, c'est peut-être le seul qui ne se soit pas reproduit de nos jours. J'ignore si on en trouve quelques exemples à Paris, où les copies ne sont pas toujours remises par l'huissier en personne [1]. Mais je n'en ai point entendu citer.

---

[1] [La remise des exploits par l'huissier lui-même est prescrite par l'article 45 du décret du 14 juin 1813. La cour de cassation a dû, par un arrêt du 27 juin 1856, rappeler à l'observation de cette prescription. — Selves, dans sa *Mort aux procès,* publiée en 1841, avait écrit contre les huissiers de Paris quatre paragraphes furibonds, dont le premier est intitulé : *Mal des copies soufflées ou non remises par les huissiers eux-mêmes.* Il fit entendre de nouvelles doléances dans son *Tableau des désordres dans l'administration de la justice,* où il fit encore un chapitre qu'il intitula : *Excès des huissiers.*

Si, en général, les exploits d'ajournement sont fidèlement remis, le défaut de comparoir tend à devenir une
désobéissance à la justice, et le législateur doit le voir
avec peu de faveur. C'est un moyen trop souvent employé
par la mauvaise foi, pour se procurer des délais ou seulement pour vexer et fatiguer un adversaire que l'on sait
avoir le bon droit. C'est donc une voie de recours dont
l'emploi bien plutôt que celui de l'appel, doit être restreint autant que possible, et dont il faudrait demander la
suppression, si néanmoins l'une des parties ne se trouvait quelquefois dans l'impossibilité de se présenter et de
se défendre.

Il faut donc chercher les moyens de s'opposer à l'abus
du défaut, et en même temps garantir cette ressource
à celui qui n'en ferait qu'un légitime usage.

Trois questions seulement vont être examinées ici :

1° A qui convient-il de faire supporter les frais du défaut, lorsque la partie défaillante gagne sur l'opposition?

2° La commission spéciale à l'huissier, innovation du
Code de procédure dans l'article 156, a-t-elle une utilité
réelle?

3° La péremption, autre innovation prononcée par le
même article contre tout jugement par défaut non exécuté dans les six mois, devrait-elle être maintenue?

Faire défaut est un moyen dont on a si souvent abusé
qu'on ne peut traiter avec trop de défaveur celui qui s'en
est servi, lors même qu'il gagnerait sur l'opposition.
Aussi, voudrais-je voir rétablir l'ancien principe en usage
avant le Code, à savoir : que la partie condamnée par
défaut doit payer les frais de ce défaut. Je n'admettrais
d'exception que si la partie gagnante justifiait que le défaut a été indépendant de sa volonté. Il y a là-dessus,

dans la loi de Genève, un article qu'on ne peut trop approuver. C'est l'art. 145, ainsi conçu : « Les frais frustratoires occasionnés par le défaut régulièrement obtenu, seront à la charge du défaillant, lors même que sur l'opposition il obtiendrait gain de cause. — Les juges pourront même déclarer l'opposition non recevable, si le défaillant ne consigne au préalable, en mains du greffier, lesdits frais tels qu'ils les arbitreront[1]. »

C'est surtout devant les justices de paix que des particuliers, pour se venger de celui qui les a fait assigner, mettant en réserve leurs moyens de défense, font défaut, reviennent ensuite par opposition, et, s'ils gagnent, se réjouissent d'avoir accablé leur adversaire de frais, de démarches et de pertes de temps. C'est là une des infâmes chicanes en vogue dans les campagnes, et une des manœuvres vexatoires que le législateur doit réprimer[2].

D'un autre côté, dans les tribunaux civils, on a voulu s'opposer au trop grand nombre de défauts, par la position des qualités[3] qui rendent la cause contradictoire longtemps avant le jour où elle sera plaidée. A Paris et dans plusieurs autres tribunaux, cette position des qualités se fait même avant que l'affaire soit instruite, et c'est là un

---

[1] [Le même principe a été consacré par le nouveau code sarde, art. 218 et 244.

[2] [Selves, *Tableau des désordres dans l'administration de la justice*, p. 190, s'était plaint justement de ces frais frustratoires et de ce que les praticiens multipliaient, par cupidité, les défauts, qu'ils appelaient dérisoirement des *avenirs sur parchemin*.

[3] Il est bon de prévenir nos lecteurs étrangers aux termes de pratique, que le mot *qualités* a ici une acception différente de celle qu'il a dans le chapitre XIV. *Poser qualités*, c'est lire les conclusions à l'audience, pour s'assurer si les deux parties sont en mesure de plaider, tandis que les *qualités* de jugement contiennent les points de fait et de droit qui résultent de ces conclusions.

des plus graves abus de la pratique usitée à Paris. Nous avons déjà dans notre chapitre sur la mise au rôle et la position des qualités, signalé les dangers d'un usage qui ne tend à rien moins qu'à priver les parties, même dans les cas les plus légitimes, de la ressource du défaut faute de conclure. On peut voir au commencement du deuxième volume de l'édition de Carré, annotée par M. Chauveau, une longue discussion sur ce point. M. Chauveau y cite une intéressante dissertation de M. Billequin, dont nous ne saurions trop approuver les idées. La pratique des tribunaux est mauvaise, et je ne répéterai pas ici ce que j'ai déjà dit dans le chapitre précité ; mais celle en usage à Paris est surtout inqualifiable. Je préférerais beaucoup à une pareille manière de procéder, la suppression radicale de la faculté de faire défaut et de la voie d'opposition. Quoi ! une affaire se trouve, par cette position de qualités, réputée en état avant d'être instruite, en sorte que, pour citer un seul exemple, si l'une des parties meurt, il n'y aura pas lieu à reprise d'instance contre son héritier, qui, sans être prévenu, sans être assigné, sans avoir pu se défendre, se trouvera jugé et condamné contradictoirement du chef de son auteur, parce que l'avoué de celui-ci aura posé qualités peut-être une année ou deux auparavant. Je le répète, c'est là une source d'injustices qui ne peut préjudicier qu'aux honnêtes gens, et qui s'oppose mal à l'abus du défaut dont je me plaignais en commençant.

Au reste, cet inconvénient tire sa cause d'une innovation aux maximes de l'ancienne jurisprudence que le code actuel a posée dans l'art. 343, au titre des reprises d'instance ; innovation contraire à la raison, et dont Boitard, en commentant cet article, a parfaitement démon-

tré le vice et les dangers. Il s'agit de savoir à quel moment une affaire est en état d'être jugée, si c'est avant ou
après les plaidoiries. La raison répond que c'est seulement
après les plaidoiries, l'office du juge ne devant commencer que lorsque les représentants des parties ont fini leur
mission. C'est aussi ce que décidait l'ancienne jurisprudence. Selon Rodier, l'affaire était en état lorsqu'il n'y
avait plus rien « à attendre du ministère des parties, des
procureurs ou des avocats , mais seulement du ministère
des juges ». Pothier et Jousse disaient de même que les
causes n'étaient en état que quand les plaidoiries étaient
absolument terminées, quand il ne restait plus qu'à juger.
Le code est venu changer ceci dans son art. 343 , qui
porte : *L'affaire sera en état lorsque la plaidoirie sera
commencée, la plaidoirie sera réputée commencée quand
les conclusions auront été contradictoirement prises à
l'audience.— Sera réputée !* c'est-à-dire que le code substitue une fiction à la vérité et à la raison, donne un dé-
menti au principe du débat oral, et ouvre la porte à des
abus de toute espèce. Une partie peut être réputée entendue avant d'avoir pris la parole : voilà où conduit logiquement l'innovation contenue dans l'art. 343 ! Cependant, comme le dit un vieil adage, souvent *le droit accroît
en plaidant.*

La commission spéciale à un huissier, chargé de signifier le jugement rendu par défaut, me paraît une invention assez niaise du législateur de 1806. Elle ne signifie
absolument rien , puisque le président commet le plus
souvent l'huissier indiqué par la partie qui gagne sur le
défaut. D'ailleurs tous les huissiers doivent être également
dignes de la confiance du tribunal, puisqu'ils sont des officiers institués par l'Etat. C'est donc une précaution au

moins illogique. Elle n'augmente pas les frais, il est vrai, mais elle ajoute une complication et une perte de temps réelles dans les audiences comme celles des tribunaux de commerce, où l'on prononce un grand nombre de défauts. Elle sert tout au plus à assurer souvent un privilége aux huissiers audienciers, au préjudice de ceux de leurs confrères qui ne font pas le service de l'audience. Aussi le législateur de Genève s'est-il bien gardé d'admettre cette complication. Il a préféré consacrer à des objets plus utiles les vingt articles qu'il a édictés sur la matière du défaut et de l'opposition, articles qui, par la sagesse, la méthode et la clarté répandues dans ce titre de la loi de Genève, sont la meilleure critique de la partie correspondante de notre code de 1806. Je n'insiste pas sur cette prescription de commettre un huissier, parce que ce point, en définitive, intéresse peu les justiciables, et je me borne à renvoyer à l'excellente critique que M. Chardon a faite de cet art. 156, et des art. 780 et 832, qui prescrivent une commission semblable [1].

La péremption édictée par l'art. 156 contre les juge-

---

[1] *Réformes désirables dans la procédure*, p. 10.

[Dans les cas particuliers où le tribunal aurait lieu de se défier de la mauvaise foi du demandeur et de la fidélité des huissiers, on pourrait recourir tout simplement à la voie de la poste et faire écrire par le greffier un mot d'avis au défendeur défaillant. Une pareille lettre pourrait être expédiée, séance tenante, à l'aide de formules toutes préparées, et son envoi ne permettrait pas à un huissier prévaricateur de *souffler son exploit*. Je m'étonne toujours que, jusqu'à la loi du 2 mai 1855, le législateur n'ait désigné en aucun cas, pour les messages judiciaires, l'entremise officielle de la poste, et qu'en matière de procédure les choses se passent encore comme au temps où les particuliers et les administrations ne correspondaient qu'à l'aide de commissionnaires *exprès* et de *porteurs de dépêches*. Je ne comprends le voyage de l'huissier qu'autant qu'il y a une constatation à faire, une réponse à recevoir, un acte à dresser. Mais, je le répète, *souffler les copies* est un abus qui n'existe sans doute plus aujourd'hui.

ments par défaut non exécutés dans les six mois, est une chose plus importante qu'on a proposé aussi de supprimer [1]. Pour moi, la question me paraît plus délicate. Cette péremption n'a pas été admise à Genève, et, au premier abord, on se demande quelle est son utilité, dès qu'on laisse à la partie condamnée la faculté de former opposition tant que le jugement n'est pas exécuté. Mais sans la péremption, celui qui aurait obtenu le défaut pourrait attendre plusieurs années en silence et n'arriver à l'exécution qu'au jour où il saurait que son adversaire aurait perdu les moyens de justifier son opposition et son bon droit. On pourrait ainsi laisser périr des preuves redoutables, changer l'état des lieux, attendre la mort de témoins favorables au défaillant. Or, un défaillant qui laisse périr ses moyens de défense par le long laps de temps, n'est pas en général celui qui a fait défaut par mauvaise foi et par désobéissance à la loi; c'est, au contraire, celui qui n'a pas été averti de l'attaque dirigée contre lui, et qui se fût défendu s'il avait connu cette attaque. J'en conclus que la loi, protectrice des absents et des indéfendus, ne peut prendre trop de précautions, et que, si elle accorde la voie d'opposition à ceux qui font volontairement défaut, elle a raison d'accorder une nouvelle protection en faveur de celui qui est condamné sans le savoir. La péremption de l'art. 156, établie pour le cas seulement où le défaillant n'a pas d'avoué, me paraît donc salutaire, lors même que l'on peut supposer que la partie défaillante, quoique n'ayant pas constitué d'avoué, n'ignore pas l'existence du jugement. « Pour-

---

[1] Boitard, *Leçons sur le Code de procédure civile*, t. Ier, no 399; Barnouvin, *De la Justice gratuite*, p. 8.

« quoi », disait Treilhard en exposant les motifs du code,
« pourquoi s'empresse-t-on d'obtenir un jugement si on
« ne veut pas s'en servir [1] ? » N'y aurait-il pas de graves
inconvénients à permettre au demandeur de garder le silence pendant près de trente ans, pour venir ensuite réclamer l'exécution d'un jugement par défaut dans un moment où la partie adverse aurait perdu les pièces ou les
moyens à l'aide desquels elle eût pu le faire réformer [2] ?
J'avoue toutefois que l'exécution du jugement ainsi imposée à la partie gagnante ne fait souvent qu'ajouter à sa
perte, en la forçant à de nouveaux frais.

[1] *Exposé des motifs du Code de procédure civile*, édit. stéréotype, in-12,
p. 36.
[2] M. Chauveau, *Lois de la procédure civile*, t. II, p. 59 et 60.

CHAPITRE XVIII.

DES EXCEPTIONS.

[Art. 166, 169 et 173.]

———

Les dispositions du titre IX du Code de procédure ne sont pas susceptibles de critiques sérieuses, aussi passerons-nous rapidement sur ce point. Nous nous bornerons à remarquer que les seuls reproches qu'on pourrait faire à cette partie du code, porteraient sur sa rédaction, assez négligée pour avoir fait naître de nombreuses questions. Ainsi, on doit assurément blâmer l'espèce d'antinomie existant entre les trois art. 166, 169 et 173, que les auteurs, MM. Boncenne et Boitard notamment, se sont efforcés de concilier. On sait que ces articles ordonnent de présenter *in limine litis*, les exceptions *judicatum solvi*, d'incompétence et de nullité d'exploit, mais qu'ils n'ont point prévu le cas où ces exceptions se présenteraient à la fois dans une même affaire. C'est donc une question que celle de savoir laquelle de ces trois exceptions *liminaires* doit passer avant l'autre, pour ne pas entraîner de déchéances, lorsqu'elles *se disputent le pas*, comme le dit ingénieusement Boncenne. Mais, en résumé, cette antinomie, qui accuse assurément quelque imprévoyance de la part du législateur, donne lieu plutôt à des questions de doctrine qu'à des difficultés sérieuses de pratique. Sans doute, si jamais on procédait à une refonte totale du code, on devrait la faire disparaître; mais, je le dis en terminant, il serait à souhaiter que notre système de procédure ne fût point entaché de vices plus graves que celui-là [1].

---

[1] Conférez la loi de Genève, tit. V, Des exceptions à proposer d'entrée de cause, ét le code piémontais, liv. II, t. IX, Des exceptions qui n'influent pas sur le mérite de la cause. L'art. 251 contient une disposition qui n'existe pas dans le code français : « L'étranger ne sera pas tenu de fournir caution pour une demande reconventionnelle. » L'art. 261, plus explicite que l'art. 182 du code français, et l'art. 262, renferment une utile définition de la garantie formelle et de la garantie simple, omise par nos législateurs.

CHAPITRE XIX.

DES PREUVES EN MATIÈRE CIVILE, ET DES PROCÉDURES INCIDENTES RELATIVES AUX PREUVES [1].

———

La connaissance exacte des faits, de leurs circonstances, de leur caractère, est la condition essentielle de toute décision judiciaire. C'est sur leur existence et leur appréciation que disputent les parties ; car la plupart des litiges n'ont d'autre but que de dissiper un doute et de mettre en lumière un point sur lequel on n'est pas d'accord. Combattre une allégation fausse, démontrer une erreur, détruire une incertitude, c'est l'objet des efforts des plaideurs, et Bentham a pu remarquer avec raison que, par suite de leur profession, les avocats devenaient en général plus habiles dans l'art de prouver que dans celui d'observer. Le jugement, sous ce rapport, n'est que l'action d'adapter le droit au fait : et sous le nom de fait, je

---

[1] Conf. *De la Vérité des faits dans les débats judiciaires,* rapport de M. Portalis, dans les *Mémoires de l'Académie des sciences morales,* t. III, p. 455.

comprends les contrats et les actes qui sont des faits intel-
lectuels émanés de la volonté de l'homme. Toutes les pré-
visions des lois portent donc sur des faits, et au fond de
tout débat judiciaire il y a un fait à constater ou à éclaircir[1]. Les modalités, les circonstances du fait, sont souvent
aussi importantes que son existence même pour la décision
du litige, et il importe que le juge, lorsqu'un fait est
proposé à son examen, ait soin de l'étudier sous toutes ses
faces, de l'explorer dans ses aspects les plus cachés : car
*modica circumstantia facti magnam inducit diversitatem
juris.* C'est pour cela que l'on remarque qu'une cause
bien exposée est une cause à moitié gagnée, et que l'art
de l'exposition compose, avec celui de la discussion, le
plus précieux talent d'un avocat. La mauvaise foi elle-
même n'est que la volonté d'altérer la vérité, comme la
chicane est l'art d'équivoquer, de dissimuler, d'obscurcir
les faits et de substituer des paradoxes et des sophismes
aux arguments logiques et aux déductions légitimes. C'est
par des allégations mensongères et par une fausse couleur
donnée aux faits que l'on répand la défaveur sur une
cause adverse, et que l'on surprend la religion du juge :
et c'est par cette raison que les magistrats s'abstiennent
sagement d'entendre les explications des parties en dehors
des débats, *de non audiendo extra judicialiter.* En effet,
les renseignements détournés, les lettres confidentielles,
les messages relatifs aux procès, détruisent l'égalité de l'argumentation, font naître des préventions, des préjugés et
mettent en péril le bon droit : c'est un des plus puissants
moyens d'intrigue. Les recommandations sont de peu

[1] Conf. *De la Vérité des faits dans les débats judiciaires*, rapport précité de M. Portalis, p. 461.

d'effet sur un juge, personne n'oserait offrir de présents pour corrompre l'intégrité des magistrats, et chacun sait que les sollicitations seraient inutiles ; mais on prétend ne faire qu'*expliquer sa cause* [1]. Il importe donc que le magistrat, dont l'indépendance est protégée par l'inamovibilité, dont l'impartialité est excitée par le désir de rendre à chacun ce qui lui appartient, soit garanti de toute surprise ; c'est là qu'en théorie se rattache la question de savoir si le juge peut juger d'après son expérience personnelle, et qu'en pratique il faut proclamer qu'il ne doit jamais prendre un fait pour base de sa décision, sans avoir attiré sur ce fait les explications contradictoires des parties. Toute lettre, tout renseignement concluant adressé à un magistrat en dehors du débat, devrait être par lui communiqué à l'adversaire, au moins en substance, et il serait bon d'en nommer l'auteur; sans cela, ces renseignements détournés, utiles quelquefois pour mettre en garde les magistrats dans certaines affaires où la passion s'agite, peuvent gravement exposer le bon droit. Il faut, même dans les plus petits détails, observer la règle *audiatur et altera pars.* Si les démarches auprès des juges, si les attestations officieuses sont rares en matière civile, la religion du juge courrait un danger plus fréquent à l'audition des débats, s'il ne se tenait pas en défiance contre les allégations habilement colorées et les insinuations captieuses de certains avocats.

L'*allégation* des faits n'est donc pas suffisante, il faut encore des *preuves* pour en démontrer la *vérité.* C'est sur la présomption de vérité que repose l'autorité de la chose jugée, *res judicata pro veritate habetur.* Le malheur des

---

[1] Conférez Bentham, *De l'Organisation judiciaire,* ch. 16, p. 95.

34

jugements humains, c'est que le juge ne peut être infaillible, Dieu seul connaissant la vérité tout entière. La
découverte de la vérité dépend de l'examen et de la vérification des faits, qui sont le but de l'œuvre judiciaire, et
la distribution de la vraie justice est subordonnée elle-
même à la découverte de la vérité; *Veritas juris ex veritate facti*, disait Balde. C'est aux parties d'offrir au juge
les preuves de ce qu'elles avancent; c'est au juge de les
peser et d'y puiser les éléments de sa conviction. Le résultat des débats et du délibéré doit être de dissiper les doutes, de procurer une exacte connaissance des faits ou une
saine interprétation de la volonté des parties, afin d'arriver, s'il se peut, à la certitude. *Sententia est firma et
indubitata responsio*, écrivait un glossateur.

La production des preuves est donc le moyen d'établir
le bon droit, et de mettre le juge à même de discerner les
prétentions mal fondées ou iniques des justes demandes.
« La recherche, la conservation des preuves et l'ordre
« dans lequel on les produit, sont les trois plus impor-
« tantes parties de l'instruction judiciaire [1]. » — « Quand
un particulier s'adresse au juge, dit Bentham, c'est pour
lui demander une décision, qui ne peut être relative qu'à
un point de fait ou à un point de droit. Dans le point de
fait, il s'agit de savoir s'il estime que le fait qu'on lui soumet soit vrai ou non; et dans ce cas, la décision ne peut
avoir d'autre base que les preuves... Le devoir du juge
est d'obtenir toutes les preuves de part et d'autre, dans la
meilleure forme possible, de les comparer et de décider
d'après leur force probante. — Ainsi l'art de la procédure

[1] *Mém. de l'Acad. des sciences morales*, t. III, p. 466.

n'est essentiellement que l'art d'administrer les preuves[1]. »

Nous avons, dans l'un des chapitres du livre III de ce mémoire, exposé la classification, le caractère et la valeur relative des différentes sortes de preuves ; ici nous n'avons plus à nous occuper que de la mise en action de ce système, et à examiner, au point de vue critique, les dispositions du Code de procédure qui y sont relatives. Recherchons donc quels sont les points vicieux de cette partie de notre loi judiciaire, et quelles réformes on a proposées et on pourrait apporter.

Dans les chapitres qui précèdent immédiatement celui-ci, nous avons examiné la marche d'une instance depuis le préliminaire de conciliation jusqu'au jugement ; nous avons examiné pièce à pièce le mécanisme de la procédure, blâmant les rouages inutiles et signalant les améliorations désirables. Arrivés à la matière des preuves, nous allons envisager comment on les met en œuvre, les incidents qui naissent lors de leur découverte, et la méthode pratique pour arriver à leur production.

Quoique nous arrivions ici sur un terrain purement juridique, nous ne suivrons point l'ordre du Code de procédure en cette matière. Nous rangerons ces incidents dans un ordre basé sur le mérite et sur l'utilité de chacune de ces procédures, et en commençant notre revue par celles des procédures probatoires qui nous paraissent les plus commodes et les plus sûres pour la manifestation de la vérité[2].

[1] Bentham, *Traité des preuves judiciaires*, ch. 1er.

[2] Despeisses, énumérant les cinq classes sous lesquelles il distribuait les preuves (1° témoignage ; 2° titres ; 3° serment ; 4° aveu, et 5° la vue et aspect de la chose), remarquait qu'elles étaient toutes comprises en ce vers :
Vox, scriptura, sacrum nomen, confessio, visus.
Traité de l'Ordre judiciaire ez causes civiles, tit. X.

CHAPITRE XX.

DE LA COMPARUTION DES PARTIES.

———

En tête des moyens de preuves, nous placerons la comparution des parties, qui, sous l'empire de l'ordonnance, n'était autorisée qu'en matière commerciale, quoique un usage fondé sur la raison l'étendît aux matière civiles. C'est une de ces formes simples et peu coûteuses que l'ancienne pratique avait trop négligées, et que le code de 1806 a eu le tort de ne point mettre assez en évidence[1]. On peut dire en effet qu'elle est en quelque sorte perdue au milieu du titre des jugements. Ce moyen d'éclairer la justice dans les affaires qui ne gisent qu'en fait, était assez précieux pour qu'on lui consacrât une rubrique spéciale. Sans le hérisser de procédures qui lui auraient ôté cette simplicité qui fait tout son mérite, il eût été bon de tracer quelques règles pour en organiser l'emploi. En matière

---

[1] Dans le nouveau code sarde, la preuve par l'aveu des parties marche en tête des autres procédures probatoires.

de comparution, tout a été laissé à la routine. La comparution des parties peut rendre cependant les plus grands services, surtout en présence de la vicieuse procédure aujourd'hui tracée pour les interrogatoires sur faits et articles. Elle présente même des avantages qui lui sont particuliers; le juge peut l'ordonner d'office, et les parties la réclamer : elle permet d'entendre les deux parties, ou chacune séparément; elle autorise des confrontations précieuses; et comme on peut n'ordonner la comparution que d'une seule des parties, elle joue alors le rôle d'un interrogatoire en quelque sorte sommaire. Aussi est-elle d'un grand usage et d'un grand secours devant les juges de paix et les tribunaux de commerce, quoique en général on se borne sans distinction à une comparution pure et simple, moins efficace dans certains cas que des explications, séparées d'abord, et suivies ensuite d'une confrontation.

Je n'insiste pas sur ce point. Je me borne à renvoyer aux auteurs, principalement aux excellentes leçons de Boitard et à l'exposé des motifs de la loi de Genève, sur le titre de l'interrogatoire des parties. Voici en quels termes Bellot résume les avantages de la comparution personnelle : « ... Cette obligation imposée aux parties, de comparaître personnellement, réunit le double avantage de prévenir et d'abréger les procès. La moralité de son but, la simplicité de ses formes, son efficacité comme moyen de découvrir la vérité, de réprimer le mensonge, d'en prévenir la tentative, nous la font mettre au premier rang des procédures probatoires[1] ».

---

[1] Bellot, *Exposé des motifs de la loi de procédure civile de Genève*, p. 150.

Une des causes qui rendent rare devant nos tribunaux civils l'emploi de la comparution des parties, est l'incertitude ordinaire du jour où l'affaire sera plaidée, ce qui empêche les plaideurs d'être présents aux débats. La comparution n'est possible en effet que lorsque l'affaire est à jour fixe. Or, nous avons signalé sur ce point la vicieuse manière dont sont dressés les rôles de nos tribunaux. Un des résultats avantageux de l'indication des affaires à un jour déterminé, comme en matière criminelle, commerciale et de justice de paix, serait de faciliter au civil l'emploi journalier de la comparution personnelle, errement qui aujourd'hui nécessite un jugement de renvoi, lorsque les parties ne sont pas présentes à l'audience.

Au point de vue philosophique, la présence des plaideurs devrait être la règle générale en matière civile, comme en matière correctionnelle et commerciale. La représentation par un mandataire n'est qu'une fiction. Le rôle de l'avoué et de l'avocat est d'assister la partie, bien plutôt que d'occuper entièrement sa place. Aujourd'hui l'avoué est le maître apparent du procès, *dominus litis*, c'est lui qui comparaît au lieu de son client. La comparution réelle, personnelle, est cependant de droit naturel ; la comparution fictive par avoué est un moyen artificiel qui isole trop complétement le juge des plaideurs. Sans doute la mission des personnes accessoires est utile et même nécessaire, mais seulement à titre d'accessoire. Les personnages vraiment indispensables du drame judiciaire sont le juge, le demandeur et le défendeur : les mandataires de ceux-ci ne sont que des comparses.

Jérémie Bentham, qui voyait le modèle naturel de la

procédure légale dans l'information qui se passerait devant
le tribunal d'un père de famille, revient toujours à l'idée
de cette procédure primitive qu'il oppose à la procédure
technique ou légale; et tout en reconnaissant qu'un juge
n'est pas un père et a une responsabilité publique bien
différente de la puissance paternelle, tout en déclarant
qu'un Etat est plus grand qu'une famille, et qu'il faut en
conséquence « entourer les tribunaux judiciaires de différentes sauvegardes qui ne sont pas nécessaires dans le
tribunal domestique [1] », il préconise la comparution simul-
tanée des deux parties devant le juge, au début de tout
procès, « comme un trait emprunté de la procédure domestique », et il promet « qu'avec un système si simple,
« les procès seraient bien courts. La plupart seraient ter-
« minés dès la première séance. On doit s'attendre,
« ajoute-t-il, à de fortes objections de la part de ceux qui
« vivent de la chicane [2] ». — Suivant ce réformateur, la
comparution des parties dès l'entrée de la cause serait le
meilleur moyen pour l'extraction du témoignage, et le
plus efficace pour abréger les procès. Il présente à ses
yeux l'avantage de rétrécir le champ du litige, d'établir
clairement l'objet des demandes, de prévenir les délais
insidieux et inutiles, et surtout, de découvrir la mauvaise foi [3].

Sans prendre à la lettre les promesses enthousiastes de
ce philosophe, il y a du vrai dans son idée; et nous le
répétons, il est désirable que la comparution personnelle

---

[1] Bentham, *Traité des preuves judiciaires*, liv. Ier, ch. 3.

[2] Bentham, *De l'Organisation judiciaire*, ch. 24.

[3] Bentham, *Des Preuves judiciaires*, liv. III, ch. 2.

des parties reprenne, dans notre procédure, la place qu'elle n'aurait pas dû cesser d'occuper. Cette comparution doit en effet être mise au premier rang des moyens de provocation de l'aveu[1].

---

[1] M. Bonnier, *Traité des preures judiciaires*, nos 307 et 317.

CHAPITRE XXI.

DE L'INTERROGATOIRE SUR FAITS ET ARTICLES [1].

[Art. 324 à 326.]

———

M. Barnouvin, dans sa *Justice gratuite*, s'élève justement contre la procédure actuelle de l'interrogatoire sur
faits et articles. Ce moyen de preuve, en effet, mieux or-
ganisé, serait précieux pour arracher l'aveu de la vérité
à des parties de mauvaise foi, auxquelles trop souvent on
n'ose déférer le serment *litis-décisoire*, de crainte de livrer le sort de sa cause à un immanquable parjure. C'est
surtout pour éviter l'abus du serment décisoire que nous
voudrions voir faciliter la voie de l'interrogatoire. Si,
comme l'a dit M. Thomine [2], après d'anciens auteurs, il
nuit plus souvent à la conscience de l'interrogé, qu'il
n'est utile pour la justice, cela tient surtout à la vicieuse

---

[1] Conférez Bonnier, *Traité des preuves*, nos 308 et suiv.
[2] *Commentaire sur le Code de procédure civile*, t. Ier, p. 153.

procédure qu'on est obligé de suivre. Il semble que la loi
ait pris des précautions en faveur même du mensonge,
en faisant, par exemple, avertir à l'avance l'interrogé des
questions qui lui seront posées. Aussi la procédure dont
nous nous occupons en ce moment serait-elle impraticable,
si l'usage n'autorisait pas la partie demanderesse en interrogatoire à faire passer au juge des questions secrètes
sur lesquelles celui-ci interroge d'office. On en est arrivé
ainsi, par la force des choses, à rendre la signification
de la requête contenant les questions ostensibles, une
pure formalité. Serpillon, Jousse, Sallé, Pothier et Dumont, en commentant l'ordonnance civile, voulaient que
le juge s'abstînt de recevoir des notes contenant ces
questions secrètes; mais la pratique contraire, justifiée
par Rodier[1] et par Ferrière[2], n'en continua pas moins,
sous l'ancienne jurisprudence, à faire justice des imperfections de la loi. On doit s'étonner que dans une matière
où l'on avait tant de précédents, dans une procédure qui
remonte jusqu'au droit romain[3], qui fut organisée par le
droit canonique, et qui avait été réglée à diverses reprises
par les ordonnances de Villers-Coterets, de Roussillon, de

---

[1] *Questions sur l'ordonn. de Louis XIV* de 1667, in-4°.

[2] [Ferrière, dans son *Dictionnaire de pratique*, v° Faits secrets, les définissait « ceux qu'on donne en particulier et séparément au juge, pour
être par lui proposés comme d'office, et qu'on ne signifie point à celui que
l'on veut faire interroger sur faits et articles, de crainte qu'il n'étudie ses
réponses ». Et il ajoutait : « On ne lui fait signifier que des faits vagues,
et on met entre les mains du juge commis qui doit procéder à l'interrogatoire, des faits secrets sur lesquels il l'interroge d'office et de son
propre mouvement. C'est un innocent artifice que la justice permet, et
même une précaution que l'ordonnance approuve, afin de parvenir plus
sûrement à la connaissance de la vérité, qui doit être la règle de tous les
jugements. »

[3] *De Interrogationibus in jure faciendis.* ff. 11. — Voy. cepend. Rauter

Blois, et de 1667, le progrès ait été si peu sensible [1]. On blâme aussi dans le code la disposition qui n'admet pas l'assistance des parties intéressées. « L'art. 333, écrit M. Bonnier, — en n'admettant pas la présence de celui qui a requis l'interrogatoire, a suivi une jurisprudence vicieuse, constante à Paris, mais repoussée dans d'autres ressorts ; que Dumoulin, lors d'un procès où il était personnellement intéressé, avait flétrie par ce mot célèbre : *Et in hoc curia pessimè judicavit* [2]. »

Je ne puis, au reste, discuter en particulier chacun des articles 324 à 326, parce que tout le titre XV est infecté d'un vice général. Ce défaut a été relevé d'une manière très-piquante par Bellot, dans son exposé des motifs de la loi de Genève, et voici ce que ce réformateur disait de cette partie de notre code français : « Si jamais un législateur se propose le problème du mode le plus sûr de ne

---

[1] [Ce ne fut pas la faute du premier président de Lamoignon, qui, lors de l'ordonnance de 1667, s'éleva contre la vicieuse complication de cette procédure ; ses réclamations, dont la justesse est aujourd'hui reconnue, ne prévalurent point contre la routine des praticiens, toute en faveur des prérogatives des procureurs. Lamoignon représentait que, dans la province de Normandie, la partie venait prêter l'interrogatoire sans avoir eu communication des faits ; que « l'on se trouvoit bien de cet usage, et qu'il seroit peut-être avantageux pour la justice de le rendre général par tout le royaume ». (*Procès-verbal des conférences tenues par ordre du roi pour l'examen de l'ordonnance civile*, édit. de 1740, p. 208.)

« Nous trouvons ici, dit M. Edouard Regnard, comme dans toutes les procédures qui touchent à l'instruction ordinaire, un luxe de requêtes, d'ordonnances, d'expéditions et de significations sans utilité réelle... La dépense occasionnée par cette procédure est de 150 fr. environ quand l'interrogatoire n'est ordonné que contre une seule partie. Elle s'élève de 2 à 300 fr. quand elle est ordonnée contre deux parties ou contre un plus grand nombre. Ajoutez à ces chiffres la dépense de l'instruction ordinaire exempte d'incidents, vous arrivez à une somme de 5 à 600 fr. pour tout le procès. » (*De l'Organisation judiciaire et de la Procédure civile en France*, p. 352 et 353.)

[2] M. Bonnier, n° 315.

point atteindre la vérité, le Code de procédure français
lui en fournira la solution au titre *de l'interrogatoire* sur
faits et articles. Pour éviter à la partie l'ennui de la publicité, l'embarras d'un contradicteur, pour affaiblir les conséquences de ses tergiversations et la honte du mensonge ;
pour lui fournir les moyens de méditer à tête reposée, de
calculer ses réponses, ce code exige qu'elle soit interro-
gée en secret, par un seul juge, hors de la présence de son
adversaire, et que les faits sur lesquels l'interrogatoire a
été requis, lui soient communiqués au moins vingt-quatre
heures d'avance[1]. »

Le même auteur exposait ensuite en ces termes la
marche substituée à Genève à celle de notre code de
1806 :

« Il ne sera plus donné d'avance aucune copie des faits
sur lesquels l'interrogatoire devra porter. Cet interrogatoire aura lieu en audience publique. La partie sera tenue
de répondre de vive voix, sans notes écrites. Les juges et
les parties pourront adresser toutes les questions propres
à la manifestation de la vérité. Si le tribunal use de la faculté d'entendre les parties en l'absence l'une de l'autre,
il devra ensuite les confronter. (Art. 160 à 165.)

« Tel sera le mode ordinaire de procéder. Si nous y
avons dérogé pour les cas d'une résidence éloignée, d'une
maladie ou infirmité grave, c'est que nous avons estimé
que, dans la recherche de la vérité, rien ne devait être
négligé, et que, lorsque le meilleur mode cessait d'être
possible, la raison prescrivait de ne pas dédaigner le mode
inférieur en sûreté. (Sect. II.)

---

[1] Bellot, *Exposé des motifs de la loi de Genève*, p. 147.

« Nous ne saurions trop recommander aux tribunaux l'emploi de cet interrogatoire [2] ».

---

[1] Bellot, *Exposé des motifs de la loi de Genève*, p. 148.—[Conférez *Code de procédure sarde*, liv. II, tit. X, de la Preuve par l'aveu de la partie, — et le procès-verbal des séances de la commission du sénat de Turin, sur ce titre.

CHAPITRE XXII.

DES ENQUÊTES.

—

Voici un titre dont la réforme est demandée depuis longtemps. On sait assez quelles attaques ont été dirigées contre les enquêtes écrites reçues par un juge-commissaire, pour que nous n'allongions point ce mémoire en les reproduisant ici [1]. On peut conférer là-dessus tous les auteurs qui ont examiné la procédure au point de vue de l'avenir. Je conviens moi-même que ces critiques reposent sur des arguments d'une grande force, et que la forme de l'enquête secrète dans les matières ordinaires est une bizarrerie, une exception au principe de simplicité et de publicité consacré généralement pour toutes les enquêtes, tant en matière criminelle et correctionnelle qu'en matière civile, dans les affaires sommaires, com-

---

[1] Bentham et Bellot (*Exposé des motifs de la loi de Genève*), paraissent être les sources où ont puisé Boncenne, Boitard et plusieurs autres. Sous ce rapport, c'est à eux que nous renverrons de préférence.

merciales et de justice de paix. La suppression absolue de la procédure dite ordinaire, que dès le commencement de cette revue de notre système actuel de procédure, j'ai proposée comme la base de toute réforme efficace, entraînerait nécessairement l'abolition des enquêtes écrites. Je suis donc le partisan de réformes en ce point. Mais pourtant je dois ici signaler deux difficultés très-graves qui n'ont pas, ce me semble, assez arrêté les apologistes des enquêtes orales. La première de ces difficultés est celle de recueillir à l'audience même les dépositions des témoins. On invoque, il est vrai, l'exemple des enquêtes devant la police correctionnelle ; mais cet exemple ne me rassure nullement, car les dépositions sont en général recueillies dans ces affaires d'une manière très-incomplète et très-fâcheuse pour les prévenus lorsqu'il y a appel. Je voudrais donc que les dépositions, dans les enquêtes civiles, fussent recueillies avec plus de soin, qu'on conservât l'usage de les faire signer au témoin après lecture ; mais si l'on veut conserver ces précautions et ces formes qui font tout le mérite des enquêtes par écrit, les tribunaux perdront un temps considérable. Or, la question du temps nécessaire pour la réception d'une enquête est la seconde difficulté dont les réformateurs devront se préoccuper. On invoquerait en vain l'exemple des enquêtes en matière sommaire ; car, dans l'usage, les tribunaux, précisément en vue de conserver à l'expédition des affaires le temps de leurs audiences, s'efforcent ordinairement d'éluder les enquêtes sommaires, et appliquent ainsi la loi en sens inverse des réformes proposées. Cependant, la règle qui prescrit l'audition des témoins à l'audience en matière sommaire est d'ordre public, comme tendant à assurer la prompte expédition des affaires et à réduire les frais. C'est ce qui a été jugé par arrêt de cassation le 1ᵉʳ août 1832 [1].

Bentham, grand ennemi des enquêtes reçues par un juge-commissaire arrière du tribunal, et partisan déclaré de la forme orale et publique, s'est cependant préoccupé des moyens de conserver les témoignages et d'éviter la déperdition de ces preuves. Dans le neuvième chapitre du livre deuxième du *Traité des preuves judiciaires,* l'auteur montre la grande utilité de la rédaction par écrit du témoignage, comme preuve de la bonté du jugement et de l'impartialité du juge, comme moyen de remédier à la mort ou à l'absence d'un témoin en cas d'appel, et pour éviter aussi dans ce cas les frais, les lenteurs, les pertes de temps attachées à une seconde exhibition du témoignage; mais il ne veut pas en faire une règle absolue, et dans toutes les causes ordinaires et de peu d'importance, il néglige cette formalité. Au treizième chapitre du livre III, il examine les cas où la conservation des témoignages au moyen de l'écriture est indispensable, et quels sont les moyens d'accélérer la rédaction du procès-verbal, de le rendre aussi complet que possible et d'en assurer l'exactitude. Selon lui, « dans la procédure publique, il n'y a qu'un tachygraphe qui puisse suivre d'une manière exacte et complète toutes les opérations du témoignage. L'art de la tachygraphie devrait être considéré comme une partie indispensable des talents d'un scribe judiciaire ». Il y a du vrai dans cette réflexion; cependant, une enquête ne doit pas reproduire tout le verbiage des témoins, et on doit s'en rapporter aux avocats et aux magistrats pour veiller à ce que les points importants soient consignés.

---

[1] M. Bonnier, *Traité des preuves,* n° 253.

Le même publiciste a aussi consacré un chapitre à l'examen de la question de savoir si l'on doit permettre à un témoin de consulter des notes; il discute le pour et le contre de cette matière délicate, où l'appréciation du juge devra avoir une grande latitude, et il conclut d'une manière affirmative sur cette difficulté résolue négativement en principe dans notre procédure actuelle, bien que l'on ne refuse pas à un témoin de recourir à ses registres, à ses papiers, pour fixer une date, un chiffre échappés de sa mémoire. Quant à un *memorandum* dressé en vue du témoignage, à une déposition écrite à l'avance, nous croyons, contre le sentiment de Bentham, que la somme des dangers de la lecture d'un pareil document dépasserait celle de ses avantages.

Bentham, dont nous n'adoptons certes pas toutes les idées, mais auquel il faut toujours recourir lorsque l'on étudie la philosophie de cette matière, a encore traité des interrogations *suggestives,* c'est-à-dire celles qui mènent à la réponse, *leading questions*, et à l'aide desquelles l'interrogateur peut influencer le témoignage. Ce jurisconsulte reconnaît que l'interrogation suggestive, malgré ses dangers, n'est pas toujours contraire aux fins de la justice, et qu'elle est même admissible en certains cas, soit comme moyen de célérité, soit comme secours donné à la mémoire. Elle est aussi innocente qu'utile lorsqu'elle ne fournit au répondant aucune facilité pour tromper, lorsqu'on n'a point de mensonge à appréhender, soit à cause du peu d'importance de la question sur la décision de l'affaire, soit à cause de la probité et de l'intelligence du témoin. J'ajouterai qu'elle pourrait même être employée comme moyen de contrôle de la sûreté du témoignage, et que l'on peut, par des interrogations de cette nature, faire

tomber le répondant dans des contradictions qui révéle-
ront sa mauvaise foi ou l'incertitude de ses souvenirs et la
faiblesse de son intelligence et de son caractère.

On trouve encore, dans le *Traité des preuves* du même
auteur, une dissertation relative à la détermination des
personnes qui auront le droit de questionner les témoins,
et plusieurs autres questions philosophiques que nous lais-
sons de côté à cause de leur moindre intérêt, pour revenir
à l'examen juridique des réformes à opérer dans notre
pratique judiciaire.

M. Chardon, dans ses *Réformes*, n'a rien dit de la suppression des enquêtes secrètes et par écrit. Par son silence, il respecte le principe en vigueur ; mais, en supposant la conservation de la forme actuelle, il critique
vivement les procédures et les formalités prescrites en
matière d'enquête ordinaire. Il s'élève notamment contre
les rigoureuses nullités prononcées à chaque pas par les
articles de ce titre et contre l'obligation imposée par les
art. 279 et 280 de recourir au tribunal pour obtenir la
prorogation de l'enquête. Il voudrait fort justement, ce
me semble, « que, sur la déclaration d'une partie au juge-
« commissaire qu'elle désire faire entendre de nouveaux
« témoins, ce juge fixât sur-le-champ le jour auquel ils
« pourront être appelés ».

Mais il est un autre point qui a aussi soulevé des critiques, c'est la théorie actuelle des reproches contre les
témoins ; on la trouve trop compliquée et trop étendue
pour être rationnelle. On peut voir là-dessus Boitard (surtout au n° 576), dont nous n'analyserons pas les idées,
parce que ce serait les tronquer et qu'il est inutile d'allonger ce volume par une longue citation.

« Le système des reproches, dit M. Bonnier dans le

paragraphe où il traite de l'exclusion de certains témoins, n'est pas seulement vicieux dans sa base, il l'est également dans sa mise en œuvre. L'exclusion des témoins, en la supposant fondée, devrait émaner de la justice et non de l'intérêt ou des passions. Eh bien! la loi laisse à la partie attaquée la faculté d'accepter ou de repousser les témoins produits par l'adversaire... Aujourd'hui que les témoignages sont pesés et non comptés, la théorie des reproches n'est plus qu'un vestige de doctrines surannées en contradiction manifeste avec l'esprit du droit actuel[1].» M. Bonnier voudrait supprimer la faculté de proposer les reproches après la déposition. Si le motif est sérieux, pourquoi permettre à la partie de le tenir en réserve? Bentham, qui a consacré de nombreux chapitres à la théorie des reproches, est d'un avis diamétralement opposé, puisqu'il voudrait au contraire que les reproches n'apparussent qu'après l'émission du témoignage, afin d'éviter la déperdition de la preuve d'un fait qui eût peut-être été accepté comme vrai par les deux parties.

---

[1] [Bonnier, *Traité théorique et pratique des preuves*, 2e édit., p. 246. Les dispositions du Code de procédure civile sur la *reprochabilité* des témoins ne sont pas assez explicites; il est né sur ce point un grand nombre de questions qui devraient être tranchées afin d'éviter aux magistrats une source de difficultés sérieuses, dont la discussion entrave l'expédition des affaires. Par exemple, la question de savoir si les dispositions de l'art. 283 Pr. sont rigoureusement limitatives et impératives, ou simplement facultatives et énonciatives, divise les auteurs et la jurisprudence: elle a été la cause de coûteux procès, très-regrettables puisqu'ils ne roulent que sur la procédure. M. Legentil, avocat à Arras, vient de la traiter dans une *Etude sur les éliminations de témoins*, monographie où il reprend la thèse soutenue par Boncenne contre la doctrine de Toullier et de la cour de cassation. Il y aurait là une amélioration législative à accomplir. Les codes de Genève et de Piémont présentent sur la question des reproches des textes à étudier. L'art. 312 piémontais confond l'*exclusion* avec le *reproche*, et l'art. 315 autorise même le tribunal à entendre le témoin reproché, suivant les circonstances: ce qui est fort délicat.

Je n'insiste point sur ce titre des enquêtes ; il me serait difficile d'ajouter quelque chose de neuf à ce qui a été déjà dit sur une question si profondément explorée. La commission, nommée en 1849 pour la révision du Code de procédure, devait s'occuper de ce point, nominativement indiqué dans le rapport de M. Odilon-Barrot. Malgré les difficultés pratiques d'une réforme en cette matière, il y aurait assurément des modifications à proposer au titre qui nous occupe, et ces modifications pourraient être de deux sortes :

1° Réforme radicale, consistant à faire faire toutes les enquêtes à l'audience, sans exception, mais en ajoutant cependant certaines précautions pour que la déposition des témoins soit recueillie d'une manière complète ;

2° Réforme partielle, conservant la forme d'enquête dite ordinaire, mais avec des simplifications de détail tendant à diminuer le nombre des formalités, des nullités, et à améliorer ce qui concerne les reproches qu'on peut faire aux témoins [1].

---

[1] [Le Code de procédure piémontais a conservé, en matière d'enquête, le système du code français, sauf quelques améliorations secondaires. Par exemple, son article 316 fait disparaître la disposition de l'art. 293 français, qui défend de recommencer l'enquête nulle par la faute, non du juge, mais de l'avoué ou de l'huissier. L'art. 316 piémontais porte au contraire : « Si l'enquête est déclarée nulle, en tout ou en partie, par la faute du juge-commissaire, ou du procureur ou de l'huissier, *elle sera recommencée*, en tout ou en partie, aux frais de celui qui aura donné lieu à la nullité... » En France, l'enquête ne peut être recommencée que si la nullité est de la faute du juge. On peut voir, dans les travaux préparatoires du code, quels motifs on allégua pour justifier cette anomalie.

CHAPITRE XXIII.

—

L'expertise est proche voisine de la descente de lieux opérée par les magistrats. Dans celle-ci, le juge a recours à son expérience personnelle pour découvrir la vérité; dans l'expertise, il a recours à l'expérience d'un tiers qu'il consulte. En théorie, l'expertise est donc le *complément de l'expérience personnelle*. Malgré son affinité avec la preuve testimoniale, elle a un tout autre objet que celle-ci. La preuve testimoniale a pour but de faire revivre pour ainsi dire le passé; l'expertise ne s'applique habituellement qu'aux faits présents, dont elle a pour mission de mettre à nu tous les éléments. Les experts ne remplacent pas le juge, qui n'est pas obligé de suivre leur avis; ils lui servent seulement d'instrument, qu'il est maître de remplacer[1]. Comme auxiliaires du tribu-

---

[1] M. Bonnier, *Traité des preuves*, n° 80. [C'est une application de la maxime : *Judex ab interlocutorio discedere potest*. Mais ce principe souffre une exception en matière d'enregistrement. Non-seulement le juge est

nal, le législateur les fait participer à quelques-unes des
prérogatives du juge ; par exemple, dans l'état actuel, il
couvre leur délibération du secret, et l'expertise est en
général considérée comme un diminutif de la descente
sur les lieux par la justice. Leur procès-verbal a un caractère authentique. Mais les experts ne sont point les délé-
gués du juge et ne participent point à sa juridiction ; ils ne
participent point non plus à la qualité des témoins. Ils sont
à la fois les *mandataires* du juge et des parties, en exécution du contrat judiciaire. Selon Rauter, la nomination
d'office n'ôte rien à l'expert de sa qualité de mandataire
des deux parties, le juge étant censé l'avoir faite en leur
nom [1].

En pratique, les expertises sont l'une des voies d'instruction les plus usitées, et en même temps les plus impar-
faites et les plus coûteuses. La réforme du titre consacré
aux rapports d'experts est plus urgente que celle du titre
des enquêtes. Les vices reprochés aux témoignages reçus
par écrit se retrouvent dans les expertises, qui toutes, sous
le code actuel, se terminent par un rapport écrit, soumis
au tribunal, au lieu de l'avis verbal de chacun des experts.
De plus, cette procédure, que le législateur a établie
comme préférable dans les petites causes aux visites du
lieu par les magistrats, est devenue en fait souvent plus

---

obligé d'ordonner l'expertise lorsqu'elle est demandée par l'administration
de l'enregistrement, en conformité de l'art. 17 de la loi du 22 frimaire
an VII, mais il est tenu de la prendre pour base de sa décision. — Il ne
peut faire par lui-même l'estimation requise, ni adopter arbitrairement
l'avis isolé de l'un des experts. Il est lié par le résultat de l'expertise, qui
fait sa loi et celle des parties, et ce résultat se trouve dans l'avis adopté
par la majorité des experts lorsqu'un tiers expert a été appelé. (Cassat.,
15 avril 1850 et 22 mars 1854.)

[1] Rauter, *Cours de procédure civile française*, nos 218 et 219.

onéreuse pour les parties que les descentes de justice. Le mystère dont l'article 318 environne en outre les opinions de chacun des experts, en défendant d'indiquer dans le procès-verbal leur avis individuel, paraît aussi avoir plus d'inconvénients que d'avantages. Le dicton : *Cuilibet in arte sua credendum*, a besoin de n'être pas exagéré, et je m'étonne que la loi, qui se défie avec justice de la preuve testimoniale, paraisse accorder tant de confiance aux rapports d'experts. La publicité facultative de l'expertise, l'avis de chacun des experts donné personnellement à l'audience lorsque le tribunal le jugerait à propos[1], me paraîtraient des moyens de remédier aux dangers que cette manière de renseigner la justice fait courir trop souvent au bon droit. J'applaudis donc volontiers, du moins théoriquement parlant, aux réformes que le législateur de Genève a fait subir à notre procédure, et je ne puis mieux faire que de transcrire ici les passages suivants de son exposé des motifs :

« Une des plus utiles innovations qu'offre ce titre (dans la loi de Genève) est celle qui accorde aux juges la faculté d'entendre les experts oralement et en audience publique, comme les témoins. L'expérience nous prouve toute la difficulté que les experts ont en général à saisir ce qui leur est demandé et à répondre clairement par écrit. Tantôt l'emploi d'expressions impropres ou détournées de leur véritable acception, tantôt l'omission d'idées intermédiaires, rendent les rapports des experts intelligibles pour

---

[1] « Cette disposition, qui ne veut pas qu'un expert attache son nom à l'opinion qu'il émet, ressemble à un vieux lambeau de procédure secrète cousu à nos codes ; elle me paraît tout à fait en désaccord avec nos idées de publicité. » (Boncenne, *Théorie*, t IV, p. 487.)

eux seuls. Leur ignorance dans l'art d'écrire, les idées vagues et confuses qu'ils ont sur le sens et la force des mots, les exposent à tous les piéges que leur tend ou un expert plus adroit, ou le conseil même d'une partie, dans l'intérêt de celle-ci. Il n'est pas toujours facile de démêler dans un rapport l'œuvre des experts d'avec celle du conseil.

« L'audition orale sauve ces inconvénients. Le conseil disparaît. C'est l'expert seul qu'on entend. Les explications données par l'expert préviendront toute ambiguïté et lèveront toute équivoque ; les motifs de son opinion pourront être plus aisément déduits. Si des experts sont d'un avis contraire, en les entendant d'abord séparément, en les mettant ensuite en présence, les juges pourront mieux apprécier la confiance que mérite chacun d'eux.

« Quelle garantie nouvelle pour la moralité de l'expert que cette publicité de l'audience ! Si une certaine partialité eût pu se glisser en secret dans quelques lignes, ou suggerées ou méditées à tête reposée, cela ne lui est plus possible sous le grand jour où la loi le place. Un autre intérêt prévaut, le soin de sa réputation. A quel prix consentirait-il à passer pour suborné ou pour incapable devant d'autres experts, ses émules, qui peuvent le confondre ? A quel prix s'exposerait-il et au blâme du juge, dont il trahirait la conscience, et à toute l'humiliation d'un mensonge public ?

« Cependant nous aurions été trop loin en interdisant sans distinction les rapports écrits. Il y a un grand nombre de cas, tels que ceux de partage, de succession, de dépouillement et de vérification de comptes, où l'objet de l'expertise ne pouvait guère être atteint autrement. Nous avons dû, dans l'intérêt même des parties, laisser aux juges l'option entre les deux modes (art. 222)[1]. »

Toutefois, je dois reconnaître, avec les éditeurs de la deuxième édition de ces Motifs et avec Boncenne, que si le système génevois offre des avantages théoriques, la pratique n'a pas répondu aux espérances qu'on avait conçues, puisque le nombre des rapports verbaux ne forme pas la vingt-cinquième partie des rapports par écrit. J'aimerais donc mieux accorder simplement au tribunal une faculté que l'art. 317 paraît refuser actuellement, celle de faire entendre les experts à l'audience lorsqu'il le jugerait à propos, et de les dispenser même de tout rapport écrit, sauf, pour le cas d'appel, à faire recueillir leur opinion, comme on recueille la déposition de témoins. C'était une pratique autorisée par le parlement de Paris, et beaucoup de tribunaux la suivent encore, malgré l'avis contraire de MM. Carré et Chauveau[2].

Quel que soit au reste le parti qu'on doive prendre sur cette matière, il est un point qui demande de promptes mesures d'amélioration. Je veux parler du prix excessif que les expertises coûtent aux parties. Un arpenteur de village, un maçon, un de ces praticiens qui font habituellement le métier d'expert, ne rougissent pas de demander des sommes énormes pour un procès-verbal souvent inintelligible.

---

[1] Bellot, *Exposé des motifs...*, p. 196 et 197.

[2] Chauveau sur Carré, t. III, p. 114, n° 1194 *ter*.

[Dans beaucoup de cas, il serait aussi fort utile que les experts procédassent à leur opération en présence d'un juge commis à cet effet. Ce magistrat verrait par lui-même, serait directement initié aux opérations techniques des experts, pourrait provoquer leurs explications sur les points à éclaircir. Il y aurait ainsi, entre les experts et le juge, un échange d'idées très-profitable.

Il n'est pas rare que des experts demandent 5 ou 600 fr. dans une médiocre affaire. Les parties n'osent contredire les hommes qu'elles ont choisis, ou si elles réclament une réduction, les juges ne la font pas en général assez sévèrement. J'ai vu, pour un très-mauvais travail et dans un litige assez mince, trois experts enlever à eux seuls une somme équivalente au traitement d'un tribunal entier pendant un mois, et prendre, pour un rapport ridicule, plus que les avocats et les avoués chargés de la cause. Tantôt les experts sont incapables de rédiger un procès-verbal, souvent même de l'écrire, et alors l'article 317 appelle le greffier de la justice de paix au secours des *hommes de l'art ;* tantôt, au contraire, le rapport est si prolixe, que l'affaire se trouve encore plus embrouillée qu'auparavant. Souvent un seul se charge de la rédaction ou de la dictée, que les autres signent sans y rien comprendre. J'ai vu des rapports d'experts qui atteignaient deux cents rôles, et d'où cependant on ne pouvait tirer aucune lumière ni même une conclusion. Cet énorme volume n'avait d'autre but que de justifier un mémoire de vacations sans fin, d'autre résultat que de ruiner les parties en honoraires et en papier timbré. J'ai connu un agent des ponts et chaussées particulièrement habile en ce genre; le pour et le contre se succédaient tant de fois dans ses incompréhensibles referts, il avait l'art de les hérisser de tant de chiffres, de formules techniques et de récapitulations, que ni juges ni parties n'y pouvaient rien entendre. Et pour cette déplorable besogne, il exigeait des sommes folles!

C'est surtout en matière de vérification d'écritures que les expertises dépassent toute proportion. Dernièrement, au tribunal de la Seine, dans une affaire en nullité de testament, il y a eu deux expertises successives ; six experts ont donné leur avis sans arriver à s'entendre. L'un des rapports avait 400 pages, et l'examen qui l'avait précédé avait occupé 200 vacations[1] ! Quelle procédure économique ! Et pourtant, s'il faut en juger par les malheurs d'audience arrivés aux plus fameux experts en cette partie, par leurs contradictions et leurs erreurs inconcevables, l'expertise en écriture serait la chose la plus vaine, la plus conjecturale, la plus chimérique, et elle ne profiterait guère qu'aux maîtres d'écriture grassement rétribués dans ces sortes d'affaires.

Faire des expertises est devenu une véritable profession ; c'est le métier ordinaire d'une foule de gens qui cherchent un emploi ; chaque étude d'avoué a ses experts habituels. Nous sommes ainsi presque revenus à l'ancien état de choses, aux experts créés en titre d'office sous Louis XIV, dans un moment de pénurie du trésor. La révolution de 1789 en avait déblayé le terrain judiciaire : ils ressuscitent aujourd'hui, protégés non par le privilége royal, mais par les officiers de justice[2]. — Si dans quelques tribunaux les magistrats veillent à empêcher les abus sur ce point, dans une foule d'autres le mal est arrivé à son comble[3].

---

[1] Voyez la *Gazette des Tribunaux* du 28 mai 1852.

[2] Il a paru à Lyon, en 1841, une brochure intitulée : *Nécessité d'améliorer l'administration de la justice dans le personnel des experts judiciaires*, par un ancien géomètre du cadastre (16 p. in-8o).

[3] [C'est un devoir pour les tribunaux de réprimer la cupidité de certains experts par une taxe rigide et par la radiation de leur nom de la liste dressée ordinairement à l'avance des personnes qui se chargent de ces sortes de missions. Une circulaire sur ce point opérerait un grand bien. Pourquoi le coût des expertises n'est-il pas taxé et proclamé dans le prononcé même du jugement?

Pour alléger le poids de ces expertises qui écrasent les plaideurs, M. Chardon voudrait que les tribunaux fussent autorisés à ne nommer qu'un seul expert dans les affaires de peu d'importance, et à n'en désigner trois que si la valeur du litige justifiait cette augmentation de dépense. On sait qu'aujourd'hui l'art. 303 exige trois experts, à moins que les parties ne consentent qu'il soit procédé par un seul. Or, la doctrine et la jurisprudence décident avec raison que cette réduction dans le nombre des experts n'est autorisée que si les parties sont maîtresses de leurs droits; en sorte que ce sont les mineurs, les interdits, ceux précisément que la loi prétend protéger, qui se trouvent écrasés par des frais excessifs. M. Chardon voudrait que, même dans les causes où il y a des mineurs, les tribunaux pussent d'office ne nommer qu'un seul expert et leur épargner ces dépenses.

M. Chardon demande aussi la suppression du serment imposé aux experts par l'art. 307. Il voit là une « procé-« dure aussi dispendieuse qu'inutile et conservée par ha-« bitude... », une « vaine et pitoyable cérémonie, dont le « greffier seul peut désirer la conservation [1] ».

J'avoue qu'il apporte de fort bonnes raisons à l'appui de cette suppression, à laquelle je ne verrais qu'un seul inconvénient. Si l'on supprimait le serment, les experts feraient sans aucun doute leur opération avec la même conscience, mais ils n'auraient pas d'occasion de se réunir et de prendre jour pour aller sur le terrain accomplir leur mission. Or, dans la pratique, c'est une difficulté quoti-dienne de faire accorder des experts sur ce point, et c'est

---

[1] *Réformes désirables et faciles dans les lois sur la procédure civile,* p. 47.

pour cela que les expertises traînent en général si long-temps. Forcer les experts à une première réunion, c'est la plus grande utilité actuelle de la comparution des experts pour la prestation de serment ; mais on pourrait sans doute trouver, pour l'accomplissement de ce but, un moyen moins sacré que le serment. Enfin, avec un seul expert la difficulté disparaîtrait [1].

---

[1] [Le titre des expertises, dans le nouveau code piémontais, est à peu près identique au titre correspondant du code français. Les idées de Bellot et de Boncenne n'ont point prévalu auprès de ses rédacteurs.

M. Ed. Regnard voudrait que le nombre des experts fût porté jusqu'à cinq dans les affaires d'une valeur de plus de 50,000 fr. ; il voudrait que les experts prêtassent serment en audience publique. Il propose en outre de supprimer l'acte de dépôt du rapport des experts au greffe, qui serait remplacé par un simple récépissé du greffier, et de supprimer également l'expédition du rapport, excessivement onéreuse par les droits de greffe qui y sont attachés. En abolissant la perception de cet impôt, les copies que chaque partie pourrait demander au greffier, si elles le jugeaient bon, seraient infiniment moins coûteuses. La signification du rapport deviendrait alors inutile et l'affaire serait reportée à l'audience au moyen d'un simple avenir, acte dont le coût n'excède pas 25 centimes. (*De l'organisation judiciaire et de la procédure civile en France*, p. 387 et 388.)

On trouvera dans la brochure de M. Rivoire sur *un Nouveau Tarif*, un projet d'article de loi pour faire disparaître des rapports d'experts, des inventaires et autres procès-verbaux de ce genre, les énonciations inutiles dont on les surcharge abusivement au grand préjudice des justiciables. — Consultez aussi M. Debelleyme, *Ordonnances sur requêtes*, t. I, p. 268.

CHAPITRE XXIV.

DE LA PÉREMPTION [1].

[Art. 399 et 400.]

———

Comme les péremptions d'instances sont assez peu fréquentes, je me bornerai à signaler les justes réflexions que M. Chardon a faites sur ce titre :

[1] [Voyez dans les *Mém. de l'Acad. des sciences morales et politiq.*, t. III, p. 59, l'analyse d'un travail de M. Berriat-Saint-Prix sur la durée et la suspension de la prescription. L'auteur montre l'importance de l'innovation introduite par les rédacteurs du code relativement « à la réduction du délai de la péremption, institution précieuse de procédure, à l'aide de laquelle le défendeur fait anéantir tous les actes du demandeur lorsque celui-ci a discontinué ses poursuites pendant un certain temps. Ce temps variait jadis suivant les provinces : dans quelques-unes il était de dix ans ; en Dauphiné même, il s'étendait jusqu'à trente ans, et il ne courait pas contre les mineurs. Le code l'a fixé d'une manière uniforme à trois ans ou trois ans et demi au plus, et il le fait courir contre toutes espèces de personnes sans distinction.

« Cet anéantissement des actes de procédure, qui met les frais à la charge du demandeur, le force à intenter un nouveau procès pour le même objet et peut même le priver de la faculté de réclamer cet objet lorsque la prescription s'est accomplie pendant qu'on faisait ces actes, pourra paraître rigoureux. Le demandeur est puni bien sévèrement, pensera-t-on, d'une simple négligence, où l'a conduit peut-être un sentiment d'humanité pour son adversaire. La loi protégerait-elle donc le créancier actif, exigeant, persévérant dans ses réclamations? Oui, tel est son système.

« Le bien de la société a conduit à l'adopter ; il a fait introduire, consacrer et appliquer fréquemment, dans les lois anciennes et modernes, l'axiome *vigilantibus, non dormientibus, jura subveniant.* »

« Les articles 399 et 400 sur la péremption, disait
M. Chardon, détruisent tout ce que le surplus du titre XXII
a de salutaire. Celui qui, pendant trois ans, n'a pas donné
de suite à l'instance qu'il a introduite, ne mérite aucune
faveur. La loi *properandum* (11, Cod. *de jud.*), l'ordonnance de 1539, art. 120, et celle de 1563, art. 15, prononçaient la péremption irréparable. L'arrêt de règlement
du 28 mars 1692 autorisait seulement le défendeur, à qui
le bénéfice de la péremption était acquis, à la couvrir par
des actes de procédure. C'est ensuite la jurisprudence du
châtelet et du parlement de Paris qui, de 1737 à 1750, a
établi que la péremption n'avait pas lieu de plein droit;
qu'elle devait être demandée, et que jusqu'à cette demande elle pouvait être rendue inefficace par le moindre
acte, soit du demandeur, soit du défendeur. Cet abus,
conçu par les procureurs du châtelet, parce qu'il perpé-
tuait les procès, ou du moins donnait lieu à une instance
incidente, s'étendit dans le ressort de plusieurs autres parlements; mais il fut soigneusement repoussé dans ceux de
Dijon et de la plupart des parlements du Midi. Tous ceux
qui regardent comme un fléau pour les familles la prolongation des procès, ont vu avec étonnement et chagrin les
rédacteurs du Code de procédure, entre les deux jurisprudences contraires, consacrer la plus mauvaise, et non-
seulement exiger que la péremption, pour être acquise,
fût demandée, mais vouloir que jusqu'à cette demande le
procès pût renaître.

« Revenons s'il se peut à la législation primitive; tout
nous y convie, la raison, la justice et l'intérêt public. Que
le silence du demandeur soit réputé désistement de l'action (le droit conservé); que son effet soit d'éteindre de
plein droit l'instance, sans qu'il soit besoin de le deman-

der; qu'il en soit de ce cas comme de celui du désistement réglé par l'art. 403, parce qu'effectivement l'abandon
d'une demande équivaut à un désistement; que cet abandon emporte pour le demandeur l'obligation de payer les
frais du défendeur, qui pourra les réclamer sur une ordonnance du président, au bas de la taxe, parties présentes
ou dûment appelées [1]. »

[1] *Réformes désirables et faciles....*, p. 18.

CHAPITRE XXV.

DE LA SAISIE IMMOBILIÈRE ET DES VENTES JUDICIAIRES[1].

La nature même et le but de ce livre ne me permettent point de me livrer à l'analyse minutieuse et complète de tous les détails du Code de procédure. J'ai dû seulement

---

[1] Voyez le rapport de M. de Vatimesnil à l'assemblée législative, décembre 1850; l'édit des *criées,* donné par Henri II au mois de septembre 1551.

[Pour l'historique des nombreuses lois, successivement portées sur cette matière, consultez le commentaire de M. Chauveau, qui forme le t. V des *Lois de la procédure civile.*

Déjà, au siècle dernier, d'Héricourt dénonça les abus criants qui existaient de son temps en matière de saisies réelles, et indiqua les remèdes nécessaires pour les extirper dans le chapitre 14 de son Traité *de la Vente des immeubles par décret.*

La plupart des législations étrangères ont subi dans ces derniers temps des modifications tendant à simplifier les saisies réelles. A Jersey, où règne encore l'ancienne coutume normande, trois lois ont été portées : 1º une loi sur les décrets, confirmée par ordre de S. M., en conseil, le 14ᵉ jour de mars 1832; 2º une loi touchant la diminution des frais et la durée des procès devant la cour royale, du 15 juillet 1835; 3º un règlement touchant la diminution des frais de la conduite des décrets, du 10 août 1836. (*Lois et Règlements des Etats de Jersey,* qui ont reçu la sanction royale depuis 1772. Jersey, Gosset, 1845, in-8º.) — Nous avons cité, dans un de nos premiers chapitres, la remarquable loi sur les ventes judiciaires dont le royaume de Naples a été doté en 1828. Outre ce texte,

en prendre l'ensemble, les points culminants, et signaler les vices de la loi, surtout dans les textes où l'application journalière fait naître des abus. C'est pourquoi j'ai examiné les actes qui font nécessairement partie de toute procédure simple, et j'ai passé plus rapidement sur les procédures incidentes.

Arrivé à l'exécution des jugements, que les jurisconsultes anglais qualifient de *fructus et finis legis*, je me proposais de m'arrêter longtemps sur une des plus importantes parties de notre code, sur celle qui est l'objet de plus de plaintes et d'efforts. Je veux parler des saisies réelles ou immobilières, des ventes judiciaires, surtout de celles de biens de mineurs, et de l'ordre, cette procédure que les magistrats n'ont pas aujourd'hui le pouvoir d'accélérer ni même de faire terminer.

Mais la révolution que subira peut-être notre système hypothécaire, m'empêche d'utiliser les matériaux dont j'aurais construit cette partie de mon travail. Comment s'occuper des détails quand on n'est pas d'accord sur l'ensemble? Comment préparer la procédure quand le fond

---

l'Italie possède encore les dispositions des codes de Parme, de Modène et des Etats sardes. Le titre IX du livre IV de ce dernier code, intitulé : « De l'Exécution sur les immeubles » (art. 762 à 821), mérite d'être étudié, ainsi que la loi de Genève et son exposé des motifs. Les lois des 1er juin et 11 septembre 1825 pour la Bavière rhénane, du 1er août 1822 pour la Prusse rhénane, et du 24 juillet 1830 pour l'électorat de Hesse, doivent aussi être signalées.

La faculté de droit de Paris avait proposé pour sujet de prix, au concours entre les docteurs pour l'année 1854-55, la question suivante : « Des saisies d'exécution sur les biens des débiteurs d'après le droit romain et le droit français ancien et moderne, *et des améliorations dont cette partie de la législation est susceptible.* » Les mémoires des lauréats, MM. Tambour et Aquaronne, sont encore inédits, et M. Tambour vient de mourir. — M. Piogey a consacré à cette grave question presque la moitié de son volume *De l'Influence des lois de procédure civile sur le crédit foncier en France.*

du droit n'est pas décidément réglé[1]? Je dois donc me
borner à des observations générales[2].

Il y a deux choses que la loi actuelle permet, et qui
sont la cause de la ruine des possesseurs, et des plus
graves pertes pour ceux des créanciers qui ne viennent
pas en premier rang : ces deux choses sont : 1° la vente
faute d'enchérisseur, à celui qui poursuit l'expropriation
(art. 706); 2° la vente des biens de mineur au-dessous
de l'estimation (art. 963).

Qu'est-ce en effet que la vente au-dessous de l'estimation? — C'est la vente à vil prix, puisque l'estimation
est ordinairement elle-même au-dessous de la valeur
réelle.

Or, la morale n'admet pas qu'un créancier puisse ruiner sans pitié son débiteur, en livrant les biens de celui-ci
à des enchères dérisoires! Elle n'admet pas qu'un créancier expropriant puisse *avoir* lui-même ou transmettre à
d'autres le patrimoine de son débiteur à de pareilles conditions. — Elle ne saurait surtout admettre qu'un tuteur
puisse vendre au-dessous de leur valeur les biens de son
pupille; qu'un administrateur puisse avoir un droit aussi
exorbitant à l'égard des biens qu'il administre.

---

[1] [Le perfectionnement du cadastre et sa réunion aux hypothèques et à
l'enregistrement, que nous avons présentés dans un de nos chapitres
comme un moyen de diminuer le nombre des procès qui affligent la
propriété foncière, seraient certainement un moyen d'améliorer le régime
hypothécaire, et par suite la procédure de saisie immobilière. L'Autriche
est entrée dans cette voie d'une manière vraiment progressive. M. Loreau,
directeur des domaines, a formulé à ce sujet un système étendu dans un
volume intitulé : *Du Crédit foncier... ou Création d'un système hypothécaire appuyé sur le cadastre, l'enregistrement*, etc., suivi d'un mode de
transport des créances sur hypothèque, analogue à celui des rentes sur
l'Etat (1842).

[2] Les art. 834 et 835, C. pr., ont été abrogés par la loi du 23 mars
1855 établissant la transcription.

Aucune nécessité ne peut justifier une chose immorale. Si le créancier veut saisir le gage affecté à sa créance, qu'il prenne ce gage jusqu'à concurrence de cette créance, mais qu'il ne puisse ni le faire vendre, ni le prendre au-dessous de la valeur.

Le principe qu'une vente cesse d'être légitime quand il y a lésion, et que la rescision peut être demandée pour lésion de plus des sept douzièmes, devrait planer sur les ventes judiciaires comme sur les autres. Si ce principe dominait les ventes par autorité de justice, les tribunaux n'auraient point la douleur d'être contraints d'adjuger tous les jours, pour les enchères les plus viles, des immeubles d'une valeur considérable, et de consacrer ainsi la ruine de mineurs ou de familles intéressantes et malheureuses.

Dans tous les cas, à quoi bon cette permission de vendre à l'estimation, puis ensuite cette autre permission de vendre à tout prix? Ces autorisations successives sont une nouvelle cause de ruine pour le débiteur ou le mineur dont on livre ainsi la terre, comme on dit, *pour le prix qui en vient*, puisqu'elles occasionnent un surcroît de frais.

Le plus grand vice qu'on puisse reprocher à cette partie de notre législation, n'est point dans les formes ni dans ses lenteurs, il est dans les énormes frais qui viennent accabler le débiteur et consommer sa ruine, et qui enlèvent en même temps au créancier la portion la plus nette du produit de la saisie.

Si quelque part la justice devait être gratuite [1], si dans

---

[1] [« Je supprimerais, écrit M. Regnard, toutes les taxes fiscales établies sur les expropriations. Quelques-unes, comme les droits de greffe et

quelque circonstance on devait réduire aussi rigoureusement que possible les salaires des officiers ministériels, c'est sans doute dans les opérations où il s'agit d'exécuter un débiteur dans la détresse.

Si quelque part le législateur devait apporter sa protection et prescrire une stricte économie, c'est évidemment lorsque des justiciables ont subi de graves pertes, lorsque les deux parties à la fois luttent pour sauver leur fortune.

Et, chose honteuse à dire, c'est dans les affaires les plus malheureuses par leurs résultats, dans les faillites, dans les exécutions, dans les ventes forcées, que les frais sont le plus accablants.

C'est quand un homme fait les derniers efforts pour échapper à une ruine complète, que la loi autorise froidement le gaspillage des dernières parcelles de son patrimoine !

C'est quand un justiciable est le plus malheureux, qu'elle l'abandonne sans pitié à toutes les taxes, et aux rétributions les plus énormes.

C'est dans ces affaires où le respect du malheur aurait dû abaisser même le prix ordinaire des services rendus, qu'on accorde des droits proportionnels qui ne sont point le prix d'un travail accompli, mais qui sont une part dans une curée impie !

---

le timbre des affiches, pèsent lourdement sur le prix des biens saisis. Je ne conserverais que les droits généraux de timbre et d'enregistrement. Mettre un impôt sur les expropriations, c'est, je l'ai dit, taxer le malheur et la ruine des citoyens. » (*De l'Organisation judiciaire et de la Procédure civile en France*, p. 542 ; des Frais de saisie et de vente.) — Chose étrange, en effet : une vente amiable paie simplement un droit d'enregistrement ; une vente judiciaire paie et le droit d'enregistrement d'une vente ordinaire, et un droit proportionnel de greffe de demi pour cent au profit du fisc, c'est-à-dire deux droits proportionnels.

Les avoués et les notaires ont présenté leurs observations sur le projet de loi relatif aux ventes judiciaires, et lutté pour et contre certaines modifications proposées.

Les notaires demandent le rétablissement de la *clause de voie parée;* les avoués représentent que ce serait pour eux un préjudice grave.

Les notaires veulent la *voie parée* pour attirer à leurs études des opérations nouvelles et lucratives; les avoués défendent le *statu quo* comme un droit acquis à leurs études[1].

Mais ni notaires ni avoués n'ont pensé à ceux dont ils se disputent ainsi les misérables dépouilles. Ils n'ont pas songé à épargner des débiteurs sans ressources, ni des créanciers peut-être non moins à plaindre.

Semblables à ces peuples impitoyables qui profitent des tempêtes et qui se partagent les débris des naufrages, les officiers de justice trouvent à recueillir aussi de riches épaves dans les ventes judiciaires[2]. Ils revendiquent comme un droit incontestablement attaché à leurs études, à leurs priviléges, le prélèvement de ces dîmes sur le malheur !

Pourquoi, dans des circonstances où les parties méri-

---

[1] « En vérité, disait M. Dupin, il est regrettable de voir des dispositions aussi graves basées sur un tel motif, celui de l'intérêt des officiers ministériels : car si l'on a dit avec raison que les rois sont pour les peuples et non les peuples pour les rois, il est encore plus vrai, ce me semble, que les notaires et les avoués sont pour les contractants et les justiciables, et non pas ceux-ci pour les notaires et les avoués. » — « On a trop écouté les gens de chicane dans la confection du Code de procédure civile, a écrit de son côté M. d'Eyraud en parlant de l'expropriation forcée; ils ont fait à leur profit plusieurs des lois qui le composent. » (*De l'Administration de la justice et de l'Ordre judiciaire en France*, t. I, p. 52.)

[2]   [O maria tutiora judiciis !
            O procellæ foro mitiores !
            (Lebret, IIe *Remontr.*, p. 668.)

tent le plus d'intérêt, le gouvernement, qui salarie ses greffiers, donne-t-il à ceux-ci des bénéfices si lourds et pour celui dont on vend le patrimoine et pour celui qui le fait vendre?

Pourquoi n'oblige-t-on pas les greffiers, qu'on honore du titre de membres des tribunaux, à faire ces ventes gratuitement, comme les magistrats?

Pourquoi accorde-t-on aux avoués plus que la rétribution de leur peine, plus que le salaire de leur travail réel?

Pourquoi leur donne-t-on un droit proportionnel, c'est-à-dire une quote-part dans le prix de l'immeuble vendu[1]?

---

[1] [La loi de 1841, modifiant l'ancien titre de la saisie immobilière, avait été péniblement élaborée pour la fixation des formalités; cependant, les bons effets qu'on en pouvait attendre au point de vue de l'économie ont été nuls, parce que le législateur négligea de régler lui-même le chiffre des frais. C'est par une simple ordonnance, celle du 10 octobre 1841, contenant le tarif spécial en cette matière, que les droits proportionnels ont été accordés aux avoués. Il était imprudent de confier à l'administration la tâche de rédiger un règlement si important. Qu'arriva-t-il lors de la rédaction de cette ordonnance? Le rapport du garde des sceaux nous l'apprend, dit M. Chauveau (*Lois de la procédure civile*, t. V, p. 991). Le ministre « a accueilli avec bienveillance les *observations qui lui ont été soumises par les commissaires des diverses chambres d'OFFICIERS MINISTÉRIELS*. Il a cherché à concilier, autant que possible, les *ménagements dus à des positions acquises avec les vues d'économie* proclamées par le législateur!! » Etrange conciliation, en vérité! Quoi! le législateur voulait soulager les justiciables, et voici les titulaires de charges qui parlent de positions acquises! Cependant, ils ne peuvent, remarque justement M. Piogey, prétendre au maintien d'un monopole qu'aucune loi ne leur garantit et ne pouvait même leur garantir. En effet, leurs fonctions n'ayant qu'une raison d'existence, l'intérêt des justiciables, doivent varier, se transformer, selon que cet intérêt le réclame. » (*De l'Influence des lois de procédure civile sur le crédit foncier*, p. 90.)

Le nouvel article 704 est au contraire excellent; il dispose : « Les frais « de la poursuite seront taxés par le juge, et il ne pourra être rien exigé « au delà du montant de la taxe. Toute stipulation contraire, quelle qu'en « soit la forme, sera nulle de droit. Le montant de la taxe sera publi- « quement annoncé avant l'ouverture des enchères, et il en sera fait men- « tion dans le jugement d'adjudication. » De tous les articles de cette loi qui a donné lieu à de volumineux commentaires, il est le seul qui n'ait point fait naître de questions.

Ce n'est donc pas une loi, mais bien cette regrettable ordonnance du

Droits du greffier, droits des avoués, voilà de grands frais à épargner, de grosses sommes à sauver pour le débiteur et pour ses créanciers [1]. Mais en outre, que d'économies ne pourrait-on pas faire?

Comprend-on que non-seulement le greffier et les avoués aient une part privilégiée dans le produit de la vente, mais qu'encore une saisie réelle soit une excellente aubaine pour l'imprimeur?

Cependant dans tous les tribunaux de France, l'impression des affiches judiciaires coûte le double, le triple quelquefois de ce qu'une affiche semblable coûterait à un particulier dans une situation ordinaire. Et cette surélévation de prix résulte de tarifs!

Les éditeurs de journaux, les courtiers d'annonces ne rougissent pas de faire payer les annonces judiciaires un prix beaucoup plus élevé que celles du commerce, prix sur lequel ils font souvent une remise à l'avoué.

Faut-il le dire ? les tribunaux consacrent, évidemment sans y avoir assez réfléchi, un usage aussi abusif, aussi déplorable. Je pourrais citer une cour qui, chargée de désigner les feuilles privilégiées pour les annonces judiciaires dans son ressort, leur allouait par ligne le

---

10 octobre 1841 qui a alloué aux avoués des droits si énormes. Il serait grand temps de rapporter ce tarif excessif, qui depuis quinze années a déjà pesé sur tant de justiciables, et sur lequel M. Seligman a écrit de son côté des observations très-justes dans le chap. 18 de son mémoire sur les *Réformes dont notre procédure civile serait susceptible.*

Le tarif voté par la législature de Turin en 1855, pour compléter le Code de procédure sarde, n'alloue aux procureurs rien qui ressemble à ces remises proportionnelles. On rétribue leur travail, mais on n'accorde aucun salaire en plus.

[1] Un vieil adage du palais disait : *Il ne faut qu'une saisie réelle pour enrichir un procureur, quand l'immeuble s'y prête.*

double du prix courant, au lieu d'obtenir un rabais que cette faveur aurait assuré et motivé[1].

Les frais d'impression des placards contribuent cependant pour leur part à rendre impossible la saisie des immeubles de peu d'importance, et à priver la petite propriété du bénéfice du crédit foncier.

Ces profits exorbitants accordés aux imprimeurs sont un fait assez grave pour que le législateur veuille bien s'en occuper, malgré ce qu'un pareil détail semble avoir de minutieux et de mesquin.

Ainsi donc, pour arriver à réformer utilement la procédure actuelle de la saisie réelle et des ventes judiciaires, ce ne sont point seulement les articles du Code [2] qu'il faut

---

[1] [Depuis le décret du 17 février 1852 (art. 23), ce sont les préfets qni sont chargés de désigner les journaux privilégiés pour les affiches judiciaires, et de règler les prix d'insertion, qui varient ainsi de département à département. Pourquoi, quand les lois régissent uniformément tout le territoire, laisse-t-on exister une pareille bigarrure? L'inégalité des tarifs est pire que la variété des coutumes.

[2] [La loi (art. 705, 708 et 709) exige l'intervention d'un avoué pour pouvoir enchérir. Il en résulte de grands inconvénients quand il y a plus d'enchérisseurs que d'avoués au tribunal, et dans tous les cas, cet intermédiaire forcé augmente les frais et diminue d'autant le prix de l'immeuble. Pour se porter enchérisseur, il faut être escorté d'un avoué, qui, si vous n'achetez pas, aura droit de vous faire payer 7 fr. 50 c. ou 5 fr. 63 c., selon le ressort; auquel vous devrez 15 fr. ou 11 fr. 25 c. si vous vous rendez adjudicataire, et qui palpera en outre 6 fr. à Paris et 4 fr. dans le ressort, pour faire la déclaration de *command*. Pourquoi l'avoué est-il imposé à l'enchérisseur devant le tribunal, tandis qu'on est libre d'acheter soi même devant un notaire? Pourquoi l'avoué palpe-t-il ces droits si bizarrement escortés de centimes? Je cherche vraiment un motif sérieux à cette exigence de la loi. J'y vois tout simplement un privilége attribué aux avoués, un vestige de ce vieux préjugé que nul ne peut se présenter en justice que par le ministère d'un procureur. C'est, dit-on, pour écarter les enchérisseurs insolvables. Vaine précaution, car le nombre des folles enchères augmente tous les jours, et les reventes qui s'eusuivent procurent de nouveaux profits aux avoués. D'ailleurs n'est-il pas périlleux de rendre ainsi un avoué juge responsable de l'insolvabilité des gens, et de lui permettre de refuser son ministère à un enchérisseur, sous prétexte que sa solvabilité ne lui est pas connue. « Si l'enchérisseur,

considérer, ce sont surtout les mémoires de frais : car mieux que tous les commentaires, ces mémoires montrent les vices de la loi.

J'ai parlé plus haut de la clause de voie parée. Comme le rétablissement de cette clause a beaucoup de partisans, comme ç'a été une des questions qui ont le plus longtemps arrêté la commission chargée de préparer la loi hypothécaire restée en projet, je dirai aussi mon avis sur son compte.

Qu'est-ce d'abord que la clause de voie parée ?

---

dit justement M. Regnard, est notoirement insolvable, sa position sera connue du poursuivant, du saisi, des créanciers et des juges eux-mêmes. Laissez donc au tribunal le soin de l'écarter d'office ou sur la réquisition des parties intéressées ; vous éloignerez ainsi toute vexation, tout embarras. »

Mais, dit-on, la dignité de l'audience serait compromise. Elle dégénérerait, dit M. Seligman, « si tout le monde pouvait enchérir, trop facilement en marché public par les clameurs simultanées des concurrents. » Ceci nous rappelle l'argument de ceux qui prétendent sérieusement que la présence de l'avoué aux côtés de l'avocat est nécessaire pour garantir le respect dû aux juges !

Enfin, quelques-uns ajoutent : L'assistance de l'avoué est utile à l'enchérisseur pour vérifier les clauses du cahier des charges et voir si l'on peut enchérir sans danger. Soit, dans des cas rares ; mais alors laissez les gens précautionneux s'adresser à l'avoué si cela leur plaît, et ne forcez pas les autres à se servir d'un ministère qui leur paraît inutile. Il est étrange d'être contraint à dépenser 15 à 20 fr. pour se faire adjuger un lot dont le prix principal peut ne pas atteindre 100 fr.

Le ministère *forcé* des avoués dans les enchères n'a donc pas de raison d'être. Déjà, lors de la rédaction du Code de procédure, les cours de Besançon, de Bruxelles, de Dijon et de Nîmes, critiquèrent cette intervention imposée. Les auteurs de la loi de Genève ont proscrit ce privilége exclusif et critiqué amèrement dans l'exposé des motifs (p. 528 de l'édit. de 1837) le monopole accordé aux avoués par le code français. Dans la législation prussienne et de la Hesse rhénane, à cette garantie illusoire des avoués on a substitué l'obligation de fournir caution, exigence qui nuit aussi à la liberté des enchères. Le nouveau code piémontais a pris une précaution plus simple et qui nous paraît suffisante, dans un article ainsi conçu : « 784. On n'admettra aux enchères que les personnes qui se seront fait inscrire sur un registre tenu par le greffier, et avec l'autorisation préalable du président, qui pourra exiger des personnes, dont la solvabilité ne sera pas reconnue, les attestations nécessaires, *le tout sans frais.* — Le débiteur ne sera jamais admis à faire des offres. »

C'est la clause portant qu'à défaut d'exécution des engagements pris envers lui, le créancier aura le droit de faire vendre les immeubles de son débiteur, sans remplir les formalités prescrites pour la saisie immobilière. (Art. 742 C. pr.)

C'est donc un mandat de vendre donné au créancier.

Au premier abord, c'est un mode fort séduisant, puisqu'il permet d'éviter le parti extrême de la vente judiciaire. C'est sous cette belle apparence que les notaires présentent la clause de voie parée. Elle sauve, disent-ils, au débiteur la honte d'une expropriation judiciaire, — comme si la vente faite par le créancier devant notaire, était moins humiliante[1].

Mais si elle épargnait des formalités nombreuses, en résumé épargnerait-elle des frais? — Les avoués soutiennent que non, et les personnes les plus éclairées sur la manière d'agir des gens d'affaires sont du même avis.

Il y en a même qui soutiennent que ce remède serait pire que le mal; que dans les mains d'un notaire avide la clause de voie parée serait un moyen plus sûr et plus prompt de consommer la ruine d'un débiteur, et qu'il vaut mieux laisser employer la saisie.

Nous partageons cette opinion : sans accuser le notariat, nous préférons des formalités qui s'accomplissent sous l'œil et le contrôle des tribunaux, à des voies abrégées, mais suivies en secret par un officier intéressé à faire des actes.

---

[1] Sur les avantages de la voie parée, voyez une brochure intitulée : *Observations sur les expropriations forcées, la clause de voie parée, les purges légales, les ordres et les actes sous seing privé*, par Goda, notaire à Reims, 1849; —les opinions de MM. Dupin, Garnon, Dufaure, etc., dans la discussion de la loi de 1841 ; — M. Troplong, sur l'art. 2078, — et les *Réformes* de M. Chardon, p. 22, Moyens d'éviter les saisies réelles.

D'ailleurs la saisie immobilière ne coûtera guère plus
cher que l'exécution par la clause de voie parée, si la loi
future apporte enfin dans les frais actuels toutes les réduc-
tions désirables.

Nous repousserions donc la clause de voie parée, non
pas parce que les avoués seraient privés des plus beaux
bénéfices dont ils soient en possession, mais parce que
l'intérêt des justiciables et du crédit public doit seul
prévaloir et être pris en considération[1].

[1] [Effrayés du coût énorme des exécutions sur les immeubles et les
ventes judiciaires, plusieurs écrivains ont proposé de créer une procédure abrégée et économique pour la saisie et la vente des immeubles d'une faible valeur. Cette différence de formes pour les ventes peu
importantes aurait le grave inconvénient de compliquer encore nos lois
déjà si chargées d'articles. M. Piogey, dans son livre de l'*Influence des
lois de procédure sur le crédit foncier*, voudrait, à l'instar de ce qui se fait
dans les États des bords du Rhin, charger les juges de paix et les notaires
des ventes judiciaires de parcelles minimes. Nous craindrions de voir
naître alors incidemment des procès de compétence, car les juridictions
exceptionnelles font naître des complications regrettables. Sans doute ce
sont trois précieuses qualités pour la justice d'être *prochaine, prompte* et
peu frayeuse, mais ce sont des qualités accessoires; le point fondamental,
la condition essentielle d'une bonne procédure, c'est la sûreté. Or, l'expropriation en justice de paix ne nous paraît pas exempte de périls. Sans doute
le crédit foncier doit être favorisé, mais la stabilité de la propriété immobilière est d'un intérêt encore plus grand. L'enthousiasme de l'auteur pour
le morcellement, la mobilisation et la circulation des fonds de terre, nous
paraît excessif. Le crédit foncier bien entendu doit tendre à affermir la
propriété, à maintenir les patrimoines, bien plutôt qu'à offrir aux détenteurs du sol l'appât périlleux d'emprunts trop faciles. Je voudrais,
loin de scinder entre deux juridictions différentes des affaires de même
nature, dégager la juridiction ordinaire des appareils ruineux dont
elle est entourée, et lui communiquer les allures vives et économiques de
la justice de paix. En résumant les motifs qui font désirer à M. Piogey la
substitution des justices de paix aux tribunaux ordinaires pour les ventes
judiciaires, tous se réduisent à ce que devant les siéges de canton
il n'y a pas d'avoués, partant pas de dépens exorbitants. Or, pourquoi ne
pas donner à toutes les affaires les avantages réclamés pour la petite propriété? Pourquoi la grande propriété serait-elle frappée d'une sorte d'impôt progressif et paierait-elle les honneurs de solennités inutiles? Plus de
droits proportionnels, plus d'assistance forcée des avoués à l'adjudication,
à la surenchère, aux incidents où les parties pourraient se passer de leur
ministère, et dès lors la juridiction ordinaire sera aussi économique que la
justice de paix, près de laquelle des praticiens sans tarif et sans contrôle
feraient naître bientôt de nouveaux abus.

CHAPITRE XXVI.

OBSERVATION COMMUNE AUX DIVERSES VOIES D'EXÉCUTION.

[Art. 617, 619, 629, 699, 700, 866, 867, 872, 880, 903, etc. Tarif, art. 92.]

Un certain nombre d'articles, relatifs en général à l'exécution des jugements, prescrivent ou l'apposition de placards, ou l'affichage sur un tableau dans la salle d'audience.

Nous réunissons ici, dans un seul chapitre, quelques réflexions sur ces divers modes de publicité.

La première chose qui frappe en cette matière, c'est que ces formalités remplissent rarement le but de la loi, quoique coûtant fort cher.

Occupons-nous d'abord de l'affichage sur les tableaux de l'audience.

Pour tous ceux qui savent ce qui se passe dans les tribunaux, il est évident que cet affichage est complétement illusoire, que personne ne lit ni ne peut même lire les cahiers de papier timbré suspendus pour la forme dans un coin de l'auditoire. Ces publications sont même faites en conséquence : comme on sait que personne ne cherchera à en prendre connaissance, l'usage des clercs est d'écrire extrêmement fin et d'une manière très-hâtée ces affiches, qu'on rend plus dérisoires encore en les appendant au-dessus de la hauteur de l'œil. Non-seulement elles sont illisibles, mais l'absence de tout intitulé capable de frapper les regards en tête de chacune d'elles, empêche l'attention du public de se fixer sur des feuilles de papier timbré, accrochées pêle-mêle et en désordre. Il semble que les greffiers aient pris l'exemple de Caligula, qui suspendait bien haut les tables de ses lois pour en rendre la connaissance difficile. Or, si personne ne se plaint de l'inconvénient, c'est une nouvelle preuve de l'inutilité de de ces placards.

Cependant l'accomplissement d'une formalité si parfaiment inutile augmente beaucoup les mémoires de frais, et vient accabler en pure perte les justiciables.

Il nous semble donc qu'il serait grand temps de faire disparaître de la loi une formalité surannée qui ne trouve sa raison d'être que dans la routine.

L'affichage sur la voie publique, en lieu évident et par placards lisibles et bien apparents, est le seul moyen auquel il faille désormais avoir recours. « Les annonces, disait le jurisconsulte romain, pour être publiques, doivent être attachées dans un lieu *undè (ubi) de planò rectè legi possunt* [1]. »

— En matière de saisie immobilière, l'art. 699 prescrit l'apposition d'affiches dans un certain nombre de lieux déterminés. Mais le mode légal de cette apposition est

___

[1] L. 11, § 3, ff. de instit. act. (14, 13), *Cujacii observat.*, t. VII, 29.

excessivement coûteux. L'affichage, en effet, doit être fait par un huissier, qui se transporte dans les diverses localités et en dresse procès-verbal. Or, on sait que les transports d'huissier constituent les frais les plus élevés du tarif. Sans doute il faut que cette apposition soit confiée à des mains sûres, et qu'elle soit constatée; mais ne pourrait-on pas, à notre époque, trouver des moyens plus simples et moins chers d'arriver aux mêmes fins?

Au reste, il y a une remarque générale à faire sur toute cette matière de l'affichage, si souvent prescrit dans notre procédure, et en même temps si illusoire et si coûteux. C'est que le législateur semble n'avoir point fait attention aux progrès réalisés depuis trois cents ans en matière de publicité.

Nos lois contiennent encore sur ce point la reproduction des usages de la vieille pratique, et des prescriptions et des ordonnances du XVIe siècle. L'affichage de griffonnages illisibles aux tableaux de l'auditoire, semble protester depuis trois cents ans contre l'invention de l'imprimerie. L'insertion d'annonces dans des petites affiches que personne ne lit, paraît une autre protestation contre nos journaux modernes [1]. L'affichage par huissier nous reporte au temps où il n'y avait ni grandes routes, ni service régulier de poste aux lettres, ni organisation administrative. Le prix et le nombre des vacations sont les mêmes qu'à l'époque où l'on ne voyageait qu'à petites journées.

[1] [On tente, il est vrai, de sortir un peu de cet état de choses. En décembre 1853, M. le préfet de Lot-et-Garonne a pris un arrêté au sujet de la publication des annonces légales, qui maintient, comme par le passé, le monopole au journal de la préfecture; mais celui-ci est obligé de faire des extraits de chaque publication légale dans un des cinq journaux d'arrondissement et de supporter les frais de cette insertion.

Mais notre loi actuelle est moins efficace sur ce point
que l'ancienne, car elle a laissé de côté les vrais moyens
de publicité, les publications à l'issue des messes paroissiales, et celles à son de trompe dans les halles et
marchés.

Il serait curieux de comparer les moyens qu'emploie
la loi pour assurer une publicité indispensable à l'exécution de ses actes, et ceux qu'emploie l'industrie libre et
privée pour annoncer les ventes volontaires, les spec-
tacles, les spéculations de toute espèce. Il serait non
moins piquant de comparer les prix de revient de la publicité légale et ceux de la publicité privée, puis ensuite
de rapprocher les résultats de la publicité routinière et
impuissante prescrite par la loi, et ceux de la publicité
intelligente et efficace de l'industrie contemporaine.

Ces comparaisons seraient faciles à faire, et nous dou-
tons que le résultat fût en faveur des prescriptions du
Code de procédure [1].

---

[1] [L'assistance de deux témoins, imposée par l'art. 585 à l'huissier qui
pratique une saisie-exécution, est un vestige suranné de l'ancienne pratique qui rendait obligatoire la présence de deux recors à presque tous les
actes d'huissier, et qui fut supprimée et remplacée par le contrôle ou enregistrement dès 1699. On a fait disparaître cette prescription en matière
de saisie immobilière, le nouvel art. 673 portant : «... l'huissier ne se
fera pas assister de témoins. » Pourquoi ne supprimerait-on pas aussi les
témoins en matière de saisies de meubles, comme les avait supprimés l'édit
d'août 1699? Le maintien de ces auxiliaires, parfaitement inutiles, est un
vestige de la primitive importance de la preuve testimoniale, pour laquelle
depuis trois siècles la législation française manifeste une juste antipathie;
c'est un souvenir du temps où les huissiers ne savaient pas écrire et où
des recors étaient nécessaires pour recorder, c'est-à-dire pour attester
l'existence, le contenu et la date d'un exploit. Cette formalité, qui augmente le coût des saisies, n'ajoute aucune garantie. Si l'huissier était un
malhonnête homme, il saurait bien s'assurer de ses témoins; c'est donc une
pure superfétation.

CHAPITRE XXVII.

DE L'ORDRE [1].

———

L'immeuble saisi et vendu, il faut en distribuer le prix, c'est-à-dire déterminer quels créanciers auront droit à partager ce prix, et dans quel ordre d'hypothèque ils

---

[1] [Voyez, dans la *Gazette des Tribunaux* du 29 avril 1856, un article de M. Gallien sur les vices actuels de la procédure d'ordre et sur le projet de loi élaboré pour y remédier.

M. Seligman a terminé son ouvrage sur les *Réformes dont notre procédure civile est susceptible* par un chapitre consacré aux formalités de l'ordre; ce chapitre est l'un des meilleurs de son livre. Voici les titres des quatre paragraphes qu'il a consacrés à ce sujet : 1º Réforme de l'ouverture après la saisie immobilière (il propose d'appeler les créanciers à l'ordre en même temps qu'à la saisie); 2º réformes quant aux délais pour remplir certaines formalités laissées à la discrétion du poursuivant; 3º réforme de la confection de l'état de collocation et de la manière de le contredire; 4º réforme du mode de paiement (consignation, bordereaux). Il dit ensuite un mot de l'ordre sur aliénation volontaire.

Le chapitre où M. Regnard a exposé les moyens de perfectionner cette partie de la procédure dans son traité de l'*Organisation judiciaire et de la Procédure civile en France,* renferme également de bonnes idées. L'exposé des motifs de la loi de Genève contient aussi de précieux développements; cette loi a prévu un certain nombre de questions, qui chez nous sont une source malheureuse de difficultés et de procès. M. Piogey a, de son côté, consacré à ce sujet 150 pages dans son mémoire de l'*Influence des lois de procédure sur le crédit foncier,* et discuté la proposition de M. Pougeard, qui, par

seront colloqués. Tel est le but de la procédure connue sous le nom d'*ordre*.

Chaque année, les statistiques du ministère de la justice constatent les retards fâcheux que la procédure en cette matière subit généralement en France, et semblent accuser les magistrats de lenteurs que pourtant il n'est pas en leur pouvoir d'empêcher. Ces lenteurs sont un grand mal et font le désespoir des justiciables; mais il faut le dire, elles n'ont d'autre cause que l'imprévoyance de la loi. L'accélération ou le ralentissement d'une procédure d'ordre dépend de la partie qui poursuit; le juge n'a aucun moyen d'en hâter le cours. La loi fixe des délais, il est vrai; mais ces délais ont pour point de départ des formalités dont l'accomplissement est laissé quant à son époque, à la discrétion du poursuivant. Or, souvent celui-ci a intérêt à délayer le plus possible, et s'il n'a pas intérêt, la négligence de son avoué produit à peu près les mêmes retards. Les magistrats, qui sont habituellement commissaires aux ordres, gémissent d'un état de choses auquel ils n'ont pas le pouvoir de remédier, et qui devient de plus en plus déplorable.

Ce grave défaut du titre XIV du livre V du Code de procédure civile a déjà été signalé[1]. Dès 1837, M. Chardon,

---

un nouveau système hypothécaire, prétend faire disparaître cette procédure spéciale en rendant les états d'ordre inutiles.

L'exposition théorique la plus nette de cette procédure, de ses caractères et de ses effets, se trouve dans le *Cours de procédure civile française*, de Rauter. M. Colmet d'Aage, dans sa continuation des *Leçons de procédure* de Boitard, s'est aussi occupé de ce sujet au point de vue critique.

Dans les États sardes, cette matière (*giudicio di graduazione*) a d'abord été réglée par un édit royal du 16 juillet 1822, et réglementée à nouveau dans le Code de procédure promulgué dernièrement, où le système français se retrouve, mais avec des modifications considérables.

[1] [Avant la révolution, d'Héricourt avait intitulé le chap. 14 de son

dans l'opuscule où nous avons souvent pris d'utiles matériaux, proposait divers moyens d'accélérer une procédure
exposée à des temps d'arrêt désastreux[1]. Il rappelait
qu'autrefois, dans l'intérêt d'une juste célérité, la procédure de l'ordre marchait de front avec celle de l'expropriation, et que ce concours des deux procédures établi
dans le ressort de plusieurs parlements et maintenu par
la loi du 9 messidor an III, épargnait non-seulement des
délais aujourd'hui successifs, mais encore procurait une
grande économie dans les frais...

M. Chardon trace ensuite le tableau des vices de la loi,
et nous ne pouvons mieux faire que de le lui emprunter.

« Pour juger combien ce procédé accélérerait la mar-

Traité des ventes d'immeubles par décret : « De la Nécessité d'une nouvelle
loi qui abrége la procédure d'ordre pour le soulagement des débiteurs et
pour l'avantage des créanciers. » — Cette procédure n'avait point été
réglée par l'ordonnance de 1667; il y avait autant d'usages en cette
matière que de juridictions. En prenant pour base sur ce point l'ancienne
pratique du châtelet, les rédacteurs du Code de procédure crurent avoir
fait merveille, et Réal, en présentant le projet au nom du conseil d'État,
dit au corps législatif, en parlant de la nouvelle organisation des ordres :
« Dans peu d'années, nous osons le prédire, par son application uniforme, par sa simplicité, par la rapidité de sa marche et par le peu de
frais qu'elle exige, elle aura provoqué et obtenu l'approbation de tous les
bons esprits et *les bénédictions des débiteurs et des créanciers!* » (*Motifs et
rapports du Code de procédure*, édit. d'Herhan, 1806, in-12, p. 127.)
Jamais espérance de législateur ne fut plus déçue.

[1] L'excessive lenteur de la procédure d'ordre était déjà l'une des plaies
de la justice sous l'ancien régime. Aussi, quelques parlements avaient
pris de rigoureuses mesures. L'auteur des *Essais sur l'idée du parfait magistrat* disait déjà en 1704 : « C'est particulièrement dans les directions
« des créanciers ou dans la poursuite des biens saisis que triomphe l'ava-
« rice des procureurs. Ils font durer ces poursuites et ces directions le
« plus long-temps qu'ils peuvent; après vingt-cinq ou trente années, on
« voit à peine finir un décret ou un ordre, et pendant ce temps le procu-
« reur s'engraisse de la ruine tant des créanciers que du saisi, les plus
« clairs deniers étant employez à le payer de ses frais privilegiez. — Tout
« le monde voit ce désordre; il n'y a personne qui ne s'en plaigne, car
« qui dans ce temps-ci ne se trouve engagé dans quelque malheureuse
« affaire de cette nature?... »

che de l'ordre, il faut le suivre dans son allure actuelle,
et observer qu'il ne s'avance qu'au gré du poursuivant ;
que souvent c'est l'adjudicataire qui, en vertu de l'art. 750,
s'empresse de prendre ce rôle, et qui parfois le joue de
manière à garder son prix pendant plusieurs années. Dès
qu'un intéressé a obtenu la nomination du juge-commissaire, la poursuite lui appartient ; et comme il n'y a pas
de délai prescrit pour prendre de ce juge l'ordonnance
d'ouverture de l'ordre, il ne la demande que quand il le
juge à propos. Lorsqu'il a bien voulu la prendre, il peut
encore se reposer ; la loi, qui veut que les créanciers produisent leurs titres dans le mois de la notification de cette
ordonnance, n'ayant pas fixé le délai dans lequel cette notification leur serait faite. La même imprévoyance a eu
lieu pour la sommation aux créanciers de prendre communication de l'état provisoire de collocation ; ils doivent la
prendre dans le mois de cette sommation, mais il n'y a
pas de délai pour la faire. Enfin, il n'y en a pas non plus
pour porter à l'audience les contredits. En sorte que
quatre fois le mouvement de l'ordre retombe à la discrétion du poursuivant. L'art. 779, à la vérité, pour réprimer
ces négligences, a établi la subrogation ; mais, au lieu de
la prononcer de plein droit, il veut une requête ; qu'elle
soit communiquée au retardataire, puis suivie d'un rapport : incident auquel la confraternité oppose un tel
obstacle, qu'il ne s'élève presque jamais[1] ».

Nous ne suivrons pas M. Chardon dans tous les détails
de sa critique. Il nous suffira d'indiquer les justes objections qu'il élève contre la manière bizarre dont se font
aujourd'hui l'état provisoire de collocation, puis les con-

---

[1] *Réformes désirables et faciles dans les lois sur la procéd. civ.*, p. 60.

tredits et les répliques ou *salvations*. Les inconvénients d'une manière de procéder où les parties exposent leurs raisons sans se mettre en rapport entre elles, où le juge agit sans les voir en présence, où tout se fait par des *aparte*, et par une sorte de correspondance déposée dans un procès-verbal et échelonnée par de longs délais, sont incontestables. Quoique nous n'admettions pas sans réserves le projet proposé par M. Chardon, nous reconnaissons avec lui qu'une « conférence de quelques heures aplanirait plus de difficultés que trois mois d'instruction, comme celle qui se fait aujourd'hui, sans se voir ni s'entendre », et « qu'il n'y aurait pas d'autres frais que les honoraires des avoués venus aux conférences ».

Mais les entraves apportées d'ordinaire à cette procédure par les parties et les avoués, ne sont pas les seuls vices de l'état de chose actuel. Il se passe dans la plupart des tribunaux un abus grave. Les juges-commissaires se reposent sur des étrangers du soin d'accomplir la mission qui leur est confiée, et qui, trop souvent, se réduit pour eux à l'apposition de quelques signatures. Tantôt ce sont les avoués qui préparent pour le juge un procès-verbal d'ordre que celui-ci eût dû faire lui-même; tantôt un commis greffier rend au magistrat ce service. Les usages des tribunaux varient. A Paris, l'abus est porté au plus haut degré. Les ordres sont faits dans les études d'avoué, non par l'avoué lui-même, puisque celui-ci s'occupe d'affaires plus importantes à ses yeux que le soin des procédures, mais par un simple clerc. Or, dans toutes les études de Paris, c'est au second clerc que cette mission est abandonnée. Ce désordre a lieu, non pas secrètement, comme le dit M. Chardon, mais au vu et su de toute la France.

Dans d'autres tribunaux, le greffe se charge de la commission donnée à Paris aux clercs d'avoué. Ceci présente moins d'inconvénients, surtout quand cette besogne est confiée toujours au même commis greffier, parce qu'il acquiert alors un savoir-faire et une connaissance des questions spéciales qui le rendent très-précieux aux juges-commissaires. On y trouve les mêmes avantages qu'au choix d'un magistrat chargé exclusivement des ordres, choix que M. Chardon recommandait dans son écrit, et que tout le monde demande depuis lui.

Je proscrirais néanmoins toutes ces tolérances. Si le juge-commissaire ne prête pas une grande attention, s'il est peu expérimenté dans cette matière spéciale, s'il connaît mal la procédure et les questions hypothécaires, il subira l'influence du greffier qui lui sert d'auxiliaire. D'ailleurs un abus en entraîne toujours d'autres à sa suite, tellement que dans les tribunaux où les juges-commissaires aux ordres se laissent ainsi épargner la peine, la plupart des greffiers perçoivent des droits illégalement tolérés. Le greffier doit fournir un commis pour écrire les procès-verbaux dressés par les juges-commissaires, soit aux enquêtes, soit aux ordres, et le salaire de ce commis greffier ne doit jamais peser sur les parties. Et précisément, lorsque les ordres sont préparés au greffe, on en profite pour exiger des justiciables la rétribution d'un travail qui, fait par le juge, aurait été gratuit.

Mais l'immixtion des avoués ou des greffiers dans une mission que la loi avait justement confiée à l'impartialité et à la vigilance des juges, a des dangers plus sérieux encore. Elle peut entraîner la ruine du créancier dernier colloqué. Les officiers ministériels ont une tendance que je dois signaler, et contre laquelle les tribunaux ne sont pas toujours assez en garde. Si un créancier a soulevé un incident sans bon droit, si un avoué a fait des frais qui devraient rester à sa charge, l'esprit de confraternité entre officiers ministériels n'admet pas que la partie condamnée supporte ses dépens, ni que l'avoué en défaut subisse la peine de son imprudence. On s'efforce de rejeter tout sur la *masse*, et les tribunaux trop souvent rejettent en effet sur cette *masse* les frais de tous les incidents bien ou mal fondés, au lieu d'y condamner les parties perdantes. Il semble que la *masse* ne soit personne. Cependant, comme dans un ordre les frais ne se répartissent pas au marc le franc sur tous les créanciers et à proportion de l'émolument de chacun, mais qu'au contraire chaque créancier prend sa part des fonds suivant son rang hypothécaire, il arrive en résultat que tout ce qui diminue la masse, diminue d'autant la part du créancier *dernier emportant deniers*. Il en résulte qu'un créancier qui à l'ouverture de l'ordre avait en perspective, quoique le dernier colloqué, une masse assez considérable pour sauver tout ou partie de sa créance, peut voir cette masse réduite par des chicanes ou des fautes qui lui sont étrangères, à tel point qu'il cessera de venir en ordre utile. Les ruses en usage pour tout rejeter sur la masse, c'est-à-dire sur le créancier le plus digne d'intérêt, sont vraiment incroyables, et les magistrats doivent sur ce point apporter une sévère attention. Ils doivent ne point perdre de vue que toute indulgence dans les condamnations aux dépens, toute faiblesse vis-à-vis des officiers ministériels, a pour résultat des conséquences souvent désastreuses et se traduit toujours en une véritable injustice[1].

---

[1] [Sous l'ancien régime, d'Héricourt se plaignait déjà de ce mal et en

PHILOSOPHIE DE LA PROCÉDURE CIVILE.

Ces détails feront aussi comprendre le danger d'un usage adopté malheureusement par beaucoup de magistrats, celui de signer les ordres en blanc, et l'utilité qu'il y aurait à faire viser les bordereaux de collocation par les juges, afin qu'aucun changement ni aucun retard n'y puissent être apportés. La prescription de ce visa serait une utile innovation dans la loi.

Je résume ceci en rappelant de nouveau qu'en matière d'ordre, comme dans ses autres fonctions judiciaires, un magistrat soigneux de ses devoirs ne doit s'en rapporter à personne. Il doit avoir les yeux partout ; son autorité est trop importante pour la confier à qui que ce soit. Agir autrement, ce n'est pas seulement manquer à une obligation sacrée, c'est ouvrir la porte à tous les abus, et corrompre les meilleures lois, en les rendant impuissantes.

Au reste, si dans la pratique les avoués tendent à se substituer aux juges dans la confection des ordres, les notaires ont élevé aussi des prétentions de ce côté. Certaines brochures, publiées par des notaires, contiennent des observations tendant à leur faire renvoyer ces travaux. Il y a dans un ordre, écrivent ces organes du notariat, des détails auxquels un magistrat ne peut se livrer sans négliger ses principales attributions : il faut charger de tout cela un notaire délégataire des pouvoirs judiciaires ; le tribunal, comme juridiction de contrôle, homologuerait ou modifierait : Pigeau atteste que c'est ainsi que l'on agissait au châtelet[1]. Pourquoi donc ne pas prendre pour

formulait ainsi le remède : « S'il y avait des contestations entre les créanciers pour les collocations, chacune de ces contestations serait jugée aux dépens de celui qui l'aurait formée mal à propos. » (*Traité de la vente des immeubles par décret*, ch. 14.)

[1] *Procédures du châtelet*, t. Ier, p. 660.

les ordres la même voie que pour les liquidations? Pourquoi ne pas charger les notaires des règlements entre créanciers?—A ces insinuations adressées au législateur, je réponds : Parce que le danger est le même du côté des notaires que du côté des avoués, parce que les notaires comme les avoués ont des charges vénales, parce qu'ils se feraient payer le travail des ordres que le juge fait gratis, parce que je trouve déjà les attributions des notaires trop nombreuses, parce qu'un ordre a souvent un caractère contentieux, et qu'il faut renfermer les notaires dans la juridiction volontaire. Si en effet on ne doit pas charger les juges des fonctions du notariat, comme en certains pays de l'Europe, il ne faut pas non plus livrer aux notaires les fonctions judiciaires. Enfin, l'exemple des liquidations, telles que les font aujourd'hui les notaires, m'épouvanterait fort; les abus étranges que ces officiers ont introduits dans la rédaction de ces actes, et le prix énorme qu'ils mettent à leurs services, devraient porter le législateur à se demander si le sort des justiciables serait amélioré en les renvoyant entre leurs mains[1].

[1] [Depuis que ceci a été écrit, M. Piogey a fait paraître son livre sur la procédure dans ses rapports avec le crédit foncier : il y reprend d'une manière développée cette proposition de confier le soin des ordres aux notaires. Nous persistons à croire que les simplifications et les voies d'économie indiquées dans ce travail pourraient se réaliser en laissant l'ordre dans les attributions du pouvoir judiciaire et en désignant dans chaque tribunal un juge chargé spécialement des ordres comme il y en a un pour l'instruction criminelle.

CHAPITRE XXVIII.

[Art. 806 à 811.]

—

Le référé, procédure la plus abrégée de toutes, placée par les rédacteurs du code comme un accessoire du titre de l'exécution des jugements, semble appelé par l'avenir à un rôle plus important. Presque inconnu dans l'ancienne pratique, où il n'avait d'analogue que la *clameur de haro* de Normandie et les sentences de l'auditeur du châtelet, à Paris ; le Code de procédure l'a en quelque sorte laissé dans l'ombre. Cependant l'art. 806, moins restrictif que l'ancien édit de 1685, en donnant plus de latitude aux présidents pour admettre la voie du référé, a permis de beaucoup innover en cette matière. De récentes applications ont fertilisé le germe que le législateur craintif avait déposé dans les art. 806 et suivants du Code de procédure [1]. M. Debelleyme, président du tribunal civil de la

---

[1] M. Chauveau, *Lois de la procédure civile*, t. VI, p. 264.

Seine, a donné au référé une importance inconnue jusque-là. Les deux volumes de formules qu'il a publiés sur
ce sujet montrent quelle extension il a su donner à une
procédure naguère si bornée. Cet ouvrage, comme autrefois à Rome l'album du préteur, est presque introductif
d'un droit nouveau. Le président du tribunal de la Seine
remplace, jusqu'à un certain point, le lieutenant civil du
châtelet : occupé presque exclusivement à juger des référés, son siége présidentiel semble être devenu une juridiction particulière. Le moindre fait d'urgence suffit
pour attirer à ce tribunal les affaires les plus graves, et
pour faire consacrer provisoirement des mesures sur lesquelles plus tard il ne serait plus temps de revenir. Sous
prétexte d'autoriser d'urgence des continuations de travaux, on a permis, sur un simple référé, de jeter bas et
de rebâtir de fond en comble certaines maisons de Paris.
Aussi, de temps à autre, des protestations se font entendre, des brochures contre l'abus du référé ont été
publiées, et la doctrine n'admet pas en entier ces innovations hardies, qui ne se justifient que par le désir d'éviter
l'encombrement des rôles du tribunal de la Seine [1].

Mais aucun tribunal de province n'a voulu suivre
l'exemple de la jurisprudence parisienne, et les cours
d'appel des départements consacreraient difficilement, j'en
suis sûr, certaines témérités ratifiées par la cour de Paris.
Bien loin de là, un grand nombre de présidents, pour
s'épargner un travail en dehors des audiences, renvoient

---

[1] Je trouve les référés du tribunal de la Seine attaqués dans plusieurs pamphlets publiés dans ces dernières années contre l'administration de la justice à Paris. [L'un des plus vifs, contre le référé, a pour
titre : *Réformes de l'ordre judiciaire, rétablissement du divorce*, par Coutu-
rier de Vienne, pétition datée de 1848.

à ces audiences la solution de contestations qui vont charger le rôle, et qu'ils auraient pu, sans inconvénient et
sans violation de la loi, trancher en référé.

Entre le zèle de l'un et l'apathie des autres, il y aurait
peut-être un milieu à prendre. Nul doute que si l'exemple
donné par M. Debelleyme est continué ou trouve des imi-
tateurs, le titre actuel du code, sur les référés, deviendra
insuffisant, et qu'il faudra ajouter de nouveaux développements aux dispositions actuelles de la loi. Nous croyons
ici qu'il y a une idée féconde à faire fructifier, et qu'en
renfermant l'emploi de cette procédure expéditive dans
des limites bien tracées, on pourrait éviter souvent aux
justiciables les lenteurs et les frais d'un procès véritable.
Le référé deviendrait un excellent moyen d'expédition de
la justice. Mais nous voudrions des règles, une théorie
bien complète; car, nous l'avouons, l'exemple donné par
M. Debelleyme nous paraît effrayant. Avec un magistrat
moins habile et moins sage, la trop grande extension
donnée au référé deviendrait un moyen d'arbitraire[1], et
c'est ici le cas de répéter l'immortelle maxime formulée
par Bacon : *Optima lex quæ minimum relinquit arbitrio
judicis !*

Si le référé devient en quelque sorte une juridiction
nouvelle, il faudra non-seulement que son emploi et
ses limites soient bien précisés, mais que les formes de
cette procédure ne soient pas livrées à tout venant. C'est
surtout lorsqu'un jugement est rendu aussi rapidement
qu'il doit être préparé par une défense sérieuse. Or, aujourd'hui à Paris, la plaidoirie des référés semble presque

---

[1] [M. Lerminier a fait l'apologie du référé dans sa *Philosophie du droit*,
3ᵉ édit., p. 461.

abandonnée aux clercs d'avoué et aux jeunes gens qui pullulent dans les études. Le barreau, ici encore, devrait recouvrer ses droits, et les avoués être à leur poste[1]. La justice n'est jamais en plus grand péril que lorsqu'une défense mal présentée concourt avec une décision trop rapide.

[1] [M. Bilhard, dans son *Traité des référés*, critique comme nous l'usage où l'on est à Paris d'admettre en référé la plaidoirie des maîtres clercs d'avoué. Voyez aussi les *Ordonnances* de M. Debelleyme, p. 33 et 34, ouvrage plein de renseignements pratiques.

CHAPITRE XXIX.

DE LA RÉVISION ET DE LA SIMPLIFICATION DU TARIF [1].

Tout le fruit des réformes qu'on aurait fait subir aux textes dans le but d'alléger les frais qui accablent aujourd'hui les justiciables, pourrait disparaître si le même es-

---

[1] [M. Rivoire a publié en 1853 une intéressante brochure sur ce sujet ; elle a pour titre : *D'un Nouveau Tarif des frais et dépens en matière civile*, ou Projet d'une réforme complète des décrets du 16 février 1807 et de l'ordonn. du 10 oct. 1841.

Pour compléter nos indications bibliographiques, j'indiquerai ici divers factums où se trouvent dénoncés un bon nombre d'abus en matière de taxe : leur ton ne permet guère d'en citer aucun passage. Le plus considérable est intitulé : *Les Avoués réduits à leur plus simple expression*, ou Instruction générale sur la taxe, par Courgibet, ancien agréé, auteur des *Officiers ministériels dévoilés*. (Paris, 1837, grand in-8° de 200 p.) — Cette diatribe peut fournir au lecteur un certain nombre de révélations sur les ruses de la basoche. L'auteur avait publié auparavant une pétition à la chambre des députés, tendant à obtenir la réforme du tarif. — Une autre brochure non moins violente, a pour titre : *Chute de la chicane*, ou Moyen d'apprécier et de taxer soi-même les frais des huissiers, avoués, notaires, commissaires-priseurs, agréés, etc., par L. S. Pionnier, 1841, 188 p. in-24. Rédigée en style d'agent d'affaires, elle a cependant le mérite de dévoiler plus d'une plaie du monde judiciaire. L'auteur a vu par lui-même ; la triste et trop fidèle peinture qu'il a tracée de ce qui se passe dans la conduite des faillites mériterait de parvenir jusqu'au législateur. — Il y a encore d'autres écrits dans ce genre, tels

prit de réforme ne s'attachait pas aussi aux tarifs. J'ai donc pensé qu'un coup d'œil sur ce sujet était le complément naturel de ce travail.

[En effet, un tarif judiciaire touche aux plus hauts intérêts, à la sainteté même de la justice, à la considération de ses officiers, à la fortune des justiciables, à l'ordre politique lui-même. Car, si le tarif donne passage à la fraude, il poussera les hommes cupides à rechercher les fonctions d'officiers ministériels ; les justiciables seront alors rançonnés et n'oseront plus recourir aux tribunaux pour maintenir leurs droits : si les émoluments sont trop élevés, les officiers auxiliaires de la justice acquerront une opulence qui les mettra dans la société au-dessus de la magistrature, et il se formera dans l'Etat une classe trop influente avec laquelle le Gouvernement lui-même aura à compter. Si au contraire le pouvoir, pour abaisser le crédit des gens de loi et diminuer leur puissance, affaiblit trop le chiffre de leurs honoraires, les hommes instruits et bien posés s'éloigneront d'une carrière où ils ne trouveraient plus la juste rémunération de leur travail, et les professions judiciaires, qui ont besoin de considération, tomberont dans l'avilissement.

Quant au mode de rédaction, un principe fondamental dont on n'eût dû jamais se départir, c'est qu'un tarif, pour

---

qu'une *Note sur les huissiers*, divulguant les abus qu'ils commettent..., par Ed. Villaine, 1841, 3 f. in-8°; mais j'épargne au lecteur la liste complète de ces productions, dont la manière triviale et le langage irrité mettent en garde même contre les justes réclamations qui y sont présentées ; ces clameurs emportées n'ont réformé aucun abus. Jérémie Bentham dépara aussi ses ouvrages par des déclamations furibondes contre les gens de justice, que Frédéric, roi de Prusse, enveloppa aussi dans une commune aversion ; oubliant tous deux, comme le remarque Meijer, que le calme est toujours nécessaire à un législateur.

être bon, doit non-seulement être clair, bref et uniforme;
mais qu'encore il doit être revêtu de toute la dignité de la
loi [1]. Lors de la discussion du Code de procédure récemment promulgué à Turin, la commission de la chambre
des députés des Etats sardes a très-sagement demandé que
le règlement des droits dus aux gens de justice fût l'objet
d'une loi et non d'une simple ordonnance. En effet, les
droits alloués aux avoués, greffiers et huissiers [2], aboutissent à une véritable loi d'impôt, et de plus, la mauvaise
rédaction, l'ambiguïté du tarif, contrebalancent les dispositions les mieux étudiées du Code de procédure. Un
bon tarif ne peut donc émaner que de l'auteur même du
code, afin que le même esprit y règne. On pourrait même
se demander si le tarif ne devrait pas faire partie du
code lui-même, et s'il ne serait pas prudent d'indiquer le
coût de chaque formalité dans l'article de la loi de procédure où est prescrite cette formalité. Le but qu'il faut
poursuivre avant tout, est de mettre les citoyens à portée
de se rendre compte eux-mêmes du prix que coûte la
justice, qui doit être à prix fixe et dont chaque acte,

---

[1] C'est ce qui avait été promis dans l'art. 1042 du Code de procédure.

[2] [L'établissement d'un tarif net, simple et complet, pour le notariat,
serait aussi bien désirable. Il faudrait alors combler la lacune laissée dans
les articles 2273 et 2276 du Code civil, et déclarer l'action des notaires,
pour le paiement de leurs frais et salaires, prescriptible par deux ans, ou
tout au plus par cinq ans. Il faudrait également proscrire la jurisprudence d'après laquelle on a décidé que le notaire qui a laissé l'acquéreur
devenir insolvable peut s'adresser au vendeur pour le paiement de ses déboursés et honoraires, et cela plusieurs années après que celui-ci a eu le
droit de croire que le notaire s'était fait payer. On sauverait ainsi le notariat de la désastreuse situation où beaucoup de notaires l'ont placé en
adoptant l'usage de différer leurs recouvrements jusqu'à l'époque où ils
vendront leurs charges. On ferait enfin disparaître par là la cause d'une
notable partie des contestations qui s'agitent tous les jours entre les notaires et leurs clients, et l'on éteindrait pour l'avenir toute une catégorie
de procès.

comme une marchandise loyale, doit porter l'indication de ce qu'il coûte en chiffres intelligibles pour tous.

La publicité! voilà la sauvegarde qui a fait défaut jusqu'ici dans l'application de nos tarifs judiciaires. C'est elle seule qui peut imposer une barrière invincible aux abus. C'est elle qui protégera efficacement les justiciables, qui, d'un autre côté, sera le meilleur garant de la bonne réputation des officiers, et les mettra à l'abri des récriminations « que la malignité des plaideurs inquiets, mal-aisez et sans fortune, forme souvent contre eux sans sujet légitime [1] ». Que tout jugement contienne la liquidation des frais, et que le chiffre auquel montent les dépens soit prononcé publiquement, afin que tout le monde sache bien ce que dans chaque affaire coûte la justice. Que les contestations sur la taxe, qui alors s'élèveront forcément au milieu même des débats, et avant la sentence, soient discutées aussi publiquement, afin que les mauvaises prétentions soient flétries par l'auditoire. Que jamais l'office de taxateur[2], dans les cas rares où un tarif

---

[1] *Nouveaux Règlemens pour l'administration de la justice* (Paris, 1629), avertissement.

[2] [« La taxe des dépens, si elle étoit bien faite, seroit un des plus sûrs moyens pour réduire les frais des procès à leur juste mesure, et empêcher les procureurs d'abuser autant qu'ils le font de leur ministère », écrivait d'Aguesseau dans son *Mémoire sur les vues générales que l'on peut avoir pour la réformation de la justice.* (Edit. Pardessus, t. XIII, p. 220. Ce mémoire ne se trouve pas dans l'édition in-4°.)

La taxe par la chambre des avoués, en usage à Paris et dans quelques autres tribunaux, est un abus invétéré contre lequel plusieurs écrivains protestèrent au XVIIIe siècle. En 1783, Dumont, dans son *Nouveau Commentaire sur l'ordonnance civile*, disait : « Des dépens! ce mot semble être le ralliement des plaideurs pour leur faire jeter les hauts cris contre ceux à qui ils ont confié leurs intérêts. La taxe de ces dépens mériteroit de la part des juges la plus grande attention, mais elle n'est pas faite par eux : ce sont les procureurs eux-mêmes, ou les commissaires enquêteurs-calculateurs, etc., dont nous avons déjà tant parlé, qui n'ont aucune autorité sur ces officiers, qui ne connoissent pas plus la forme de la procédure que

clair et simple laisserait une question indécise, ne soit
confié aux avoués eux-mêmes, et que la loi impose au

le fond des affaires, qui sont chargés de cette fonction si importante pour
la fortune de ceux qui ont le malheur de plaider. Les procureurs sont
souvent leurs conseils nécessaires... » — Le mal était profond ; plusieurs des
arrêtés pris par le parlement pour la taxe des frais n'étaient que l'homo-
logation de délibérations de la communauté des procureurs. Les casuistes
voulurent s'opposer au désordre, et l'auteur de la *Pratique du Sacrement
de Pénitence,* imprimé par ordre de l'évêque de Verdun (édit. de 1704),
ouvrage où l'on trouve un curieux résumé des abus judiciaires de l'époque,
après avoir noté l'ignorance des juges, l'ambiguïté des jugements qui
donnaient lieu à de nouveaux procès, les ruses des notaires, des greffiers,
des procureurs et des sergents, les actes simulés, les antidates, les prête-
noms, les inventaires infidèles, les fraudes dans les saisies, les rapines
dans les ventes aux criées, disait, dans le chapitre *des Obligations des
magistrats et des officiers de justice :* « N'avez-vous point pris et taxé au
delà de l'ordonnance... car il semble que les biens de ceux qui plaident
soient au pillage dans certains barreaux, et les officiers ne manquent pas
de fausses raisons pour défendre leur injustice, les uns disant que personne ne suit l'ordonnance ; les autres qu'en la suivant ils ne pourroient
pas vivre, et qu'il n'y a point de profession qui ne doive donner de quoy
vivre à celuy qui l'exerce. »

Dareau, de son côté, attestait que l'usage était de renvoyer devant les
procureurs les contestations sur des points de procédure et sur les taxes
de dépens.

A peine les avoués avaient-ils remplacé les procureurs, que, dès les
premières années de la mise à exécution du Code de procédure et du tarif,
un ancien procureur général disait dans une brochure intitulée : *Réforme
judiciaire* (citée par Selves, *Tableau des désordres,* p. 213) :

« Quelles conséquences alarmantes pour les plaideurs de faire taxer le
travail des avoués par des avoués !

« Qui peut mieux que des juges prononcer sur la valeur des frais? Ils
y gagnent une connaissance plus précise et plus rapprochée de toutes les
formes nécessaires pour parvenir au jugement des procès.

« Puis-je demander pourquoi le juge a besoin de l'avis d'un avoué pour
taxer des dépens? Je conçois que, quand il s'agit d'apprécier des ouvrages
qui ne sont pas de sa connaissance, il est nécessaire qu'il nomme des experts ; mais dans une matière qui est sa chose même et qu'il ne peut se
dispenser de connaître, à moins de passer pour un ignorant aux yeux des
plaideurs frustrés par là de la justice qu'ils attendent de lui, cela ne peut
se concevoir.

« Je le dis avec franchise, c'est inviter les juges à l'inaction et les
avoués à se ménager les uns les autres au détriment de leurs propres
clients. «.... Une taxe de frais, m'a-t-on dit plusieurs fois, est un *travail
de manœuvre* qui ne convient pas à l'éclat des tribunaux.... En matière
d'ordre public, tout est intéressant, tout s'ennoblit. »

Ce concert de plaintes n'a pas encore cessé. *Abusus perpetuò clamat !*

magistrat l'obligation étroite de faire lui-même la taxe.
Qu'aucun droit non alloué par le texte, qu'aucune grati-
fication abusive, ne soient jamais tolérés. Que chaque
article contienne lui-même sa sanction, afin que son exécution ne puisse être négligée ; que cette sanction consiste seulement en amendes perçues par l'administration
de l'enregistrement, afin de ne pas déconsidérer l'officier
public par des poursuites disciplinaires inutiles. Que les
frais dus par les particuliers soient réduits avec le même
soin, avec la même exactitude que sont taxés les frais ac-
quittés par l'Etat en matière criminelle. Enfin, que ces
frais soient limités de manière à ne point excéder la valeur même de l'affaire, mais qu'ils soient proportionnés à
l'intérêt de la contestation ; car, ainsi que l'a dit Loyseau :
*C'est une grande honte que les dépens dépassent le prin-
cipal !*]

Ceci posé, il serait déplacé, dans un mémoire acadé-
mique, de passer minutieusement en revue tous les articles de frais judiciaires. Nous nous bornerons donc à
quelques observations générales.

Trois ordres de critique doivent frapper sur le tarif
actuel. On doit lui reprocher en effet :

1° La complication, l'incohérence et l'obscurité de ses
dispositions ;

2° Le maintien de certains droits qui devraient être
supprimés, parce que rien n'en justifie l'existence ;

3° La trop grande élévation des frais.

Je m'occuperai d'abord de sa complication.

Un tarif devient nécessairement, tôt ou tard, une lettre
morte, si son texte n'est pas assez simple pour être compris de tous ceux qui ont intérêt à le voir appliquer.

Or, il est impossible aujourd'hui aux justiciables de se

reconnaître dans le chaos du tarif, dont les dispositions sont pleines d'obscurités, même pour les magistrats taxateurs, et sont une source de contestations et de réclamations de la part des avoués. Il semble que le rédacteur du tarif actuel ait voulu renchérir sur la trame embrouillée des anciens règlements de frais de justice : *antiquæ subtilitatis ludibrium, quod nihil ab ænigmate discrepat* [1]. Aussi son œuvre a-t-elle eu un honneur que n'avaient point obtenu les tarifs d'autrefois [2], celui de faire naître de nombreux et volumineux commentaires. N'est-il pas regrettable de voir des jurisconsultes, des magistrats distingués, obligés de sacrifier à des ouvrages aussi stériles un labeur et des connaissances dont la science aurait eu le droit de revendiquer l'usage à son profit ?

Il faudrait donc que le tarif fût révisé et réduit à un petit nombre de dispositions claires et positives. Un bon tarif devrait être ramené à des proportions assez minces pour pouvoir être affiché en lieu apparent dans l'auditoire de tous les tribunaux et dans les études de tous les officiers ministériels. Sous ce rapport, quelques tribunaux de commerce ont donné un utile exemple, en faisant exposer dans leur prétoire le tarif imposé à ceux qu'ils agréent

---

[1] Cod., L. 7, tit. XXV, 1. un. de nudo jure Quirit. tollendo.

[2] [Les anciens tarifs « des droits dus aux officiers de justice pour leurs frais et salaires, et la taxe des dépens de tous-les procès » consistaient en édits et déclarations royales, en arrêts de règlement de parlements, etc., qui, longtemps « imprimez en cahiers passagers », furent réunis sous le titre de *Nouveaux Règlemens pour l'administration de la justice,* dans un vol. in-12, en 1705 ; puis en 2 vol. en 1709. Des lettres patentes, données à Marly le 18 juin 1769 et portant règlement pour l'administration de la justice en Normandie, furent imprimées à Rouen en 1769, in-32. — Sous Louis XV, les questions de taxe agitèrent les esprits, et un pamphlétaire donna dans le *Maupeouana,* t. IV, p. 254, un parallèle de l'ancienne et de la nouvelle taxe des frais de justice.

comme défenseurs. Si nous avons vivement critiqué l'existence des agréés, nous devons reconnaître que cette publicité et cette simplicité de leurs tarifs est une excellente chose. Si, comme je le proposais dans un chapitre précédent, chaque pièce de procédure portait l'indication détaillée de son coût, si l'état de frais était dressé à mesure de la confection des actes, les justiciables pourraient, à l'aide de ce tarif public et simplifié, vérifier eux-mêmes la légitimité des frais qui leur seraient réclamés.

Or, la simplification du tarif et la réduction de ses dispositions à un petit nombre de lignes et de chiffres serait chose assez facile, surtout si la procédure elle-même était simplifiée.

Pourquoi, en effet, le tarif actuel donne-t-il un salaire différent aux huissiers pour des exploits dont l'étendue, la difficulté et l'importance sont à peu près les mêmes ?

Pourquoi fixer à Paris la citation en justice de paix à 1 fr. 50 cent., puis accorder 2 fr. pour l'ajournement au tribunal civil ?

Pourquoi un nouvel article pour la citation en conciliation et un quatrième pour l'exploit d'appel ?

Pourquoi, au contraire, ne pas fixer un prix uniforme pour toutes les *assignations*, sauf l'augmentation des distances [1] ?

---

[1] [L'art. 1102, § 2, du code piémontais, contient une disposition importante : « Lorsque (les huissiers) instrumenteront hors du territoire de « la ville où siége le tribunal et dans le ressort de ce tribunal, ils ne « pourront percevoir pour leur transport des droits qui excèdent ceux ac- « cordés aux huissiers résidant dans le lieu le plus voisin de celui où « l'acte doit être fait, à moins qu'ils n'aient reçu une commission nomi- « native du tribunal... »

Autre exemple : Le prix des copies de pièces varie à chaque article du tarif. Celles qui doivent être données avec l'exploit d'ajournement sont payées 25 cent. du rôle de vingt lignes à la page et de dix syllabes à la ligne. (Tarif, art. 28.) Mais les copies de pièces qui sont données avec les défenses, ou qu'on signifie dans les causes, se calculent sur le pied de vingt-cinq lignes à la page et de douze syllabes à la ligne, et elles se paient 30 cent. (Art. 72.) Pourquoi cette différence ?

Rôle d'huissier, rôle d'avoué, rôle de greffe, rôle de notaire, rôle de transcription aux hypothèques, pourquoi tout cela n'est-il pas réglé par une seule et même disposition ? Pourquoi, enfin, le salaire d'un gardien de scellés est-il plus élevé que celui du gardien d'une saisie ? (Tarif, art. 26 et 45 [1].)

Mais on remarquera surtout que la simplification du tarif serait encore plus aisée à accomplir, si la procédure sommaire était étendue à toutes les affaires.

J'ai dit que certains droits devraient être supprimés. J'en citerai seulement deux pour exemple. Le premier est la somme de 15 fr. allouée à la partie gagnante par l'art. 80, à titre d'honoraires d'avocat. Le but du tarif, en

---

[1] [Déjà, au siècle dernier, Bucquet, dans son *Discours sur les moyens de rendre la justice en France avec le plus de célérité et le moins de frais possible*, se plaignait de l'excès des frais de la « garde des scellés, d'autant plus coûteux, disait-il, que le dépérissement est plus grand ». (P. 41.) Un édit avait créé des gardiens commissaires aux saisies mobilières. La fréquente inutilité de ces frais a été depuis signalée à plusieurs reprises, ainsi que celle des frais de garde en matière de saisie. En effet, dans ce dernier cas, on pourrait donner au saisissant la faculté de faire garder amiablement ou à ses propres frais; sinon, on pourrait imposer la garde au saisi, en l'obligeant par corps et correctionnellement à la représentation des objets. Les frais de garde ne profitent en général qu'aux clercs ou aux recors de l'huissier qui exercent souvent plusieurs gardes à la fois.

admettant cet article de frais, était d'alléger d'autant la dépense faite par la partie gagnante pour sa défense, en en faisant rembourser une partie par l'adversaire. Mais, dans l'usage, cette somme tourne toujours au bénéfice de l'avoué, qui ne la remet jamais, ni à son client, ni au défenseur de celui-ci. Il y a donc lieu de la retrancher. Cet article 80 est d'ailleurs une source d'abus : les avoués de certains tribunaux exigeant l'honoraire en question dans toutes les causes, même sommaires, bien qu'il ne soit jamais dû en pareil cas. Les avoués de Paris palpent aussi divers droits illégaux, connus sous le nom de *droits de chambre*.

La seconde espèce de dépens que je veux signaler comme exemple de droits à supprimer, est le droit accordé aux avoués pour la rédaction même de leur mémoire de frais en matière ordinaire. Il est un peu fort, en effet, de salarier un homme pour prendre la peine de se faire payer. Rétribuer un officier pour qu'il dresse son état de frais et le fasse taxer, surpasse tout ce qu'il est possible d'imaginer !

Le nombre de droits alloués aux officiers ministériels, sans qu'aucun travail de leur part vienne justifier une pareille allocation, est d'ailleurs très-considérable. Il suffit de jeter les yeux sur le tarif pour s'en convaincre. Nous avons déjà signalé les droits proportionnels dans les ventes judiciaires.

Enfin, tant que l'abolition de la procédure dite *ordinaire* n'aura pas été consacrée dans nos lois, on ne peut guère espérer pour les justiciables tout le soulagement nécessaire dans les frais.

Mais la révision du tarif et l'abaissement ou la suppression de certains droits exorbitants doivent en attendant être réclamés par tous les esprits désireux d'améliorer un état de choses déplorable [1].

Pourquoi, par exemple, un avoué de cour d'appel, souvent moins habile praticien que l'avoué de première instance, a-t-il des droits doubles? (Tarif, art. 147.)

Pourquoi les frais sont-ils plus élevés à Paris et dans quelques autres villes que dans le reste de la France ?

Au lieu de calculer ces droits par rapport à l'avoué, qui, dit-on, dépense plus à Paris qu'en province, ne devrait-on pas, au contraire, les calculer par rapport aux justiciables ?

Accorder une double taxe à l'avoué d'appel, une surtaxe à l'avoué parisien, n'est-ce pas reconnaître que le tarif est une loi faite pour les avoués et non pour ceux qui ont recours à la justice ?

L'inégalité du tarif est injustifiable; car si l'avoué de Paris habite dans une ville où beaucoup de choses se paient plus cher, en revanche, il est dans un centre où les affaires abondent, et la preuve qu'il y a avantage, c'est que les charges rapportent et se vendent à Paris dix

---

[1] [«... Il y a nécessité de reviser les tarifs des actes de procédure. Ce besoin est fondé sur l'intérêt des justiciables, sur la règle qui veut que le salaire soit en proportion du service rendu, sur l'inutilité d'engraisser outre mesure les gens du barreau ; enfin, sur l'exigence réclamée par l'opinion de mettre un terme aux abus... Les tarifs actuels sont vicieux sous deux principaux rapports : le premier, c'est qu'ils sont trop élevés pour les localités pauvres...; le second, c'est qu'une foule de petites démarches, sans importance aucune, y sont taxées avec une rigoureuse précision. Au premier abord, ces taxes portent un caractère de modération ; mais, exploitées avec l'habileté ordinaire des gens adroits, l'esprit est confondu de la somme énorme à laquelle s'élève en peu de temps le moindre procès...» (*De l'Administration de la justice et de l'Ordre judiciaire en France*, par d'Eyraud, t. II, p. 98.)

et vingt fois ce qu'elles rapportent et se vendent en province. Si donc, on pouvait admettre une différence dans les tarifs, elle eût dû être contre les avoués de Paris, bien loin d'être en leur faveur.

Mais une pareille inégalité dans les frais de justice est une énormité, et un intolérable privilége. La loi, en France, est égale et uniforme ; et ce principe, en d'autres matières, a été poussé jusqu'à une rigueur extrême ; il ne devait pas fléchir pour ceux qui vivent des contestations entre les citoyens. La justice, moins que tout autre pouvoir, ne devrait point avoir deux poids ni deux mesures[1] !

Au reste, l'intérêt des justiciables ne paraît guère avoir préoccupé les auteurs du tarif. On sait que ce règlement, mauvais au fond et en la forme, n'est qu'une addition greffée après coup et provisoirement, disait-on, sur le texte du Code de procédure civile. Le législateur de 1806

---

[1] [Non-seulement le tarif devrait être uniforme pour toute la France, mais encore il devrait être rapporté au système décimal, en sorte que les additions soient faciles et aboutissent en chiffres ronds. Qu'est-ce que toutes ces allocations de 3 fr. 75 c., de 2 fr. 80 c., de 7 fr. 50 c., de 5 fr. 50 c., que l'on rencontre seulement dans l'article 87, et qui bariolent de la manière la plus fatigante la plupart des autres articles ? Ces menus droits de 6 fr., répartis çà et là, ne sont-ils pas un vestige de l'ancien système monétaire et d'usages surannés?

Ajoutons que, de l'aveu d'un des magistrats les plus hauts placés, le texte du tarif est si élastique, que chaque tribunal a sa manière de l'entendre et de l'appliquer : « ... La même dissidence se retrouve dans le règlement pécuniaire des procédures consommées. Personne n'ignore comment les appréciations particulières des tarifs s'exercent sur une échelle dont les deux extrémités sont à une distance infinie. Il n'y a pas en France deux tribunaux de même classe qui, pour toutes les matières taxables, aient exactement la même mesure. Ce défaut d'accord est insignifiant peut être quand il n'engendre que de légères différences ; mais que dire des résultats étranges qu'entraînent après eux l'excès d'indulgence et l'excès de sévérité! » (M. Rouland, *Discours de rentrée* du 3 nov. 1853.)

a commis la même faute que celui de 1667 [1]; après avoir
prévu les plus minutieuses formalités, et réglé toutes sortes de petits détails d'audience, il a cru sa mission
terminée (art. 1042), et il a abandonné la question capitale pour les justiciables, celle de l'argent, à ces praticiens dont il avait si bien pris soin de tracer la marche et
de régler les pratiques. Il n'en faudrait pas tant pour dé-
figurer le plus beau monument de législation. Dans l'état
actuel des choses, le tarif garantit moins les droits des justiciables que ceux des avoués : il semble avoir été plutôt
fait pour empêcher les taxateurs de réduire arbitrairement
les officiers de justice, que pour défendre les plaideurs [2].
L'influence des gens d'affaires, contenue encore lors de la
rédaction du Code de procédure, s'est manifestée sans
entraves dans l'établissement du tarif. Et pourtant, le

---

[1] [Plusieurs des droits alloués aux anciens procureurs avaient été achetés
par eux. En 1693, ils payèrent une finance de cent mille livres pour toucher le droit de révision, qui leur fut concédé pour relire les écritures des
avocats avant de les faire signifier, et qui avait été sagement supprimé par
l'art. 8 du tit. III de l'ordonn. de 1667. — Cependant, dès 1664, Colbert
s'était préoccupé de la recherche des moyens de rendre la justice moins
ruineuse, et de remédier à l'excès des frais. (*Discours pour le conseil de
justice du* 10 *octobre* 1665, publié, en 1768, dans les *Mélanges historiques*,
in-12, t. II, p. 203, et, en 1835, dans la *Revue rétrospective*, 2e série,
t. IV, p. 239.)

[2] [« Prenez le nouveau tarif, que par erreur la sollicitude du gouvernement a cru devoir détailler mille fois plus que les précédents, dans l'idée
de ne rien laisser à l'arbitraire, et qui précisément au contraire y laisse
presque tout..., vous verrez que cette vieille et fatale habitude, qui fait
tourner tout contre les plaideurs en faveur des avoués, a fait dire, dans
un coin du tarif et dans l'art. 6 du décret d'Eylau du 16 février 1807 qui
est à la suite, qu'il n'y aura que trois jours pour former opposition aux
exécutoires... et que les trois jours courront du jour de la signification...
non pas à partie, mais à avoué !

Non, jamais aucune surprise plus perfide dans les règles des procédures n'a été faite à un législateur... » (Selves, *Tableau des désordres*,
p. 220. Voyez aussi p. 118.) Conférez encore Loi de Genève, *Exposé des
motifs*, p. 140.

Code de procédure n'est point à la hauteur du Code civil ;
ses rédacteurs, manquant des grandes vues nécessaires au
législateur, ont trop cédé à la double influence du fisc et
des praticiens qui, dès lors, combinaient leurs efforts
pour empêcher les améliorations et pour faire avorter
les réformes qui eussent simplifié la procédure, diminué les frais et rassuré la bonne foi en déconcertant la
chicane.

FIN.

TABLE

DES MATIÈRES.

———◦◦◦———

LIVRE PREMIER.

PROLÉGOMÈNES PHILOSOPHIQUES ET HISTORIQUES.

CH I. Idée générale de la philosophie de la procédure civile.

Son but et ses limites. — Causes du peu de progrès de l'étude philosophique et du perfectionnement de la procédure........... 1

II. Nécessité de la procédure civile.

L'existence de médiateurs est indispensable dans l'état social, nul ne pouvant s'y rendre justice à soi-même. — Les formalités sont une conséquence nécessaire de l'ordre judiciaire. — Maxime : *La forme emporte le fond*................................ 8

III. Eléments de la forme judiciaire, d'après les lumières de la raison.

Erreurs du XVIIIᵉ siècle en cette matière. — Les procès sont des guerres privées. — Comment s'organise ce combat. — Bases primordiales des lois judiciaires............................ 12

IV. La procédure relève surtout du droit positif. — Influence du droit politique et civil, de l'organisation judiciaire, du système des preuves et de la législation fiscale.

Division des lois en *substantives* et *adjectives*......... 27

V. Influence de la pratique judiciaire sur la détermination des formes.

De l'origine des abus............. 35

LIVRE II.

DE L'ORDRE JUDICIAIRE.

608 TABLE ANALYTIQUE

LIVRE III.

DE LA FORMALITÉ JUDICIAIRE, DES ACTIONS
ET DU SYSTÈME DES PREUVES.

LIVRE IV.

DE L'INSTRUCTION JUDICIAIRE ET DE LA RÉVISION
DU CODE DE PROCÉDURE.

CH. I. Des justices de paix.

II. De la distinction du possessoire et du pétitoire.

Utilité de cette distinction contestée par M. Bérenger. — Réponse
à ses objections... 397

III. De la conciliation.

Historique. — Critiques de Meijer, de Bellot, de Boncenne et de
Boitard. — Efficacité du préliminaire de conciliation prouvée par
les statistiques judiciaires. — Paradoxe de Bentham. — Avantages
des concessions et des accommodements. — Reproches de M. Chardon. — Abus. — Conciliation à Genève, en Hollande, en Pologne
et à Naples................... 405

IV. Des ajournements.

Acte essentiel exigé par le droit naturel. — Formalités et nullités.
— Réflexions sur l'illisibilité des exploits. — Réformes quant aux
délais... 424

V. Constitution d'avoué.

Si elle doit être regardée comme indispensable ? — Critique. —
Opinion de M. Chardon sur l'art. 76........................... 430

VI. De la distinction des affaires en sommaires et ordinaires.

Combien cette distinction est abusive.—Bonnes critiques de Bellot.
—Opinion de Dumont. — Importance d'une réforme.............. 434

VII. Mise au rôle, distribution, classement et appel des
causes.

Désordres des textes : lacune dans le code. — Dangers de la position de qualités faite longtemps avant l'audience où l'on doit plaider.
Juste critique de M. Bonjean sur l'arrangement des rôles. — Tolérances contraires à la loi : perceptions illégales ; droits de placet,
bulletins d'appel de causes, etc. — Inexécution de divers articles... 441

VIII. De la suppression des requêtes de défense.

Ancienneté et énormité des abus. — Plaintes de MM. Delzers,
Chauveau, Boncenne, Boitard, Pannier, Grenier, etc. —Inutilité actuelle de cette coûteuse pièce du dossier. — Système génevois..... 451

IX. Des audiences et du droit de plaidoirie.

Si la durée des plaidoiries peut être abrégée. — Moyens d'épargner le temps des juges....................................... 461

FIN DE LA TABLE.

Evreux, A. HÉRISSEY, imp. — 1256.

www.ingramcontent.com/pod-product-compliance
Lightning Source LLC
Chambersburg PA
CBHW060841220326
41599CB00017B/2352